Karl Spangenberg
Kleines thüringisches Wörterbuch

Karl Spangenberg

Kleines thüringisches Wörterbuch

hain VERLAG

Gedruckt mit Unterstützung
– des Thüringer Ministeriums für Wissenschaft und Kunst,
– des Regierungspräsidiums Halle in Sachsen-Anhalt,
– der Sparkassen-Kulturstiftung Hessen-Thüringen.

1. Auflage 1994

ISBN 3-930215-08-X

Die Initialen im Wörterverzeichnis
entstammen dem von Albrecht Dürer gezeichneten
Alphabet einer deutschen Minuskel aus dem 16. Jahrhundert

Schrift: Monotype Plantin, Original von R. Granjon
um 1700 gestochen, nachgezeichnet von F. H. Pierpont um 1914

Layout, Satz, Gestaltung, Lithographien, Karten: hain-team
Belichtung: Die Feder, Wetzlar
Druck, Bindung: Clausen & Bosse, Leck

Inhalt

Die Karte zur Sprachraumgliederung
findet sich ganz hinten im Buch.

Einleitung

Dialekte und Dialektforschung in Thüringen

Thüringen hat mit der Neugründung im Jahre 1990 seinen angestammten Platz im Ensemble deutscher Länder wieder eingenommen. Ruf und Reiz als „Grünes Herz Deutschlands" waren eigentlich nie abhanden gekommen. Sein kulturgeschichtliches Profil ist nicht minder bekannt, denn klangvolle Namen deutscher Geistesgeschichte sind unlösbar und in seltener Ballung mit Städten wie Eisenach, Erfurt, Weimar, Jena verbunden. Als politisches Gebilde trat Thüringen seit der Stammes- und Landgrafenzeit aber erstmals wieder im Gefolge des 1. Weltkrieges hervor. In etwas abgerundeter Gestalt bewahrte es seine Identität auch nach dem 2. Weltkrieg, bevor es 1952 in den Bezirken Erfurt, Gera und Suhl aufging. Jahrhundertelang bot Thüringen jedoch ein Bild völliger territorialer Zersplitterung. Gewiß liegt in dieser Zerrissenheit auch eine der Ursachen für die mundartliche Vielfalt dieses Landes; denn es hat sich kein gesamtthüringischer Dialekt herausbilden können, sondern jede Landschaft ist ihre eigenen Wege gegangen, auch bei der Übernahme von Sprachmerkmalen aus Nachbargebieten, bei der Integration von Eigenheiten der Hochsprache und in jüngster Zeit sogar bei der Preisgabe des Dialekts zugunsten von regionalen Verkehrs- und Umgangssprachen. Das dialektale Gepräge thüringischer Sprechweise liegt somit nicht in einem einheitlichen Sprachraum begründet, sondern vielmehr in einer variablen Vielheit, die von außerthüringischen Dialekten abgrenzbar ist. Außersprachlich gestützt wird die Vorstellung von der Gesamtheit thüringischer Dialekte durch eine sehr emotionale Bindung an den geographischen Raum und auch von einem gewissen Stolz auf geschichtliche und kulturelle Traditionen. Doch ist das sprachliche Selbstverständnis durchaus nicht ungestört. Südlich des Thüringer Waldes fühlt man sich auch den fränkisch-bairischen Dialekten sehr nahe; die Bewohner in östlichen Teilen Thüringens weisen zwar entrüstet zurück, wenn ihre Sprechweise als „sächsisch" bezeichnet wird, müssen andererseits aber dennoch zugeben, daß

Sprachmelodie und manches andere dem Obersächsischen sehr ähnlich sind, auch und sogar besonders bei der Verwendung der Umgangssprache. Sein dialektales Erbe kann wohl niemand ganz verbergen. Seitdem die ländlichen Trachten außer Gebrauch gekommen sind, stellen sprachliche Merkmale überhaupt die einzigen äußeren Signale dar, die von einer persönlichen Bindung an eine bestimmte Landschaft künden. Landschaftlich oder örtlich gefärbte Sprechweise ist deshalb ein wesentlicher Bestandteil des Heimatgefühls, zugleich aber auch ein Medium für Vertrauensgewinnung und Solidarisierung einerseits und für Abgrenzung andererseits. Dieses Heimatbewußtsein zu stärken war auch ein begleitendes Motiv für die Erarbeitung eines „Kleinen thüringischen Wörterbuchs“, nachdem solche Wörterbücher bereits für die benachbarten obersächsischen, vogtländischen und hessischen Dialekte vorgelegt worden waren.

Dialekte (= Mundarten) haben ihre stärkste Vereinheitlichung in einem Ortsdialekt. Sie zeigen aber gebietsweise so viele Gemeinsamkeiten, daß man von regionalen Dialekten und Dialektgebieten sprechen kann. An den Lautverhältnissen ist ein Dialekt am ehesten zu erkennen, doch auch der Wortschatz als beweglicheres Element einer Sprache ist oft an Dialektgebiete gebunden und somit in einem Wörterbuch räumlich beschreibbar. Im „Kleinen thüringischen Wörterbuch“ wird dafür die Gebietseinteilung seines größeren Vorbilds, des „Thüringischen Wörterbuchs“, übernommen, auch um Vergleichbarkeit zu gewährleisten. Damit vergrößert sich aber das Wörterbuchgebiet über das Land Thüringen hinaus beträchtlich, was auf Festlegungen bei der Wörterbuchgründung im Jahre 1907 und auf Absprachen mit den großen Nachbarwörterbüchern beruht. Es umfaßt auch die südwestlichen Teile des heutigen Landes Sachsen-Anhalt bis an den norddeutschen Sprachraum, was durch die *ik-/ich*-Linie markiert wird, und schließt im Süden das Coburger Land mit ein, da dieses Gebiet zur Zeit der Wörterbuchgründung noch zum Verband der thüringischen Kleinstaaten gehört hat. Die meisten Außengrenzen sind somit territorial und nicht sprachlich begründet, so daß für viele Wörter eine Fortsetzung in den Nachbargebieten gefolgert werden kann. Außengrenzen und Binnengliederung sind auf der beigegebenen Karte verzeichnet, die als Orientierungshilfe ganz hinten im Buch leicht auffindbar ist. Im folgenden sollen wesentliche Merkmale der einzelnen Sprachgebiete zunächst einmal vorgestellt werden.

Das **Nordthüringische** (NThür) zeigt eine Bewahrung der mhd. Monophthonge *î – û – iu* und der Diphthonge *ei – ou – öu* gegenüber Diphthongen und Monophthongen im NOThür (z. B. *Wien* ‚Wein', *Bein* ‚Bein' gegenüber *Wein, Been, Bään*). Durchweg begegnen in- und auslautend die unverschobene Tenuis als *b* (z. B. *Abbel* ‚Apfel', *Kobb* ‚Kopf') sowie r-lose Pronomina ‚wir, ihr, er, unsere' (z. B. *mi, di, he, unse)* und der Einheitskasus *mich, dich* statt ‚mir/mich' und ‚dir/dich', was nd. Bindungen anzeigt. Ebenso gilt wie im Nd. Stimmhaftigkeit von *s* und auch von *ch* aus älterem g (z. B. in *Leeje* ‚Lüge', *Schwoocher* ‚Schwager'). Häufig ist hier auch nd. Wortgut verbreitet, z. B. mit *Harke(n)* ‚Rechen', *Dieme(n)* ‚Strohhaufen', *Rot-, Weißkohl* ‚Rot-, Weißkraut', *Erpel* ‚Enterich', *Kämpe* ‚Eber', *Schorf* ‚Grind', *trecken* ‚ziehen', *klopfen* ‚(die Sense) dengeln', *man(t)* ‚nur', *mang* ‚zwischen'. Die Unterlandschaft des **Eichsfeldischen** (Eichsf) sondert sich vom übrigen NThür ab durch die Lautung *nit* in der Partikel ‚nicht', durch die Erhaltung von *g-* in der Vorsilbe ‚ge-' und im Wortschatz z. B. durch *Schmant* und *Schullehrer* gegenüber östl. *Rahm* und *Kantor*. Im sEichsf herrscht außerdem Palatalisierung von mhd. *û, ô, ou* (z. B. *Hüüs* ‚Haus', *Brööt* ‚Brot', *Boüm* ‚Baum') und eine Verengung des ei-Diphthongs (z. B. *Bäin* ‚Bein').

Das **Nordostthüringische** (NOThür) hat im Wortschatz vieles mit dem NThür gemein, im nNOThür sind *s* und *ch* (< g) ebenfalls stimmhaft. Es unterscheidet sich aber durch die Diphthongierung von mhd. *î, û, iu* zu *ei, au, ei* (z. B. *Wein, Haus, Heiser* ‚Häuser') und die Monophthongierung von mhd. ei, ou, öu (z. B. *Been, Bään* ‚Bein', *Boom, Baam* ‚Baum', *Beeme, -ää-* ‚Bäume'), wobei *Bään, Baam, Bääme* Sonderentwicklungen im **Mansfeldischen** (Mansf) darstellen. Typisch für das NOThür sind anl. *g-* statt k- (z. B. *Guchen* ‚Kuchen'), *j-*, *ch-* für anl. g- (z. B. *Jans* ‚Gans', *Chlick* ‚Glück', *chroos* ‚groß') und für den Nordteil auch die im gesamten Wörterbuchgebiet nur hier und im sSOThür geltende volle Infinitivendung auf *-en*. Eine ausgepräg-

te Abgrenzung gibt es aber weder zum Osterländischen im Ober-
sächsischen noch zum OThür.

Das **Westthüringische** (WThür) weist die p-Verschiebung
(Apfel, Kopf) bis zu seiner Nordgrenze und *nit, net* ‚nicht' bis zu sei-
ner Ostgrenze auf. Bis zur Nordgrenze reicht auch der als Apoko-
pierung bezeichnete Endungsabfall von -e (z. B. *Jong* ‚Junge',
Hoor ‚Haare', *biäs* ‚böse'). Im swWThür gilt Palatalisierung von
mhd. *û,ou > ü, äu* (*Hüüs* ‚Haus', *Bäum* ‚Baum') und bei allen nicht
umgelauteten Kurzvokalen vor r zu *ö* (z. B. in ‚Arm, Korn,
Wurst'). Auch bei der -age-Kontraktion und vor sch begegnet
diese Färbung (*Wöön* ‚Wagen', *Flösche* ‚Flasche'). Als Besonder-
heit ist für das sWThür die Vokalisierung von l > *u* anzumerken,
die sich auch in Teilen des nHennb findet (*Biud* ‚Bild', *Wouge*
‚Wolke', *Äpfu* ‚Äpfel'). Wie im NThür bleiben mhd. *î, û, iu* undi-
phthongiert, mhd. *ei, ou, öu* als Diphthonge und auch die r-losen
Pronomina erhalten. Bei mhd. *i, u, ü* ist eine Senkung zu *e* und *o*
eingetreten (z. B. *ech* ‚ich', *becken* ‚bücken', *Jong* ‚Junge'). Der
Wortschatz hat viele Gemeinsamkeiten mit dem Hessischen.

Das **Zentralthüringische** (ZThür) besitzt seine konstituti-
ven Merkmale vor allem im Vokalismus. Es ist einerseits konserva-
tiv mit der Beibehaltung der Diphthonge für mhd. *ei, ou, öu* und an-
dererseits produktiv gewesen mit der Entwicklung zahlreicher Di-
phthonge aus mhd. Kurzvokalen und langen Mittelzungenvoka-
len (z. B. *Foader* ‚Vater', *Easel* ‚Esel', *Wease(n)* ‚Wiese' und *wiäh*
‚weh', *gruäs* ‚groß', *schiän* ‚schön'), zu denen sich im öZThür auch
noch *liäb* ‚lieb', *guät* ‚gut', *miäde* ‚müde' gesellen. Zusammen mit
der Senkung von i, ü, u zu *e* und *o* (Bsp. s. beim WThür) bilden die-
se Diphthonge die Nordgrenze des ZThür, zusammen mit den
Monophthongen aus mhd. *î, û, iu* die Ostgrenze zum IlmThür.
Die Südgrenze auf dem Kamm des Thüringer Waldes ist zugleich
die stärkste Sprachscheide innerhalb Thüringens. Hier enden zu-
meist die typischen Diphthonge des ZThür (*foader* usw.), aber
auch die Entwicklungen von nd > *ng* (*Linge* ‚Linde', *unger* ‚unter'),
die Dim.-Endungen *-chen* sowie *nech* ‚nicht' und viele Senkungs-
grenzen von mhd. *i, u, ü > e, o*. Der Entrundung wurde hier gleich-
falls Halt geboten (*Dinger/Dünger, Lecher/Löcher*). Wie das Wör-
terverzeichnis in Fülle ausweist, ist der Thüringer Wald auch eine

äußerst starke Grenze im Wortschatzbereich. Außer im nöZThür gilt in- und auslautend *pf* im ZThür (*Apfel, Kopf*). Hingegen ist der Wandel von anl. pf- > *f,* der die gesamte Nordhälfte des Wörterbuchgebiets beherrscht, bis in das Vorland des Thüringer Waldes vorgedrungen (*Fund* ‚Pfund'). Von der Apokopierung, die auch den n-losen Inf. betrifft, ist nur das wZThür erfaßt worden. Alte nördliche Zusammenhänge zeigen sich wie im NThür mit den r-losen Pronomina ‚wir, ihr, er, unsere' und dem Zusammenfall von ‚mir/mich' und ‚dir/dich' zu *mech* und *dech.*

Das **Ilmthüringische** (IlmThür) stellt sich mit der Diphthongierung von mhd. *î, iu, û > ei, au* bereits zu den östlichen Entwicklungen im omd. Sprachraum, ebenso mit der Monophthongierung von mhd. *ei, öu, ou* zu langen *e, ä* und *o, a.* Hier fehlen auch die r-losen Pronomina des ZThür und die gestürzten Diphthonge, die jedoch relikthaft an der ob. Schwarza ebenso bewahrt sind wie die alten Monophthonge î und û. Mit Ausnahme des Gebietes an der ob. Schwarza stehen bei gedehnten mhd. *i, e, a* den Diphthongen des ZThür im gesamten IlmThür *ä-* und dunkle *a*-Laute gegenüber (*Wääse* ‚Wiese', *Ääsel* ‚Esel', *Faader* ‚Vater'), während ostsaalisch hierfür *e* und *o* gelten (*Weese, Eesel, Fooder*). Nahezu ausgeräumt ist heute im Mittelteil des IlmThür eine ältere Entwicklung von anl. g- zu *j-* (*jut* ‚gut', *jemacht* ‚gemacht'), die sich schlauchartig westl. der Saale bis zur ob. Schwarza erstreckt hat. Bewahrung im Nordteil und Verschiebung im Südteil kennzeichnen den Wandel von p > *pf* im In- und Auslaut. Wortgeographisch bildet das IlmThür kein eigenes Gebiet, sondern schließt sich mit Teilgebieten den jeweils benachbarten Sprachlandschaften an.

Das **Ostthüringische** (OThür) hat seine stärkste Bindung zum thür. Sprachraum mit dem n-Abfall beim Infinitiv, dessen Ostgrenze um Altenburg fast genau mit der thür. Landesgrenze zusammenfällt (Bsp. *ich muß lache*). Obersächsischer Einfluß zeigt sich beim Wandel von o > *u* (*Uchse* ‚Ochse'), der bis zur Nordgrenze des OThür reicht, aber auch das nSOThür einnimmt. Andererseits ist dieses Gebiet von *o*-Lauten ausgefüllt, die langem und kurzem a entstammen (z. B. *Schof* ‚Schaf', *Nose* ‚Nase', *Wosser* ‚Wasser'). Im nOThür hat dunkles *a* die *o*-Laute

aber schon vor längerer Zeit verdrängt, was gegenwärtig mit Un-
terstützung der Umgangssprache auch im übrigen OThür ge-
schieht. Über die USpr hat nach dem 2. Weltkrieg der osächs.
Wandel von ch > *sch* Fuß gefaßt (Bsp. *isch* ‚ich‘, *Kirsche* ‚Kirche‘,
rischtisch ‚richtig‘). Im Wortschatz gibt es ebenfalls zahlreiche
Übereinstimmungen mit der osächs. Nachbarschaft.

Im **Südostthüringischen** (SOThür) scheiden vorwiegend
westöstlich verlaufende Sprachgrenzen nördliche md. von südli-
chen obd. Dialektmerkmalen. Bis zur Nord- und Westgrenze des
SOThür gilt die obd. Dim.-Endung *-el* (bzw. *-le* im swSOThür),
so auch in *bissel, bißle* ‚bißchen‘. Ähnlich abgegrenzt vom Ilm-
Thür und OThür sind die Entwicklungen *-ng-* und *o* (<mhd. *ou*)
gegenüber südlichen *-n(d)-* und *a* (z. B. *unger/un(d)er* ‚unter‘, *Boom/
Baam* ‚Baum‘). Den Nordsaum des SOThür durchqueren thür.
f- und *-b-* im Gegensatz zu südlichen *pf-* und *-pf-* (*Fund/Pfund, Ab-
bel/Apfel*). Nördl. Lobenstein-Schleiz werden thür. Entwicklun-
gen von einem ganzen Bündel gegensätzlicher Merkmale abge-
löst: Apokopierung *Junge/Jung; nich/nit, net; unse/unnere; Born/
Brunnen;* Inf.-Endung *-e/-en*. Hier endet auch der beim OThür er-
wähnte Wandel von o > *u* und a > *o*. Hart vor der Landesgrenze
beginnen schließlich der obd. n-Abfall (*Wei* ‚Wein‘) und die Er-
haltung von mhd. *ë* und mhd. *e* als *ä* und *e* (z. B. *ässen, Bett* gegen-
über thür. *assen, Bätt*). Besonderheiten am S-Rand des SOThür
stellen auch die Endungen *-ng* dar in Beispielen wie *machng,
Räing, Woung* ‚machen, Regen, Wagen‘, wobei gleichzeitig Di-
phthonge auftreten, die sonst im Thüringischen ungewöhnlich
sind. Charakteristisch sind auch *äi* und *ou* für alle langen nhd. i, u,
ü (z. B. *läib* ‚lieb‘, *Wäis* ‚Wiese‘, *Fous* ‚Fuß‘, *Stoub* ‚Staub‘, *Fäis*
‚Füße‘, *äiwer* ‚über‘). Im sogenannten Holzland am N-Rand des
SOThür gibt es die Besonderheit, daß jegliche Diphthonge feh-
len und nhd. ei, eu, au durch *ä* und dunkles *a* vertreten werden (z.
B. *Zäät* ‚Zeit‘, *Lääte* ‚Leute‘, *Haas* ‚Haus‘). Im Schwinden begrif-
fen sind im gesamten SOThür die Lautungen *dl-, dn-* statt nhd.
gl-, kl-, gn-, kn- wie z. B. in *Dlick* ‚Glück‘, *Dleed* ‚Kleid‘, *Dnie*
‚Knie‘, hingegen hat sich die Entwicklung von ch > *sch* (z. B. *isch*
‚ich‘) stark ausgebreitet. Vom Ofränk. und Vogtl. ist der Wort-
schatz insbesondere im Süden des SOThür beeinflußt.

Das **Hennebergische** (Hennb), benannt nach dem Territo-
rium der Grafen von Henneberg, ist stark obd. geprägt und wird
vom WThür und ZThür durch die Linie des n-Abfalls abge-
grenzt (z. B. mit *Wie, Wei* ‚Wein'). Etwas gefächert im nHennb,
aber fest an den Kamm des Thüringer Waldes gebunden, verlau-
fen im Norden und Osten weitere Linienzüge, die thür. Entwick-
lungen fernhalten, so die Gutturalisierung von -nd- zu -ng-gegen-
über hennb. -n- (z. B. *gebongen/gebonne* ‚gebunden'), das Dim.-
Suffix *-che(n)* gegenüber hennb. *-le*, die Entrundung gegenüber
hennb. Rundungsvokalen *ü, ö, äu* und teilweise auch die md. Sen-
kung der Kurzvokale i, u, ü zu e, o, ö. Auf dem Rennsteig enden
ferner thür. *nech* und *nischt* gegenüber hennb. *net* und *nis*, jüngeres
-gs- gegenüber *-s-* in ‚wachsen, Achse, Ochse, Flachs', die Di-
phthonge *oa, ea* des ZThür aus gedehnten mhd. Kurzvokalen ge-
genüber hennb. Monophthongen (z. B. *Wease* ‚Wiese') und vor
allem sehr viel thür. Wortgut gegenüber obd. oder hennb. Syn-
onymen: Bsp. *Schwein/Sau; Sickel(Hasen)kuh* ‚weibl. Kaninchen';
Petze/Zaupe ‚Hündin'; *(Gickel)hahn/Göker, Gückler; Kanker/
(Hafer)mäher; Eichelhäher/Kehr; Scheune/Scheuer, Stadel; Schuppen/
Halle; Splitter, Schlitter/Schiefer; Dorle/Schnurrkauz* ‚Kreisel'; *Möh-
re/Gelbe Rübe; Pate/Töte; Leikauf/Weinkauf* ‚Kauftrunk'; *veredeln/
pelzen*. Wie im swWThür gilt nahezu im gesamten Hennb die
-age-Palatalisierung (Bsp. *Wöön, Nööl* ‚Wagen, Nagel'). Überaus
häufig sind einsilbige Wörter gedehnt, nicht nur *Haand, Waald*
‚Hand, Wald' wie auch im WThür und im wZThür, sondern
auch Wörter wie *Faas, Blaach, Looch, Buusch* ‚Faß, Blech, Loch,
Busch'. Besonders auffällig sind das stark gerollte Zungen-*r*, der
b-Anlaut in Fragepronomen (z. B. *bär, bie, bo, bos* ‚wer, wie, wo,
was' und auch r-lose Pronomina (z. B. *he, mäi, äi, onse*, ‚er, wir, ihr,
unsere'). Das Hennb ist auch in sich stark gegliedert. Quer durch
das Hennb trennen insbesondere vokalische Gegensätze das
nHennb vom sHennb. Nördl. Meiningen-Suhl sind z. B. die alten
Monophthonge *î, û, iu* erhalten geblieben (*Wie* ‚Wein', *Huus*
‚Haus', *Lüüt* ‚Leute'), während im sHennb Diphthongierung
stattgefunden hat (*Wei, Haus, Läut*). Andererseits gelten im
nHennb die alten Diphthonge *ei, ou, öu* gegenüber südlichen Di-
phthongierungen zu *ä* und *a* (z. B. in ‚breit, träumen' und ‚Laub').

Auf mannigfache weitere Lautbesonderheiten kann hier nicht näher eingegangen werden, doch sei erwähnt, daß in der wRhön ein Kleingebiet um Geisa als einziges thür. Gebiet unverschobenes *p*- im Anlaut aufweist und deshalb zum wmd. Sprachraum gerechnet wird (Bsp. *Pond* ‚Pfund‘, aber auch *Äbbel* ‚Äpfel‘ entgegen hennb. *Äpfel*). An der Südgrenze des Hennb zum Itzgr verebben sowohl die Senkungsfälle als auch die -age-Palatalisierung, die Entwicklung von -nd- zu -*n*-, der *b*-Anlaut in Fragepronomen sowie die r-losen Pronomina.

Das **Itzgründische** (Itzgr), nach dem Flüßchen Itz benannt und von Coburg bis zum Rennsteig, von Hildburghausen bis Sonneberg reichend, hat eine noch stärkere obd. Prägung als das Hennb. Wie dort begegnen hier wiederum der n-Abfall (*Wei* ‚Wein‘), die Apokopierung (*Nous* ‚Nase‘), die Rundungsvokale (*Röck* ‚Röcke‘), die Partikel *net* ‚nicht‘, das stark gerollte Zungen-*r* und die gleiche Dim.-Endung, die jedoch im Vergleich zum hennb. -*le* eine deutlich *a*-Färbung aufweist, so wie nahezu alle Murmelvokale. Als besondere Eigenheiten des Itzgr seien genannt: *nix* ‚nichts‘, *unnere* ‚unsere‘, Synkope in der Vorsilbe ‚ge-‘ (*gschriem* ‚geschrieben‘, *gfarn* ‚gefahren‘), Endungsassimilationen bei -chen, -fen (*Wouchng, Uäfm* ‚Wagen, Ofen‘), Erhaltung von engem *e* (z. B. in *Bett*), sehr zum o neigender velarer *a*-Laut für mhd. und nhd. a im Gegensatz zum hellen *a*-Laut in Wörtern mit mhd. ë (*assen* ‚essen‘), Verwendung des Pt.Prät. statt Präteritum. Besonders das Kerngebiet ist reich an Diphthongen. So sind hier nicht nur die nhd. Diphthonge *ei, au, eu* vertreten, sondern auch Diphthonge für langes a (*Schouf* ‚Schaf‘, *Nous* ‚Nase‘) und für lange e, o, ö (*wiäh* ‚weh‘, *huäch* ‚hoch‘, *büäs* ‚böse‘). Lexikalisch gelten die bereits aus dem Hennb bekannten Wörter *Sau, Göker, Hafermäher, Zaupe, Stadel, Gelbe Rübe, pelzen*, darüber hinaus aber auch *Petze* ‚Schaf‘, *(Stall)hase* ‚Kaninchen‘, *Hafen* ‚Topf‘, *Augendeckel* ‚Augenlid‘, *heuer* ‚dieses Jahr‘, *hei(n)t* ‚heute‘, *fix, hurtig* ‚eilends, schnell‘, *nimmer* ‚nicht mehr‘ und die Flickwörter *halt* und *fei*.

Für die Binnengliederung des thür. Sprachraums wären andere Einteilungen und Benennungen ebenfalls denkbar. Sie sind auch versucht worden, z. B. mit Grenzen der *p/pf*-Verschiebung (*Pund/Fund/Pfund* und *Appel/Apfel*). Für Verbreitungsangaben

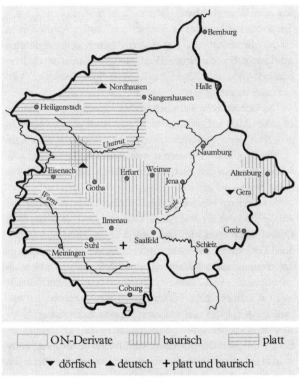

Bezeichnungen für Mundart

hat sich die vorliegende Gliederung jedoch bereits im „Thüringischen Wörterbuch" als recht gut geeignet erwiesen. Stets ist aber zu bedenken, daß ein Zustand mitgeteilt wird, der in vielen Regionen sowohl in bezug auf das Wortgut als auch auf Lautung und Verbreitung schon öfters der Vergangenheit angehört. Von Städten und Industriezentren maßgeblich beeinflußt, ist oberhalb der Basisdialekte eine nivellierende Sprechweise entstanden, die eine Annäherung an die Hochsprache anstrebt. Diese zumeist als „Umgangssprache" bezeichnete Sprechweise ist variabler als der Dialekt, zeigt aber gleichfalls regional abgrenzbare Merkmale und auch eine unterschiedliche Nähe zur Hochsprache. Im vorliegenden Wörterbuch wird sie nur selten erwähnt, doch bereits in den Satzbeispielen wird ein Kenner des Dialekts zuweilen ihren Einfluß bemerken, und selbst den Autoren der angeführten Mundartproben, die zumeist den Bildungsschichten um die Jahrhundertwende angehören, sind solche nichtdialektalen Einsprengsel nachzuweisen.

Der einheimische Mundartsprecher verwendet nur selten die Begriffe „Mundart" oder „Dialekt", die beide dasselbe bezeichnen. Statt dieser Ausdrücke gelten gebietsweise *platt* oder *bauerisch (buursch)* oder Ableitungen vom jeweiligen Ortsnamen, z. B. *ich spreche noch jeensch* ‚ich spreche noch die Jenaer Mundart'. Vgl. Karte S. 15.

Aus jüngeren Forschungen geht hervor, daß im NOThür und um die Städte in der Mitte des ZThür und IlmThür kaum noch Dialekt gesprochen wird und insgesamt ein Nord-Süd-Gefälle beim Dialektschwund zu verzeichnen ist, der sich besonders in der generationellen Schichtung bemerkbar macht. Kindern als erste Sprache einen Dialekt zu vermitteln ist kaum noch üblich, weil ein vermeintliches Bildungsdefizit vermieden werden soll. Daß die Kinder in den südlichen Mundartlandschaften bisher aber dennoch den Dialekt hinzulernen, ist mit der allgemeinen Lebenskraft und Wertschätzung des Dialekts in der Alltagskommunikation dieser Regionen zu erklären, was in den nördlichen Sprachlandschaften nicht in dieser Weise der Fall ist. Das „Kleine thüringische Wörterbuch" übernimmt insofern für manche Gebiete auch ein museales Anliegen, indem es wie bei Forschungen zur Landesgeschichte, zum Brauchtum und zu vergangenen Arbeitsweisen festhält, was an sprachkulturellen Traditionen in Thüringen vorhanden war oder überlieferns- und beachtenswert ist.

Dialekte können bei den vielen anderen Herausforderungen und Ansprüchen unserer schnellebigen Zeit nicht künstlich am Leben erhalten werden. Das will auch unser Wörterbuch nicht bewirken. Es ist jedoch bemerkenswert, daß bereits in Mundartbeschreibungen und Wortschatzsammlungen des 19. Jahrhunderts ein baldiges Absterben der Dialekte vorausgesagt und dieses Argument auch als Begründung für ihre schriftlichen Dokumentationen angeführt worden ist. Obwohl sich diese Voraussagen vielfach als nicht zutreffend erwiesen haben, muß man dankbar sein für die reiche Mundartliteratur, die gerade Thüringen aufzuweisen hat. Eine erste wissenschaftliche Zusammenfassung und Auswertung hinsichtlich der Lexik hat L. Hertel 1895 mit seinem „Thüringer Sprachschatz" unternommen. Bis 1966, dem Publikationsbeginn des auf 6 Bände konzipierten und in Lieferungen erscheinenden „Thüringischen Wörterbuchs", war Hertels Wörterbuch das einzige Nachschlagewerk für Thüringen und zudem beschränkt auf die Gebiete nördlich des Thür. Waldes und auf das WThür. Das einbändige „Kleine thüringische Wörterbuch" versteht sich als Fortsetzung und Erweiterung dieses Hertelschen Versuchs und keineswegs als Konkurrent zum großen „Thüringischen Wörterbuch", dem es als Vorlage viel zu verdanken hat, dem es aber weder in der Materialfülle noch in der wissenschaftlichen Durchdringung „das Wasser reichen kann". Allein 1 388 Druckspalten enthält der zuerst publizierte Bd. IV (L – Q), 1 778 der Bd. V (R – S) und 1 438 der Bd. VI (T – Z), und auch ca. 12 500 Stichwörter im Bd. IV gegenüber 990 Wortbelegen in der Buchstabenfolge L – Q des „Kleinen thüringischen Wörterbuchs" mögen die Unterschiede verdeutlichen. Das kleinere Idiotikon bietet als Extrakt lediglich den in Thüringen weiträumiger verbreiteten Mundartwortschatz, hat ein handlicheres Format und ist nicht zuletzt gedacht auch für einen kleineren Geldbeutel, was insbesondere den nicht so bemittelten Dialektsprechern selbst und als Danksagung den zahlreichen Informanten und Helfern für das große Wörterbuch entgegenkommen soll.

Die Mundartproben im Anhang stellen ausgewählte Beispiele aus allen Spachlandschaften dar. Zumeist stammen sie aus älteren Vorlagen, obwohl auch in jüngster Zeit wieder zahlreiche Mundartschriftsteller an die Öffentlichkeit treten.

Materialgrundlage und Wortauswahl

Als Pendant zum großen „Thüringischen Wörterbuch" hat das „Kleine thüringische Wörterbuch" natürlich die bereits publizierten 3 Bände mit der Artikelfolge L – Z zu Rate gezogen und auch aus den in der Jenaer Arbeitsstelle befindlichen ca. 5 Millionen Wortbelegen geschöpft. Rückgriffe auf die wissenschaftliche Dialektliteratur waren besonders bei Angaben zur Verbreitung und Lautung vonnöten. Für letztere und vor allem für illustrierende Satzbeispiele aus fließender Rede wurden auch eigene Erhebungen und umfangreiche Exzerptionen aus Tonbandaufnahmen genutzt, die Verfasser für andere Zwecke angefertigt hatte.

Die Beschränkung der Wortschatzdarbietung auf einen Band nötigte nicht nur zur Straffung und Reduzierung auf allen Sprachebenen, sondern auch zum weitgehenden Verzicht auf sprachhistorische Erörterungen und auf fachliche Auseinandersetzungen mit abweichenden Auffassungen und Erklärungsversuchen. Bei allen Überlegungen zur Wortauswahl und Artikelgestaltung stand die Interessenlage der Wörterbuchnutzer im Vordergrund, die keineswegs nur eine fiktive ist, wie die umfangreiche Korrespondenz der Jenaer Arbeitsstelle mit Informanten und Fragestellern aus allen Landesteilen und Bevölkerungsschichten nachweisen kann. Auskünfte über Verbreitung, zur Benennungsmotivation und zur etym. Herkunft wurden am meisten erbeten. Häufig handelt es sich hierbei um regionales Wortgut, das der Schriftsprache fremd ist und nicht in einschlägigen Handbüchern verzeichnet steht. Auf die Darbietung solcher Wörter beschränkt sich deshalb das „Kleine thüringische Wörterbuch", womit es dem Wörterbuchtyp eines Idiotikons, d. h. eines nur Idiotismen oder Dialektwörter verzeichnenden Wörterbuchs entspricht. Aus Platzgründen muß aber auch auf Wörter verzichtet werden, die nur aus Kleingebieten oder Einzelorten überliefert sind, ebenso auf viele Zuss. und Ableitungen, die der Leser aus den Grundwörtern jedoch leicht erschließen kann.

Als Grundprinzipien für die Aufnahme eines Wortes galten somit die ausschließlich dialektale Verwendung und die räumliche Beschränkung auf Teile des Wörterbuchgebietes. Ausnahmsweise wurden schriftsprachliche Wörter aber gleichfalls aufgenommen, wenn die Schriftsprache mehrere Varianten zuläßt und in Thüringen die Grenzlinien verlaufen (z. B. bei *Abendbrot, Achsel, Esse, Metzger, Möhre, Rechen, Schreiner*), wenn im Erhebungszeitraum ein rapider Geltungsverlust eingetreten ist (z. B. bei *adieu, Alkoven, Mandel, Wiege* und im bäuerlichen Fachwortschatz), wenn ein schd. Wort mit einer starken Bedeutungsvielfalt begegnet oder in anderer grammatischer Funktion erscheint (z. B. *Ding, machen, für, oder, tun*), wenn Lautentwicklungen oder Reduktionen die schd. Wortgestalt nahezu unkenntlich gemacht haben (z. B. bei *Ameise, Amsel, Eidechse, Taubenhaus*) oder ein großes volkskundliches Interesse vermutet werden kann (z. B. bei *Andreasabend, Nikolaus, Ostern, Pyramide, Zwölf Nächte*). Berücksichtigung fanden ferner Fremdwörter und jiddisches oder rotwelsches Wortgut, wenn Nachweise über den dialektalen Gebrauch vorlagen (z. B. bei *chaisen, Chemise, Passer-le-temps, Sainfoin, Trottoir, Veloziped, Quien, Schabbes, Scheeks*).

Aufmerksam gemacht sei an dieser Stelle auf die Tatsache, daß nur wenige Wörter großräumig im thüringischen Zentrum verbreitet sind (z. B. *Salzmeste, Schaffen, Scheitchen, Sicke, Zwinger*). Statt dessen dominiert eine kranzförmige Lagerung des Wortguts um den binnenthüringischen Raum, das jeweils seine Fortsetzung im Niederdeutschen, Obersächsischen, Fränkischen und Hessischen findet. Die Reichweite der Wörter ins Thüringische ist sehr unterschiedlich, wobei die häufigen Verbreitungsangaben NThür + NOThür oder NOThür + OThür + SOThür oder SOThür + Itzgr oder Eichsf + WThür + Hennb historische und sprachgeschichtliche Zusammenhänge signalisieren. Zuweilen begegnet auch Wortgut nur in der Nähe der thür. Außengrenze. Es wurde dennoch aufgenommen, um eine lexikographische Brücke zu den Kleinen Wörterbüchern des Obersächsischen, Vogtländischen und Hessischen zu schlagen.

Insgesamt bietet das „Kleine thüringische Wörterbuch" nahezu 5 000 Wörter mit ihren Bedeutungen und Verbreitungen.

Benutzungshinweise

Zum Stichwortansatz

Stichwörter sind Leitformen für die lexikographische Erfassung eines Wortes. Sie stehen in Fettdruck der eigentlichen Worterklärung voran und ermöglichen bei einer alphabetischen Aufeinanderfolge ein rasches Auffinden. Über die zweckdienlichste Schreibung gibt es unterschiedliche Meinungen. Während von einigen ein dialektgemäßer Ansatz auch in der Stichwortlautung gefordert wird, plädieren andere für eine Neutralisierung nach schd. Vorbild. Beide Standpunkte sind berechtigt, der erstere bei weitgehend einheitlichen Orts- und Regionaldialekten, der letztere bei starker lautlicher Differenzierung einer meist größeren Sprachlandschaft. Im „Kleinen thüringischen Wörterbuch" wurde eine Entscheidung zugunsten der zweiten Möglichkeit getroffen, da ansonsten bei strenger Handhabung des dialektalen Prinzips ein Pferd als *Pferd, Ferd, Perd* an unterschiedlichen Stellen durch das Wörterbuch *galoppieren* (oder *kallobbieren?*) müßte und eine *Amschel, Omschel, Onsbel, Unsbel, Unschbel* oder ein *Kanker, Ganker, Janker* wohl ebenfalls schwer auffindbar wären, wenn ein Leser das Wortversteck für die Amsel oder den Kanker sucht.

Unseren Lesern darf zugemutet werden, daß sie die meisten Wörter auch in der schd. Fassung kennen und über den Umweg dieses Wissens, notfalls unter Heranziehung des Dudens, das Wörterbuch nutzen. Dem Dialektunkundigen bleibt sowieso keine andere Wahl, er wird allerdings manchmal einige Mühe aufwenden müssen, wenn er die schd. Entsprechung für ein ihm unbekanntes Dialektwort benötigt. Für solche Fälle wird aber öfters eine Hilfe geboten, indem von einer schwer durchschaubaren Dialektlautung auf die schd. Ansetzung mit einem Längspfeil verwiesen wird (z. B. *Arfel → Armvoll; Deebs → Töbs; gessen → jenseiten; Homeise → Ameise; itze → jetzt; Zupp → Zaupe*). Nicht selten wird hierbei auch die etym. Herkunft sichtbar gemacht und eine volksetym. Umdeutung berichtigt (z. B. *Bimbaum → Pimpaum; eignen → äugnen)*, was jedoch unterbleibt, wenn auch im Schd. die

Umdeutung verfestigt ist, z. B. in *Maulwurf,* wo dann mehrere etym. Vorstufen zusammenfassend erörtert werden. Auch Fremdwörter begegnen häufig mit Umdeutungen oder haben starke lautliche Veränderungen erfahren. Sie erhalten zumeist den fremdsprachlichen Stichwortansatz und werden von der Dialektlautung verwiesen (z. B. *Beias* → *Bajazzo; Flitzeped* → *Veloziped; Schwitten* → *Suiten; Trittewar* → *Trottoir).* Eingedeutschte Lehnwörter sind jedoch nach lautgesetzlichen Kriterien ebenso „verneuhochdeutscht" worden wie Wortgut, das keine schd. Entsprechungen aufweist, weil es lediglich dialektal verbreitet ist *(Bähnert* → *Pänert; Piepen* → *Pfeifen).* Manchmal ist die etym. Herkunft eines Wortes auch noch nicht geklärt, oder einer vermuteten Herleitung stehen abweichende Dialektvarianten gegenüber. Die Ansetzung ist dann entsprechend unsicher und wird nur durch zahlreiche Verweise zugänglich gemacht (z. B. *allzen, ollzen, ollen* → *alsan; Bobratsche, Bowwerzche, Bubratschche, Bufferzche* → *Pobratsche, Poblatsche).* Dem Leser sei überhaupt angeraten, bei der Suche nach einem Stichwort mehrere Möglichkeiten zu überdenken, vor allem dann, wenn die md. Konsonantenschwächung Unsicherheiten bei p, t, k oder b, d, g hervorrufen muß.

Nicht immer kann aus Platzgründen eine Unterstützung durch Verweise geboten werden; denn reichlich Raum beanspruchen auch andere lexikographische Querverbindungen, um auf Wortbildungsvarianten oder einen Bedeutungskomplex aufmerksam zu machen, der ausführlicher nur an der angezeigten Stelle abgehandelt wird. So dient der Längspfeil ebenfalls für Hinweise vom Grundwort auf Zusammensetzungen *(Fittich* → *Schlagfittich; Gewende* → *An-, Vorgewende; Haupt* → *Rechenhaupt; zwazeln* → *verzwazeln)* oder umgekehrt von einer Zuss. auf das Grundwort *(abäschern* → *äschern; derquere* → *Quere; Feueresse* → *Esse; Gehücke* → *Hucke),* ferner für Hinweise auf ungewöhnliche Wortbildungen *(Ende* → *allenden, amende; Gebackene Birnen* → *Backenbirnen; grün* → *Fitsche-, Frischegrüne),* auf Ablautvarianten mit wechselseitiger Verweisung *(fitscheln* → *futscheln* und *futscheln* → *fitscheln)* und schließlich auch auf spielerische Umdeutungen *(Brummbaß* → *Bummbaß; Huck-auf-die-Magd* → *Hupf-auf-die-*

Magd), auf vermutliche Einflüsse aus Nachbargebieten (z. B. bei *huscheln, ruscheln, zuscheln, schusseln* für ‚schlittern auf einer Eisfläche') und zuweilen auch auf volkskundliche Sachverhalte *(Johannisfeuer → Osterfeuer).* Die Verweisungen erfolgen entweder unabhängig von einem vorhandenen Artikel oder auch innerhalb oder am Ende eines ausgearbeiteten Artikels und richten sich dabei nach pragmatischen Prinzipien der geeignetesten Platzeinsparung. Diesen Prinzipien folgt auch eine semantische Vernetzung des Wortschatzes, die im folgenden Abschnitt erörtert werden soll.

Wie im großen „Thüringischen Wörterbuch" werden bisweilen auch Varianten in den Stichwortansatz einbezogen (z. B. *ehe(r), Ganser(t), lunzen, -ü-)* und Homonyme, d. h. gleichlautende Stichwörter unterschiedlicher etym. Herkunft, mit Indexzahlen getrennt angesetzt (z. B. *Achsel¹, Achsel²).*

Zur Artikelgestaltung

Die weitgehende Standardisierung der Artikelgliederung hat zwar eine gewisse Monotonie zur Folge, doch kommt die einprägsame Gestaltung auch dem Bedürfnis nach rascher Orientierung entgegen. Das Grundgerüst eines Artikels besteht aus drei Teilen: 1. Artikelkopf (Stichwort und grammatische Kennzeichnung), 2. Bedeutungserklärung(en), 3. Lautformen und etym. Hinweise. Nach dem fettgedruckten Stichwort steht die Wortart, bei Substantiven in der Regel als Genusangabe (m., f., n. oder o. G.), bei Verben ergänzt durch den Flexionstyp st. (= stark) oder sw. (= schwach) und manchmal durch Kennzeichnung der reflexiven oder intransitiven Verwendung, bei Adverben und Pronomen mit Angabe der spezielleren adverbialen oder pronominalen Kategorie (z. B. Interrogativadv., Indef.-Pron.). Zuweilen begegnet Mehrfachgeltung (m. n.; stsw. V.; Adv., Konjunkt.) oder auch eine Einschränkung, die dann mit „nicht", „nur" oder den Häufigkeitshinweisen „meist", „selt." angezeigt wird, wenn die Quellenlage eine solche Relativierung erlaubt (m., selt. n.; meist Pl.; nur präd.).

Den Kern eines Wortartikels bildet die Bedeutungserklärung,

die in einfachster Form mit der schd. Entsprechung erfolgt (z. B. *Ackermann* ‚Landwirt'), zumeist aber einer längeren Umschreibung bedarf und oft eine weitere Untergliederung benötigt, wozu als optischer Blickfang fettgedruckte Ziffern oder bei stärkerer Differenzierung auch noch Buchstaben herangezogen werden. Als Ersatz für eine ausführliche Erklärung steht auch die Angabe „wie schd.", wenn Übereinstimmung mit der Schriftsprache herrscht und lediglich besondere Lautungen oder andere Gründe die Aufnahme eines solchen Wortes gerechtfertigt haben. Eingespart wird die Bedeutungsdefinition außerdem, wenn bereits der vorhergehende Artikel die gleiche Bedeutung hat, so daß der Hinweis „dass." (= dasselbe) genügt. Viele Wörter weisen neben der schd. Bedeutung eine besondere dialektale Bedeutung auf. In solchen Fällen wird die schd. Bedeutung zumeist ausgegrenzt und lediglich die dialektale Abweichung mit der einleitenden Bemerkung „speziell" angeführt (z. B. bei *abnehmen* ‚fotografieren', *Bart* ‚Kinn', *Blase* ‚Ofenpfanne', *Blatt* ‚Zeitung', *büßen* ‚mit Zauberformeln heilen', *zeitig* ‚reif'). Nach der Bedeutungserklärung folgen in der Regel die Angaben zur arealen Geltung und auch illustrierende Satzbeispiele, die das Wort im Satzkontext und in typischen Verwendungsweisen zeigen, wobei sehr oft nicht nur konkrete inhaltliche Sachverhalte (Arbeitsmittel und Arbeitsverrichtungen, Sitte und Brauchtum, Lebensumstände und Verhaltensweisen), sondern auch grammatische und stilistische Eigenheiten verdeutlicht werden. Mit Vorliebe sind feste Fügungen und Wendungen sowie Redensarten (RA) und Sprichwörter ausgewählt worden. Diese beruhen jedoch stets auf originalen Zuschriften oder auf anderweitigen Quellen aus dem Verbreitungsgebiet des Wortes. Auf eine Ortsangabe wurde hierbei verzichtet, aber die lautliche Diktion entspricht immer dem Dialekt der entsprechenden Region. Wenn mehrere Sätze aus einem größeren Verbreitungsgebiet vorliegen, können deshalb durchaus auch unterschiedliche regionale Lautungen vertreten sein. Niemals wurden Satzbeispiele „erfunden"; sie sind in einigen Fällen lediglich einer Schreibweise angepaßt worden, die auch Mundartschriftsteller zumeist verwenden und die im vorliegenden Wörterbuch nur noch eine gewisse Vereinheitlichung erfahren hat (s. Kapitel „Zur

Lautschrift"). Im Umkreis von Bedeutungserklärung und Satz-
beispielen werden zuweilen auch volkskundliche und kulturge-
schichtliche Erläuterungen gegeben.

Bei weitem nicht alle Dialektwörter lassen sich in einem klei-
neren einbändigen Wörterbuch als Stichwörter unterbringen, zu-
mal die übliche sperrige Darbietung auch sehr viel ungenutzten
Raum hinterläßt. Mit der Überlegung, daß manchen Stichwör-
tern aber auch weitere Synonyme und Wortbildungsvarianten
zugeordnet werden könnten, wurde für das „Kleine thüringische
Wörterbuch" ein Ausweg gefunden. In den einzelnen Wortarti-
keln stellt sich diese Ergänzung so dar, daß den fettgedruckten
Stichwörtern weiteres Wortgut im Bedeutungteil ebenfalls mit
Fettdruck beigegeben worden ist, das dann zugleich die Entfal-
tung einer Wortsippe veranschaulicht (z. B. unter *bähen* die Sub-
stantivierungen *Bähe, Bähes, Bäher*, unter *Born* die Zuss. *Bornälter,
-fege, -fest, -kresse)* oder regionale Varianten mit gleichem Bestim-
mungswort umfaßt (z. B. unter *Christscheit* die Syn. *Christsemmel,
Christstollen, Christweck)*, aber – gewissermaßen als Zugabe –
auch Synonyme, die an ihrer alphabetischen Stelle keine Aufnah-
me gefunden haben (z. B. unter *Agezucht* auch die Umdeutungen
Abzucht, Abzug, unter *Christbaum* auch die Syn. *Christbusch,
Busch, Buschbaum, Lichterbaum, Mettenbaum, Tannenbaum, Zuk-
kerbaum* und umgsprl. *Weihnachtsbaum)*. Diese Verfahrensweise
hat nicht nur die Vermehrung des Wortschatzes von 2 780 Stich-
wörtern auf nahezu 5 000 Dialektwörter gestattet, sondern öfters
auch die begriffliche Vernetzung des thüringischen Wortschatzes
aufzeigen können, zumindest ansatzweise.

Der dritte Gliederungspunkt wird mit „Lautf." angekündigt.
Er ist allerdings nicht in allen Wortartikeln enthalten, da oft schon
die Satzbeispiele die geläufigsten Lautungen aufweisen und au-
ßerdem diese Angaben auf Lautentwicklungen beschränkt blei-
ben sollen, die nicht ohne weiteres als zum Stichwort gehörig er-
kannt werden. Den Lautformen sind Hinweise auf ältere deut-
sche Vorstufen und auf fremdsprachliche Herkunft angeschlos-
sen, und zwar öfters als im großen „Thüringischen Wörterbuch",
da unter den Nutzern des „Kleinen thüringischen Wörterbuchs"
auch manche Leser vermutet werden, denen der häusliche Bü-

cherschatz keine Hilfe bei solchen Fragestellungen bietet. Laut-
formen, historisches Wortgut und Fremdwörter werden ebenso
mit Kursivschrift vom Kontext abgehoben wie die Satzbeispiele
im Bedeutungsteil oder die durch Pfeile gekennzeichneten Quer-
verweise.

Angaben zur geographischen Verbreitung und zeitlichen, sozialen, stilistischen Differenzierung

Angaben zur Verbreitung von Wörtern und deren dialektalen Ei-
genheiten sind obligatorische Bestandteile eines Dialektwörterbu-
ches. Dank einer guten Materialgrundlage und dem Vorbild des
großen „Thüringischen Wörterbuchs" können diese Erwar-
tungsansprüche des Lesers weitgehend erfüllt werden, doch in an-
gemessener Weise unter Verzicht auf Angaben zum Vorkommen
in Landkreisen und Einzelorten. Wenn es dem Vergleich mit dem
großen „Thüringischen Wörterbuch" dienlich scheint, tritt an die
Stelle der dortigen Kreisbezeichnung als Orientierungspunkt ein
größerer Ort (z. B. „um Halle" oder „westl. Saalfeld"). Städte
oder Landschaftsangaben (z. B. „nördl. Eisenach-Erfurt-Naum-
burg" oder „südl. des Thür. Waldes") werden ansonsten seltener
verwendet gegenüber der Nennung von Sprachlandschaften, die
dem Leser zum Einprägen auf einer Karte geboten und im Kapitel
„Dialekte und Dialektforschung in Thüringen" auch ausführli-
cher erläutert worden sind. Teile von Sprachlandschaften haben
nähere Lagebezeichnungen erhalten, wie z. B. „öOThür" (= im
östlichen OThür), „söHennb" (= im südöstl. Hennb), „mittl.
IlmThür" (= im mittleren IlmThür), „ob. Schwarza" (= an der
oberen Schwarza). Zitiert werden die Sprachlandschaften in einer
Reihenfolge, die vor allem den horizontalen Zusammenhängen
Rechnung trägt. In der Regel beginnt die Zitierung mit der jeweils
nördlichsten Verbreitung und wird dann von Westen nach Osten
fortgesetzt. Nach NThür folgt demnach NOThür, dann er-
scheint die zentrale Reihe WThür ZThür IlmThür OThür
SOThür und schließlich Hennb Itzgr. Je nach der Hauptverbrei-

tung eines Wortes wird von dieser Reihenfolge auch abgewichen. Die außerdem oft angegebenen Unterlandschaften Eichsf, Mansf, Rhön, obere Schwarza dienen der Abgrenzung von Wörtern, die besonders in diesen allgemein bekannten Gebieten üblich sind und vermutlich eine bessere räumliche Vorstellung gewähren als etwa wNThür wNOThür nwHennb sIlmThür. Es sei jedoch darauf hingewiesen, daß die starren Grenzlinien einer Sprachlandschaft keine absolute Geltung haben für jede Verbreitungsangabe, sondern lediglich einen ungefähren Rahmen darstellen. Wortgut, dessen Bedeutungserklärung ohne Gebietsangabe oder mit dem Hinweis „allg" (= allgemein) versehen ist, gilt im gesamten Wörterbuchgebiet, hat aber zumeist noch eine konnotative Bedeutung oder steht als schd. Bedeutung neben dialektalen Varianten.

Dialektwörter rivalisieren in benachbarten Sprachlandschaften nicht nur öfters miteinander, sondern sind als Widerspiegelungen von Veränderungen im Arbeitsleben, in Verhaltensweisen und im Brauchtum auch existentiell vergänglich oder dem Ansturm schriftsprachlicher oder umgsprl. Ausdrücke ausgesetzt, so daß dann keine flächendeckende Gebräuchlichkeit eines Wortes erkennbar ist. Ohne nähere Begründung wird ein solcher Zustand mit den einschränkenden Kennzeichnungen „verstr." oder „selt." vor den Gebietsangaben versehen, zuweilen auch mit „vorwieg.", wenn eine Beleghäufung dies für eine bestimmte Sprachlandschaft gestattet, oder mit „umgsprl." (= umgangssprachlich), wenn ein überregionaler oder städtischer Ausdruck bereits die Oberhand gewonnen hat.

Dabei muß neben der räumlichen Verbreitung oft auch die zeitliche Beschreibungsebene einbezogen werden. Im allgemeinen veranschaulicht das vorliegende Wörterbuch den dialektalen Wortschatz der 1. Hälfte dieses Jahrhunderts. Bereits für diesen Zeitabschnitt wird aber von manchem Wortgut berichtet, daß es veraltet (= ausgestorben) ist. Gravierender machen sich jedoch die gesellschaftlichen, wirtschaftlichen und technischen Umwälzungen der Folgezeit bemerkbar, so daß aus späteren Erhebungen oft nur noch ein Sprachbesitz gefolgert werden kann, der lediglich als Erinnerung besteht und auf die ältere Generation beschränkt ist. Dieses Aussterben von Wörtern ist nur in grober Weise zeitlich zu fixieren, da es sich in den einzelnen Sprachlandschaften je nach Beharrsamkeit im Dialektgebrauch recht unterschiedlich vollzieht und auch von einem gruppentypischen Verhalten in bestimmten Domänen des dörflichen Lebens beeinflußt wird. Hinweise wie „veraltend", „veraltet" oder „früher" sollen zumindest annähernd die „Biographie" eines Wortes auf der Zeitachse charakterisieren. Nur selten können so genaue zeitliche Angaben gemacht werden wie beispielsweise bei *Leikauf* oder *Weinkauf,* wo administrative Verordnungen der Kriegs- und Nachkriegszeit den freien Viehhandel verboten und damit zum Wortverlust geführt haben. Dem Leser mögen solche Hinweise oder auch fehlende zeitliche Hinweise Anlaß sein, seine eigenen Erfahrungen ergänzend einzubringen.

In einem Dialektwörterbuch dominiert der Fachwortschatz der bäuerlichen Bevölkerung und des dörflichen Handwerks. Wie üblich wird jedoch davon abgesehen, solches Wortgut als „fachsprl." zu kennzeichnen. Diese Charakterisierung bleibt vielmehr dem Wortschatz nichtbäuerlicher Berufe vorbehalten (z. B. aus der Bergmannsprache *Fahrt* ,Leiter', *Laufkarren* ,Schiebekarren'). Eine soziale oder gruppensprachliche Bindung wird auch angezeigt bei Wörtern, die dem Rotwelsch oder dem Jiddischen entstammen (z. B. bei *Maium, Scheeks, Schickse).*

Während die meisten Worterklärungen einen Sachverhalt in völliger Neutralität nur inhaltlich wiedergeben, gibt es Wörter, Wendungen und Redensarten, die auf eine bestimmte Wirkung abzielen und somit auch eine stilistische Markierung aufweisen. Mit den Anmerkungen „scherzh., kosend, iron., salopp, spöttisch, abwertend, derb, vulgär" wird auf solche Bewertungen gleichfalls aufmerksam gemacht.

Volkskundliche und etymologische Angaben

Mundartkunde und Volkskunde sind unzertrennliche Geschwister. Beider Studienobjekte sind Kultur und Lebensweise von unteren Sozialschichten bei hochzivilisierten Völkern. Dennoch kann Volkskundliches in einem Dialektwörterbuch nur Aufnahme finden, wenn es sprachlich geformt ist und eine dialektale Prägung aufweist. Dies ist im thür. Sprachraum sehr oft der Fall, so daß dem Leser mit Dialektwörtern und Redensarten auch ein vielfältiger Ausschnitt volkstümlicher Sachverhalte vermittelt wird, sei es bei der Beschreibung von Sachgütern (z. B. bei *Alkoven, Blase, Hotze, Kannenbrett, Lade, Lappentütz, Leibchen, Metze, Zinnkraut, Zinshahn)*, sei es bei der Darbietung von Brauchtum und Aberglaube (z. B. bei *Bornfege, Christkind, Drachen[1], Fastnacht, Frischegrüne, Himmelsbrief, Osterfeuer, -wasser, Walpurgis* oder *beschreien, versehen)*, bei Kinderspielen und Spielzeug (z. B. *Anschlagens, Eierwerfen, Märbel)* bis hin zu Kinderreimen und Rätseln. Volkskundlich relevant sind auch Speisen und Getränke (z. B. *Abendsuppe, Bröckelkloß, Hütes, Kräpfel, Zichorie)* und ebenso die vielen bildhaften Bezeichnungen und oft spielerischen Umdeutungen bei Pflanzen, Früchten und Kleintieren (z. B. für Löwenzahn, Tannenzapfen oder Gans, Huhn, Kälbchen, Kaninchen, Küken, Maikäfer, Marienkäfer, Maulwurf, Schmetterling). Auch Redensarten, Sprichwörter, Wetterregeln entstammen vielfach der Lebenserfahrung „einfacher Leute" und bezeugen ihre dialektale Herkunft oft schon durch einen nur in der Mundart möglichen Reim, z. B. *zwösche Schwiecher* (Schwiegermutter) *un Schnur* (Schwiegertochter) *gehört a ieser Tur.* All dies berechtigt dazu, daß die vorliegende Wortschatzsammlung auch als Beitrag oder gar als ein kleines Wörterbuch zur thüringischen Volkskunde angesehen werden kann.

Wenn ein Erklärungsbedarf vermutet wird, verzeichnet das „Kleine thüringische Wörterbuch" am Ende eines Artikels auch Hinweise zur Herkunft eines Wortes, indem sowohl historische Vorstufen bei germ.-deutschem Wortgut als auch Fremdsprachen angeführt werden, denen das Wort entstammt. Lautgeschichtliche Entwicklungen und Entlehnungsvorgänge können jedoch nur in Ausnahmefällen erörtert werden, etwa bei *Rahm*, wo sogar die Schriftsprache sich einer Mundartform bedient, bei *gokeln*, dessen lautgesetzlicher Zusammenhang mit *gaukeln* wohl nur von wenigen erkannt werden dürfte, oder bei *Kofent*, dessen Entstehung aus ‚Konvent' auch von kulturgeschichtlicher Bedeutung ist. Für einige Dialektwörter gibt es noch keine schlüssige etym. Erklärung (z. B. *Dämse, Deise, Gippchen)*, bei anderen ist die Meinungsbildung recht uneinheitlich (z. B. bei *Bemme, Herrscheklaus)*, was dem Leser nicht vorenthalten werden soll. Mit dem Vorbehalt der Irrtumsmöglichkeit werden auch eigene Herleitungsversuche geboten (z. B. bei *alsan, Atzel, Bersch, Dorle, Gretelfleisch)*.

Zur Lautschrift

Eine der Mundart angepaßte Schreibweise wird sowohl bei der Artikelgestaltung als auch in den Mundartproben benötigt. In der wissenschaftlichen Dialektliteratur bedient man sich einer Lautschrift, die phonetische Merkmale möglichst getreu wiederzugeben versucht. Für viele Leser unseres Wörterbuchs wäre diese Umschrift nicht geeignet, weil sie Sonderzeichen enthält, die nur wenigen bekannt sind und deshalb mehr verwirren als spontanes Verständnis auslösen. Zweckmäßig ist hingegen eine Schreibweise, wie sie auch von Mundartschriftstellern verwendet wird. Hierbei genügen die Buchstaben des schd. Alphabets, wobei allerdings in Kauf genommen wird, daß dem Leser einige besondere Lautmerkmale verborgen bleiben könnten, z. B. die dunkle, nach o neigende oder die helle nach ä neigende Aussprache des a, ebenso die palatale oder velare Artikulation des ch (wie in „ich" und „ach") und auch der nahezu im gesamten Thüringischen herrschende Zusammenfall von p und b oder t und d sowie in- und auslautend auch k und g. Aktive Sprecher und passive Kenner eines Dialekts werden jedoch gefühlsmäßig die entsprechende Lautnuance erkennen und bei lautem Lesen auch treffsicher artikulieren, so daß in den Satzbeispielen und Mundartproben die dargebotene Schreibweise ausreicht. Vermieden

wird aber die unter thür. Schriftstellern weit verbreitete Kenn-
zeichnung eines Lautes zwischen i und e durch *ö* oder die *oa*-
Schreibung eines dunklen a-Lautes, da sie Lautungen suggerie-
ren, die in einigen Landesteilen tatsächlich vorhanden sind.

Bei den Lautformen am Ende eines Artikels wird der schrift-
sprachliche Konsonantismus gleichfalls weitgehend beibehalten,
also z. B. *p(p)*, *t(t)*, *ck*, *pf*, *tz*, *z*, *sp*, *st* geschrieben und nur bei nach-
drücklicher Kennzeichnung der Mundartnähe auch zu *b(b)* bzw.
d(d) übergegangen. Als Zugeständnis an die mdal. Lautung wer-
den die Tenues p und t im Wortanlaut vor Vokalen aber mit *B-*, *b-*
bzw. *D-*, *d-* wiedergegeben und ebenso Pr-, pr-, Pl-, pl-, Tr-, tr- als
Br-, *br-*, *Bl-*, *bl-*, *Dr-*, *dr-* geschrieben. Strenger geregelt ist auch die
Markierung von Kürze und Länge eines Vokals, da die dialekta-
len Quantitätsverhältnisse nicht ohne weiteres erkennbar sind.
Eine vom Schd. abweichende Lautquantität wird deshalb durch
Doppelschreibung des Vokals bei Länge (z. B. *Saatel* ‚Sattel‘,
Buuz ‚Butz‘, *Kaaf* ‚Kaff‘, *Knuust* ‚Knaust‘) oder bei Kürze durch
Doppelschreibung des Konsonanten (z. B. *Gribbs*, *Griwwes*
‚Griebs‘, *Hünner* ‚Hühner‘) gekennzeichnet. Dieser Regelung fol-
gen in Zweifelsfällen sogar die ungewöhnlichen Schreibungen
chch oder *schsch* (z. B. *Kichchen* ‚Küken‘, *Duschsch* ‚Dausch‘). Wie
im Schd. kommen natürlich auch *h* und *ie* als Länge-Hinweise zur
Anwendung. Um Mißverständnisse auszuschließen bei Di-
phthongen, die ein schwachtoniges e enthalten, wird dieses e als *ä*
geschrieben (z. B. *liäb* ‚lieb‘). Unbetontes reduziertes e in Endun-
gen bleibt wie im Schd. unbezeichnet. Mit *ei* wird gemäß schd.
Schreibung der eigentlich *ai* bzw. *ae* gesprochene Diphthong wie-
dergegeben, während *äi* dann die engere Variante meint (z. B.
feist, *fäist* ‚feist‘).

Die Darbietung der Lautform unterbleibt, wenn ein Stichwort
keine wesentlichen Lauteigenheiten aufweist oder wenn in den
Satzbeispielen bereits die gängigen Lautvarianten genannt wor-
den sind. Nicht berücksichtigt werden in der Regel die Nasalie-
rung eines Vokals, der Wandel von l > *u* und von ch > *sch*, die
Kennzeichnung des r als alveolar oder uvular und auch die Über-
gänge von anl. g- > *j-*, *ch-* im nordöstl. Wörterbuchgebiet oder von
kl-, gl-, kn-, gn- zu *dl-*, *dn-* im SO Thür. Über diese Lautentwick-

lungen gibt ein Beiband zum „Thüringischen Wörterbuch" nähere Auskünfte. Vom Schd. abweichende oder unklare Betonungsverhältnisse werden teils verbal, teils durch Akzentzeichen angegeben.

Hinzuweisen ist schließlich darauf, daß die Lautformen am Schluß eines Artikels beim Substantiv auf den Nom. Sg. bezogen sind, beim Verb jedoch nicht, wie sonst in Wörterbüchern üblich, auf den Infinitiv, sondern auf die Pl.-Endung -en der 1. 3. Pers., weil hierbei nur der n-Abfall im sWThür Hennb vernachlässigt werden muß, während die Endungsverhältnisse beim Inf. weiträumig differieren; denn nur im nNOThür, am Südrand des SOThür und im äußersten Nordwesten des Eichsfelds gilt -en, sonst -e, und völliger Endungsabfall ist im WThür wZThür Hennb Itzgr eingetreten (*lachen, lache, lach* beim Inf. von ‚lachen').

Verzeichnis der Abkürzungen

Adj.	Adjektiv	ehem.	ehemalig, ehemals
adj.	adjektivisch		
Adv.	Adverb	Eichsf	das Eichsfeldische
adv.	adverbial		
afrz.	altfranzösisch	eigtl.	eigentlich
		ellipt.	elliptisch
ahd.	althochdeutsch	engl.	englisch
ähnl.	ähnlich	etw.	etwas
Akk.	Akkusativ	Etym.	Etymologie
allg.	allgemein	etym.	etymologisch
anl.	anlautend	f., Fem.	Femininum
anord.	altnordisch	fachsprl.	fachsprachlich
arab.	arabisch	flekt.	flektiert
Art.	Artikel	FlN	Flurname(n)
asächs.	altsächsisch	FN	Familienname
asorb.	altsorbisch	folg.	folgend(e)
Attr.	Attribut	fränk.	fränkisch
attr.	attributiv	frühnhd.	frühneuhochdeutsch
bair.	bairisch		
Bd., Bde.	Band, Bände	frz.	französisch
Bed.	Bedeutung	Fut.	Futur
bes.	besonders	Gen.	Genitiv
Bsp.	Beispiel(e)	germ.	germanisch
best.	bestimmt	got.	gotisch
bzw.	beziehungsweise	gr.	griechisch
		hebr.	hebräisch
ca.	zirka	Hennb	das Hennebergische
dass.	dasselbe		
Dat.	Dativ	hennb.	hennebergisch
Dem.-	Demonstrativ-	hess.	hessisch
d. h.	das heißt	idg.	indogermanisch
Dim.	Diminutiv		
dt.	deutsch	IlmThür	das Ilmthüringische
ebd.	ebenda		
ebs.	ebenso	Imp.	Imperativ

Indef.-	Indefinitiv-
Inf.	Infinitiv
inkl.	inklusive
insbes.	insbesondere
Interj.	Interjektion
Interrog.-	Interrogativ-
intrans.	intransitiv
iron.	ironisch
ital.	italienisch
Itzgr	das Itzgründische
Jh.	Jahrhundert
jidd.	jiddisch
jmd.	jemand(em), -en
kath.	katholisch
Komp.	Komparativ
Konjunkt.	Konjunktion
Kons.	Konsonant(en)
Kt., Ktn.	Karte(n)
lat.	lateinisch
Lautf.	Lautform(en)
litsprl.	literatursprachlich
m., Mask.	Maskulinum
männl.	männlich
Mansf	das Mansfeldische
md.	mitteldeutsch
Mda, Mdaa	Mundart(en)
mdal.	mundartlich
mhd.	mittelhochdeutsch
mittl.	mittleres
mlat.	mittellateinisch
mnd.	mittelniederdt.

N	Nord(en)
n	nördliches (vor Gebietsangaben)
n., Neutr.	Neutrum
nd.	niederdeutsch
ndl.	niederländisch
nhd.	neuhochdeutsch
Nom.	Nominativ
nördl.	nördlich
NOThür	das Nordostthüringische
nsorb.	niedersorbisch
NThür	das Nordthüringische
Num.	Numerale
O	Ost(en)
ö	östliches (vor Gebietsangaben)
ob.	obere
obd.	oberdeutsch
Obj.	Objekt
ofränk.	ostfränkisch
o. G.	ohne Geschlecht
o. J.	ohne Jahresangabe
omd.	ostmitteldeutsch
ON	Ortsname(n)
osächs.	obersächsisch
osorb.	obersorbisch
östl.	östlich
OThür	das Ostthüringische

Part.	Partikel	span.	spanisch
Perf.	Perfekt	spätlat.	spätlatei-
Pers.-	Personal-		nisch
phon.	phonetisch	spätmhd.	spätmittel-
Pl.	Plural		hoch-
Pl.tant.	Pluraletantum		deutsch
PN	Personenna-	-spr.	-sprache
	me(n)	-sprl.	-sprachlich
poln.	polnisch	sth.	stimmhaft
Poss.-	Possessiv-	stl.	stimmlos
präd.	prädikativ	stsw.V.	starkes und
Präp.	Präposition		schwaches
präp.	präpositional		Verb
Präs.	Präsens	st.V.	starkes
Prät.	Präteritum		Verb
Pron.	Pronomen	Subj.	Subjekt
Pt.	Partizip	Subst.	Substantiv
RA	Redensart(en)	subst.	substanti-
refl.	reflexiv		viert
RN	Rufname(n)	südl.	südlich
rom.	romanisch	Sup.	Superlativ
rotw.	rotwelsch	sw.V.	schwaches
S	Süd(en)		Verb
s	südliches (vor	Syn.	Synony-
	Gebietsanga-		m(e)
	ben)	syn.	synonym
s.	siehe	Thür	Thüringen
schd.	schriftdeutsch	thür.	thüringisch
scherzh.	scherzhaft	trans.	transitiv
selt.	selten	tschech.	tschechisch
Sg.	Singular	u.	und
Sg.tant.	Singularetan-	u. a.	und ande-
	tum		re(s)
slaw.	slawisch	u. a. m.	und ande-
sorb.	sorbisch		re(s) mehr
SOThür	das Südostthü-	Übertr.	Übertra-
	ringische		gung

übertr.	übertragen	weibl.	weiblich
umgsprl.	umgangs-	westl.	westlich
	sprachlich	wgerm.	westgerma-
unbest.	unbestimmt		nisch
urgerm.	urgermanisch	wmd.	westmittel-
urslaw.	urslawisch		deutsch
USpr	Umgangsspra-	wslaw.	westslawisch
	che	WThür	das Westthü-
usw.	und so weiter		ringische
V.	Verb	z. B.	zum Beispiel
vgl.	vergleiche	zig.	zigeunerisch
verstr.	verstreut	z. T.	zum Teil
vogtl.	vogtländisch	ZThür	das Zentralthü-
volksetym.	volksetymolo-		ringische
	gisch	Zuss.	Zusammen-
vorwieg.	vorwiegend		setzung(en)
vulgärlat.	vulgärlateinisch	→	Verweisun-
W	West(en)		g(en)
w	westliches (vor	<	entstanden aus
	Gebietsanga-	>	geworden zu
	ben)	*	erschlossene
Wb.	Wörterbuch		Form

Aalewand, Aanewand → *An(e)wand.*

abäschern → *äschern 3.*

abbeten sw.V. ‚Abbitte tun, um Verzeihung bitten für etwaiges Fehlverhalten' (als Brauch der Konfirmanden gegenüber den Paten, dem Lehrer und Pfarrer) veraltet SOThür öItzgr; iron. *en liem Gott de Fieße obbate* ‚allzuoft zur Kirche gehen' Eichsf. Auch **abbitten, Abbitte** *tun* veraltet sIlmThür SOThür nwItzgr sHennb. Zuweilen auch brieflich ausgeübter Brauch. → *Patenabbitte.*

Abbiß m. als Schmähung in der RA *du bist des Teiwels Obbiß!* selten und veraltend.

abblatten sw.V. ‚die äußeren Rüben- oder Kohlblätter zu Futterzwecken ausbrechen' neben **blatten** verstr.

Abendbock m. ‚ein fiktives Nachtgespenst' (als Warnung für Kinder) öOThür; *gieh heem, der Oomdbuck kimmt!*

Abendbrot n. wie schd. im NOThür ö,sZThür IlmThür OThür nSOThür, sonst selt. neben → *Abendessen, Nachtbrot, -essen, -suppe.*

Abendessen n. ‚Abendbrot' Hennb Itzgr, verstr. sZThür sIlmThür, Südrand SOThür.

aber Konjunkt. **1.** wie schd., allg., veraltend als Verstärkung *awwerscht* nNThür Mansf. – **2.** ‚oder' verstr. OThür SOThür Itzgr, ob. Schwarza, selt. NOThür Hennb, doch veraltend; *sprich joo awwer nee!, ieber korz ober lang.*

äber → *äper.*

abere Adv. ‚hinab, abwärts' Hennb (außer Rhön), selt. Itzgr; *der* *soll me den Buckel aawere hötsch!,* übertr. *s gett aawere met öhr* ‚sie wird bald sterben'. Vielleicht reduziert aus *abher.*

abhänden Adv. meist abwertend in der Wendung *nicht abhänden gehen* ‚sich nicht abweisen lassen, lästig sein' verstr. öZThür Mansf, sonst selt.; *dar gieht mer nich abhängen.*

abhin Adv., ‚entlang von etw. (abwärts)' sWThür Hennb; *hä springt en Wiesegrond ahie;* auch **aberehin** söHennb.

äbich(t), äbisch(t) Adj., Adv. **1.** ‚verkehrt(herum), umgewendet, rückseitig, linksherum' verstr. sIlmThür öOThür, SOThür (außer S-Rand), Itzgr sHennb; *host je de aabchte Seite haußen* (von Kleidungsstücken), *de hot de Strempfe aabicht oan,* auch *ar kann aabschtrim tanze.* Substantiviert **Äbich(t)e** f. ‚Ohrfeige (mit dem Handrücken)' öOThür öSOThür; *du kreist glei ne Aabichte! –* **2.** ‚schlecht, übel' verstr. OThür; *s is mer racht aabch gegang,* auch *s gieht aabch,* ‚es mißglückt'. – **3.** ‚albern, dämlich, sonderbar' verstr. OThür nSOThür, selt. nIlmThür Hennb; *e aabcher Karl* (Kerl). – **4.** ‚eitrig, bösartig (von Wunden)' Eichsf n,wWThür, südl. Mühlhausen, auch ‚Entzündungen verursachend' *kratz net, Fengernaal sen absch.* – Lautf.: *aabich(t), -w-, aabch(t), aabsch(t),* abweichend *äff(i)ch, affch, äffg* sHennb, *ächchet(s), achchets* Itzgr, in Bed. 4 *ebbich* nEichsf, sonst *abbsch, äbbsch, ibbsch,* doch *eemisch, eemsch, eemich* swWThür. Zu mhd. *ebech, ebich, ebch* ‚ab-, umgewendet, verkehrt, böse'.

abkrüppeln sw. V. in der saloppen RA *er krepelt bale ab,* wird bald sterben' verstr. NOThür nOThür.

abkündigen sw. V. ‚etw. bekanntmachen von der Kanzel' (meist eine Geburt oder den ersten Kirchgang einer Wöchnerin) söNThür NOThür OThür SOThür, selt. WThür ZThür. Auch **Abkündigung** f. für diese Bekanntmachung.

ablappen sw. V. ‚heftig tadeln, schelten' NOThür OThür SOThür, sonst selt.; *den hawwich awwer abjelappt!*

ableeren sw. V. ‚Beeren, Obst pflücken' SO-Rand SOThür.

ablöckern sw. V. ‚etw. mit List ablocken' wNThür WThür Hennb, sonst selt.; *paß uf, dar well dech nür dos Gald oblecker!*

abmachen sw. V. speziell ‚Getreide (Gras) mähen' verstr. wNThür wWThür sSOThür, sonst selt.; dafür **herabma-**

chen verstr. sWThür Hennb Itzgr sIlmThür. Auch ‚Bäume fällen' vorwieg. ob. Schwarza.

abmarachen sw. V. refl. ‚sich überanstrengen, plagen (bei der Arbeit)' verstr. öNThür NOThür IlmThür OThür SOThür, sonst selt.; *där maracht sich ab un färtch wärd er doch niche.* Auch **abmaracken** wNThür, selt. Rhön Itzgr, **abmarackern** selt. Eichsf, **abmaracksen** verstr. Hennb (außer Rhön). Wohl rotw. Wort.

abnehmen st. V. speziell ‚fotografieren' verstr. u. veraltend.

abputzen sw. V. speziell ‚den Weihnachtsbaumschmuck abnehmen und den Baum entfernen' verstr. wNThür WThür, sonst seltener; *nooch Neijohr werd dar Chrisbaum abgepotzt.*

abraffen sw. V. ‚die Getreidehalme hinter dem Schnitter oder der Mähmaschine (mit der Sichel) aufnehmen und zu Garben zusammenlegen' als typische Frauenarbeit früher allg. – Lautf. von N nach S: *(ab)rapen, -rappen, -raffen,* im Hennb Itzgr **(ab)raffeln.**

absolvieren → *observieren.*

abstehen st. V. speziell ‚sterben, verenden' selt. und veraltend; *ich doochte, ich mitte obstiehe,* Küken im Ei *senn oogestanne* (z. B. nach starker Erschütterung in der Nähe). Auch **absteigen** st. V. selt. WThür nHennb; *de Kichchen* (Küken) *senn obgesteechen.*

abtanzen sw. V. ‚nach einem Tanz um Mitternacht des Hochzeitstages Brautkranz und Brautschleier ablegen' verstr., doch im sZThür sIlmThür sOThür öItzgr dafür meist **austanzen.** Als Zeichen des Ehestandes wurden der Braut eine Haube, dem Bräutigam eine Zipfelmütze aufgesetzt.

abtraschen sw. V. refl. ‚sich abhetzen, abrackern (bei der Arbeit)' verstr. NOThür öZThür OThür öSOThür, selt. nIlmThür.

Abtreugetuch n. ‚Tuch zum Abtrocknen, Geschirrtuch' nEichsf öOThür. – Lautf.: *Abtrie-, Abtreichetuch.* → *treuge.*

Abtritt m. ‚Abort' allg. neben zahlreichen Umschreibungen, übertr. auch ‚der im Abort befindliche Kot' *dar Obtritt wor vull bis ans Braat.* Wetterregel: *där Abtriet stenkt, es wörd anner Waater.*

abtröckeln sw. V. ‚abtrocknen' (z. B. die Hände am Handtuch, das Geschirr nach dem Abwasch) WThür w,sZThür Hennb Itzgr, ob. Schwarza. – Lautf.: *-tröckeln, -ü-, -e-, -i-.*

Abtröckeltuch n. **1.** ‚Tuch zum Abtrocknen' WThür Hennb, ob. Schwarza, neben **Tröckeltuch, -lappen** Itzgr, neben *Tröckellappen* s ZThür. – **2.** ‚Handtuch' selt., ebd.

abtrumpfen sw. V. ‚heftig schelten, zurechtweisen' selt. NThür Mansf ö ZThür IlmThür Hennb.

Abwandung f. ‚breite Grenzfurche zwischen zwei Äckern' Hennb Itzgr. – Lautf.: *Aa-, Oowanning.* → *An(e)wand.*

abziehen st. V. speziell ‚die Arbeitsstelle wechseln' (vom Gesinde des Bauern) NThür NOThür n,ö WThür ZThür IlmThür OThür SOThür, wobei der **Abzug** gewöhnlich zu Neujahr oder Lichtmeß erfolgte; *Neijor werd abgezoon.* Auch bloß **ziehen** verstr. NOThür n Itzgr.

Abzucht → *Agezucht.*

Achel f. ‚Granne an der Gersten- oder Roggenähre' O-Rand NOThür. – Lautf.: Pl. *Acheln,* doch meist mit *h*-Vorschlag *Hacheln.* Zu ahd. *ahil* ‚Ährenspitze'.

Achsel[1] f. ‚Schulter' allg. außer NThür n NOThür WThür nw ZThür, wo **Schulter** gilt oder vorherrscht; *hä nimmt's of de licht Assel* ‚ist leichtfertig'; *dar treet uf zwee Ochseln* ‚ist unzuverlässig', hierzu **Achsel(s)träger** ebd. und **Zweiächsler** sö OThür nö SOThür. – Lautf.: *Achsel, Assel, Astel, O-.*

Achsel[2] f. ‚Radachse' mittl. NThür, selt. ob. Schwarza.

achtchengeben st. V. ‚aufpassen' NOThür OThür, selt. ö N-Thür ZThür IlmThür; *gibb uf'n Wääch achtchen un gehk hibsch sachtchen!* – Mit Dim.-Suffix *-chen* leicht kosend.

Achtelchen, Achterchen n. speziell ‚ein achtel Liter (Schnaps)' veraltend; *e Nächterle zeviel, kummt har, ihr Haiser!* – Lautf.: *Achtelchen, -le, Achterchen, -le,* doch *Nachterchen, -le, Nächterle* ö OThür sö SOThür, wobei das anl. *n-* aus dem vorhergehenden Artikel ‚ein' angewachsen ist.

Ackermann m. ‚Landwirt' Eichsf; RA *än Ackermann äs än Plakkermann.*

Ackermännchen n. ‚Bachstelze' NThür NOThür, WThür (außer S-Rand), ZThür, sonst selt., nicht Hennb s SOThür.

ackern sw. V. ‚pflügen' allg. außer n,ö NThür NOThür, wo **pflügen** gilt, im sw NThür nw ZThür auch veraltend **ären.**

Adel m. ‚Jauche' nw NThür sö SOThür; *frieher saate me Adel,* *hitte Jauche.* Hierzu **Adelhätsch(e)** f. ‚Elster' veraltend sSOThür.

adieu Interj. ‚auf Wiedersehen!' Abschiedsgruß tagsüber bis Anfang des 20. Jhs.; *adjee minanner!, hadchee, lab wuhl un kumm bald wedder!* – Lautf.: *(h)adjee, -chee, (h)adschee, (h)adchees.* Von lat. *ad Deum* über frz. *adieu* ‚Gott befohlen'.

affen sw. V. ‚vornehm tun' selt. sNOThür öOThür.

Aftere(s) n. ‚minderwertige Körner und Unkrautsamen als Abfall beim Scheunendrusch' öSOThür, auch **Afterich, Äfterich** sHennb Itzgr. Bedeutet etwa ‚das Nachfolgende' wie auch in **Aftergrumt** ,3. Grasschnitt' swHennb nItzgr, **Afterkorn** ,Roggen im 2. Jahr auf demselben Acker' sWThür nHennb, **Aftermehl** ,nachgemahlenes, minderwertiges Mehl' sWThür Hennb Itzgr und mit nd. Lautung *Achtermehl* nEichsf.

Age f. (meist Pl.) **1.** ‚Spreuabfall bei der Flachsbearbeitung' WThür ZThür sIlmThür Hennb Itzgr. Mit der Sache veraltet. – **2.** ‚Waldbodenstreu aus Baumnadeln' ob. Schwarza. – **3.** ‚Granne an der Gersten- oder Roggenähre' n,öNThür, NOThür (außer O-Rand), verstr. nItzgr, selt. WThür ZThür. – Lautf.: Pl. *Aachen* im NThür NOThür, *Oochng, Ou-* im Itzgr, mit *h*-Vorschlag (wie bei → *Achel*) zu *Haachen* im mittl.NThür sowie mit g-Schwund und Ersatz durch *-m-* zu *Haimen* im swNThür nöWThür nwZThür, → *Hebe.* Sonst meist kontrahiert *Annen, Ä-, Ö-, U-, Ü-, Ann(e)chen* (vor allem in Bed. 1 und 2). Zu mhd. *agen(e)* ‚Spreu'.

Agezucht f. ‚Abflußkanal für Abwässer und Jauche' swNThür söWThür w,sZThür sIlmThür SOThür, doch weiträumig umgedeutet zu **Abzucht,** im nwNThür söHennb Itzgr zu **Abzug.** – Lautf.: *Aazucht, Au-, Äu-, Ei-, Eezucht.* Auf vulgärlat. *aquaeductus* beruhend.

Ahle f. ‚Werkzeug zum Durchstechen von Leder' vorwieg. söHennb nwItzgr sZThür sIlmThür söOThür SOThür, verstr. söItzgr, sonst selten neben → *Pfrieme(n)* u. anderen Syn., häufig auch **Schuh-, Schusterahle.** – Lautf.: *Ahle, Ohle, Oahle.*

äksern sw. V. ‚jmd. quälen, ärgern, verspotten' wNThür nöZThür nIlmThür OThür SOThür, sonst selt.; *dar ecksert enn bis* *uff's Blut*. – Lautf.: *äcksern, äckstern*. Etym. unklar, vielleicht zur Interj. *äks!* ‚pfui!'.

Alber m. ‚alberner Mensch, Tölpel' swHennb wItzgr; *mei Muu (Mann) ist so ä richticher Ökwer.* Auch **Alberer** öItzgr, **Alberbach** verstr. Itzgr. selt. ZThür, weniger grob **Alberjan** selt. wNThür WThür nöHennb.

alert Adj. ‚flink, munter, gesund' verstr. sHennb Itzgr, sonst selt. und überall veraltend; *in zwää Tööne* (Tagen) *woar ich widder allaa(r)d*, RA *immer allärt un lustich, do wärd das Jäld nich rustich* (rostig). Zu frz. *alerte.*

Alkoven m. ‚kleine, meist fensterlose und durch einen Vorhang vom Wohnraum abgetrennte Schlafstätte neben dem Ofen' verstr. wNThür WThür ZThür öItzgr, doch veraltet; *dor Grußvoater on de Grußmotter schluffen frieher in Alkofen.* Verkürzt zu **Alk** m. nöWThür swNThür. – Aus arab. *al-qobbah* ‚Gewölbe, Zelt' über span. *alcoba* ‚Schlafgemach' und frz. *alcôve* um 1700 ins Dt. gelangt.

all(e) Adv. speziell ‚schon, bereits' NThür (außer söNThür), nNOThür; *häst' an alle bezohlt?, wie ich an Bahnhoff komme, is der Zog all furt.* Eine typisch nd. Bedeutungsvariante.

alleben Adv. ‚eben deshalb' verstr. NThür nNOThür, verstärkend *drum allawen!*

allehaufe Indef.-Pron. ‚alle zusammen, alle miteinander' nNOThür, selt. nNThür; *war sall änn far eich allehope kochen?, wemmer jehn, jehmer allehofe.* Zumeist mit nd. Lautung *-hope.*

alleher Adv. ‚soeben' S-Rand WThür, nRhön; *(e)leerd is ha nuisgegange.* Meist verkürzt zu *leerd*, dabei Dentalantritt.

alle meine Lebtage → *Lebtag.*

allenden Adv. ‚überall' söWThür Hennb Itzgr öOThür, selt. wNThür; *ä fläzt sich allängen hin bie ä Buir* (Bauer), *öllenden wursch bekannt*, RA: *es gitt allenne ebbes ufzelase, me muß när e Säckle mitnahm.* – Erstarrter Dativ aus *an allen Enden.*

alleritt(e) → *Ritt.*

allerwärts Adv. ‚überall' verstr. wNThür, selt. nZThür öOThür nSOThür, auch *allerwärtsig* Mansf, selt. nIlmThür.

allerwegen(s) Adv. ‚überall' NThür NOThür öZThür IlmThür OThür, SOThür (außer S-Rand); *allerwäächens word mer* *aanjehalten.* Daneben auch **allerwend;** *dar hot säne Aachen ollerwend, Preiselbeeren wochsen bei uns ollerwend.*

alleweile Adv. **1.** ‚jetzt, soeben, gegenwärtig' verstr., doch selt. Eichsf s Hennb Itzgr SO Thür; *s wur sinst nich su viel Fleesch gassen wie olleweile, bas hät'ann der Seiher allwie geschluigen?* – **2.** ‚fortwährend, immerzu' verstr. Itzgr s SO Thür; *allewall ko mer net lustig saa.* Lautf.: *alleweile, -wiel(e), -will(e), allwie(l), awiel, awill.*

allzen → *alsan.*

allzuhand → *oste(n).*

Alme f. ‚Brotschrank' veraltend öO Thür, O-Rand SO Thür. – Lautf.: *Alme, O-, U-;* entlehnt aus mlat. *almaria* < lat. *armarium* ‚Waffenbehältnis'.

als Adv. ‚immer, fortwährend' W Thür n Hennb, sonst selt.; *ha is als(t) kraank gewast;* häufig auch **alsfort, alszu** ‚immerzu' ebd. – Lautf.: *als* und mit Dentalantritt *alst.* Wohl zu mhd. *allez* (Akk. Sg. Neutr. zu ‚all') ‚immer, schon'.

alsan, alsanig Adv. ‚sofort, sogleich' s Hennb Itzgr, verstr. ob. Schwarza; *ich hoo mich oll(s)en uf de Socken gemacht; ich bin ollzich widder do.* – Lautf.: *allzen, allnse(n), ollsen, ollzen, ollen, ollden, ollnzich, ollzich,* vielleicht hierzu auch *oalsch(t), alsch(t), oalcht, oalicht* ob. Schwarza. → *oste(n).* Die Formenvielfalt ist wohl auf mhd. *alzane, alzen* (< *allez, ane)* mit der Bed. ‚immer fort, soeben' zurückzuführen, wobei die Endungen *-ich* und mit dem dortigen Wandel von ch > sch auch *sch(t)* möglicherweise zu *anig* ‚fort, weg' gehören; → *ane.*

alterieren sw. V. **1.** ‚sich aufregen, ärgern' selt. und veraltend; *där kaa sich üwer ölls alterier.* – **2.** ‚sich bessern' in der Wendung *s alleriert* (bzw. *allert) sich* ö Itzgr. Zu lat. *alterare* ‚verändern'.

Älter f. **1.** ‚Großmutter' w,s W Thür n Hennb; *dos hot me noch mi Älter derzahlt* (erzählt). Vereinzelt **Ältermutter** ebd. oder **Frauälter** nö Hennb. – **2.** übertr. ‚Hebamme' w Eichsf, auch **Bornälter** f. um 1900 verstr. sw W Thür Rhön. – Lautf.: *Äller, Aller* und mit *u* statt 1 *Äuer, Auer.* Aus dem Komparativ von *alt* gebildet.

Ältervater m. ‚Großvater' w,s W Thür n Hennb, auch **Ält(e)vater** und vereinzelt **Älter,** wozu differenzierend **Mannälter** m. nö Hennb. Alle Bezeichnungen wie auch bei *Älter* ‚Großmutter' veraltet.

Altsche f. ‚Ehefrau' nwNThür; *minne Oolsche läät im Krankenhuse;* oft scherzh. – Lautf.: *Oolsche,* selt. *Aalsche.*

Altvater m. ‚runzliges Gesicht eines Neugeborenen' verstr. Itzgr, selt. sSO Thür in der Wendung *s hot'n Altvouter.*

Ameise f. wie schd., als *Ameise, O-* vorwieg. NO Thür öNThür nwIlmThür und in umgsprl. Überlagerung, sonst vielfältige Abwandlungen, wobei großräumig gelten: mit *h*-Vorschlag *Hom(m)eise(n), Hum(m)-, Hom(m)eisel, Hum(m)* – wNThür nW-Thür nwZThür; mit dem Bestimmungswort ‚Seiche' versehen sind *Seechammes(e), -ämmes(e), -amse(l), -emse, -hammes, -hammse* im östl. Thüringen. Stark abweichend *Emetze, A-, O-, I-* und die Sonderformen *Sämetze, Lämetze* im sWThür Hennb Itzgr. Zugrunde liegt mhd. *meizen* ‚meißeln' mit dem Präfix *a-* ‚ab'.

amende Adv. ‚vielleicht' verstr.; *ich gieh amend doch hie, amenge klappt's hiete noch; hast mände de Schlessel goar verlurn?;* in Annäherung an ‚ungefähr' *s worn amend dsää Mann doa.* – Lautf.: *amend(e), ameng(e), amenne,* auch verkürzt *mende, menne, meng(e).* Zusammenrückung aus *am Ende.*

Amm(en)frau f. ‚Hebamme' Hennb (außer Rhön), Itzgr, S-Rand SOThür.

Ämmerling m. ‚Goldammer' verstr. söZThür sIlmThür Itzgr; → *Hämmerling.*

Ampel f. ‚dumme, alberne Person, Transuse' verstr. S-Rand WThür, veraltet Hennb; *all* (alte) *Aampel!*

ampern sw. V. ‚heftig verlangen, sich sehnen nach etw.' nwNThür; *ha amperte no Kaffee.* – Etym. unklar; vielleicht aus dem Präfix *ant-* ‚entgegen' und mhd. *bërn* ‚tragen' gebildet. → *anke(r)n.*

Amsel f. wie schd., doch abweichend *Amschel, O-* verstr. Eichsf wOThür nwSOThür Itzgr und *Onsbel, Unsbel, Unschbel* (nach ahd. *ampsla)* im söWThür Hennb.

ande Adv. in der Fügung *and(e) tun* ‚leid tun, etw. entbehren oder ersehnen' selt. und veraltet; *wenn de emol däne Mutter nich mehr host, dos werd der ower ande tun; Bunnekaffee tutt mer net and.* Zu mhd. *ande tuon* und *mich andet;* von *ahnden* herzuleiten.

ander Num. **1.** ‚nächster, folgender' in den Fügungen *en annern Tag, die anner(e) Woche, es anner(e) Jahr* verstr. – **2.** ‚zweiter' selt., doch verbreitet in der Zuss. *anderthalb* ,1 ½' sowie in → *Andergeschwisterkinder, selbander.*

Andergeschwisterkinder Pl. ,Kinder, deren Großeltern Geschwister sind' veraltend, doch im NThür NOThür nicht belegt. Selten Sg.: *seine Fraa es Annergeschwisterkind von mir.*

andocken sw. V. ,sich auffallend oder geschmacklos kleiden' verstr. sNThür ZThür; *wie hat die sech mal wädder aangedockt!*

Andreasabend m. ,der Abend oder Vorabend des 30. Nov.' vorwieg. im OThür SOThür mittl. IlmThür mit vielerlei Brauchtum verbunden, z. B. Bäumchen oder → *Erbzaun* schütteln, Horchen auf einem Kreuzweg; auch tritt man an das Bettgestell und wünscht sich einen Traum durch folgenden Vers:

Bettbrett, ich trete dich, lieber Andreas, ich bitte dich,

laß mir erscheinen den Allerliebsten meinen,

wie er geht, wie er steht, wie er mit mir zum Altar geht.

ane Adv. ,fort, weg' verstr. und veraltend wNThür WThür W-Rand ZThür, N-Rand Hennb, selt. sSOThür; *die beiden nüscht wie runger un anne; die alle* (alten) *Wiewer sen unne* ,besuchen jemanden'. Zumeist in Verbindung mit *gehen: ha klopft sie Pfiffe uis un gung anne.* Im sHennb Itzgr. und an der ob. Schwarza meist erweitert zu **anig:** *ich geh heint ze Abend aanich,* in einem Marienkäfervers heißt es zum Abschluß *fliech oonich!* – Lautf.: *aane, oone, anne, onne, unne; aanich, oonich, uunich.*

An(e)gewand f. ,Pflugwendestelle an der Schmalseite des Akkers, die man als Abschluß quer zu den Längsfurchen pflügt' sOThür nSOThür, selt. sIlmThür. – Lautf.: *An-, Aane-, Oonegewand, -gewaand,* während *-gewann(e)* nicht sicher von → *Angewende* zu trennen ist.

An(e)wand f. dass. im nHennb (außer nwRhön), öOThür sSOThür söItzgr, sonst selt. – Lautf.: *Aa-, Oowaand, Aane-, Oonewand;* im öOThür *Aale-, Oolewand,* im sHennb *Oowanning, -nung, -nich.*

Angemenge n. ,Kraftfutter (meist Schrot) als Zutat zum Viehfutter' selt. NThür NOThür öZThür IlmThür OThür SOThür, dafür vorwieg. **Gemenge** und im öNThür nöZThür **Anmengels,** im NOThür **Anmenge,** im n,öOThür **Gemengtes.**

Angewende n. dass. wie → *An(e)gewand,* verstr. söZThür sIlm-
Thür swOThür. – Lautf.: *-gewenge, -gewenne, -gewende,
-gewann(de).*

anhauen st. V. ‚die Getreidemahd am Rande eines Feldes mit
der Sense beginnen, um Platz für die Mähmaschine zu gewin-
nen' allg. außer nöNThür nNOThür sHennb Itzgr, wo Zuss.
mit *mähen* gelten. Im OThür SOThür mittl. IlmThür daneben
auch **umhauen** oder **vorhauen.**

anhosen sw. V. salopp ‚sich anziehen' verstr. NOThür OThür
SOThür; speziell ‚sich auffallend oder geschmacklos kleiden,
sich maskieren' verstr. öOThür öSOThür, selt. sNOThür,
mittl. IlmThür.

anig → *ane.*

Anke f. ‚Genick, Nacken' WThür Hennb swZThür Itzgr, verstr.
W-Rand Eichsf; *gestern geschwitzt, heit ho ich a steufa Anken.* –
Lautf.: *Anke(n), Aanke(n).* Zu mhd. *anke* ‚Gelenk, Genick'.

anken sw. V. ‚stöhnen, ächzen' wNThür nwZThür, N-Rand
WThür; *war läät dann do in Bette un anket so?;* auch **anksen**
mittl. NThür. Zu mhd. *ange* ‚enge' zu stellen.

ankern sw. V. ‚nach etw. oder jmd. starkes Verlangen haben' ver-
str. NThür (außer Eichsf), Mansf öZThür, selt. WThür wZ-
Thür IlmThür Hennb, *ha ankert nach der Heimde* (Heimat).
Hierfür *änkern* im öItzgr.

anleiern sw. V. ‚die Bremse (Handkurbel) am Wagen betätigen'
söZThür sIlmThür Itzgr, selt. mittl. NThür, nwSOThür;
wenns de bargein tust fohre, mußte onleire.

Anmenge, Anmengels → *Angemenge.*

anpopeln sw. V. ‚sich geschmacklos kleiden, sich maskieren'
OThür (außer öOThür), nSOThür, verstr. söNThür
sNOThür, mittl. IlmThür; *dar hot sich oongepopelt wie e Pfingst-
uchse.*

anputzen sw. V. **1a.** ‚etw. schmücken' (z. B. Weihnachtsbaum,
Festsaal) verstr. nIlmThür OThür nSOThür, sonst selt. – **b.**
‚schwängern' nSOThür; *unse Knacht hot eire Meed oongeputzt.* –
2. ‚sich geschmacklos kleiden, maskieren' verstr. öNThür
sNOThür nIlmThür OThür, selt. öZThür SOThür. – **3.** ‚jmd.
veralbern, hintergehen' verstr. nöNThür Mansf.

anrappen sw. V. ‚etw. rasch ergreifen, kräftig zupacken' verstr. n,öZThür nOThür, um Mühlhausen; *ich hawwe in der Raasche e falschen Hut aangerappt;* auch ‚jmd. anrempeln, unsanft anstoßen' Eichsf.

anreimen sw. V. ‚Rauhreif bilden' söSOThür, zumeist als Pt. Prät.: *de Bämer un Bische sin ganz oongereimt;* auch **Anreim** ‚Rauhreif' selt., ebd. – Zu mhd. *rîm* ‚Reif'.

anreißig Adj. ‚begierig auf etw.' Itzgr (außer W-Rand), *wie e dan Kuchen gsaan hot, is'e aareäßich worn; dös Weiberleut versteht's, die Manner aareäßich ze machn.* – Lautf.: *aaräsich, -reäsich, -rasich, -räsenich, -räsed.*

ansacken sw. V. **1.** ‚kräftig zufassen' sNOThür OThür SOThür; *ar sackt'n benn Arme on zog'n wag.* Hierzu **Ansackich** ‚Damenwahl' nwSOThür; *ollemol on Karmsdienstche is bei uns uf'n Tanze Oonsockch.* – **2.** ‚jmd. heftig schelten' Mansf, um Mühlhausen, sonst selt. belegt.

Anschlagen(s) n. **1.** ‚Versteck- und Haschespiel' verstr. SOThür, selt. nwItzgr ZThür IlmThür OThür. – **2.** früher ‚ein Kinderspiel, bei dem Eisenplättchen (oder Pfennige) an eine Wand geworfen werden und der nachfolgende Spieler jeweils die in der Nähe seines eigenen Blättchens liegenden gewinnt, wenn er sie mit ausgespreizter Hand erreichen kann' sIlmThür öItzgr, selt. öOThür SOThür.

anschüren sw. V. ‚Feuer (im Ofen) entfachen' Itzgr SOThür; auch **einschüren** verstr. öItzgr sSOThür. Sonst *Feuer* (**an**)**machen.**

antun st. V. **1.** ‚etw. anziehen' Eichsf, selt. WThür nöHennb; hierzu **Antuerin** ‚Leichenfrau, die Verstorbene ankleidet' nöHennb. – **2a.** ‚jmd. Leid oder Unrecht zufügen' verstr.; *das wollte de Muhme ehre Nackfern* (Nachbarin) *nich aantun.* – **b.** ‚jmd. verhexen' ZThür Hennb Itzgr wSOThür, sonst selt.; *ich gieh zun weisen Maa un loß dan Luder a schwarza Nous aatu.* Ähnl. in der schd. Bed. *sie hat es ihm* (mit ihrer Schönheit) *angetan.*

Anwende f. ‚Pflugwendestelle am Acker' vorwieg. nöItzgr, neben **Anwendel** m. swWThür wRhön. → *Angewende.*

Anziehfrau f. ‚Leichenfrau, die Verstorbene wäscht und ankleidet' veraltet Itzgr. ob. Schwarza; im öItzgr verstr. auch **Anzieh-mann** für einen Mann mit gleicher Funktion.

Anzucht → *Agezucht.*

Anzügel m. ,Schuhanzieher' Itzgr, ob. Schwarza, selt. swW-Thür swZThür Hennb, mit Anlehnung an *Hand* auch *Haa-züchel* im Itzgr.

äper Adj. **1.** ,sonnig, frostfrei' selt. sIlmThür sSOThür öItzgr; *a afer Fleckla;* auch *es ward aber* ,es wird Frühling'. – **2.** in der Fügung *äfer(n)er Käse* ,halb zerlaufener Käse' sIlmThür, um Saalfeld. – Lautf.: *aber, afer, äfer;* wird zu lat. *apricus* ,sonnig' gestellt.

äpfeln sw. V. **1.** ,Kot fallen lassen' (vom Pferd) NOThür. – **2.** ,rennen, sich beeilen' NOThür n,öOThür; *guck nor, wie Fritze äbbelt.* – Lautf.: *äbbeln.*

Arche f. ,Wassertrog, Schöpfstelle am Brunnen', auch ,Brunnen (mit Pumpe)' öNThür Mansf. – Lautf.: *Arke, Arche.*

ären → *ackern.*

Arfel → *Armvoll.*

arg Adj. **1.** ,schlimm, schlecht, böse' verstr. außer NThür n,wWThür wZThür Rhön; *s werd net zu arg sei,* subst. *ich kunnt nischt Orches denke.* – **2.** ,übermäßig stark, heftig' ebd. und wNThür; *e archer Storm.* – **3.** als Adv. ,sehr' verstr. außer ö,sNThür WThür wZThür; *de lange Krankt hot menn Voter org mietgenumm.*

Armbrust f. m. wie schd., doch gemeint ist allg. das entsprechende Kinderspielzeug, lautlich reduziert zu *Orms(t), Ormest, A-* w,sNThür nWThür nwZThür, auch *Armerst, Armscht* verstr. ob. Schwarza, um Saalfeld. *Armbrust* ist über verschiedene Zwischenstufen eingedeutscht aus lat. *arcuballista* ,Bogenschleuder'.

Arme Ritter Pl. ,in der Pfanne gebackene handgroße Teigstükke' an der ob. Schwarza aus gekochtem Kartoffelbrei bereitet, sonst verstr. aber auch panierte geröstete Semmelscheiben. Ein Armeleute-Essen, deshalb die RA *ar hot nischt un sie hot nischt, do kunnen se Orme Ritter bocke.*

Armutei f. ,Mittellosigkeit, Not' verstr. und veraltend; *bäi dän is groß Armetäi.*

Armvoll m. f. ,eine Menge, die man mit einem Arm umfassen oder tragen kann' allg.; *hul emol fix ene Orfel klor Hulz os der*

Schupfe. – Als Vollform vorwieg. Mask.; auch kontrahiert *Arm(b)fel,* O- Hennb sWThür, verstr. ob. Schwarza, *Arfel, Orfel* SOThür Itzgr, verstr. ob. Schwarza; im SOThür Fem.

arrivieren sw. V. ‚begegnen, zustoßen, sich ereignen' veraltend Mansf öOThür öSOThür; *s is mer wos arreviert.* Zu frz. *arriver* ‚ankommen'.

ärscheln(s) Adv. **1.** ‚rückwärts, rücklings, verkehrtherum' öOThür, O-Rand SOThür; *ar is ärscheln hengefolln,* RA *war's Brut verkohrt uf'n Tisch leet, kimmt arscheln in Himmel;* auch **ärschlings** ebd.; *ar warft'n ärschlengs naus.* – **2.** ‚verkehrt, schlecht' ebd.; *mir is widder wos arscheln gegangn.*

Arschwurzel f. ‚Steißbein' Itzgr; *ar hot sich die Orschworzel gebrochen.*

artlich adj. **1.** ‚ansprechend, nett, hübsch' vorwieg. n,wNThür Mansf nOThür nwSOThür; *bist e ortlich Meedel jeworn.* – **2a.** ‚sonderbar, komisch' (vom Charakter) öOThür ö,sSOThür, selt. Hennb; *är is e bille artlich.* – **b.** ‚unwohl' *es is me so ortlich* nHennb. – **c.** ‚schlecht' um Neuhaus; *a artlich Waater* (Wetter).

Artmann m. ‚Bauer, der für Lohn Feldarbeiten bei anderen ausführt' veraltet NThür NOThür n,öZThür nIlmThür.

Asch m. **1.** ‚schüsselartiges (irdenes) Gefäß' O-Rand NThür, NOThür, verstr. OThür SOThür, mehr topfartig im ZThür IlmThür. *Asch* und **Milchasch** dienten früher zur Aufbewahrung von Milch bei der Sahnegewinnung; als **Aufwaschasch** wurde er zum Geschirrspülen verwendet im OThür SOThür, als **Blumenasch** ist er Bezeichnung für ‚Blumentopf' im sNOThür ZThür IlmThür OThür SOThür. – **2a.** ‚Backform für Napfkuchen' neben **Asch(kuchen)form, Kuchenasch, Ringelasch** söNThür NOThür ZThür IlmThür OThür SOThür, zuweilen auch auf den Napfkuchen selbst übertragen. – **b.** ‚Bratpfanne als Backform für eine aus Brötchen, Eiern und Milch zu bereitende Speise' mittl. NThür, auch Bezeichnung für diese Speise.

Ascher m. ‚Asche' sSOThür, selt. sIlmThür öItzgr; auch **Ascherkasten** ‚Aschekasten'.

äschern sw. V. **1.** ‚Leinengarn in Aschenlauge kochen' veraltet sIlmThür SOThür. – **2.** ‚am Aschermittwoch Asche in die

Hausflure werfen' Volksbrauch und Schabernack um Gotha und Erfurt. – **3.** ,sich plagen, abrackern, ereifern, beeilen' neben **äschpern** und vorwieg. **abäschern, abäschpern** verstr. östl. Worbis-Gotha-Ilmenau-Hildburghausen; *eschbere dich dach nich su!, wemmer su racht abgeäschert is, do schmeckt nischt besser wie e Schaalchen Heeßer.* Unsichere Zuordnung zu *Asche* in Bed. 3.

Aschkuchen m. ,der im *Asch* gebackene Napfkuchen' verbreitet wie → *Asch 2a.* Zu Geburtstagen und anderen häuslichen Feiern gebacken, aber auch als Begräbnismahl gereicht, weil er symbolisch mit *Asche* in Verbindung gebracht wurde.

Ase f. ,Stange am Ofen zum Wäschetrocknen' neben **Asenstange** söItzgr, auch **Asenstangel** und **Asenbaum** swSOThür. – Lautf.: *Ose(n), Ousen, Auste.* Zu mhd. *âse* mit gleicher Bed.

ästimieren sw. V. ,jmd., etw. gebührend beachten, würdigen' allg. veraltend; *är war'sch jewohne, daß'e ästimiert wurre.* Zu lat. *aestimare,* frz. *estimer.*

Ättersche → *Eidechse.*

Atzel f. **1.** ,störrisches Kind, Bösewicht, Knirps' Eichsf, selt. nHennb. – **2.** ,Perücke' wNThür, veraltet Hennb. – **3.** ,Räude (als Hundekrankheit)' verstr. Eichsf. – Vielleicht zu *Atzel* ,Elster' der hessischen Nachbarschaft.

atzeln sw. V. ,auf etw. begierig (lüstern) sein' selt. OThür, nSOThür, um Jena. Wohl zu *atzen* ,speisen'.

auf Präp. speziell in Verbindung mit Ortsbezeichnungen ,nach' IlmThür OThür SOThür Itzgr Hennb; *ich gieh uf Sumbarch* (Sonneberg).

Aufballen n. ,das Hochwerfen von Netzen mit Eiern' (als Osterbrauch auf einer Wiese üblich) sSOThür. Auch **Eieraufballen.**

aufbinden st. V. speziell **1.** ,Garben zusammenbinden bei der Ernte' SOThür, ob. Schwarza, verstr. NThür NOThür, selt. ZThür OThür. – **2.** ,(ein Kalb) nicht verkaufen, sondern zur Aufzucht behalten' sWThür Hennb, scherzh. in Erwartung eines Kindes, dessen Geschlecht noch unbekannt ist: *wos kömmt, werd ufgebongen.*

aufdammen sw. V. ,reichlich bewirten' selt. WThür Hennb Itzgr.

auferhin → *aufhin.*

aufhalten st. V. speziell ‚dem Hochzeitszug nach der Trauung mit Seil oder Stangen den Weg versperren, um vom Bräutigam eine Geldspende zu erhalten' vorwieg. NOThür öZThür Ilm-Thür OThür SOThür söHennb Itzgr.

aufheuen sw. V. ‚Heuhaufen machen' Itzgr, ob. Schwarza; *dann werd gewend un aufgeheet.* → *aufschöbern.*

aufhin Adv. ‚hinauf, hinaufwärts' S-Rand WThür, nHennb, auch *aufehin* NThür, *auferhin* ZThür sIlmThür, *aufere* (im Gegensatz zu *abere* ‚abwärts') und *auferehin*söHennb, W-Rand Itzgr; *ich muß ufhin, do geng's mord steil ufferhän; ich geäh die Ellerstraß aufere(hie).* – Lautf.: *uff-, uffe-, uffer-, aufere.*

aufhinan Adv. dass., öNThür NOThür, auch *auferhinan* sNOThür nIlmThür nwOThür; *kimmeste mät uffernaan? Fritze kletterte uffenaan.* – Lautf.: *uffe-, uffernaan.*

aufhucken sw. V. ‚eine Last auf den Rücken nehmen' allg., doch Itzgr swSOThür, ob. Schwarza **aufhuckeln**; *hilfst'e mich mol de Kiepe ufhucken?*, RA: *ar hot een'n (en Affen) offgehockt* ‚ist betrunken', *är hat en Rucksack (die Kriegskasse) aufgehucke(l)t* ‚er hat einen Buckel'.

aufknübeln, -knüpfeln sw. V. ‚einen Knoten lösen' verstr.; *knibble ma'n Knoten uf!, häst de's zesummengeknübelt, kast de's au widder uffgeknübel.* – Lautf.: *-knübbeln, -i-, -e-, -knübeln, -e-, -ea-* ohne Verschiebung zu pf. Dehnung im nHennb sZThür, ob. Schwarza, um Salzungen.

aufkufen sw. V. ‚auf die Schlittenkufen treten und mitfahren' öNThür sNOThür nöZThür nIlmThür OThür; *wenn ä Schleeten dorch's Dorf fehrt, da kuft gleich alles uf.* Dafür vorwieg. **kufentreten** im wZThür Itzgr SOThür.

Aufläufchen Pl. ‚in kleinen Förmchen gebackene Eierkuchen' vorwieg. ob. Schwarza; auch *Aufläuferchen.*

Aufläufer m. ‚dünn ausgerollter Kuchenteig aus Mehl, Milch, Eiern mit etwas Butter, Zucker und Rum, der im Backofen oder auf der Herdplatte gebacken wird und sich wellig aufwölbt' öOThür; *Uffleefer schrumpeln zomm wie Wellblech, schmecken awwer gut.* → *Prophetenkuchen.*

aufmutzen sw. V. ‚tadeln, Vorwürfe machen' NOThür nOThür, sonst selt.; *se muß mer's immer aufmutze.*

aufnähen sw. V. ‚dreinschlagen, prügeln‘ neben **ausnähen** und **vernähen** söSOThür.

aufschöbern sw. V. ‚Heuhaufen machen‘ SOThür, verstr. Itzgr.

aufspülen sw. V. ‚schmutziges Geschirr aufwaschen‘ Itzgr, S-Rand Hennb. Hierzu **Aufspüllappen, -napf, -schüssel.**

aufsteigen st. V. speziell ‚aufstehen (auch morgens nach dem Schlaf)‘ vorwieg. NThür WThür ZThür Hennb, verstr. NOThür IlmThür; RA: *bar aufsteigt, kömmt öm sänn Platz; är gitt mit de Hinner schloff on stieht mit de Gäns üff.*

aufstützig Adj. (nur prädikativ) ‚stutzig, argwöhnisch, widerspenstig‘ n,öOThür öSOThür, sonst selt.; *wie ich das heerte, bin ich uffstitzich wurn.* Vereinzelt auch *aufstutzig.*

auftriefeln sw. V. ‚Gestricktes zu Fäden auflösen‘ vorwieg. südl. Meiningen-Arnstadt-Jena-Zeitz, neben **austriefeln** nSOThür. Lautf.: *-triefeln, -e-, -triffeln, -vw-, -trewwln.*

auftroddeln sw. V. dass., söNThür sNOThür nIlmThür. – Lautf.: *troddeln* neben *traddeln* (wohl nach mhd. *trâde* ‚Saum, Fransen‘). Im nwNThür vorwieg. **aufräufeln**; *en Strump uffreifele.*

auftrudeln sw. V. dass., vorwieg. wOThür, selt. öSOThür.

aufwellen sw. V. ‚Nudel- oder Kuchenteig mit dem → *Well(er)holz* breitrollen‘ neben **auswellen** ö,sSOThür; *auf'n Kungdeckel wern de reggne Kung* (Gebäck aus Roggenmehl) *aufgewellt.* Auch **aufwellern** neben **auswellern** verstr. sIlmThür nwSOThür.

aufwilgern, aufwelgern sw. V. dass., neben **auswilgern, -e-** verstr. NThür WThür ZThür IlmThür Hennb Itzgr.

aufwurzeln sw. V. ‚heftig draufschlagen, prügeln‘ verstr. sSOThür, selt. söOThür, O-Rand Itzgr; *wenn de nich fulgst, krichst'e wos aufgewurzelt.*

Augendeckel m. ‚Augenlid‘ vorwieg. sHennb Itzgr swSOThür.

äugnen sw. V. ‚sich ereignen‘ (im Sinne eines ungewöhnlichen, gespenstischen Vorfalls als böses Omen, z. B. unerklärliche Geräusche, Herunterfallen eines Bildes, Stehenbleiben der Uhr) nur unpersönlich *es äugnet sich, es hat sich geäugnet* nöZThür IlmThür w,sOThür SOThür Itzgr; *in den Zwelfnächten hat sich's bei*

uns dreimal ge-eechend, da wärd wol balde eens sterm. – Lautf.: 3.
Sg. *eichend, ee-, ää-, aa-, eind, aand.* Nicht von *ereignen,* sondern
von *Auge* herzuleiten.

Aule f. ,schleimiger Auswurf' verstr. s NOThür nw OThür, selt.
n IlmThür n SOThür, neben **Auler** (und *Uller)* ö,s OThür. →
Auster.

aulen sw. V. ,den zähen Auswurf ausspucken' NOThür nwO-
Thür.

ausbeeren sw. V. ,Erbsen (Bohnen) der Hülse entnehmen'
n NOThür.

ausbüßen sw. V. ,Lücken ausfüllen, ergänzen' (z. B. in Wein-
stock- oder Runkelreihen) n OThür; speziell ,flicken' um Zeitz;
nach der Wäsche ward ausgebießt.

ausbütteln sw. V. ,die Taschen untersuchen und ausleeren'
Itzgr; *ar hot n Spitzbub ausgebüütelt.* Übertr. ,etw. (Geld, Mur-
meln) abgewinnen (beim Spiel)' verstr. s ZThür Hennb Itzgr,
selt. Eichsf WThür IlmThür.

ausher Adv. ,heraus' sw NThür; *ha langete den Galdbittel ushar.*
Auch *ausere* öZThür s IlmThür, *ausereher* s Hennb nw Itzgr.

aushin Adv. ,hinaus, hinauswärts' w NThür, verstr. n Hennb; *wie
en gebessener Schofbock druckt er sich ushän.* Auch **auserhin** öZ-
Thür s IlmThür, *auserehin* neben *ausere* s Hennb nw Itzgr; *me gin-
gen de Schossee auserhän; wart, ich will mit ausere!*

ausi Interj. Ruf beim Schlittenfahren im Sinne von ,aus der
Bahn!' SOThür.

auskerbeln sw. V. ,Erbsen (Bohnen) der Hülse entnehmen'
Itzgr.

ausnipsen sw. V. dass., verstr. neben **ausnipsern** öOThür; →
Nips.

auspipsern sw. V. dass., vorwieg. neben **pipsern** sö NOThür,
N-Rand OThür; → *Pips.*

ausscheren sw. V. **1.** dass., sö SOThür. – **2a.** ,Speise oder Futter
verschmähen, wählerisch sein' verstr. OThür SOThür; *die Sau
schärt's Futter aus* – **b.** ,nicht Brauchbares entfernen' (z. B. Kno-
chen im Fleisch) s SOThür n Itzgr. – **c.** ,jmd. (sich) von etw.
ausschließen' mittl. IlmThür, nw SOThür; *die Bauern wolln se
ausschere.*

Auster f. ‚schleimiger Auswurf' verstr. außer Eichsf WThür Hennb Itzgr, doch im ZThür IlmThür und wohl auch anderenorts ein jüngeres Wort; *du schmeißt ja richtche Austern raus.*

auswelle(r)n, auswilgern → *aufwellen, aufwilgern.*

Auszehrung f. ‚Tuberkulose' früher allg., später **Schwindsucht,** jetzt zumeist **Tebece** ‚Tbc'; *früher ham viel merra Leut die Auszehring ghout wie heitzetouch.* Durch → *Besprechen* wurde die Auszehrung zu heilen versucht: *tu mol wos fär de Üszehrung!* – Auch **Auszehren** n. verstr. wZThür söSOThür.

Auszug m. ‚Wohnraum (Auszugsstube) und sonstige notarisch vereinbarte Zuwendungen für den älteren Bauern, der seinen Hof abgetreten hat' vorwieg. neben **Altenteil** O-Rand NThür, NOThür OThür SOThür öltzgr wRhön, sonst selt.; *sie wor iewer ochtzech un hotte in Auszuche jelaabt.*

Babchen → *Habchen-und-Babchen.*

Bäbel f. Kosename für ‚Huhn‘ verstr. Itzgr, als Lockruf *babel!* neben *bab!* ebd. – Lautf.: *Babel.*

babeln sw. V. ‚ausdauernd (über Nebensächliches) reden, gemütlich plaudern, undeutlich reden‘ verstr.; hierzu **Gebabel** ‚Plauderei, Geschwätz, Gestammel‘; *babbel net so dumm!, der Kleene fängt schon an ze babeln.* – Lautf.: *babeln, babbeln.* Wohl lautmalend nach den ersten Sprechversuchen des Kleinkinds.

Babuschen Pl. ‚leichte Halbschuhe, Filzpantoffeln, Hauslatschen‘ verstr. NThür öZThür IlmThür OThür, sonst selt.; *die leeft n ganzn Tag in Bambuschen rem.* – Lautf.: *Ba-, Bobuschen,* westl. Halle-Weimar-Rudolstadt meist *Bambuschen.* Zu frz. *babouche.*

Bachel m. n. Kosename und Lockruf für ‚Schwein‘ und ‚Ferkel‘ öOThür. – Lautf.: *Bachel, -o-.*

Bäcke m. ‚Bäcker‘ veraltend ZThür öOThür SOThür Itzgr Hennb, ob. Schwarza; Scherzreim: *Bäck, verbrönn di* (dein) *Wäck!* – Lautf.: *Bäck(e), Beck(e).* Zu mhd. *becke.*

Backenbirnen Pl. **1.** ‚gedörrte Birnen, Hutzel‘ OThür, auch *Backbirnen, gebackene Birnen* und **Back(en)pflaumen** ‚gedörrte Zwetschen‘ ebd. – **2.** übertr. ‚(tragbare) Habseligkeiten, geringes Gepäck‘ selt. und veraltend NThür NOThür nWThür ZThür nIlmThür nOThür; *se hotte ihre ganze Backebärne ufjehuckt.*

Backenbirnenmännchen n. ‚kleine, schmächtige Person‘ OThür.

Backpfeife f. ‚Ohrfeige' NThür NOThür nIlmThür OThür, auch **Backschelle** sNOThür.

Backs n. ‚(Gemeinde)backhaus' NThür öWThür ZThür, mittl. IlmThür; RA *was vär'n Backse wor, kämmt ins Dorf* ‚vom Backhaus aus wird jede Neuigkeit verbreitet'. – Kurzform von *Backhaus.*

baddeln sw. V. ‚im Wasser waten oder planschen, in Erde wühlen oder scharren' öNThür NOThür OThür, selt. nWThür ZThür; bes. von planschenden Vögeln, im Sand sich behaglich tummelnden Hühnern oder von im Sand spielenden Kindern gesagt: *Mariechen baddelt in'n Fitzen rem, de Tuumn* (Tauben) *boddeln sich.* – Iterativum zu *baden.*

bähen sw. V. **1a.** ‚mit heißen Umschlägen oder warmen Dämpfen Schmerzen lindern und heilend wirken' (als Hausmittel bei Schnupfen, Entzündungen, früher auch zur Erleichterung der Geburt) NThür NOThür ZThür IlmThür OThür; *ar hat's Uhre mät Kamillntee jebiemt; ihr mißt met Kartuffelbrei bewen.* – **b.** ‚sich gemütlich am Ofen wärmen' Hennb. – **2.** ‚Brot durch Rösten schmackhafter machen' sWThür Hennb sIlmThür sOThür wSOThür, selt. Itzgr; hierzu **Bähe** f. ‚geröstete Brotschnitte' sWThür, ebs. **Bähes** m. nöHennb, **Bäher** m. nöItzgr. – Lautf.: *bähen, -eh-, bäben, -e-, -iä-, bäwen, -e-, -iä-, -äi-, bewwen, biemen.*

Bähnert → *Pänert.*

Bajazzo m. ‚Clown, Spaßmacher, närrischer Mensch' allg., doch veraltend; *dar äbberschläät sich wie der Beias in Zärkus.* – Lautf.: *Beiass, Beijass, Beijatz, Bojass, Bojatz;* betont auf erster Silbe.

Balbier, balbieren → *Barbier, barbieren.*

Balsamleute Pl. ‚ambulante Händler aus dem Gebiet der ob. Schwarza, die mit dort hergestellten Essenzen und Medikamenten bis zum 2. Weltkrieg weite Landstriche Deutschlands bereisten', auch als **Balsamträger, -männer, Laboranten** bezeichnet oder scherzh. als **Ranzer(te),** weil einige ihre Produkte nicht mit Wagen, sondern auf dem Rücken transportierten; *Mutter, der Balsemann es do!* – Lautf.: *Balsen-.*

Bambel m. ‚schlaffer Mensch, ungeschickte Person' verstr.

WThür ZThür IlmThür öltzgr, neben *Bammel* NThür. – Zu *bambeln.*

bambeln sw. V. ,baumeln' verstr. außer OThür SOThür, doch im nNThür NOThür meist **bammeln;** *de Gans lett de Fittche bambel, är setzt of'n Stuhl on bammelt mät'n Beenen.* – Lautf.: *bambeln, -aa-, bammeln; -b-* Formen wohl erweitert aus *bammeln.*

Bambes → *Pamps.*

Bamme → *Bemme.*

Bangarsch m. ,Angsthase' nur nEichsf.

Banklappen m. ,Putzlappen, Scheuertuch' sSOThür, ob. Schwarza, auch **Bankhader** selt. öOThür öSOThür.

Banse f. ,Seitenteil der Scheune (als Lagerraum für Getreide, Stroh oder Heu)' NOThür SOThür, dafür **Bansen** m. im nWThür ZThür IlmThür wOThür und **Bansel** f. im öOThür; nach dem letzten Flegeldrusch wurde *der Bansen geschällt* (gespült), d. h. es wurde gefeiert.

banseln, bansen sw. V. ,stapeln des Ernteguts' verstr. wie oben; *in de Bans werd der Haber fest eigebanst.*

Bansenblatt n. ,niedrige Trennwand zwischen Tenne und *Banse(n)*' nöIlmThür wOThür SOThür, dafür **Bansenlade** verstr. öSOThür, **Bansenschutz, -schurz** öZThür wIlmThür, **Bansen-, Banselwand** verstr. nWThür, ob. Schwarza, selt. sZThür IlmThür OThür SOThür, **Bänsling, -lich** verstr. söIlmThür wSOThür.

Bansenfeger m. ,fiktives Gerät, das zu holen man Kinder spaßhalber zu Nachbarn schickte, nachdem der Flegeldrusch beendet war' Eichsf nWThür wZThür, ebs. *den* **Banselhahn** (öOThür), *die* **Bansenschere** (nöOThür) oder **Barnschere** (Hennb) *holen.* Mit dem Flegeldrusch veraltet.

Bansenwurst f. ,Wurst, die beim Drusch der letzten Garbe vorgefunden wird oder gesucht werden muß' veraltet nWThür ZThür, mittl. IlmThür. Auch **Barnwurst** sWThür nHennb.

Bär m. ,Eber' neben **Säubär** S-Rand WThür, Hennb Itzgr sSOThür, hierzu *willer Bär* ,männl. Wildschwein'. – Lautf.: *Bär, Ber, Bar.* Zu mhd. *bër* und damit etym. geschieden von schd. **Bär** (mhd. *bër*).

Barbier m. ,Friseur' *Balbier* allg., doch *Balbierer* Itzgr, verstr.

Hennb, um Salzungen, um Greiz; hierzu **balbieren** ‚rasieren';
war sich kenn Bort will loß stiehe, der muß sich vun'n Bolwier loß bol-
wiere. – Stets dissimiliert zu frz. *barbier.*

Bärendreck m. ‚Lakritze in Stangen- oder Tablettenform' Itzgr
sSOThür. Benannt nach der Farbe.

Bärenhäuter m. ‚lederner Hosenträger' veraltet söWThür
swZThür nöHennb, selt. übriges Hennb.

Bärgel, -ö- m. ‚(beschnittenes) männl. Ferkel' wEichsf, W-
Rand WThür, Hennb (außer NW), wItzgr, verstr. söZThür,
ob. Schwarza. – Lautf.: *Bärchel, -a-, -ö-.* Zu mhd. *barc* ‚verschnit-
tener Eber' und → *Borg.*

Bärlatsch m. **1.** ‚die Pflanze Bärenklau (Heracleum sphondyli-
um L.)' neben *Bärenlatsch* verstr. öOThür SOThür söIlmThür;
auch **Bär(en)fuß** verstr. öOThür nöSOThür. Die Blätter äh-
neln einer Bärentatze. – **2.** im Pl. ‚grobe Filzlatschen' öOThür;
dar Grußvoter sucht seine Barlotschen. – **3.** ‚grobschlächtige, un-
geschickte Person' öOThür.

barmen sw. V. ‚wehklagen, jammern' allg., doch veraltend; *die*
barmt enn eejol de Uhrn vull. Auch **barmeln, bärmeln** verstr.
IlmThür OThür SOThür.

Barn m., selt. f. **1.** ‚Futterkrippe im Stall' Itzgr sSOThür. – **2.**
‚Seitenraum neben der Scheunentenne' sWThür Hennb Itzgr.
– **3.** ‚niedrige Trennwand zwischen Tenne und Seitenräumen'
selt. Hennb Itzgr. – Lautf.: *Barn, -o-, -ö-, -e-.* Zu mhd. *barn* m.
‚Krippe, Raufe'.

Barnrute f. dass. wie *Barn 3,* um Salzungen, im Itzgr neben
Barn, Bar(n)rocke, Barnroppe. – Lautf.: *Bar(n)rode, -rude, -rodde.*

Bärre → *Bere.*

Bart m. speziell ‚Kinn' verstr. söZThür sIlmThür swSOThür
Itzgr.

Barte f. ‚kleines Beil' NThür Mansf n,wWThür nwZThür, selt.
übriges ZThür, meist Dim. *Bärtchen, Bärtle* Hennb wItzgr; RA
werf de Barten nich so wiet wag! ‚bleibe bescheiden'. – Zu mhd.
barte ‚kleines Beil', das auch in *Hellebarde* enthalten ist.

Basteltante → *Passer-le-temps.*

Baster m. ‚Grünober im Kartenspiel' verstr., zuweilen auch
‚Grünunter' (bes. beim Skat); *ar hat'n Baster blank.* Auch **Baste**

f. selt. Mansf OThür Hennb Itzgr. – Mit Anlehnung an *Pastor* wohl auf *Sebastian* beruhend, da früher mit dem Bild des hl. Sebastian versehen. Doch vgl. frz. *le baste* ‚Trumpfkarte beim L'hombre-Spiel'.

bataillen sw. V. sich plagen, mühsam etw. schleppen, schwer arbeiten' verstr. und veraltend NOThür nIlmThür OThür SOThür, sonst selt.; *är batallcht wie ä Uchse, der batallcht sich met dän Fässern rum.* – Zu frz. *bataille* ‚Schlacht, Kampf'.

Baumhacker m. ‚Specht' verstr. nördl. Eisenach-Ilmenau-Apolda-Gera, sonst selt.

Baumöl n. ‚Olivenöl' veraltet; gebräuchlicher in der RA *ich hau dich, doß de Boomiele seechst,* auch in verbaler Form **bebaumölen:** *..., daß de dich bebaumeelst.*

baurisch Adj. speziell ‚mundartlich, platt' vorwieg. nZThür mittl. IlmThür, öOThür, um Mühlhausen; *se schwatzt halb huchdeitsch un halb buursch.* – Lautf.: *bauersch, buursch, buwwersch.*

bebern sw. V. ‚frösteln, zittern (vor Kälte oder Angst)' verstr., doch seltener im SW; *dar bewwert wie Espenloob,* meist in der Paarformel *zettere un bewwere: ich bin su derschrucken, ich zettre un bebbre.* Substantiviert in der Wendung *en Bewer fange* ‚sich erkläten'. – Lautf.: *bewern, -ä-, -ea-, -ie-, bewwern, -ä-, -i-, bibbern, -e-.* Iterativum zu *beben.*

beergut Adj. ‚sehr gut' veraltend S-Rand WThür Hennb Itzgr nwSOThür; *e beerguter Kerl.* – Wohl zu mhd. *bor* ‚(gar) sehr' mit Anlehnung an *Beere,* wofür *beerblau* im öItzgr vielleicht eine Brücke bildet.

Begebenheit f. ‚Aufhebens' allg.; *ihr macht immer gleich änne Begaamheit bei jeden Drecke.*

beginnen st. V. refl. ‚sich gebärden, übertreibend jammern' verstr. und veraltend NThür Mansf nZThür nIlmThür; *wann sich die dumme Trine nich so beginne wull!, se begann sich, als äb se an Spieße stäk.* – Unsicher, ob zur schd. Bed. ‚anfangen', die in der Mda nicht gebräuchlich ist.

Begrabe, Begraben f. n. ‚Begräbnis, Beerdigung' verstr. söNOThür nöIlmThür wOThür nwSOThür, W-Rand Rhön, sonst selt.; *giehst de met ze Begrawe?, dos Begroom is erscht nochmittche.*

beian Adv. ‚nebenbei' NOThür nwOThür; *das mach ich so beiaan(e)*.

Beias → *Bajazzo*.

Beichter m. ‚Gehrock' IlmThür, selt. um Erf. Früher als Beichtrock dienend. – Lautf.: *Bichter, Beichter*.

Beiderwand m. ‚derbes Gewebe aus Leinen und Wolle für Alltagskleidung' NThür (außer O-Rand), WThür nZThür Rhön; Sprichwort *Beiderwandsrock un Riemenschuh, die kummen Bürenmaichen* (Bauernmädchen) *zu* – Lautf.: *Beiderwann(d)* Eichsf, sonst meist *Beidermann;* eigentl. ‚beiderlei Gewand'.

Beie → *Boie*.

beihalben Adv. ‚nebenbei' ö,sOThür nwSOThür; *Korl mochte bäholm Basen*.

Beikästchen, -kästel, kästle n. ‚kleines Nebenfach in der Truhe für Wertsachen' öOThür ösOThür. Auch **Beilade** f. nwNThür, selt. nZThür, ob. Schwarza.

beineln sw. V. ‚schnell gehen, sich beeilen' SOThür; *dar kunnt bääneln!* – Lautf.: *beneln, -ä-*.

Beinlappen Pl. **1.** ‚Fußlappen' nOThür. – **2.** ‚Gericht aus Weißkraut oder Wirsing' sNOThür nOThür.

Beinsterz(e) m. f. ‚Bachstelze' S-Rand WThür, Hennb, W-Rand Itzgr; *se höpft bie ä Beisterzen*. Auch Schüttelform *Steinberze* nöHennb. – Lautf.: *Bein-, Bei-, Bee-, Bäästärz(e)*. Zu *sterzen* ‚steif abstehen, emporragen' oder *Sterz* ‚Schwanz'.

beken sw. V. ‚laut brüllen, rufen, blöken' (von Mensch und Tier) Eichsf WThür, um Gotha, um Schleiz; *bek mech net so oon!* – Lautf.: *beken*. → *belken, blecken 2*.

belemmern sw. V. **1a.** ‚jmd. täuschen, betrügen' selt.; *ar hot sich nich loß belämmere*. – **b.** refl. ‚sich erregen, empfindlich tun' selt. NThür nöZThür nIlmThür öOThür; *belemmere dich nich!* – **2.** als Pt. Prät. ‚unangenehm, enttäuschend, schlecht' verstr.; *s ganze Lääm is belämmert, das Wetter is belämmert*. – Aus dem Nd. und verwandt mit *lahm, lähmen*.

belken sw. V. ‚brüllen, blöken' (von Mensch und Tier), auch ‚laut rufen, schimpfen, weinen' NThür NOThür nWThür nZThür nIlmThür, selt. OThür n,ösOThür; *dar bellgte wie ä Zahnbrächer; dar Krepel bellekt schon wedder un steht derbei in*

Bette. – Lautf.: *bell(e)gen.* Wie nd. *belken* mit k-Formans zu *bellen.*

Bemme f. ‚Brotschnitte mit Aufstrich' vorwieg. öNThür NOThür nöZThür nIlmThür OThür nSOThür; *Mutter, schmier mer doch änne Bämme!;* auch häufig in Zuss. wie *Butter-, Fett-, Wurstbemme.* – Lautf.: *Bämme, -a-, Bumme.* Etym. undurchsichtig, aber wohl nicht slaw. Herkunft.

Benehme, Benehm(ig)ung f. **1.** ‚Erziehung, Bildung, feines Benehmen' verstr. NThür NOThür nöZThür nIlmThür OThür n,öSOThür; *der hot keene rachte Benahmche.* – **2.** ‚Mädchenpensionat' ebd., doch veraltet; *se is in Wiemer* (Weimar) *in der Benahmiche gewaast.* – Lautf.: *Benahme, Benahm(e)de, Benahm(i)ch(d)e, Benahmichung.*

beniemen sw. V. ‚benennen, beschreiben, erwähnen' NOThür öZThür IlmThür OThür nSOThür; *ich ha'n den Wäg genau beniemt; märre wie eemal hummer's schunne beniemt.* – Mit Umlaut zu mhd. *benuomen* ‚namhaft machen'.

Bere f. **1.** ‚Tragegestell, Tragbahre' (z. B. für Mist) verstr. NThür, selt. IlmThür. – **2.** ‚Bürde von zusammengebundenem Heu, das man auf dem Rücken nach Hause trägt' selt. ob. Schwarza. – **3.** ‚die zwei Deichselstangen am Einspännerwagen, Schere' ZThür, mittl. IlmThür, auch *Berl(e)* nIlmThür, östl. Erfurt. – Lautf.: *Bärre, -a-, Bärrn, -a-, Bärrl(e).* Zu mhd. *bërn* ‚tragen'.

beren sw. V. ‚schlagen, prügeln, werfen, jmd. vertreiben' veraltet söWThür swZThür nHennb; *ar hot minn Jongen gebeert, ich hann den Ball wiet gebeert.* – Lautf.: *beern, -ää-.* Zu mhd. *bern* ‚schlagen, klopfen'.

Bersch m. ‚Wirsing' sNOThür nIlmThür wOThür nwSOThür; *heite gibt's Beersch, dos is mei Leibgerichte.* – Lautf.: *Beersch, Bäärsch.* Vielleicht slaw., vgl. nsorb. *barść* ‚Heilkraut'.

berzen → *bürzen.*

beschicken sw. V. ‚das Vieh versorgen' (d. h. füttern, melken, misten, streuen) sNOThür n,öOThür; *ich muß heem un dos Vieh beschicke.*

beschreien st. sw. V. ‚durch Lobesworte bzw. Behexen eine

Krankheit oder ein Unglück verursachen' (insbes. bei Vieh und Kleinkindern) verstr., doch bis auf die Wendung *beschrei's nich!* veraltet. Als Gegenmittel dienten *Besprechen* oder Sicherheitsmaßnahmen mancherlei Art (z. B. Deponieren von Kräuterbündeln als **Beschreikraut** im Hennb) sowie häufig die Abwehrformel *leck mich (es) am Arsch un beschrei mich (es) nicht!*

Betze f. ‚Mütze' sEichsf swWThür nHennb, auch ‚Trachtenhaube'; *de Wiewer trajen jetz gor keene Batzen mieh, se wunn alle Hieter hoo.* Als **Betzel** f. verstr. Eichsf, selt. nWThür nHennb. – Lautf.: *Betze(n), -a-, Betzel, -a-.* Zu mhd. *bezel* ‚Haube'.

Beunde f. ‚(saftige) Wiese' nur S-Rand SOThür. – Lautf.: *Beind(e).* Zu mhd. *biunde.*

Bewerbchen n. in der Wendung *(sich) ä Bewarbchen mache* ‚mit einem Vorwand jmd. aufsuchen, um ein Anliegen vorzubringen oder um etw. zu erfahren' NThür NOThür nWThür nZThür nIlmThür OThür.

bibbern → *bebern.*

Biele f. Kosename für ‚(junge) Ente' verstr. außer nwNThür NOThür OThür sZThür, auch Kosename für ‚junge Gans, Gänschen' nwNThür sWThür Rhön, verstr. nZThür SOThür; jeweils auch Lockruf; Kosename für ‚erwachsene Gans' nur verstr. SOThür, – Lautf.: *Biele, Biel(e)chen, Bille, Bill(e)chen.* Wohl lautmalend. → *Diele, Wiele.*

Billett n. ‚Eintritts-, Fahrkarte' allg., doch veraltet; *ar knipst Billjette* ‚ist von Beruf Schaffner'. – Zu frz. *billet.*

Bilwisschneider m. ‚ein Felddämon, der mit Sicheln an den Füßen schnurgerade Gänge durch das Getreidefeld schneidet' als Aberglaube im SOThür, verstr. sIlmThür. – Lautf.: *Bilwes-, Bilmes-, Bilm-, Bilsenschneider* oder *-schnitter.* Auch umgedeutet **Binsenschneider.** – Zu mhd. *bilwiz* ‚Kobold'.

Bimbaum → *Pimpaum.*

Bindepflock m. ‚zugespitzter kurzer Holzpflock, mit dessen Hilfe man den Knoten des Garbenseils bindet' NOThür NThür.

bischen sw. V. ‚das Kleinkind auf den Armen (in den Schlaf) wiegen' vorwieg. NOThür OThür öSOThür, noch weiträumiger gilt die Interj. *bische!*, mit der man Kinder einschläfert. – Lautmalend oder aus dem Slaw.

bläken → *blecken.*

Blase f. speziell ‚(runder oder ovaler) Wasserbehälter im Stubenofen oder Küchenherd' neben **Ofenblase, Wasserblase** früher allg. außer im sNThür ZThür sIlmThür OThür sSOThür Itzgr, *wenn de Blose ball leer is, mußt'e wieder Wosser neinschiete.*

Blatt n. speziell ‚Zeitung' veraltet; *wos stett'n heit in Blout?* Meist Dim. *Blättchen, Blättle, Blättel.*

Blaue Milch f. ‚Magermilch' verstr. WThür nwZThür ö,sSOThür.

Blecke f. ‚Zunge' NThür NOThür nOThür; auch *er hat mich ne Bläke gemacht* ‚hat mir die Zunge herausgestreckt'; → *blecken.*

blecken sw. V. **1a.** ‚etw. blicken lassen, zeigen' zumeist in den Wendungen *ar bläkt de Zunge* ‚streckt die Zunge heraus' NThür NOThür nWThür, selt. Itzgr, *ha bläckt de Zähn* ‚zeigt die Zähne, grinst' sWThür, selt. nHennb söItzgr, S-Rand SOThür. – **b.** intr. ‚scheinen' selt.; *wie meine Ohle s Fänster uffreißt, bläkt de liewe Sunne schonn uff mei Bette.* – **2.** ‚brüllen, schreien' (von Mensch und Vieh) allg.; *es Vieh bläkte de holwe Nocht, Heinrich bläkte, als äb er an Spieße stackte.* Auch ‚laut weinen, laut rufen, schimpfen'; *je marre de bläkst, deste marre tut's wieh.* – Lautf.: *bläken, -e-, -ea-,* im sWThür Hennb Itzgr *bläcken, -a-,* im söItzgr auch *bflecken, -ö-.* Zu mhd. *blecken* ‚blicken (sehen) lassen' als Faktitivum zu *blikken.* Hierzu gehört mit weiterer Bedeutungsentfaltung auch Bed. 2, die lautlich stets mit Bed. 1 übereinstimmt und im Hennb Itzgr auch keine Rundung aufweist, so daß sich eine Herleitung von *blöken* verbietet, obwohl zuweilen eine Anlehnung an dieses Wort stattgefunden haben kann.

Bleiche f. speziell ‚dünne Trennwand in Häusern, niedrige Bansenwand in der Scheune, (Bretter)zaun zwischen Gehöften' NThür sNOThür ZThür, verstr. nIlmThür nöHennb. – Lautf.: *Bleiche, Blieche(n), Blichche(n).* Etym. unklar, doch auf mhd. î beruhend.

Bloch n. m. ‚Baumstamm oder ein großes Stück davon' söWThür sZThür sIlmThür Hennb Itzgr, selt. wNThür sSOThür; *die Blöcher do gaam vill Braater.* – Lautf.: *Bloch, Blooch, Bluech.* Zu mhd. *bloch* als Vorform für schd. *Block.*

blöken → *blecken 2, beken, belken.*

Blümchen o. G. ‚dünner Kaffee, Kaffee-Ersatz' (weil durch den Kaffee hindurch die Bemalung in der Tasse sichtbar war) verstr. außer WThür Hennb Itzgr; *heite jibt's bloß Bliemchen.* Auch **Blümchen(s)kaffee.**

boben Adv. ‚oben' selt. nNThür, veraltend auch in **bobental** ‚von oben herab' nNThür Mansf; *do jing's lus vun bowndal* ‚begann die Prügelei'. Zu asächs. *bi oban.*

böber Adv. ‚oberhalb' wNThür nWThür; *bäwwer'n Schinnern* ‚oberhalb der Scheunentenne, Dachboden', *zer bewwerscht* ‚zu oberst', *har schlugg de Hänge bewwer sin Kopp bisammn.*

Bobratsche → *Pobratsche.*

Bockkarre f. ‚Schiebekarre mit Sprossen' nöNOThür.

bofen → *pofen.*

Boie f. ‚Wiege' vorwieg. öNThür NOThür nIlmThür nwO-Thür, doch mit der Sache veraltet. Zu **boien** ‚ein Kleinkind wiegen' mit gleicher Verbreitung sowie der Interj. *boie!*, mit der man Kinder in den Schlaf wiegt; mit der RA *dumm gehotzt un albern gebeut* charakterisiert man einen Tölpel, *heie, buie, bisch, bisch, bisch,* ... beginnt ein Schlaflied. – Lautf.: *Boie, Buie, Beie.* Wie → *bischen* vielleicht slaw. Herkunft.

böken → *beken.*

bölken → *belken.*

Bollchen n. ‚Bonbon' N-Rand NThür, N-Rand NOThür. – Lautf.: *Bollchen, Bolldchen.* Etym. unklar. Ob zu *Bolle* ‚Zwiebel'?

Bolle f. ‚Zwiebel' verstr. nöNOThür, selt. öNThür swNOThür nOThür.

Boller f. ‚kleine Kugel, Bällchen', speziell ‚Murmel' öItzgr, ‚Exkremente von Pferden, Ziegen, Hasen' verstr. söHennb öItzgr, neben **Erdäpfelsboller** ‚Kartoffelapfel' söHennb sItzgr. Häufig Dim. *Böllerle.*

Borg m. ‚beschnittener Eber, beschnittenes männl. Ferkel' N-Thür NOThür, WThür (außer W-Rand), nwHennb ZThür, IlmThür (außer SO), W-Rand OThür, öOThür. – Lautf.: *Borg,* selt. *Barg, -u-, -ö-,* wohl über Sproßvokal Weiterbildung zu *Boring, Buring* im übrigen OThür. Zu mhd. *barc* oder mnd. *borch* in gleicher Bed.; → *Bärgel.*

Borkirche f. ‚Empore in der Kirche' sNOThür öOThür

sSOThür sZThür; – Lautf.: *Bor-, Burkärche.* Wie → *Borlaube, -scheune, -stube, -tenn(e)* zu mhd. *bor* ‚oberer Raum, Höhe'.

Borlaube f. dass., verstr. WThür Hennb nwItzgr, neben **Borlehne** (wegen des Geländers) wNThür; *uf dr Burlaam sitzen die Manner un die Borschen.* Auch ‚(überdachter) Gang am Haus' Itzgr, teils in der Höhe des ersten Stockwerks, teils erhöht zur Hofseite bis zum Abort, weshalb übertr. auch ‚Abort'.

Born m. ‚Brunnen' allg. außer sHennb Itzgr, S-Rand SOThür, wo **Brunnen** *(Brünn, Brönn, Brunn)* gilt. Auch ‚Quelle, Pumpbrunnen' sowie übertr. ‚Wasserpumpe' und ‚Brunnen- oder Quellwasser'; *wu nuch keene Wosserleitung is, mussen die Leite s Wosser os'n Borne hule, de Keng kommen üs'n Bernchen* (deshalb **Bornälter** ‚Hebamme' swWThür Rhön); *ha ich än Dorscht, gaa mich mol Barn!* – Häufig in Zuss. wie **Bornfege, -fest** ‚ein Volksfest (mit Brunnenreinigung)', **Bornkresse** und umgedeutet *Bornkirsche, Braunkirsche* ‚Brunnenkresse'.

Bornkindel n. ‚Christkind als Gabenbringer zu Weihnachten' SO-Rand SOThür; *ihr Kinner, kummt, s Bornkinnel wor do!* – *Born-* nicht zu dem hier ungebräuchlichen Syn. ‚Brunnen', sondern wohl reduziert aus *geboren* oder zu *Barn* ‚Krippe'.

Borscheune f. ‚Bodenraum oberhalb der Scheunentenne' nöOThür, selt. söNOThür. Dafür auch **Bortenn(e)** n.(f.). Mansf öNOThür.

Borstube f. ‚große, saalartige Stube im Obergeschoß (für Festlichkeiten)' öOThür.

Borstwisch m. ‚Handfeger' veraltend NOThür OThür SOThür; *dar Borschtwisch hangt naam Harde.* – Lautf.: *Borscht-, Burschtwisch,* auch *Borschbisch.*

Boße m. f. ‚kleines Bündel Lein' veraltet ZThür Hennb Itzgr, ob. Schwarza, um Salzungen, um Saalfeld. – Lautf.: *Bose, Bosse, -u-, Bu(e)se(n).* Wohl zu mhd. *bôzen* ‚schlagen'.

boßeln sw. V. ‚kullern, rollen, kegeln' (z. B. Kugeln, Murmeln, Bälle) verstr. SOThür, ob. Schwarza; *ze Ustern giehn de Kinner uf de Wiesen un buseln ehre Ustereere.* Hierzu auch **Boßel** ‚Kegelkugel, Murmel' und **Boßelleich** ‚Kegelbahn' veraltet ob. Schwarza, öOThür. – Lautf.: *buseln, -o-.* Zu mhd. *bôzen* ‚klopfen, schlagen, kegeln' wie in schd. *Amboß.* → *Possekel.*

Böttner → *Büttner.*

Bouteille f. ‚Flasche' allg., doch im Osten seltener und überall veraltend; *die suffen gliech us der Battallchen.* – Fremdwort aus dem Frz., wozu auch das vorwieg. nd. Wort *Buddel* gehört.

Bowwerzche → *Pobratsche.*

Böz m. **1.** ‚fiktive Schreckgestalt, mit der man Kindern droht' Hennb; *der (wille) Böz kömmt!* – **2.** ‚Vogelscheuche', auch ‚vermummte Gestalt bei Brauchtumsfesten' Hennb. – Für beide Bedeutungen auch **Bözding, Bözmann** ebd. sowie in der nwRhön *Boz* im Übergang zu etym. verwandtem → *Butzemann.*

Bozemann → *Butzemann.*

Brägen m. ‚Kopf, Schädel' verstr. N-Rand NThür, nNOThür, selt. öNThür sNOThür nIlmThür nwOThür; *er hat eene vor'n Bräjen jekricht.* Auch ‚Gehirn' (doch hierbei zumeist auf Schlachtvieh bezogen). – Lautf.: *Bräjen, -e-, Braam, -ää-.* Eigentlich nd. Wort (mnd. *bregen* ‚Gehirn').

Bräh → *Prä.*

bräkeln sw. V. ‚(langsam) braten, schmoren' öOThür sö-SOThür, selt. sNOThür öItzgr; *dar Sunnchsbroten brakelte uff'n Ufen.* – Lautf.: *bräkeln, -a-, -e-.*

brammeln sw. V. ‚murmeln, nörgeln' NThür Mansf WThür ZThür, selt. Hennb, ob. Schwarza; *ha brammelte varr sech hen.* – Wohl ablautend zu *brummen.*

bräpeln sw. V. ‚(langsam) kochen, schmoren' verstr. NThür nWThür ZThür nIlmThür, selt. OThür Hennb; *bi dann werd alle Tache was Guts jebrebbelt.* – Lautf.: *bräbbeln, -e-,* im OThür auch *bräbeln, -e-.*

Brasen → *Wrasen.*

Bräune f. ‚Diphterie' selt. und veraltet; auch ‚fiebrige Erkrankung der Schweine'.

Braunschnitze f. ‚Preiselbeere' SO-Rand WThür, SW-Rand ZThür, nöHennb. – Lautf.: *Bru(n)-, Brui(n)schnitze(n),* auch *Bruinschnetze(l), -schlitze.* Erst umgedeutet zu *Braun-* aus einem westslaw. Wort, vgl. nsorb., slow. *brusnica* ‚Preiselbeere'.

Brausche f. ‚(blutunterlaufene) Beule oder Schwellung infolge von Stoß oder Hieb' NOThür nIlmThür OThür, selt. öNThür sIlmThür SOThür; *drbei hat'r änne gruße Brausche uf dr Stärn ge-krecht.* Im OThür vorwieg. umgedeutet zu *Brause.* – Lautf.: *Brausche, -u-, Brause, -u-.* Zu mhd. *brûsche* ‚Beule'.

Bräutchen n. speziell ‚(irdener) Henkeltopf, Kaffeekanne' neben **(Henkel)braut** f. S-Rand NThür, öWThür ZThür sIlm-Thür. Es diente früher, eingehängt in der Armbeuge wie die Braut oder der Bräutigam, zum Essentragen auf das Feld und war mancherorts ein beliebtes Hochzeitsgeschenk. – Lautf.: *Brietchen, Brittchen, Brüttchen, Breitchen,* was auch gleichzeitig ‚Bräutigam' bedeutet.

Bredouille f. ‚Notlage, Verlegenheit' veraltet; *ich kann se doch nich in der Bredullche sitzen lasse.* – Zu frz. *bredouille.*

Breibart m. ‚jmd., der umständlich oder Belangloses redet' Eichsf nwZThür. Anderwärts **Breigusche, Breimal.**

breiten sw. V. vorwieg. in der Wendung *Mist breiten* ‚den Mist mit einer Gabel breit auf dem Acker verteilen', seltener *Gras (Heu) breiten.*

Breme f. **1.** ‚Viehbremse' allg. außer nöNThür NOThür, wo **Bremse** gilt. – **2.** übertr. ‚Ohrfeige' verstr. nNOThür ZThür; *du kreist gleich ä paar Brämen!* – Lautf.: *Braame(n), -ää-.* Zu mhd. *brëme* ‚Stechfliege'.

Briezel → *Priezel.*

briezeln sw. V. ‚(zischend) braten, schmoren' verstr. sNThür WThür, selt. Hennb nItzgr, ob. Schwarza; *mir briezeln uns a poor Eer* (Eier), *s Fatt bretzelt in der Pfann.* Auch ‚knisternd lodern' (vom Feuer) selt. sIlmThür nwSOThür. – Lautf.: *briezeln, britzeln, -e-.* Wohl lautmalend zu *braten.*

Brockein m. n. ‚in Kaffee oder Milch eingeweichte Brotstücke als Mahlzeit' söSOThür. → *Eingebrocktes.*

Bröckelkloß m. ‚einfaches Backwerk aus geriebenen gekochten Kartoffeln, das mit Zugabe von Mehl, Fett und Salz locker in der Pfanne gebacken und meist zum Kaffee gegessen wird' sö-SOThür; dass. anderwärts im SOThür auch **Bröckelkuchen, Bröckelpulze** und mit Einschluß der ob. Schwarza **Bröckelzampe;** *was Eefaches wie Breckelkluß bracht se zer Nut fartch.*

Brodel m. **1.** ‚Wasserdampf, Dunst (beim Kochen oder Waschen)' ZThür (außer NO und S), söNOThür nIlmThür

OThür nöSOThür, sonst selt.; *varr lauter Brudel kammer nischt gesieh.* – **2.** ‚stickige Luft, Mief‘ verstr. w‚sZThür sIlmThür wSOThür Hennb. – Lautf.: *Brodel, -u-, Broddel, -u-.*

Brodem m. dass. wie *Brodel 1,* vorwieg. NThür nNOThür nöZThür, seltener ‚schlechte Luft, Mief‘ ebd.; *s es awwer an Bronn in Stall.* – Lautf.: *Brodem, Broden, -dd-, Bronn* sowie von nd. Lautung beeinflußt *Brieden, Bridden* nöNThür, N-Rand NOThür. Zu mhd. *brâdem* ‚Dunst‘.

Brosame m. f., **Brosel** m., f., n. ‚Brotinneres, Krume‘ (meist Pl.) sWThür Hennb sIlmThür SOThür; *dar kunnt nur noch de Brusen gass, mir Allen* (Alten) *assen es Brusel,* übertr. in der Fügung *ke Bresel* ‚kein bißchen‘ verstr. SOThür; *schamst de dich enn ke Bresel!* – Lautf.: *Brose(n), -u-, -ss-. Brosel, -u-, -ss-.* Zu mhd. *brosem(e).*

Brothänge f. ‚Holzgestell zur Aufbewahrung des Brotes‘ Eichsf; gegen Mäusefraß an der Kellerdecke hängend.

Brotkuchen m. ‚flacher Kuchen aus Resten des Brotteigs‘ (meist mit Speckgriefen, gebratenen Zwiebeln, Petersilie oder Schnittlauch belegt) verstr.; auch **Brotplatz** NOThür Ilm-Thür Hennb, um Erfurt.

brühsiedenheiß Adj. ‚sehr heiß‘ Mansf OThür n‚öSOThür; *dan Grugg tronken se briehsiedenheeß nei.*

Brüller m. ‚Zuchtbulle‘ S-Rand WThür, Hennb, W-Rand Itzgr; *ich muß mi Kuh bäin Bröller schaff* (zum Decken).

Brummbaß → *Bummbaß.*

Brummeisen n. ‚primitives Musikinstrument, Maultrommel‘ veraltet. Ein hufeisenförmiger Eisenstock mußte mit den Zähnen gehalten werden, wobei durch Summen und Schnippen mit den Fingern an einer Stahlfeder eine Melodie erzeugt wurde. Gewerbsmäßig hergestellt in der Kleineisenindustrie des Thür. Waldes.

brunzen sw. V. ‚urinieren‘ sWThür Hennb Itzgr; auch **brunzeln** selt. wNThür nwZThür; *ar hot nei sei Bett gebrunzt.* – Lautf.: *brunzen, -eu-, -äi-.*

büber → *böber.*

Bubratsch(ch)e → *Pobratsche.*

Bucht f. ‚Verschlag im oder neben dem Stall für Kleinvieh‘, auch

für ‚Schäferkarren' und ‚schlechte Wohnung' NThür
NOThür, selt. ZThür IlmThür OThür SOThür.

Buff m., **Buffen** m. ‚mundgerechter Bissen, ein Stückchen Brot
(Kuchen, Wurst)' verstr. außer am thür. Nord- und Ostrand,
häufig Dim. *Büffchen, Büffle; die poor Bifflich warschte schun nuch
nunterbrenge.*

Bufferzche → *Pobratsche.*

bügelhoch Adj. in der RA *es geht bügelhoch (her)* ‚es geht ausgelas-
sen und lustig zu' swNThür nöOThür, sonst selt.; *in Wartshause
gongs biechelhuch har.* Im westl. Thüringen wird das Wort auf ei-
nen Volkstanz mit einem Bügel zurückgeführt. Ein Zusammen-
hang mit → *picheln* ist wegen der Rundungsvokale im Hennb
abwegig.

Bühl m. ‚kleine Erhebung, Hügel' söSOThür, in FIN im öltzgr. –
Lautf.: *Bühl, Bühel, Bihl, Behl.* Zu mhd. *bühel.*

bühlen sw. V. ‚hervor-, emporstrecken' (meist Bauch oder Ge-
säß betreffend) verstr. öSOThür Itzgr, sonst selt.; *bühel dein
Oarsch net su raus!;* auch ‚bücken' verstr. öSOThür; *mer muß sich
n ganzen Tog biehle* (beim Kartoffellesen). Zu → *Bühl.*

Bummbaß m. ‚Lärminstrument, Teufelsgeige' verstr. SOThür,
sonst selt., auch **Brummbaß** genannt. Er besteht aus einem
mannslangen Stock, woran in der Mitte eine mit einer Schwei-
neblase überzogene Blechbüchse befestigt ist. Von den Enden
des Stockes sind Saiten über die Blechbüchse gespannt, die mit
einem primitiven Streichbogen bearbeitet werden, so daß in
Verbindung mit Blechdeckeln am Stock lärmende Geräusche
und Töne entstehen.

Bumbaum → *Pumpaum.*

Buntwurst f. ‚als Kochwurst eine Art Blutwurst' sNThür nZ-
Thür.

Buring → *Borg.*

bürzeln sw. V. ‚den Hintern (den Bauch) hervorstrecken' Mansf
öOThür, N-Rand SOThür, ebs. **bürzen** sSOThür; *berz nich
den Bauch so raus!* – Wohl zu *Bürzel* ‚Steiß'.

Büschel m. n. speziell ‚kleines Bündel Reisig (Stroh, Flachs)'
vorwieg. SOThür Itzgr, ob. Schwarza; *s Reisich ward in Bischel
gehockt un uf'n Bischelbuden aufgebaut.*

büßen sw. V. speziell ‚durch Besprechen mit Zauberformeln zu heilen versuchen' (zumeist bei der Gürtelrose üblich, während bei anderen Krankheiten und Gebrechen *be-* oder *versprochen* wurde) NOThür nIlmThür, S-Rand SOThür, selt. IlmThür OThür, zumeist **verbüßen** NThür (außer NW), n,wZThür; *hutt'er denn schun n Dukter gehult? nee, mer bießen ierscht emol.* – Zu mhd. *büezen* ‚etw. bessern, von etw. befreien'.

Butte f. ‚mit Tragbändern versehenes (Holz)gefäß, mit dem man Flüssigkeiten (z. B. Wasser, Jauche) auf dem Rücken transportiert' früher allg.

Büttelei f. ‚Gefängnis' Itzgr; iron. *in dar Büüdlei gitt's eisera Klöß un Stecknoudelsbrüh.*

bütteln sw. V. ‚verraten, anklagen' sSOThür. – Lautf.: *biedeln.* → *ausbütteln.*

butten → *verbutten.*

Butterbemme f. neben der Bed. ‚Butterbrot' (verbreitet wie → *Bemme*) in den Wendungen *Butterbemmen machen (schießen, schlagen, schmeißen, werfen)* ‚flache Steine werfen und auf der Wasseroberfläche hüpfen lassen' verstr. NOThür nOThür; auch **Butterwecken** *machen* öOThür öSOThür. Übertr. heißt es ebenfalls *eine Butterbemme (machen)* im sNThür nöZThür, wenn zwei Kinder sich umfassen und langgestreckt einen Abhang hinunterrollen.

Butterblume f. ‚eine gelbblühende (Wiesen)blume', einzelörtlich und kleinräumig für unterschiedliche Arten gebräuchlich, z. B. für Anemone, Hahnenfuß, Löwenzahn, Sumpfdotterblume.

Buttervogel m. ‚Schmetterling (bes. Zitronenfalter oder Kohlweißling)' NThür, verstr. Mansf, selt. ZThür IlmThür wOThür. So benannt wegen der gelben Farbe oder nach der abergläubischen Vorstellung, daß Hexen in Gestalt eines Schmetterlings Milch und Butter stehlen. → *Molkendieb, -stehler.*

Büttner m. ‚Böttcher' WThür, ZThür (außer NO), sIlmThür Hennb Itzgr swSOThür, auch **Büttler** nöHennb. Eigentlich ‚Handwerker, der Butten herstellt'. – Lautf.: *Büttner, -ö-, -i-, -e-, Büütner, -ie-, -ee-, Büttmer, Büütmer, -ee-, Büütler.*

Butz m. **1.** ‚Klümpchen', speziell ‚Eiterbeule, Pickel' neben → *Butzen* verstr. n,wZThür, mittl. IlmThür, sonst selt. – **2.** ‚kleines, in der Entwicklung zurückgebliebenes Kind, Dummkopf, Zwerg' verstr. sNOThür öOThür, neben *Buzel* IlmThür. – **3.** ‚Schreckgestalt, mit der man Kindern droht' selt. – Lautf.: *Buuz, Butz*. Zu mhd. *butze* wie → *Butzemann, Butzen*.

Butzemann m. **1.** ‚fiktive Schreckgestalt, mit der man Kindern droht' vorwieg. NThür NOThür WThür, S-Rand Hennb, NW-Rand Itzgr; *glich kimmt dar Butzemann un stickt dich in'n Sack!;* auch **Butzebär** NThür NOThür. – **2.** ‚Vogelscheuche' verstr. öNThür NOThür ZThür IlmThür; auch **Butzelmann** verstr. IlmThür, um Erfurt, um Pößneck. – Lautf.: *Buuze-, -oo-, Butze-, -o-*. Zu mhd. *butze* m. ‚Schreckgestalt', das etym. mit mhd. *butze* f. ‚Klumpen, Häufchen, abgehacktes Stück' zusammengehört; → *Böz, Butz*.

Butzen m. **1.** ‚Klumpen, Büschel, Stück' Eichsf WThür Hennb Itzgr; *a Botze Draak* (Dreck), *ar hot na an ganzen Butzen Hoor rausgerissen;* auch ‚unbestimmte Menge' *hä hot en hüsch Botze Gääld*. – **2.** speziell: **a.** ‚Eiterbeule, Pickel' verstr. nwZThür, selt. WThür öItzgr. – **b.** als Fem. *Butze* ‚Runkelrübe' sRhön.

chaisen sw. V. ‚schnell laufen, eilen' verstr. wNThür öItzgr, sonst selt.; *ar is nei die Stadt gescheest.* Auch **los-, herum-, umherchaisen.** – Zu frz. *chaise* ‚Stuhl, Kutsche'.

Chemise, Chemisett(chen) n. ‚steif gestärkte weiße Hemdbrust, Vorhemdchen' über dem kragenlosen Hemd am Kragenknopf eines steifen Kragens befestigt und zu festlichen Anlässen getragen, jetzt veraltet. Als *Schemisett(chen)* verstr. OThür SOThür, dim. und eingedeutscht zu *Schmießchen, -le* vorwieg.WThür ZThür IlmThür Hennb Itzgr. – Zu frz. *chemise, chemisette* ‚Hemd, Hemdchen'.

Chenille f. ‚ärmelloser Mantel mit weit herabhängendem Kragen' als blauer Überziehmantel früher zur Eichsfelder Männertracht gehörend. – Lautf.: *Schenillje.* – Zu frz. *chenille,* eigtl. ‚Raupe'.

Christbaum m. ‚Weihnachtsbaum' Eichsf WThür Hennb, sonst neben jüngerem **Weihnachtsbaum** und den regionalen Varianten **Christbusch, Busch(baum)** selt. sHennb Itzgr, **Mettenbaum** um Mühlhausen, **Tanne(n)baum** vorwieg. öOThür SOThür, **Zuckerbaum** verstr. söZThür, mittl. IlmThür und einzelörtlichem **Lichterbaum.**

Christheiligabend m. ‚Abend des 24. Dez.' sWThür Hennb; auch **Christkindchensheiligabend** verstr. n,öWThür.

Christkind(chen), -le n. ‚Gabenbringerin am Weihnachtsabend' Eichsf WThür Hennb Itzgr, sonst verstr., doch jetzt überall veraltet gegenüber der männl. Brauchtumsgestalt; *nu kömmt ball der Härrschekloäs on dos Chrisskennle, seid schö artig!*

Das *Christkind(chen)* kam in einem langen weißen Kleid mit einem Schleier vor dem Gesicht, entweder allein oder mit einem männl. Begleiter. Es bescherte die Kinder oder galt als heimliche Gabenbringerin, die auch den Weihnachtsbaum geschmückt und gebracht hatte. Übertr. auch ‚Weihnachtsgeschenk‘; *bas häst'ann zun Christkengchen gekrecht?*

Christscheit n. ‚Weihnachtsstollen‘ verstr. nwItzgr, ob. Schwarza, um Mühlhausen, um Schmalkalden. Auch **Christsemmel** m. f. um Suhl, **Christstollen** m. verstr. swHennb nwItzgr, **Christweck(en)** m., **Christwecke** f. S-Rand Eichsf, N-Rand WThür, sonst selt.

Christtag m. meist Pl. ‚Weihnachten‘ w,sWThür Hennb, selt. Eichsf; Wetterregel: *bie der arscht, der zweit on der drett Christtog, so die Höö-, Schneid- on Grommetsarn.*

complaisant Adj. (nur präd.) ‚höflich, freundlich‘ verstr. und veraltend nZThür, sonst selt.; *se warn immer kumpelsang met mich.* – In Anlehnung an *Kumpel* zu frz. *complaisant* ‚gefällig‘.

da-außen Adv. ‚draußen' Hennb (außer nRhön), Itzgr, S-Rand
SOThür, veraltet öOThür; *da is besser dusse be* (wie) *denn; daußen
in Huelz* ‚im Wald'. – Lautf.: *dause(n), -ou-, -öu-, -ui-, dusse, -ü-,
-ö-, dasse(n).* Alle ohne r nach mhd. *dâ-ûzen.*

da-inne(n) Adv. ‚darin, drinnen' ebd.; *dinne in Haus is dunkel.* –
Lautf.: *dinn(e), -e-, dinnen.*

da-oben Adv. ‚droben' ebd. – Lautf.: *dowe, doom, du(e)m.*

da-unten Adv. ‚drunten' ebd. – Lautf.: *donne, dong(e), dunde(n).*

Dachtel f. ‚Ohrfeige' verstr.; *du kriechst glei e Dachtel geschmiert.*
Auch **dachteln** ‚ohrfeigen'.

dalen sw. V. ‚sich mit Sinnlosem beschäftigen, umständlich ar-
beiten, trödeln' verstr. außer wNThür WThür ZThür Hennb,
auch ‚sich albern benehmen, einfältig reden' *ar weeß net, was ar
daalt.* Erweitert *dalschen* ‚kindisch, albern reden' öOThür.

Dalken → *Talken.*

dämisch Adj. **1.** ‚dumm, einfältig, dämlich' verstr. außer W-
Thür Hennb Itzgr; *daamscher Hund!*, auch ‚schwindlig, benom-
men' *mir is ganz daamsch in Kuppe,* stabreimend *ich schlaa dich
dumm un dämisch!* – **2.** ‚übermäßig groß, stark' ebd.; *ar hutte a
paar damische Hänge, es war änne damische Hitze.* – **3.** als Adv. im
Sinne von ‚sehr' Mansf, sonst selt.; *daußen warsch dämisch heiß.*

dämmeln sw. V. ‚(wiederholt) energisch treten, trampeln' W-
Thür nöHennb ZThür IlmThür wOThür nwSOThür; *dem-
mel mich nich immer of de Fieße!*

Dämse f. ‚schwüle Hitze, drückender Dunst' NOThür sZThür
IlmThür OThür n‚öSOThür; *is das heite änne Dämmse!;* hierzu

dämsig ‚schwül' söNOThür OThür nSOThür. – Lautf.: *Dämm(e)se, Dämbse,* im öOThür auch *Dämmsje.* Ein ostmd. Wort unklarer Herkunft.

därmeln → *türmeln.*

Dausch f. ‚weibl. Schwein (Ferkel)' (meist Muttertier gegenüber → *Gelze* als Mastschwein) Hennb, O-Rand Itzgr; *mi hann heuer kä Glöck mit ons Dösch, vo zah Stöck, bu se gewarfe hat, hat se vier tutgedrockt on zwä gefrässe.* Als Kosename und Lockruf im W-Thür ZThür n,öHennb. – Lautf.: *Dausch, -ou-, Duschsch, -ü-, -ö-* und häufig Dim. als Kosename.

draußen → *da-außen.*

Deebs → *Töbs.*

defendieren → *verdefendieren.*

Deisam m. ‚Sauerteig' veraltend sHennb Itzgr. Er wird als Rest des gesamten Sauerteigs bis zum nächsten Brotbacken aufgehoben oder auch gegenseitig ausgeborgt. – Lautf.: *Däsem, Desem, Däsen.* Zu mhd. *deisme* ‚Sauerteig, Hefe'.

Deise f. ein Wort mit starker Bedeutungsentfaltung, dessen Semantik im weitesten Sinne durch ‚Behälter, Aufbewahrungsvorrichtung, -ort' bestimmt ist, wobei es sich mit dem erst spät aufgekommenen Wort *Dose* berührt. – **1.** ‚(Schnupftabaks)-dose' verstr. SO-Rand WThür swZThür nwHennb; *si* (seine) *Deisen darf net leer wär,* als Sprachscherz *Däise häiße mäi se* ‚Deise nennen wir die Dose'. – **2a.** ‚faßartiger Behälter' (z. B. für Siede, Wasser, aber auch Kalk) selt. nöIlmThür nwSOThür. – **b.** fachsprl. ‚großer Bottich zum Transport von Weintrauben' sNOThür. – **3a.** ‚weibl. Geschlechtsteil' (von Mensch und Kuh) selt. söWThür; abweichend *läck mich in de Däisen!;* vielleicht übertr. hierzu auch die folgende Bed. – **b.** ‚weibl. Kalb' neben **Deisenkalb** NThür (außer wEichsf, nöNThür). – **4.** ‚Hängegestell aus Stangen oder Brettern' (zum Wäschetrocknen am Ofen, zur Aufbewahrung von Wurst, Speck, Brot, Kuchen im Keller) swRhön, selt. wEichsf. – **5.** ‚Sitzstangen im Hühnerstall, Hühnerstall' nwNThür; *sin dann de Hinder* (Hühner) *greit* (schon) *uf der Deisen?* – Lautf.: *Deise(n), Dese; Doase* (swRhön) sowie *Deisenkalb, Diesenkalb.* Etym. ungeklärt. Nach der Lautung ist eine Zuordnung zu urslaw. *dĕža* (osorb.

džěza) ,Backfaß, Backtrog' nur für *Dese* (Bed. 2) möglich, doch ist dieser Stammvokal gleichfalls von mhd. *ei* herleitbar.

Delle f. ,kleine Bodenvertiefung' allg., auch ,eingedrückte Stelle' (z. B. am Topf, am Hut).

Dengel[1] m. f. n. **1.** ,die scharfe Sensenschneide' SO Thür, verstr. s NO Thür s Z Thür Ilm Thür O Thür sö Hennb, selt. ö Itzgr; *dar Dengel es waggewetzt.* – **2.** ,Dengelamboß, Dengelgestell' sw-SO Thür, anderwärts **Dengelbock, -klotz, -platte, -stock.** – Lautf.: *Dängel, -a-.*

Dengel[2] m. ,Schmutzrand am Rocksaum' verstr. sö N Thür NO Thür nö Z Thür ö O Thür, selt. Ilm Thür ö SO Thür.

dengeln sw. V. **1.** ,die Sense mit dem Hammer durch Klopfen schärfen' allg. außer n N Thür n NO Thür, wo es **klopfen** heißt. – **2a.** ,schlagen, prügeln' neben **verdengeln** verstr. O Thür n SO Thür, selt. s N Thür n Ilm Thür; auch ,ausschlagen mit den Hinterbeinen' (vom Pferd) verstr. NO Thür. – **b.** speziell ,mit (Fichten)zweigen oder Ruten leicht auspeitschen' als Brauch zu Weihnachten oder Neujahr vorwieg. ob. Schwarza, nw-SO Thür nö Itzgr. Für den **Dengeltag** ist oft genau festgelegt, ob Jungen die Mädchen oder Mädchen die Jungen bzw. Kinder die Erwachsenen *dengeln* dürfen. Hierzu oft Heischeverse, z. B.

Dengel, dengel, griene, ich dengel dich recht schiene,
Pfafferkuchen un Branntewein soll mein Dengellohn sein.

– Lautf.: *dängeln, -a-.*

Deputat n. ,vertragsmäßiger Anteil am Arbeitsprodukt, Naturalleistung (neben Lohn)' verstr. außer Hennb; *sugar es kleine Käthchen kreit au ähr Deppentätchen.* – Lautf.: *Deppe(n)-, Deepe(n)-, Dippe(n)tat, -tot.*

dermang Adv. ,dazwischen' N Thür NO Thür, verstr. N-Rand Z Thür u. Ilm Thür, selt. nw O Thür; *es sin veele fule Kartoffel dermanke.* – Ein mit *mengen* ,mischen' verwandtes nd. Wort.

derquere → *Quere.*

derwegen Konjunkt., Adv. **1.** ,deswegen, deshalb' ö O Thür SO Thür; *derwachen bin ich do.* – **2.** ,dennoch, trotzdem' ebd.; *wenns de aa gesund bist, mißt de dich derwachen zammnahme.* – **3.** ,freilich, eigentlich' ebd.; *s is derwächen heit rächt schie* (schön).

derweile Adv., Konjunkt. **1.** ,inzwischen, unterdessen' verstr., doch selt. im westl. u. südl. Thür; *s Pfard hotte ich derwiele aangebungen.* – **2.** ‚während' selt.; *ich wie* (will) *ä Kärtchen Bier träink, derwie de annern taanzen,* zuweilen mit *daß* erweitert: *derweile daß er bein Dukter lief, wor sei Froo gestorm.* – **3.** ‚statt dessen' verstr. öItzgr, sonst selt.; *ich dachte, ich kricht'n geschenkt, derweile mußt ich'n bezahle.* – Lautf.: *derweil(e), derwiel(e), derwie.*

desterwegen Konjunkt. ‚deswegen, deshalb' öNThür NOThür öZThür IlmThür OThür SOThür; *desderwäng grein* (weine) *nar niet;* häufiger *desser(t)wegen: dassertwachen brauchste mich nich su onzefohrn* (so zu beschimpfen).

Dese → *Deise.*

Dez m. salopp ‚Kopf' verstr., doch selt. öItzgr, nicht Hennb wItzgr; drohend *paß uff, wenn de eins vor'n Däz krichst!* – Lautf.: *Däz, Daz.* Zu frz. *tête* ‚Kopf'.

Dezem m. ‚Steuer, Naturalabgabe' veraltet seit etwa 1900; *uff'n Sunntch soll dar Pforrdazen eingenummen ware,* übertr. auch ‚ungebetene Meinungsäußerung' *ha gett* (gibt) *sin Dezen derzu.* – Lautf.: *Dazen, -ä-, -e-.* Eigentl. ‚der Zehnte' nach lat. *decem* ‚zehn'.

Dichterle n. ‚Enkelkind' veraltend sHennb Itzgr; *der Großvatter is mit sein Dichterla auf die Kerwa* (Kirchweihe). – Zu mhd. *diehter* ‚Enkel' mit Herleitung von *diech* ‚Oberschenkel'.

dickdrehisch Adj. ‚trotzig, tückisch, verschlossen' wNThür, selt. NOThür nöZThür nIlmThür OThür nwSOThür; *das äs an dickdrehwischer Hund.* – Lautf.: wie → *drehisch,* im OThür SOThür *-drehmisch, drehmsch, -ie-.* Eigentl. *tück-,* doch Anlehnung an *dick.*

dicken, dickischen → *tücken, tückischen.*

Diele f. Kosename und Lockruf für ‚(junge) Ente' N-Rand IlmThür, OThür, als *Dilla* verstr. öItzgr; zuweilen auch Kosename für ‚Gans' ebd. – Wie → *Biele* wohl lautmalend.

Diemen m., **Dieme** f. ‚großer Stroh- oder Getreidehaufen auf dem Feld' NThür nNOThür, N-Rand ZThür, verstr. sNOThür, N-Rand IlmThür; auch ‚Erdmiete für Hackfrüchte' nwNThür. – Lautf.: *Dieme(n), Dimmen.*

Diener m. speziell ‚Grußformel beim Begegnen' veraltet Itzgr; *Diener! Diener! ach, die Fraa Nabbern, …;* erweitert *(kor)schamster*

Diener! Im übrigen Thüringischen früher von Geschäftsleuten verwendet: *Diener! ech bän dar Matzger.*

Diesack m. ‚große, seitlich im Frauenrock befindliche Tasche' S-Rand WThür, nHennb. – Lautf.: *Die-, Deesack.* Wegen Ungebräuchlichkeit des Wortes *Dieb* wohl eher von mhd. *diech* ‚Oberschenkel' abzuleiten.

dillern sw. V. ‚nicht ernsthaft arbeiten, verträumt spielen' sHennb Itzgr; auch **Dilledalle(r)** ‚verspielte Person' ebd.; → *dalen.*

Ding n. **1.** Ersatzwort für Gegenstände, Sachen, Begebenheiten, auch verhüllend für gespenstische Wesen, für männl. oder weibl. Geschlechtsteil sowie abwertend für weibl. Personen; *e junges (dummes) Ding.* – **2a.** ‚Haus, Wohnung' in der Fügung *zum Dinge naus*verstr., doch selt. O Thür SO Thür; *ar hot na zun Ding naus gejoucht.* – **b.** ‚Dorf, Dorfstraße' in Fügungen wie *n Ding nauf (nan, naus, nunger)* ‚die Straße entlang bergauf (bergan, hinaus, hinunter) zum Dorf hinaus' O Thür öSO Thür, selt. s IlmThür; *immer n Dinge nunner!;* ähnl. in adverbialen Zuss. wie **dingehin, dingenauf, dingenunter** ebd.; *er is grode dingenunter gange.*

Dingerts m. leicht abwertend ‚Kerl, Taugenichts' s IlmThür wO Thür SO Thür sHennb Itzgr; *dar Dinggerts konn siehe, wu ar wos ze assen kricht.* Seltener *Dingert.*

Dingrich m. dass., WThür sZThür s IlmThür O Thür SO Thür, Hennb (außer Rhön), selt. Itzgr; *dar Dingerich konn a wos orweite!* – Lautf.: *Ding(e)rich, -e-.*

dinne(n) → *da-inne(n).*

dinsen sw. V. ‚ziehend etw. bewegen' wNThür, W-Rand Rhön; *du mußt an der Teerschalln dinse; dos kunn dach unse Kiewe nit gedinse.* – Zu mhd. *dinsen* ‚ziehen, schleppen'.

diskurieren sw. V. ‚sich unterhalten, diskutieren' veraltend; *in der Eck dischkerierten e paar Altdeitsche.* Hierzu auch **Diskurs** ‚Unterhaltung, Meinungsaustausch'. – Lautf.: *diske-, dischkerieren, Diskur(sch), Dischkur(sch).* Lat. Ursprungs.

Ditz(en) → *Tütz(en).*

doben → *da-oben.*

Docke f. **1.** ‚Puppe als Spielzeug' veraltend öWThür ZThür IlmThür swO Thür SO Thür, Hennb (außer nwRhön), Itzgr;

ä Känd mit göllen Löckchen is ä allerliestes Döckchen. Häufig Dim.
– **2.** ‚ein Gebinde Garn, gedrehtes Bündel Flachs' verstr. und
veraltet. – **3.** ‚von Getreidegarben errichteter Haufen im Feld'
NO-Rand Hennb, SW-Rand ZThür, d. h. vorwieg. im Thür.
Wald, sonst selt. – **4.** ‚Mutterschein, weibl. Ferkel' nwSOThür
sowie an ein hessisches *Docke*-Gebiet anschließend in der w-
Rhön. Zu mhd. *tocke.*

Dohle f. **1.** ‚kleiner, schwarzer Rabenvogel' verstr. ZThür Ilm-
Thür OThür nwSOThür, sonst selt. – **2.** ‚mannstolles Mäd-
chen' verstr. sNOThür IlmThür OThür, selt. n,wSOThür. –
3. ‚schäbiger Hut, Zylinderhut' verstr. nöZThür IlmThür,
sonst selt., nicht NThür WThür Hennb Itzgr, auch mit Umlaut
Dehle nöZThür.

Dole f. ‚bedeckte Abflußrinne (für Jauche oder Wasser)' SW-
Rand WThür, wHennb, verstr. sItzgr. – Lautf.: *Dol(e), Doll(e),
Du(ä)ln, Dulln.* Zu mhd. *tole* ‚Rinne, Kanal'.

Dorl f. m., **Dorle** f. ‚einfacher Kreisel, den man mit den Fingern
oder einer Schnur in drehende Bewegung versetzt' (oft nur
Scheibe mit durchgestecktem Hölzchen oder spitzkegeliges
Klötzchen, zuweilen auch Knopf mit Streichholz) mittl. N-
Thür, ZThür IlmThür wOThür nSOThür, selt. Mansf
öOThür sSOThür; hierzu **dorlen** ‚mit dem Kreisel spielen'.
Als **Brummdorle** auch tönendes Spielzeug; *mir honn derheime
anne Brommdorl.* – Lautf. des nur in Thür. gebräuchlichen Wor-
tes: *Dorle, -u-, Dorl, Dorrel, -u-.* Vielleicht scherzhaft als Kose-
form zu *Dorethea.*

Dorsche → *Torsche.*

dorwieren → *turbieren.*

Dose → *Deise.*

Dost m. speziell ‚Moos' SO-Rand WThür, Hennb (außer NW);
zum Hasenest hole die Kinner Dost. Auch übertr. von verschiede-
nen Arten der Gattungen Origanum und Eupatorium, die als
Tee bei Viehkrankheiten verwendet wurden, zum Weihbund
gehörten (Eichsf) oder in einem Beutelchen als Mittel gegen
Verhexen dienten; *hättst du nicht Dorant und Dosten, tät's dich dein
Leben kosten.*

Drache(n)¹ m. speziell als Aberglaube ‚Hausgeist' S-Rand

NOThür, nIlmThür OThür n,öSOThür, um Erfurt; *dar hot'n Drachen, dan fliechen die gebrotnen Taumen ins Maul.* Als *reicher Drache,* **Bringdrache, Gelddrache, Zutragdrache,** auch → **Hans, Hänschen** genannt oder *feuriger Drache(n),* weil er mit einem Feuerschweif durch die Esse kommt, ist er den Hausbewohnern freundlich gesonnen, als *armer Drache(n)* oder **Forttragdrache** bringt er Armut und Unglück; *die hunn n armen Drachen, där alles furttreet.*

Drache(n)² m. ‚Enterich' NW-Rand NThür, verstr. Hennb. – Lautf.: *Drache(n), Drake(n)* im Norden, sonst *Drach(e).* Verkürzt aus erschlossenem *anut-drahhe* ‚Entenmännchen'; vergl. engl. *drake.*

Drachenei n. ‚zu kleines Hühnerei' öNThür, W-Rand NOThür, sonst selt.; es bedeutet Unglück und muß zur Abwendung rückwärts über ein Dach geworfen werden.

Drasch, draschen → *Trasch, traschen.*

Dräusch, dräuschen, dreeschen → *Träusch, träuschen.*

draußen → *da-außen.*

drehisch Adj. ‚trotzig, tückisch, verschlossen, mißmutig' N-Thür NOThür WThür ZThür IlmThür, Hennb (außer Rhön); *dar kuckte su dreewisch un saate kein Ton nich; du stellst dich heite awer dräwisch oon!* – Lautf.: *drehwisch, -äh-, -iä-, -ea-.* Wegen dieser Lautungen nicht zu *dräuen* ‚drohen', sondern eher zu drehen. → *dickdrehisch.*

Drehnickel m. ‚trotziger, einfältiger Mensch' öZThür IlmThür nwSOThür, selt. sOThür sSOThür. Zu *drehen* und *Nikolaus.*

Drehwind m. ‚Wirbelwind' öOThür.

Dreibrot n. ‚Vespermahlzeit (um 3 Uhr nachmittags)' verstr. ZThür (außer O-Rand). Veraltend wie auch **Dreiuhr(en)sbrot** verstr. Eichsf nWThür, **Dreiuhrskaffee** verstr. swW-Thür, **Dreiuhr** verstr. wHennb.

dreiche → *treuge.*

dreist, dreister(n) Adj. ‚furchtlos, frech' NThür NOThür nöZThür, selt. N-Rand OThür, mittl. IlmThür sZThür, meist *dreister(n)* im swNThür nZThür; *do kast de driester nienjegiehe, do saat* (sagt) *kei Mensch was.* – Lautf.: *driest(e), dreiste, driester(n).*

Dremel m. 1. ‚Holzklotz, Balken, Knüppel' selt. wZThür

Hennb Itzgr. – **2.** ‚große, kräftige Person' verstr. OThür SOThür, sonst selt. – Lautf.: *Dremel, -ä-, -a-, Dremmel*. Zu mhd. *drëmel* ‚Balken, Riegel'.

Drempel m. ‚(halbhohe) senkrechte Außenwand unter der Dachschräge', auch ‚Bodenkammer' verstr. sNThür NOThür IlmThür, sonst selt. – Lautf.: *Drembel, -a-*. Zu mhd. *drempel* ‚Türschwelle'.

dreuge, drieche → *treuge*.

Drischel f. ‚Dreschflegel' SO-Rand SOThür, auch ‚Klöppel am Dreschflegel' selt., ebd.

dritthalb Num. ‚2 ½ (das Dritte halb)' veraltet; *s wurd of dretthalb Zenner taxiert*.

drohen → *druhen*.

Drücker m. ‚Türklinke' neben **Türdrücker** vorwieg. öNThür öWThür ZThür sIlmThür ssOThür; auch **Drückel, Türdrückel** ö,sItzgr.

Drude f. ‚Geist, der Alpdrücken verursacht' SOThür öItzgr, selt. sIlmThür; *de Drude hot mich die Nocht gedrickt*.

druhen sw. V. ‚gedeihen, wachsen' verstr. wNThür ZThür nIlmThür, selt. WThür Hennb; *bei däre droht* (hilft) *nischt mähn*, Sprichwort *unracht Guät druhet nech*. Besser erhalten in **Druhei** ‚Ei, das einem Kleinkind beim ersten Besuch in einem andern Haus geschenkt wird' wNThür ZThür, verstr. öWThür nIlmThür; *hier bring ich dech ein Drohei, daß das Kind gut droht*. – Lautf.: *Druh-, Druäh-, Drohei*. Nicht zu schd. *drohen*, sondern wohl zu mhd. *trüejen* ‚wachsen, gedeihen'.

Dulke → *Tulke*.

dummöhrig Adj. ‚dumm, einfältig, ungeschickt, frech' verstr. NOThür OThür öSOThür, um Erfurt, um Weimar, sonst selt.; *kumm mer nich so dummihrich!* – Lautf.: *dummihrich, -ehrich*.

dun(e) Adj. (meist adverbial) **1.** ‚straff, fest, gespannt' wNThür, WThür (außer SO); *duner Sack* ‚straffes, pralles Euter', *de Leine es su lose, zick se mol dune!*; auch ‚dicht, nahe dabei' *der Stein flog düne an mee verbie*. – **2.** ‚betrunken' verstr. NThür NOThür, sonst selt.; *ha es mol wedder dune*. – Lautf.: *dune, -ü-, dun, -ü-*. Aus dem Nd. zu mnd. *dûn(e)* ‚straff, gespannt, betrunken'.

Dunk m. ‚(dunkler) kellerartiger Raum zum Abstellen oder Aufbewahren' (oft unter einer Kellertreppe) sZThür sIlmThür, verstr. nwSOThür. Zu mhd. *tunc* ,unterirdisches Gemach'.

Dünnende n. ,Schläfe' wNThür nöZThür; *ein Schlag ins Dinnenge es gefahrlich.* – Lautf.: *Dinneng(e).* Wird als ,dünnes Ende' interpretiert, doch vgl. mnd. *dunni(n)ge* f. ,Dünnung' und mhd. *tünewenge* n. ,Schläfe'.

Dünschel m. ,verdrießlich verzogener Mund, Flunsch' SO-Rand WThür, Hennb (außer nwRhön), Itzgr, sonst selt.; *du machst ju en Dunschel wie drei Tooche Raanvatter.* – Lautf.: *Dünschel, -i-, Dunschel.*

dunten → *da-unten.*

Dürrlender m. ,sehr magere Person' verstr.; auch **Dürrleder, Dürrwanst.**

ebber, ebbes → *etwa, etwas.*

ebensomäre Adv. ‚ebensowohl, auch noch' verstr. und veraltet SO-Rand WThür, nHennb; *nu kast'e aanzemeer noch e beßle gewart!,* auch Ausruf der Verwunderung: *aansemäär!;* erweitert *aamsgeschmaa(r)* verstr. Itzgr; *ich wär aamsgeschmaa noch dagebliem.* – Etym. unklar; vielleicht Zusammenrückung von mhd. *ëben so maere.*

ebenvoll Adj. ‚gestrichen voll, randvoll' sZThür sIlmThür Hennb Itzgr sSOThür, neben **geebnet(e)voll** wOThür nSOThür, auch *edenvoll* öOThür. – Lautf.: *eem-, ääm-, aam-, eam-, i(ä)m-, ewe-, ävevoll, edenvull.*

egal Adj., Adv. **1.** ‚gleichmäßig, gleichartig' verstr.; *s is immer ejoole Warme in der Stuwe, e Paar egale Strempf.* – **2.** ‚gleichgültig' allg.; *das is mich doch ejaal.* – **3.** ‚immer, fortwährend' (Betonung auf 1. Silbe) NOThür IlmThür OThür SOThür; *eejal quäkte een de Ohrn vull.*

ehe(r) Konjunkt., Adv. **1.** ‚bevor' als *ehe* wNThür, verstr. nHennb, sonst überall durch den Komp. *eher* vertreten; *das heelt widder, ehr de heiratst.* – **2a.** ‚früher, vorher' allg.; *acht Tache ärre odder speter, das äs ejal; ech komm wos ehr.* – **b.** ‚leichter, besser' verstr.; RA *dräimol uisgezojen is eher gut bie eima abgebraant.* – Lautf.: *eh, ih; ehr(e), ihr(e), ärr(e), err(e), arr(a);* auch *ihser, ehser* söSOThür. → *alleher.*

ehergester(n) Adv. ‚vorgestern' NThür nWThür n,wZThür, sonst selt.; *ich war dach ihrgaster irscht dremmen.*

Eidam m. ‚Schwiegersohn' veraltet öWThür Hennb nwItzgr,

verstr. ö,sItzgr SOThür, ob. Schwarza, neben **Eidammann** swZThür, auch **Eidamsohn** und **Eidamtochter** ‚Schwiegertochter' neben **Eigentochter** verstr. Eichsf nwZThür,um Mühlhausen. – Lautf.: *Eidem, Eiden, Äädem, Ääden, Eeden.*

Eidechse f. Die in Thür zumeist geltende Form *Eidechse* beruht auf mhd. *egedehse, eidehse* und wird als Zuss. von mhd. *ege,* das eine idg. Bedeutung ‚Schlange' reflektiert, und mhd. *dehse* ‚Spinnrocken' gedeutet. Das 1. Wortglied liegt als Kontraktion zu *A-* bzw. *Ä-* (wie *Ade, Äde* < mhd. *egede* ‚Egge') auch im sW-Thür Hennb nwItzgr vor. Ein Wandel von *-dehse* > *desse(n), -a-* und ein Abgleiten dieses Wortglieds in den Nebenton haben den Eintritt eines *r* ermöglicht und im sWThür Hennb zu den Grundformen *Ade(r)sche(n), Ä-, Atte(r)sche, Ätt-* geführt, wobei *-sche(n)* dem movierten Femininum entspricht. Diese Grundform ist spielerisch mannigfach verändert worden. Dabei könnte das *r* auch eine Anlehnung an *Otter* andeuten, während der *h*-Vorschlag in *Heu-, Hau-, Hei-* auf Anlehnung an *Heu, Hag, Heide* hinweist. Das Grundwort hat ferner Abwandlungen zu *-dachs, -deichsel, -distel, -hexe* erfahren.

Eierkullern n. ‚Eier einen Abhang hinunterrollen' Osterbrauch im öNThür wNOThür, selt. im nIlmThür OThür SOThür, auch **Eiertrudeln** zuweilen dort genannt.

Eierschwamm m. (meist Dim.) ‚Pfifferling' söWThür, westl. Eisenach, verstr. sIlmThür nwSOThür, um Suhl, selt. OThür.

Eiertitschen n. ‚Eier mit den Spitzen aneinanderstoßen, bis sie zerbrechen' Osterbrauch verstr. IlmThür, auch **Eiertätschen** verstr. wSOThür, **Eiertippen, Eiertöpfern** wRhön, **Eierkippen** O-Rand ZThür, westl. Weimar.

Eierwerfen n. ‚Eier (in Netzen) hochwerfen, bis sie zerbrechen' Osterbrauch wOThür SOThür, selt. NOThür sIlmThür, um Arnstadt; auch **Eiertrudeln** verstr. wOThür SOThür, **Eierfacken** verstr. um Gera, **Eieraufwerfen, Aufwerfen** verstr. SOThür; → *Aufballen.*

eigen Adj. ‚sehr ordnungslieb, peinlich genau' verstr. NOThür nIlmThür OThür, sonst selt.; *die is eigen bis uf's Tippelchen.* Zuweilen, vor allem im Itzgr, auch ‚eigenartig, sonderbar' *mir is ganz eechen ze Mut.*

eigen → *äugnen.*

einbinden st. V. speziell ‚den Täufling beschenken, indem die Paten Geld in das Wickelband bzw. in die Windeln oder unter das Kopfkissen legen oder in den Patenbrief stecken' veraltet; *ich weer zwä Toaler eibenne.* Hiernach wurde das Patengeschenk im nwNThür WThür sIlmThür SOThür auch **Eingebinde** genannt, seltener **Angebinde.** Auch übertr. *dös hot'n sei Pat eigebunden* ‚das sind Eigenschaften, die er von seinem Paten geerbt hat' vorwieg. Itzgr sSOThür.

einerhin Adv. ‚stetig entlang' (meist in Verbindung mit Verben der Bewegung) verstr. söZThür sIlmThür nwSOThür; *das es änne gute Stunne de Schossee einerhän.* Auch **einernauf, einernunter** u. a. m.; eigtl. wohl *einherhin, -hinauf, -hinunter.*

Eingebrocktes n. ‚in Kaffee eingeweichte Brotstücke (mit Zukker gesüßt)' WThür Hennb Itzgr SOThür, neben **Einbrock** sNOThür nOThür; auch **Einbrockig** nSOThür.

einlützig Adj. ‚allein, alleinstehend, ledig' öOThür; *kimmst de widder äälitzch? wu steckt'enn deine Fraa?* – Lautf.: *ee-, äälitzch.* Zu mhd. *einlützig* ‚allein'.

einmännisch Adj. ‚für eine Person bestimmt' öOThür nSOThür. Meist vom Bett: *sinst* (früher) *schlufen Monn un Fraa in enn Bette, olleweile meenen se, s weer besser, wenn jeds far sich in enn eenmannschen Bette tet schlofe.*

Einnehmer m. ‚Gemeinderechner, Kassenverwalter der Gemeinde' Eichsf, um Mühlhausen.

Einnehmisch n. ‚Arznei, Medizin' SOThür; *das Einnahmich schmeckt su gorschtch, daß ich's kaum konn neinbrenge.*

einziehen st. V. speziell **1.** ‚sich einen Splitter unter die Haut stechen' OThür n,öSOThür, verstr. S-Rand NOThür; *ich hob mer enn Spreil untern Fingerneel gezeen.* – **2.** ‚in eine neue Arbeitsstelle umziehen' (vom Gesinde) veraltet öOThür SOThür.

eisch Adj. ‚häßlich, abscheulich, böse' neben **eisig** veraltend nEichsf, um Nordhausen; *eische Maichen gitt's nit uf'n Eisfelle.* – Zu mhd. *eisch* ‚häßlich'.

eischlich Adj. **1.** dass., verstr. wNThür, selt. ZThür nWThür; *me hann hitte eschliches Watter.* – **2.** ‚gierig (auf Essen und Trinken)' verstr. mittl. IlmThür, S-Rand OThür, nwSOThür.

Auch von Tieren: *das is awer änne eeschliche Kuh.* – Lautf.: *eisch-, eesch-, eschlich.* Zu mhd. *egislich, eislich* ‚abscheulich‘.

Eiskahn m. ‚Kinderschlitten zum Fahren auf Eis‘ (oft nur primitives Gestell aus Brett und Kufen) verstr. mittl. NThür, nZThür.

eitel Adj. neben seltener schd. Bed. speziell ‚ausschließlich, nichts als, ohne Zutat‘ (von Lebensmitteln) allg., doch selt. NOThür Hennb, nicht Itzgr sSOThür; *dan Bickling hamme gliech ittel gefrassen.* Auch ‚leer‘ nEichsf; *ittel Glesser* ‚leere Gläser‘. – Lautf.: *ittel* wNThür WThür wZThür nHennb, *ättel* selt. nSOThür, sonst abweichend *aikel, ickel, äckel.* Zu mhd. *îtel* ‚leer, nichts als‘.

eiterbeißig Adj. ‚böse, gehässig, jähzornig‘ wNThür ZThür söHennb, selt. Itzgr; auch ‚bösartig, leicht eiternd‘ (z. B. Wunden vom Hundebiß). – Zu *Eiter*, das auf mhd. *eiter* ‚Gift‘ beruht.

Eller f. ‚Erle‘ verstr. N-Rand NThür, NOThür nIlmThür nOThür; Sprichw.: *Ellerholz un rute Hoore, dos is keene jute Woore.*

Elter → *Älter.*

Emetze, Emse → *Ameise.*

Emporlaube → *Borlaube.*

Ende n. wird in der Zusammenrückung mit *zu* zum Adv. *zuendes(t)* ‚geradehin entlang, bis ans Ende‘ verstr. sIlmThür SOThür öOThür. Meist ist es mit einem weiteren Richtungsadv. verbunden: *ihr mißt die Gass zengstnaus; den Wag zenstlang hingiehn.* – Lautf.: *zen(d)s, zenst, zengs(t).* Ähnliche Bildungen mit *Ende* → *allenden, amende.*

engst → *irgend.*

Enke m. ‚(jüngerer) Knecht‘ verstr. und veraltet öNThür NOThür, doch ‚Großknecht‘ öOThür, während der rangniedere als **Kleinenke** bezeichnet wurde. – Zu mhd. *enke* ‚Knecht‘.

Enkel m. ‚Fußknöchel‘ NThür (außer O-Rand); *dar Drack gunge mich bis an die Enkel.* – Zu mhd. *enkel* und verwandt mit → *Anke* ‚Genick‘.

epper, eppes → *etwa, etwas.*

Erbsbär m. ‚eine in Erbsenstroh gehüllte Person als Brauchtumsgestalt bei Umzügen‘ (zu Fastnachten, am 3. Kirmestag oder am 11.11. zum Martinstag) vorwieg. NThür nZThür nOThür. – Lautf.: *Erbs(en)-, Erwesbär, -bar*.

Erbzaun m. ‚Zaun (Hecke) um ein ererbtes Grundstück' SOThür. Er diente als Heiratsorakel in der Silvesternacht oder am Andreastag (30.11.): *Erbzaun, ich schüttle dich, weißt du keinen Mann für mich?*

Erdapfel m. (meist Pl.) ‚Kartoffel' sZThür sIlmThür SOThür Itzgr söHennb. – Lautf.: *Erd-, A(r)dapfel, -appel, Ardäffel, Arpfel*.

Erdbirne f. (meist Pl.) ‚Kartoffel' söNOThür OThür, – Lautf.: *A(r)bern, Ä(r)bern, Aberne*.

Erkner m. ‚Erker, Vorbau' n,wNThür nNOThür. – Lautf.: *Erkner, Arkner, Ark(e)nar*, im Eichsf auch *Ertner, Artner*.

erlechen sw. V. ‚eintrocknen und dadurch undicht werden' (nur prädikativ von hölzernen Fässern, Wannen usw.) NThür W-Thür Hennb ZThür; *das Waschfaß es erlächt (der-, verlächt)*. Auch **zerlechen** verstr. sZThür söHennb, → *zerlechzen*. Auch übertr. ‚großen Durst haben' *ech ben ganz erlächt*. – Als hd. Form zu nd. *lecken* ‚austrocknen' und *leck* ‚undicht'.

ermachen sw. V. ‚etw. erarbeiten, mit Anstrengung fertigbringen' verstr. sZThür IlmThür OThür nSOThür, sonst selt.; *ech kann's alleene nich ermache*.

ermännigen sw. V. dass., verstr. sIlmThür, selt. mittl. NThür, öZThür SOThür.

Ern m. **1.** ‚Hausflur' neben vorwieg. **Hausern** NThür WThür ZThür Hennb Itzgr; auch *öberer Ern* ‚Vorraum im 1. Stockwerk' w,sHennb Itzgr. – **2.** ‚Scheunentenne' neben vorwieg. **Scheunenern** NThür (außer NW- und O-Rand), nWThür nZ-Thür, auch *übern Ern* ‚Bodenraum über der Scheunentenne' nöZThür. – Lautf.: *Ern, Arn*, mit n-Antritt aus dem vorhergehenden Artikel *Nern* ob. Schwarza, nöItzgr. – Zu mhd. *ern, eren* ‚Fußboden, Tenne'.

Erpel m. ‚männl. Ente, Enterich' N-Rand NThür, NOThür, selt. OThür. – Lautf.: *Ärpel, Arpel*.

eschpern, espern → *äschern 3*.

Esse f. ‚Schornstein' SO-Rand NThür, sNOThür nöZThür IlmThür OThür nwSOThür, meist **Feueresse** söSOThür öOThür. Hierzu **Essenkehrer, Essenkratzer** ‚Schornstein-

feger', doch **Essenkehrich(t)** sNOThür nwOThür, verstr.
IlmThür, **Essenrüpel, Feuerrüpel** verstr. sNOThür
n,öOThür öSOThür.

etwa Adv. **1.** ,ungefähr' selt. öOThür SOThür; *su ebber im Jehonni rim.* – **2.** ,vielleicht, vermutlich' sIlmThür OThür SOThür
Itzgr, sonst selt. und veraltet; *wänn de etwonn denkest, de konnst
mich kunjeniere, do bist'e uf'n Hulzwache; ar is ebber nich derhäme.* –
3. partikelhaft die Aussage verstärkend im Sinne von ,aber,
wohl, vielleicht' sIlmThür OThür SOThür Itzgr; *du bist öbber ne
gescheit!, etwann Kase oder gor Worscht gab's nicht.* – Lautf.: *etwann, etwonn* (< mhd. *ëtewanne)* verstr. nIlmThür OThür, selt.
NThür öSOThür, sonst *ebber, öbber* (Itzgr) aus mhd. *ëtewâr*
,irgendwo', während *etwa* nicht üblich ist.

etwas Indef.-Pron. wie schd., allg.; *ich well dich mol was saa* (sagen), *bring ewos ze assen har!, so äbbes ha ich noch nich gesänn.* –
Lautf.: *was, wos,* doch *ewas, ewos* OThür n,öSOThür, selt. sIlmThür, *ebbes, abbes* WThür Hennb (da ,was' hier *bas* lautet).

Exekutor m. ,Gerichtsvollzieher' veraltet; *bezohl deine Schulden,
sinst kimmt der Exekuter;* übertr. ,habgieriger Mensch' wNThür.
– Lautf.: *Ex(e)kuter, Ax(e)kuter, -kutter;* auch **Exequierer** Itzgr.
Aus dem Lat. zu *exequieren* ,vollstrecken, pfänden'.

exern, extern → *äksern.*

Fäbe → *Fäpe.*

Fach n. speziell ‚Hosen-, Rocktasche' neben **Hosenfach, Rockfach** NO-Rand WThür, NW-Rand ZThür, um Mühlhausen.

fachieren → *vagieren.*

facken sw. V. **1.** ‚werfen und fangen' (beim Ballspiel) söNOThür OThür nSOThür; hierzu **Facken(s), Fackeball** *spiele (mache)* ‚Fangball spielen'; → *Eierwerfen, -facken.* – **2.** ‚gierig essen' neben **facksen** OThür nSOThür; *dar fockt sei Assen nei wie e Hund.* – Lautf.: *facken, -o-, facksen.* Vielleicht Intensivum zu mhd. *fâhen* ‚fangen'; → *faken.*

fädenen, fädeneln sw. V. ‚den Faden in das Nadelöhr einfädeln' Mansf, um Nordhausen, selt. öOThür, fachsprl. ‚Fäden in die Strickmaschine einfädeln' S-Rand SOThür. – Lautf.: *feddmen, fennen;* erweitert mit l-Suffix *fenneln* S-Rand SOThür. Zu mhd. *vedemen.*

Fähe → *Fege.*

fähren → *verfähren.*

Fahrt f. Bergmannsspr. ‚Grubenleiter' in den Schächten des Bergbaus. Auch ‚Transportstrecke auf der Schachtsohle des Kupferbergbaus', wobei *niddriche Fahrten* nur für den Huntetransport geeignet sind, Mansf.

faken sw. V. ‚ohrfeigen' verstr. NOThür; *links un rächts kricht'er eine gefakt.* Hierzu **Fake** f. ‚Ohrfeige' verstr. NOThür nOThür. – Semantisch und lautlich → *facken* nahestehend.

Fangeles o. G. ‚Haschespiel' sHennb Itzgr, S-Rand SOThür; *mir spieln Fange(r)les;*auch *Fange(r)le* südl. Schleiz, ebs. **Fangens** o. G. wRhön, östl. Meiningen, neben *Fanges* verstr. S-Rand SOThür.

Fanse, Fanze f. ‚Reibeisen' nwZThür, um Mühlhausen; *nimm die Faanzen un rieb de Äppel!,* übertr. ‚zänkische Frau' ebd.; auch **fanzen** ‚auf dem Reibeisen schaben' ebd. – Lautf.: *Faanse(n), -z-, -ää-*.

Fäpe f. ‚Kinderflöte aus hohler Holunder- oder Weidenrinde bzw. aus Gras- oder Getreidehalmen' (an einem Ende meist zusammengedrückt) verstr. öNThür NOThür nöZThür nIlm-Thür nOThür. Wie → *Fiepe* wohl lautmalende Nebenform von *Pfeife*.

Färse f. ‚junge Kuh, die noch nicht gekalbt hat' NOThür, verstr. nIlmThür nOThür, als amtliches Wort jetzt verbreiteter.

Farze f. ‚selbstgefertigte Kinderpfeife' (zuweilen nur Rindenstück wie → *Fäpe)* verstr. nIlmThür, N-Rand OThür, selt. sWThür nöHennb, übriges OThür. – Lautf.: *Farze, -o-;* zu mhd. *varzen* ‚furzen'.

Fase, Fasel f. ‚Faser, Fussel' (z. B. an Kleidung haftend) *Fase* SO-Rand SOThür, sonst selt., als Dim. übertr. ‚ein wenig, ein bißchen' S-Rand SOThür, öItzgr; *er kam e Feesele ze spet. Fasel* verstr. wNThür WThür Itzgr, selt. Hennb, *Fäsel* nwRhön. – Lautf.: *Fase, -o-, Fasel, -o-, -ou-, Fassel, -o-*.

Fastnacht o. G. wie schd., überall mit regionalem Brauchtum verbunden (z. B. Umzüge mit Gabenheischen, Verkleidungen und Mummenschanz, besondere Gebäcke wie Kräpfel, Brezel, Stiezel, auch Termin für Gesindewechsel und Spinnstubenabschluß). – Formen: *Fastnacht(en), Fas(e)nacht(en), Faselnacht,*auch **Fasten** swNThür WThür nHennb, **Fasent** öSOThür, **Fas(t)elabend** nwEichsf, wobei *Fase(n)-, Fasel-* wohl auf mhd. *vasen* ‚gedeihen' ohne den kirchlichen Bezug auf ‚fasten' beruhen.

Fauler Schäfer m. ‚Kanker' Eichsf, verstr. nwNThür.

Fauster m. (meist Pl.) ‚Fausthandschu(e)' NOThür ZThür IlmThür OThür SOThür, auch **Faustrich(e)** öZThür sIlm-Thür. – Lautf.: *Fauster, -u-, Faustrich(e), Fust-*.

Federfittich → *Flederwisch, -fittich.*

Federkasten m. ‚Schieferkasten der Schulkinder' veraltet sIlm-Thür SOThür, um Ilmenau; häufig *-kästel, -kästle.*

Fege f. ‚die Nachgeburt bei Kühen, Schweinen, Ziegen' O-Rand ZThür, IlmThür swSOThür Itzgr, verstr. söNThür söHennb; *die Fah is ab.* – Lautf.: *Fäje, Fach(e), Fähe, Fahe.* Zu mhd. *vege* ‚Reinigung'.

fegen sw. V. speziell ‚die Getreidekörner von Abfällen und Unkrautsamen reinigen' verstr. und veraltet neben **durchfegen** wNThür WThür ZThür sIlmThür Hennb, W-Rand Itzgr, selt. Eichsf nIlmThür. Hierzu wurde ein feinmaschiges (rundes) **Fegesieb** verwendet. – Lautf.: *fajen, fachen, -ä-, fahen, -äh-, -eh-, -ei-.* Sie stellen sich nicht zu mhd. *vewen* ‚sieben', sondern genau wie andere *ege*-Bildungen zu mhd. *vegen* ‚fegen, reinigen'.

fei → *fein.*

Feim(en) m., **Feimel** m., **Feime** f. **1.** ‚großer Getreide- oder Strohhaufen auf dem Feld' selt. neben **Getreide-, Korn-, Strohfeimen** sNOThür, N-Rand IlmThür, neben *Feine* f. öSOThür; auch *Feimel* OThür nwSOThür, *Finne(n)* f. nwEichsf; *ich hob das Gohr su viel Getreede, daß ich enn Feimen ufs Fald muß loß setze.* – **2.** ‚Erdmiete für Hackfrüchte' *Feim* m., *Feime* f. S-Rand SOThür als *Feimel* selt. OThür, als *Finne(n)* f. nwEichsf.

fei(n) Partikel als Flickwort eine Aussage verstärkend ‚freilich, wirklich, ja' Itzgr, S-Rand SOThür, verstr. ob. Schwarza, selt. nSOThür OThür; *dös de fei beizeiten widder hier bist!, do kunnt mer fei nischt moche.* – Lautf.: *fei,* selt. *foi* an der ob. Schwarza und *fein* südwestl. Saalfeld.

Feise f. ‚kleiner Werk- und Schlafraum des Müllers' verstr. NOThür nöZThür nIlmThür nOThür; übertr. auch ‚enge, schlechte Kammer'. – Lautf.: *Feise, Feiste.*

feist Adj. ‚fett' veraltend Hennb nItzgr; *ä fäist Gaans.* – Lautf.: *feist, fäist, fääst, feest.*

Feldkieker m. ‚eine Zervelatwurst aus bestem Fleisch' wNThür, gilt als Leckerbissen im Eichsf und wird in Schmerhäute oder Mastdärme gefüllt, also in den Teil des Darmes, der „ins Feld guckt", wenn dort die Notdurft verrichtet wird. – Lautf.: *Fald-, Fall-, Fällgieker, -kieker, -gicker, Falldicker.*

Feldscheune f. speziell ‚stehengelassene und oben zusammengebundene Halme auf dem zuletzt gemähten Feld' neben **Scheune, Martin(s)scheune** sNOThür nOThür. Heute veralteter Rest eines Fruchtbarkeitskultes, aber auch als Schutzhütte für Korndämonen gedacht.

felgen sw. V. ,(die Stoppeln) flach umpflügen' veraltend neben **schälen; auch felgern** wRhön.

ferten Adv. ,voriges Jahr' öItzgr, zuweilen auch ,früher, vordem' *farten hot's marra Schniea gaam wie heuer*. In der Fügung *ferten Jahr* auch verstr. in gleicher Bed. im ZThür und möglicherweise auch in *fern Jahr(e)* ,vor einem Jahr' enthalten. – Lautf.: *färden, -a-, faa(r)dn.* Zu mhd. *vërt, vërn* ,im vorigen Jahr'.

Fertigwerde f. ,Lattengestell zum schichtweisen Einschieben oder Aufbewahren der großen runden Bauernkuchen' OThür nSOThür, O-Rand nIlmThür. – Lautf.: *Fertch-, Fartchwaare*.

fetzeln sw. V. ,leise weinen' (bes. von Kindern) öOThür, selt. nOThür nöSOThür.

Fetzen m. speziell aus der Bed. ,großes Stück' wie ein Adj. oder Adv. verwendet im Sinne von ,mächtig, übermäßig groß (stark, schwer, viel)' vorwieg. sHennb Itzgr SOThür; *a fatzen Fraa* (Frau), *dar hot an fatzen Trumm Flääsch gassen, es hot fatzen geschneit, dar Schnie hot fatzen huch gelaang*. – Lautf.: *fatzen, fätzen* (stets unflektiert).

Feueresse, Feuerrüpel → *Esse*.

Feuermauer f. ,Schornstein' verstr. swNThür nwZThür, früher im öNThür NOThür nöZThür ebenfalls verbreitet; *de Backhisser rauchten wie de Fiermuurn in den Nordhisser Schnapsbrenneräien*.

Feuerstein m. speziell ,Bonbon' verstr. und veraltend öWThür, nHennb (außer wRhön), söHennb Itzgr wSOThür; häufig Dim.; *Mutter, keefst'e mer denn e paar Feiersteenle?*

Fichte f. ,Kiefer' wNThür, N-Rand WThür, während mit *Tanne* die eigentliche Fichte bezeichnet wird. Auch **Fichtenapfel** ,Kiefernzapfen' ebd.

Ficke f. ,Hosen-, Rocktasche' NThür (außer Eichsf), NOThür nöZThür nIlmThür, OThür (außer O-Rand); *a paar Läppergroschen ha ech emmer in der Ficken*.

Fickel n. ,Ferkel' (ohne Geschlechtsdifferenzierung) NThür (außer O-Rand), N-Rand WThür, N-Rand ZThür, als Kosename auch nöNThür; *ooles Fickel!* als Schelte für Personen. Hierzu **fickeln** ‚junge Ferkel gebären' ebd.

Fiduz m. ‚Mut, Zuversicht' verstr. und veraltet; auch ‚Lust, Neigung': *zun Spinnen han se itzt kenn Fiduz meh.* Als *Fiduzche* sNOThür nIlmThür. – Zu lat. *fiducia* ‚Vertrauen'.

Fiemele n. 1. ‚(Hanf)fäserchen, Fädchen' selt. Itzgr. – **2.** *e Fiemele* ‚ein kleines Stückchen' und auch im Sinne von ‚ein klein wenig, ein bißchen' Hennb Itzgr; *a Fiemele Wuuerscht; müg mich* (liebe mich) *nar e Fiemela!* – Zu mhd. *fimmel* ‚weibl. Hanfstengel' (< lat. *femella* ‚Weibchen'). → *Finzchen.*

fiemeln sw. V. 1. ‚spielerisch an etw. hantieren, fummeln' verstr. sWThür Hennb, selt. NThür; *ha fiemelt on sinne Fenger rem.* – **2.** ‚fein regnen, nieseln' nur unpersönlich *es fiemelt* verstr. Itzgr. – Lautf.: *fiemeln, fimmeln* (NThür). Beide Bed. wohl zu vorigem Stichwort.

Fiepe f. dass. wie → *Fäpe,* selt. NOThür nOThür.

Fiet o. G. Kosename für ‚Ente' nöNThür NOThür, als Lockruf *fiet! fiet!* bzw. *feit! feit!* auch verstr. N-Rand IlmThür, N-Rand OThür. – Lautf.: *Fiet(chen), Feit(chen).*

Fieze f. ‚das rindenreiche Anfangs- oder Endstück vom Brot' SO-Rand ZThür sIlmThür; auch *Fiezchen, Fiezle.*

figelant → *vigilant.*

Figuckchen Pl. in der Wendung *Figuckchen machen* ‚Possen oder Narreteien treiben, Grimassen schneiden' verstr. NOThür nIlmThür nOThür, selt. NThür; *der macht widder mol seine Figuckchen.* Auch **Figuckchenmacher** ‚Spaßmacher' ebd. – Etym. unklar.

Finzchen, Finzele n. ‚ein Stückchen, eine Kleinigkeit' verstr. sWThür Hennb; *in'er värtel Stonn wor kei Finzele mehr da.* Auch im Sinne von ‚etwas, ein wenig, ein bißchen': *e Finzchen Brot.* – Lautf.: *Finzchen, Finz(e)le, -ie-.* → *Fiemele.*

Finze f. ‚trauriges Gesicht mit Verziehen von Mund oder Nase' verstr. OThür SOThür, selt nIlmThür; *dar mocht ollemol ne Finze, wenn en wos nich poßt.*

finzen sw. V. 1. ‚das Gesicht verziehen, die Nase rümpfen' verstr. OThür; auch ‚leise weinen' selt. ebd. und *(p)finschen* SO-

Rand SOThür. → *funzen*. – **2.** ‚verschmitzt lachen, hämisch grinsen' mittl. IlmThür, um Erfurt, selt. nwSOThür; *do hat der Großevater sich eens gefinzt.* – **3.** ‚die Augen halb zukneifen, blinzeln' verstr. sIlmThür, um Ilmenau.

Fisimatenten Pl. ‚Ausflüchte, Umständlichkeiten' verstr., doch NThür nNOThür WThür ZThür Hennb meist ‚Faxen, Allotria, Dummheiten'; *kumm mer nar nich mit sitten Fissemetanten!, sie guckten zu, was die im Zirkus far Fissimatäntchen machten.* – Lautf.:*Fissimatenten* wNThür WThür wZThür Hennb Itzgr, sonst vorwieg. *Fissematentchen, -tenzchen.*

fispern[1] sw. V. ‚tastend suchen, nervös an etw. herumfummeln' selt. sIlmThür SOThür nwItzgr. Hierzu **fisperig** ‚nervös, ungeduldig, begierig'. – Lautf.: *fisbern, fischbern.* → *fuspern.*

fispern[2] sw. V. ‚flüstern' Itzgr. – Lautf.: *fischbern.* → *pispern.*

fissentieren → *visitieren.*

Fist m. **1.** ‚Furz' verstr. Hennb OThür, sonst selt., im nEichsf *Fiste* f.; auch **fisten** ‚furzen' ebd.; RA *ha hürt en Flook* (Floh) *fiest.* – **2.** ‚kleiner Junge, Knirps' selt. öOThür, mittl. IlmThür, spöttisch in der Zuss. *Mädchenfist* ‚Junge, der mit Mädchen spielt' vorwieg. söNOThür öIlmThür OThür nSOThür, auch *Mädchenfiester* WThür nwHennb, mittl. IlmThür. Entsprechend auch → *Jungenfist(er).* – Lautf.: *Fist, Fiest* (Hennb), *Fiesten* f.

Fitschegrüne f. ‚Fichtenzweig oder mit Fichtengrün umwundene Birken- oder Weidenrute' sowie ‚Brauch zu Fastnacht oder am 3. Weihnachtsfeiertag', wobei Jungen die Mädchen **fitschegrünen** ‚leicht auspeitschen' oder Kinder mit diesen Ruten von Haus zu Haus ziehen und Heischesprüche aufsagen wie

fitsche, Fitschegriene, mer wulln ewos verdiene,

e Dreierlein, e Sechserlein, es kann e preißscher Taler sein

verstr. nOThür, SO-Rand NOThür, um Stadtroda. → *Frischegrüne.*

fitscheln sw. V. **1.** ‚rasch hin und her bewegen' (etwa eine Rute, ein Messer beim Schneiden, den Geigenbogen, auch von zu weiten Schuhen gesagt) verstr. – **2.** speziell ‚flache Steinchen so werfen, daß sie auf der Wasseroberfläche hüpfen' neben selt. **fitschen** NOThür IlmThür wOThür nwSOThür, verstr.

NThür (außer Eichsf), öOThür öSOThür, vorwieg. *pfitschen* Itzgr. → *futscheln.*

Fitschepfeil → *Pfitschepfeil.*

Fittich m. **1.** ,Flügel (der Gans)' NThür NOThür WThür nw-Hennb nZThür nIlmThür, verstr. OThür, übertr. auf Personen: *se lett* (läßt) *de Fettche häng* ,ist kraft- und mutlos'. Ein Gänseflügel wurde als *(Feder)fittich, -flittich* früher zum Zusammenfegen und zum Säubern verwendet. – **2.** ,Rock- oder Kleiderzipfel' verstr. ebd.; → *Schlagfittich.* – **3.** ,Tagenichts' verstr. ebd.; *so'n loser Fittich!* – Lautf.: *Fittich, Fittch,* unter Einfluß von *Flügel* östl. Nordhausen-Erfurt meist *Flitt(i)ch.*

fix Adj. ,flink, geschwind' NOThür sZThür IlmThür OThür SOThür Itzgr, verstr. öHennb, sonst nur *fix un fertig* als verstärkendes Wortpaar; *du sollst fix mal rungerkumme!, e fixes Kärlchen.*

Fladen m. speziell ,Brotscheibe mit Aufstrich' sNThür, WThür (außer W-Rand), ZThür swIlmThür öHennb; häufig in Zuss. wie **Butter-, Fett-, Mus-, Wurstfladen.** – Lautf.: *Fladen, -o-, -oa-.*

flähen → *fleuen.*

flaken sw. V. **1.** ,rußend brennen, flackern' neben nd. *blaken* verstr. öNThür nNOThür; *de Lampe flakt.* – **2.** ,schlagen, prügeln' öNThür, N- u. W-Rand NOThür, N-Rand ZThür, selt. übriges ZThür; *ich flak dir gleich eene!, die Kirschner flaken die Felle.* Auch **Flake(n)** ,Prügel, Hiebe' in der Wendung *es giwwet (es setzt, du kreist) Flake(n).*

flämisch Adj. ,groß, stark' verstr. NThür NOThür, ZThür (außer S), n,öOThür, selt. Hennb; *an flämscher Karl;* zuweilen auch ,plump, ungeschickt' oder ,mürrisch, verschlagen'. Als Adv. *met der Arbeit hutt'ch mich fäämisch getummelt* ,sehr beeilt' Mansf. – Lautf.: *fläm(i)sch, -a-.* Vom Volksstamm der Flamen abgeleitet.

flammen sw. V. speziell ,schlagen, prügeln' verstr. NThür W-Thür nwZThür, selt. Hennb. Auch **Flammen** ,Prügel, Hiebe' in der Wendung *es gitt (du krichst) Flammen* swNThür nWThür nwZThür.

Fläppe, Flappe f. ,mürrisch oder weinerlich verzogener Mund' verstr. öOThür öSOThür, sonst selt.; *laß de Fläpp nich so hänge!.* – Lautf.: *Fläbb(e), -a-, Flabben.*

Flaschner, Fläschner m. ‚Klempner' söItzgr.

Flat m. ‚schmutzige, unflätige, gemeine Person' sWThür Hennb, auch eines der derbsten Schimpfwörter. – Lautf.: *Flat, Flot*. Mhd. *flât* ‚Sauberkeit, Schönheit' ist hierbei ins Gegenteil verkehrt.

Flatschen m. ‚großes, unförmiges Stück (z. B. Kuchen, Fleisch), großer Fleck von breiiger Masse (z. B. Kuhfladen, schleimiger Auswurf)' verstr.; *ich hawwe mich en orntlichen Flatschen Haut abjeschrammt*. Auch *Flatsche(n)* f. ‚Lache von Flüssigkeiten, Pfütze' verstr. swNThür WThür Hennb. – Lautf.: *Flatschen, -o-, Flatsch(e)*.

fläuen → *fleuen*.

Flecke Pl. tant. ‚die als Speise zubereiteten Innereien von Rind oder Ziege' öOThür SOThür Itzgr, selt. söNOThür, S-Rand Hennb; *am öllerliebsten hot er Fleck gässen*. Auch **Saure Flecke** wegen der säuerlichen Zubereitung.

flecken sw. V. ‚mit einer Arbeit vorankommen, vom Fleck kommen' verstr.; *de Arweet fleckt heite jarniche*.

Flederwisch m. ‚Flügel der Gans als Werkzeug zum Fegen und Säubern' söZThür sIlmThür OThür SOThür Itzgr, verstr. NOThür, selt. nIlmThür; *se namb e Flädderwisch un hulte den Ruß aus der Esse*. Auch **Flederfittich** selt. wNThür nwZThür.

Fleischblume f. ‚Wiesenschaumkraut' WThür Hennb, verstr. wZThür wItzgr.

flennen sw. V. **1.** ‚weinen' verstr., doch selt. NThür Hennb öItzgr sSOThür; *se flennt Rotz un Wasser*. – **2.** ‚das Gesicht verziehend lachen, grinsen' wNThür, neben Bed. 1 auch NOThür nIlmThür OThür; *er flennt wie a Tepper* (Töpfer). – **3.** ‚die Zähne fletschen' swWThür, verstr. nHennb; *ha flannt de Zehn*.

fletschen sw. V. **1.** ‚weinen' Itzgr, verstr. sHennb sIlmThür wSOThür, selt. öOThür; *ar hot nimmer gewißt, soll ar lach oder fletsch;* hierzu **Fletschgusche, Fletschmaul** ‚weinerlich verzogener Mund, Flunsch'. – **2.** ‚höhnisch lachen, feixen' NThür (außer Eichsf), verstr. ZThür nIlmThür nWThür; *ha fletschte iwwer's ganze Gesicht*. – **3.** ‚die Zähne zeigen' unter schd. Einfluß verstr. – Bed.-Entfaltung aus mhd. *vletschen* ‚die Zähne zeigen'.

fleuen sw. V. ‚spülen' (z. B. Wäsche, Geschirr) neben **ausfleu-**

en öOThür SOThür Itzgr, ob. Schwarza; *se fleet de Wesch.* –
Lautf.: *fleen, -ää-, -aa-, -öö-, flääwen, -ei-.* Zu mhd. *vlöuwen*
‚spülen, säubern' mit gleichem mdal. Stammvokal wie *streuen,*
doch *floon, -aa-* im öOThür auf umlautlosem *flouwen* beru-
hend.

Flick(e)nadel f. ‚Nähnadel' Hennb (außer NW), Itzgr sIlm-
Thür wSOThür, wo **flicken** ‚nähen'.

Fließei n. ‚Ei ohne Kalkschale' söNOThür OThür sIlmThür,
im SOThür Itzgr meist *gefließtes Ei.* Im Aberglauben verheißt
ein solches Ei Unglück. – Lautf.: *Fließ-,* doch im Itzgr *Flöß-,*
Flüeß-, deshalb eigtl. zu *flößen* (mhd. *vlœzen* ‚fließend machen').

Flintenstein m. ‚Bonbon' selt. und veraltet OThür SOThür
sItzgr. Benannt nach der Funktion des → *Feuersteins* als Zubehör
beim Schießen mit der Flinte.

Flittich → *Fittich.*

Flitzeped → *Veloziped.*

Flunsch m. ‚mürrisch verzogener Mund, verärgertes Gesicht'
verstr. neben regionalen Syn.; *en Flunsch mache (hänge, ziehe).*

förder Adv. ‚vorwärts' verstr. SOThür, selt. OThür öItzgr; *es*
gieht net feeder.

fördern sw. V. speziell ‚gut vorankommen' verstr. öOThür
SOThür; *de Orweit feedert heite nich.* – Lautf.: *feedern.*

Forsche f. ‚Kraft, Stärke, Kühnheit' verstr., doch selt. WThür
w‚sZThür sIlmThür Hennb; *ar hat keene Forsche merre in Knu-*
chen, häufig in der Wendung *mit aller Forsche.* – Zu frz. *force*
‚Kraft'.

forscheln → *vorschlagen.*

Foße f. neben ‚Hure' speziell ‚nicht zählendes Blatt im Karten-
spiel' verstr. NThür NOThür, sonst selt. – Zu frz. *fausse* ‚falsch'.

Frääle → *Fräulein.*

Franzbrötchen n. ‚kleines, rundes, meist in der Mitte eingekerb-
tes Milchbrötchen' verstr. außer Hennb Itzgr SOThür; *hann se*
denn frische Franzbreetchen? – Eigtl. *französische Brötchen.*

Fratz m. ‚freches Kind' S-Rand SOThür, öItzgr, sonst selt.; auch
‚eingebildete Person' verstr. Hennb, ob. Schwarza.

Fräulein n. speziell **1.** ‚Großmutter' sHennb wItzgr, neben
Mutterle öItzgr, selt. S-Rand SOThür; *mei Härrle* (Großvater)

on mei Fraile senn äbbes länger lenne blebe (liegengeblieben). Völlig verdrängt von **Großmutter** und gegenwärtig von **Oma** – 2. ‚Hündin' verstr. nItzgr. – Lautf.: *Freile, -äu-, -aa-, -la.*

Frecke f. ‚fingerstarkes Röllchen aus Gersten- oder Roggen-schrot für die Gänsemast' NThür (außer O-Rand), WThür, W-Rand ZThür, auch **Freckse** ZThür, selt. sIlmThür; hierzu **frecken** sw. V. ‚Gänsen die *Frecken* in den Hals stopfen' NThür WThür, ebenso **frecksen** ZThür IlmThür, verstr. swSOThür öItzgr; RA *ich bin satt wie ne gefreckste Gans.*

Freite f. ‚Brautschau' verstr. und veraltet, meist in der Wendung *uf de Freite geh;* zuweilen auch ‚Hochzeit': *do wulln se de Fräite uf's Reine bränge.* – Lautf.: *Freit(e), Fräite, Friet,* mit Hiatustilgung *Frejjate, Fräjate* nwNThür, *Freicht, Froicht* ob. Schwarza. Zu mhd. *frîât(e)* ‚Brautwerbung' als Abstraktum zu *frîen* ‚freien, hei-raten', das ebenfalls in Thür gilt.

Freunde Pl. ‚Verwandte' verstr. u. veraltet nwNThür, W-Rand ZThür, im Hennb noch 1793 *minne Frönn.* – Lautf.: *Fringe, Frinne, Fring, -ü-, Frönn.* Zu mhd. *friunt* ‚Verwandter', während die schd. Bedeutung meist jung ist.

Freundschaft f. ‚Verwandtschaft' verstr. und veraltet NOThür ZThür IlmThür OThür SOThür, sonst seltener; *ar hot de ganze Frinnschaft injeladt,* RA *a fett Schwien äs besser wie anne bucklichte Frinnscht.* – Lautf.: im öZThür IlmThür OThür gekürzt zu *Frein(d)sch(t), -ää-, -ie-, Frinnsch(t), -e-,* sonst Vollformen.

Frierer → *Frörer.*

Frieß(e)rich m. ‚Schnittlauch' O-Rand SOThür, **Frießlich** verstr. swSOThür.

Frischegrüne f. dass. wie → *Fitschegrüne* als Weihnachtsbrauch mit Umzügen und Gabenheischen, häufig in der Wendung *Fri-schegrüne peitschen,* seltener als Verb **frischegrünen.**

Frörer m. ‚Schüttelfrost' veraltend ö,sItzgr, 1793 im Hennb *Frü-rer; der Frörer schüttelt mich.*

Froschkecker m. ‚Frosch' verstr. n,öOThür, selt. söNOThür.

Froschgieke(r) → *Gieke(r).*

Frosterkatze f. ‚Person, die leicht friert' neben selt. *Frostkatze* verstr. O-Rand NThür, NOThür. Ebenso **Frosterküken** N-Rand NThür, **Frosthuckel** m., f. ob. Schwarza, **Frosthum-**

mel f. s Hennb, **Frostmemme** ö O Thür, **Frostrich** m. verstr.
ö, s O Thür n SO Thür.

Frucht f. speziell ‚Getreide, Halmfrucht‘ N Thür (außer NO),
W Thür Z Thür nw Hennb; *frieher wor de Frucht met de Sänse*
ehaun; de Frecht het sech gelaat (bei Lagergetreide auf dem Acker).
– Lautf.: *Frucht, -o-;* im W Thür sw Z Thür nw Hennb als Pl. tant.
Frücht, -ö-, -i-, -e-.

führen sw. V. speziell ‚ein brünstiges Tier (Kuh, Schaf, Sau, Zie-
ge) zum Decken bringen‘ sö NO Thür Ilm Thür O Thür
SO Thür Itzgr; *de Kuh schickt, mer wulln se bein Uchsen fiehre*.

Füllfaß n. ‚flachgewölbter ovaler Weidenkorb mit ausgesparten
Grifflöchern‘ SO-Rand W Thür, SW-Rand Z Thür, nö Hennb,
sonst selt. – Lautf.: *Filkwes, -e-, -ö-,* seltener *Füll-, Föll-, Fillfaß*. Zu
mhd. *vëlwe* ‚Weidengeflecht‘ mit Anlehnung an *füllen*.

Füllhals m. ‚Trichter‘ (zum Abfüllen von Flüssigkeiten oder
zum Stopfen der Därme mit Wurstmasse verwendet) SO Thür.

Füllkorb m. ‚ovaler Weidenkorb mit gewölbter Standfläche und
Bügel‘ vorwieg. n, ö N Thür, W-Rand NO Thür, zuweilen auch
‚hoher Weidenkorb mit ebener Standfläche‘. → *Füllfaß*.

Füllmund m. ‚Fundament unter den Gebäudewänden‘ veraltet
N Thür NO Thür n Z Thür n Ilm Thür w O Thür; *in'n Fillemund*
worden friher Tiere eingemauert. – Lautf.: *Fill(e)mund;* einge-
deutscht aus *Fundament*.

Füllwanne f. dass. wie → *Füllfaß*, W-Rand Z Thür.

fünfern sw. V. in der abweisenden Wendung *du kannst mich mal*
fimfern! – Vielleicht Anspielung auf die 5 Buchstaben für das
Gesäß.

funzen sw. V. ‚(trotzig) weinen‘ ö NO Thür; *dar fängt jleich an ze*
funzen. → *finzen 1*.

Fürchtarsch m. ‚Angsthase‘ verstr. Ilm Thür s Z Thür n Hennb,
selt. sö NO Thür w O Thür. – Lautf.: *Fürch-, -ä-, Fürt-, -ö-*.

Furchthase m. dass., verstr. s Ilm Thür s Z Thür s O Thür,
SO Thür (außer SO), selt. sö W Thür Itzgr.

Fürchtkatze, Furchtkatze f. dass., verstr. Itzgr sw SO Thür, N-
Rand Z Thür, sonst selt.; *wär weeß, wos die Förtkatz gesenn hot!*

Furze → *Farze*.

Fusche f. **1.** ‚Krautpflanze, die keinen festen Kopf entwickelt hat', im Pl. auch ‚lose Blätter an Kraut- oder Salatköpfen' sowie ‚eingelegte Kohlköpfe' als → *Fuschenkohl'* NThür WThür nHennb ZThür, IlmThür (außer ob. Schwarza), selt. wNOThür; *heb de Fuschen uff, das gätt Karnickelfutter.* – **2.** ‚Niete, nicht zählendes Blatt beim Kartenspiel' nZThür, sonst selt. im Gebiet von Bed. 1; *nischt wie Fuschen hann ich in der Haand.* – **3.** ‚(schlechtes, liederliches) Bett' verstr. sWThür nHennb, selt. ZThür; *ar gäht net us der Pfuschen äruis.* – Lautf.: *Fusche(n), -uu-, -ü-, -ui-,* diphthongiert zu *Fauschen* wNOThür. Mit Pf- vorwieg. sWThür sZThür nHennb, als *Pusche* wRhön, so daß hier die Ansetzung *Pfusche* eher gerechtfertigt wäre.

Fuschenkohl m., **Fuschenkraut** m. ‚abgebrühte und eingelegte Kohlköpfe und Kohlblätter, die später zu Suppen oder als Zutat zu Bratenspeisen verwendet werden' verstr. wie *Fusche 1.*

fuspern sw. V. ‚spielerisch an etw. herumfummeln' verstr. sWThür, selt. sNThür swZThür; auch ‚mogeln (beim Kartenspiel)' verstr. wWThür. – Lautf.: *fusbern, -ü-.* → *fispern[1].*

Fussel f. ‚Fäserchen, Fädchen' allg., doch auch → *Fase(l).*

fusseln sw. V. **1.** ‚fasern' (von Stoffen) verstr. – **2.** ‚fein regnen, nieseln' verstr. Eichsf swWThür. Lautf.: *fusseln, -ü-.*

Füßling m. ‚Fußteil des Strumpfes mit kurzem Wadenstück' (bes. von Männern als Überziehstrumpf getragen) verstr. wNThür, N-Rand WThür, selt. n‚wZThür, auch *Füßerling* wWThür. Im Eichsf auch ‚ein aus Stoffresten zusammengenähter Hausschuh', worauf sich **Füßlingsfrau** und **Füßlingsgendarm** für ‚Hebamme' beziehen lassen.

Fußzehe f. ‚Zehe' vorwieg. Itzgr öSOThür öOThür. Angelehnt an *Zahn* auch **Fußzahn** m. SO-Rand SOThür.

futscheln sw. V. **1.** ‚auf dem Eis dahingleiten, glännern' nöIlmThür. – **2.** ‚flache Steine so werfen, daß sie auf der Wasseroberfläche hüpfen' neben → *fitscheln* selt. IlmThür.

futschen sw. V. **1.** ‚verstohlen lachen, feixen' verstr. öNThür Mansf, selt. nöZThür IlmThür; *ha futtscht sich ins Fiestchen.* – **2.** ‚wimmern, weinen' selt. sNOThür nIlmThür.

Futtich m. ‚schlechtes, stumpfes (Taschen)messer' NOThür (außer N), N-Rand IlmThür, nOThür; → *Kuttich.* – Lautf.: *Futtch.*

futzen   sw. V. ,(liederlich) nähen, flicken' verstr. NThür
NOThür, selt. nIlmThür; *was host'n da zerechte jefuzt? –* Lautf.:
fuzen, futzen.

G-, g- wird anlautend vor Vokal als *j-* oder *ch-* gesprochen im nöNThür NOThür öIlmThür wOThür, vor l, r nur im nöN-Thür NOThür. Die Vorsilbe *ge-* erscheint als *je-* im NOThür öIlmThür wOThür und im gesamten NThür (außer Eichsf) sowie als *e-* im nöZThür nwIlmThür (z. B. *emacht* ‚gemacht‘). Für die Anlautverbindung gl- sprechen ältere Bewohner im SOThür swItzgr auch *dl-*. Diese regionalen Abweichungen wurden bei den Lautformen der Einzelwörter meist nicht berücksichtigt.

gächen → *jächen.*

gackeln sw. V. speziell ‚laut gackern‘ (von Hühnern) swHennb.

Gäcker → *Kecker.*

Gacke(r)le n. in der Kinderspr. ‚Ei‘ swHennb Itzgr wSOThür; man überreichte beim ersten Besuch eines Kleinkindes ein Ei und sagte dazu *da hast'e e Gackerle, krieg leicht dei Hackerle!* (Zähnchen).

gacksen, gäcksen sw. V. ‚laut gackern‘ verstr. söNOThür Z-Thür IlmThür wSOThür öItzgr, selt. Eichsf, N-Rand OThür; *wenn de Hinner e Ee geläät hum, do gacksen se.* – Zu mhd. *gagzen* ‚gackern‘; → *gatzen.*

gahl, gähl → *gelb.*

Gake f., **Gak** m. **1.** ‚Krähe‘ wWThür, *Gak* m. im nöHennb; wohl zu *gaken*[2]. → *Krak(e).* – **2.** ‚dumme, neugierige, schwatzhafte Frau‘ verstr. söNThür sNOThür swSOThür, selt. IlmThür; *du aale domme Gake!* – **3.** ‚Ausschlag, Griefe im Mundwinkel‘ selt. sNOThür OThür öSOThür; → *Gauke.* – Lautf.: *Gake, Gaken.*

gakeln sw. V. ‚emporragen, hervorstrecken' verstr. WThür Z-Thür IlmThür, selt. wOThür öHennb nItzgr; *auf'n Hut gakelten a poor heiden Faderbösch.* Hierzu **Gakel** ‚große, dürre Person'. → *gaukeln.*

gaken[1] sw. V. **1.** dass., verstr. öNThür Mansf nöZThür; *de Worzeln gakten in de Luft.* – **2.** ‚neugierig gucken, begierig gucken' NOThür (außer N-Rand); *gake nich su!*

gaken[2] sw. V. **1a.** ‚laut rufen, schreien, brüllen' (von Mensch und Tier) verstr. NThür nWThür wZThür Mansf n,öOThür; *se gakte ewwer de ganze Stroße wack; me mossen fetter, de Keh goken schonn;* ‚gackern' *wenn de Hirner* (Hühner) *gaken, gitt's Rajen.* – **b.** ‚viel, laut und verworren reden' neben **gakeln** nöNThür nNOThür. – **2.** ‚(laut) weinen' NThür (außer nwEichsf), nwZThür. – Lautf.: *gaken, -o-, kake(l)n.* Zu mhd. *gâgen* ‚schreien'.

gäken sw. V. ‚erbrechen, kotzen' NThür NOThür n,öOThür sSOThür, Hennb (außer NW), Itzgr; auch **gäksen** wOThür wSOThür. Hierzu **Gäkmühle** ‚Karussell' NThür. – Lautf.: *geken, -ä-,* selt. *gaken,* im Hennb Itzgr *göcken.*

gäkig Adj. ‚blaß, kränklich aussehend' OThür öSOThür; *eier Määchen sieht so gakch aus, se hot gar kenne Farwe.* – Lautf.: *gäkch, -a-.*

gäkisch Adj. ‚widerlich süß schmeckend und Übelkeit hervorrufend' verstr. öSOThür, selt. öOThür; *ich muß'n Schnaps trinken, sinst werd mersch gaksch.*

galchen(s) → *jählings.*

galen sw. V. ‚begierig sein, begierig gucken' mittl. NThür, O-Rand ZThür, nwIlmThür; *wie die nach dän Pudding gaalt!, ha gaalt nach Kerschen.* Auch **galmen** NW-Rand ZThür.

Galei → *Gelbei.*

Gallazie → *Kollation.*

Galle f. speziell ‚feuchte Stelle auf Feld oder Wiese' nwNThür söZThür öOThür, sonst selt., doch **Naßgalle** vorwieg. nöN-Thür IlmThür swOThür, n,wSOThür.

gälstern → *gelstern.*

Ganeist m. ‚Gänserich' öNThür (außer NO-Rand), als Sprachspott zur g-Artikulation in Orten, die g- zu j- wandeln: *dar Ka-*

neist is äwwer de Katterter (Gattertür) *kehuppt.* – Lautf.: stets erst-silbenbetont *Gaaneist, Jaaneis(t),* selt. *Gaaneister.* → *Gansert.*

gankeln sw. V. **1.** ‚baumeln lassen' (bes. von Armen und Beinen) verstr. Hennb Itzgr nSOThür; *wenns de uff'n Stuhle tust sitze, do gankel doch nich immer mit'n Benn* (Beinen). – **2.** ‚unsicher gehen, schwanken' verstr. mittl. NThür, öOThür nSOThür. Hierzu **Gankel** m. ‚große, schlaffe, nachlässig gekleidete Person' verstr. sHennb wItzgr ob. Schwarza. – **3.** ‚schaukeln' neben *gänkeln* verstr. sSOThür, selt. sZThür nItzgr; hierzu **Gankel** f. ‚die hängende Kettenschaukel' ebd.

Ganker → *Kanker.*

Gänsepfeffer m. ‚eine (säuerlich zubereitete) Speise aus Gänseblut und Gänseklein' vorwieg. Hennb Itzgr, selt. sWThür. Auch **Schwarzpfeffer** oder *schwarzer Pfeffer* selt. nWThür nwZThür.

Ganser(t) m. ‚Gänserich' allg. außer → *Ganeist* und den regionalen Varianten *Gänsker, -a-* Eichsf, *Goänsker* swHennb, *Guinsk, -oi-* söWThür, *Goons, Guuns, -ui-, -öö-* swWThür, Hennb (außer SO) und weiteren lokalen Varianten. – Lautf.: *Ganser(t), -ä-, -aa-, -oo-,* im swWThür Hennb auch *Guunser, -ui-, -öö-;* aus unverschobenem nd. *Ganter* im NOThür *Jan(n)er(t),* am N-Rand NThür *Ganter.*

gären sw. V. speziell ‚lange und albern reden, schwätzen' vorwieg. WThür ZThür IlmThür nwSOThür; *es äs je lutter Quatsch, was de gaarscht.* Hierzu *Gär, Gärich, Gegäre* ‚Gerede' ebd.

Gärscht → *Gischt.*

Garst m. ‚Taugenichts; freche, häßliche Person' sWThür wZThür nHennb. Zu *garstig.*

garstig Adj. neben den Bed. ‚ungezogen, böse, schlecht, häßlich' verstr. im Itzgr SOThür auch Gradadverb ‚sehr, tüchtig': *der hat garschtch geblutt, ar is garschtich hiegebollert* (hingefallen).

Gas m. n. f. **1.** wie schd., doch als Mask. veraltend; *heit brennt der Gas amol gor net gut.* – **2.** als Fem. ‚Gasanstalt' verstr. öItzgr, ob. Schwarza, selt. öOThür; *mei Moo gett in die Gas.*

gassaten Adv. in der Wendung *kassate(n) gehn (laufen)* ‚umherstrolchen, Besuche machen' verstr. wNThür ZThür sHennb,

selt. ob. Schwarza; *die all Scharteke* (alte Frau) *is kassate gegange.* –
Mit Anlehnung an *Gasse* (in der Studentenspr.) aus mlat. *gassa-
tim.*

gätlich Adj. ‚passend, ausreichend, reichlich, ziemlich groß‘
mittl. NThür, ZThür Hennb Itzgr, verstr. IlmThür, sonst selt.
und veraltet: *en gatlicher Knippel, du hast aber gatlich aufgeladen.* –
Lautf.: *gatlich, -ä-.* Zu mhd. *gaten* ‚zusammenpassen‘, *getelich*
‚passend‘.

gatzen, gätzen sw. V. ‚laut gackern‘ (von Hühnern nach dem
Eierlegen) NThür WThür wZThür, verstr. neben **gackern,
gackeln** Hennb Itzgr; auch **gatzeln** wRhön; man beschenkte
ein Kleinkind beim ersten Besuch mit einem Ei und sagte *wie die
Hünnerle gatze, so soll dei Mäule schwatze.* – Zu mhd. *gatzen, gag-
zen* in gleicher Bed.; → *gackeln, gacksen.*

Gäu f. ‚ländlicher Umkreis, Bezirk‘ in der Wendung *uf die Gai gäh*
je nach der Situation ‚Handel treiben, auf Brautschau gehen,
betteln gehen‘ Itzgr (außer N-Rand). Auch übertr. auf den
Gang selbst: *wu gett denn heit die Gai hie?* – Lautf.: *Gei* als Umlau-
tung zu mhd. *gou* ‚Gau‘ (wie z. B. im Namen *Allgäu*).

gauen sw. V. ‚weinen, wimmern‘ verstr. mittl. NThür, swW-
Thür; *gäut dann dar Wanst schon wedder?*

Gauke f. ‚Eiterblase, Pickel‘ söltzgr. – Lautf.: *Gauk, Gaukng.*

gaukeln, gäukeln sw. V. **1.** ‚sich, etw. übermütig und spiele-
risch bewegen, schaukeln, baumeln (mit den Beinen), torkeln,
schwanken‘ verstr. NThür NOThür WThür ZThür IlmThür
öltzgr, selt. OThür SOThür; *ar geikelt mät'n Stuhle, bis er runger-
fällt.* Hierzu **Gaukelmann, -hans, -fritz** ‚Spaßmacher, Pos-
senreißer‘ und im öOThür öSOThür *Gokel* für eine Person, die
eine aufwendige Liebhaberei betreibt (z. B. Taubenzucht). – **2.**
‚fallen, sich überschlagen‘ verstr. nöNThür NOThür, selt.
nOThür. Hierzu **Kopfsgäukel** *schießen (machen)* ‚einen Purzel-
baum schlagen‘ öNThür NOThür. – **3.** ‚mit Streichhölzern
oder Kerzen fahrlässig hantieren, gokeln‘ NOThür söZThür
IlmThür OThür, verstr. öNThür sHennb, selt. nwZThür
nwItzgr; *du gokelst su lange, bes ä Malheur passiert.* Hierzu **Gau-
kellicht** ‚Kerze, Öllämpchen‘. – Lautf.: *gaukeln, -a-, -o-, kokeln,*
mit Umlaut *gäukeln, -ei-, -e-, -ä-, -ö-.* Diese Lautungen finden

sich nahezu in allen obigen Bedeutungen, in der USpr ist bes. *gokeln* ‚mit Feuer spielen' weit verbreitet. Zugrunde liegt mhd. *goukeln* ‚Zauberei, närrischen Unfug treiben'.

gaumen, gäumen sw. V. ‚miauen' verstr. mittl. NThür; auch **gaumsen, -äu-** verstr. nwZThür, selt. söNThür.

Gäuspe, Gäuspel f. ‚Menge, die man mit einer hohlen Hand oder mit zwei hohlen Händen umfassen kann' NThür (außer Eichsf), NOThür WThür, ZThür (außer S-Rand), nIlmThür nwOThür, verstr. sIlmThür; *mache änne Jeschbe Schrot mang's Futter!, ich hann enne gatliche Gischbel Saalz draan getunn.* – Lautf.: *Geischbe, J-, -ee-, -e-, -i-,* im nöNThür wNOThür *Jeibsche, -e-, Gebsche,* im mittl. NThür *Geiste(n);* hierzu Verbindungen mit *voll* wie in *Hampfel* ‚Handvoll': *Geischbel, -ee-, -e-, -i-,* auch *gesche(l)* selt. swItzgr SOThür.

gauzen sw. V. ‚jämmerlich bellen' sHennb, Itzgr (außer O-Rand), W-Rand Rhön; *heut ze Nach hot unner Hond ömmerzu gegauzt.* Lautf.: *gauzen, -ou-, gotzen, -u-.*

Gebackene Birnen → *Backenbirnen.*

Gebriete n. ‚das durch Balken und Bretterbelag abgetrennte Obergeschoß in der Scheune' nwOThür söZThür, ob. Schwarza, swSOThür; weitere Begrenzungen im *Gebriete* werden als *unteres Gebriete* und *oberes (zweites) Gebriete* bezeichnet. – Lautf.: *Gebriete, -iä-, -ee-, -üü-, -äi-,* wobei die Lautungen auf *brüten, brühen* deuten.

Gebröse n. ‚(zusammengerechter) Getreideabfall auf dem Felde' sNThür nZThür; *es Gebriäse litt noch drussen uffn Falle.* – Lautf.: *Gebriese, -iä-.* Zur Wortsippe *Brosame* gehörend.

gedeesche Adj. (nicht attr.) ‚eingeschüchtert, kleinlaut, schweigsam' verstr. NOThür OThür n,öSOThür, selt. S-Rand WThür, nöHennb; *wu ar markt, daß die Sache schief kennt oblaafe, do is ar racht gedeesche worn.* – Lautf.: *gedeesche,* doch im sWThür nöHennb *gedee* bzw. *gedesen,* was auf Beziehung zum st. V. mhd. *dôsen* ‚sich still verhalten' hinweist.

gedrange, gedränge Adv. ‚dicht beieinander, eng gedrängt, knapp, schwer beweglich' selt. und veraltend; *gedrang bie de Häring in der Tonn, das Fänster gäht gedrang zu, die Kaffeemelle gitt gedränge.* – Zu mhd. *gedrange, gedrenge* ‚fest, innig, gedrängt'.

Geduld f. speziell ‚windgeschützte Stelle (Lage)' öO Thür; *das Haus leet in der Geduld.*

geekeln → *gaukeln.*

Gehäck m. n. ‚Häcksel als Viehfutter' neben → *Häck, Hack* S-Rand SO Thür. – Lautf.: *Gehäck, Khäck.*

Gehänge n. ‚eßbares Eingeweide von Rind oder Ziege' (Leber, Lunge, Herz, Milz) werden zu säuerlichen Speisen verwendet, verstr. wN Thür W Thür w‚sZ Thür Hennb, ob. Schwarza, sonst selt.

gehebe Adj. (nicht attr.) ‚fest schließend, passend, dicht' selt. und veraltend söW Thür Hennb Itzgr sIlm Thür; *de Tär gett gehäh zu, das Faß is net gehah.*

Gehren m., **Gehre** f. **1.** ‚spitz zulaufendes Flurstück (auch FlN), Stoffzwickel als Einsatz' verstr. und veraltend sN Thür Z Thür swIlm Thür öItzgr, sonst selt. – **2.** übertr. ‚Schoß' (als spitzwinkliges Gebilde) W Thür nHennb, selt. Eichsf; *satz dech uf minn Gern!,* auch Mengenangabe *än Gärnvoll* ‚was die Schürze über dem Schoß fassen kann'. – Lautf.: *Gehrn, -ie-, -iä-, Gänn, Gern;* als Fem. *Gehre, Jiehre* selt. sSO Thür, ob. Schwarza. Zu mhd. *gêre* ‚keilförmiges Stück Stoff (Land)'.

Gehücke n. ‚Plunder, Gerümpel, baufälliges Haus' W Thür Hennb; *bos soll ech dann met dan Geheck?;* auch Schimpfwort für liederliche oder freche Person: *schwernots Gehöck!* – Lautf.: *Gehück, -ö-, -e-, Gehicke.* Wohl zu → *Hucke.*

Gei → *Gäu.*

Geier m. meist Sammelbezeichnung für Raubvögel aller Art (Bussard, Habicht, Falke, Sperber, nicht für Eule) mittl. N-Thür, söW Thür Z Thür ö‚sHennb Itzgr, ob. Schwarza, w‚sSO Thür; *dar paßt uf wie e Gier,* auch *gefräßig (hungrig, begierig) wie ein Geier.* Lautf.: *Gier, Giecher, Gichcher, Geier.*

geierig Adj. ‚begierig auf Essen, gierig (hastig) beim Essen und Trinken' verstr. sHennb söNO Thür nO Thür; *iß nich so geirig un nimm der Zeit!*

geifern sw. V. ‚Speichel aus dem Mund fließen lassen' allg. außer N Thür NO Thür; *unser Ällervoter geifert wie en kleines Käind.* Hierzu **Geiferlatz** ‚Tuch zum Umbinden für Kleinkinder beim Essen'. – Lautf.: *geifern, -w-, gääfern, -ee-.*

geikeln → *gaukeln*.

geim(s)en → *gaumen*.

Geischel[1] f. ‚Peitsche' wNThür WThür, ZThür (außer NO),
nHennb; *de Gäschel litt* (liegt) *onger dar Gischel* (Deichsel), *dar
Kütscher knallt met dar Gäischel.* – Lautf.: *Geischel, -äi-, Gäschel.*
Zu mhd. *geisel* ‚Peitsche'.

Geischel[2] ‚die einarmige Deichsel' Eichsf WThür nwRhön;
scherzh. *sie hat sich an'er Gischel gestoße* ‚ist schwanger'. – Lautf.:
Gischel. Wohl zu mhd. *dihsel* ‚Deichsel', das beim Wechsel von
hs > s im Verbreitungsgebiet von *Geischel[1]* an dieses Wort ange-
lehnt worden ist.

Geiß f. ‚weibl. Ziege' WThür wHennb, Itzgr (außer NO); RA:
von eener Staude verreckt kee Gääß ‚einmal ist keinmal', *hoste de
Gääß oogenumme, so hütt* (hüte) *se aach.* Auch **Geißbock** ‚Zie-
genbock' ebd. – Lautf.: *Geiß, Gäiß, Gääß, Gäss.*

geizig Adj. ‚gierig, hastig (beim Essen und Trinken) verstr. sN-
Thür nZThür Itzgr, selt. nWThür Hennb; *trink net su gitzich,
sost verschluckst de dich.* Auch ‚schnell, jäh' vorwieg. Itzgr; *awer
geizich!* ‚aber schnell!', *das Auto hat geizich gebremst.* Lautf.: *gei-
zich, -ie-, gitzich.*

Gekäue n. ‚dummes, langweilendes Gerede' vorwieg Itzgr, ver-
str. sHennb; *mach net su ä Gekäu!* – Zu *kauen.*

Gelänge n. ‚ein Feldmaß (mit weiteren Breiteneinteilungen)'
SOThür, sonst selt. und veraltend. Auch ‚ein Stück Bauern-
wald' ob. Schwarza.

gelänglich Adj. ‚lüstern, begierig (auf Essen und Trinken)' ver-
str. söSOThür, selt. öOThür; *mer muß'n Kinnern net vun allen
gäm, do wärn se gelänglich.*

Geläuf n. ‚der zweirädrige Vorderpflug' söWThür Hennb (au-
ßer wRhön), Itzgr (außer O-Rand). – Lautf.: *Geläuf, Geleif(s),
Geläff, Gelöff.*

Gelbe Rübe f. ‚Möhre' WThür Hennb Itzgr, S-Rand ZThür,
sIlmThür swSOThür; RA *in ühr Dreckohrn konnt me Gale
Ruuve neigeseäb.* – Lautf.: *Gale Rewe (Ruuve), Galba Rumm
u. a. m.*

Gelber Schwamm m. ‚Pfifferling' verstr. sSOThür öItzgr,
auch häufig Dim.

Gelbei n. ‚Eigelb‘ wNThür nWThür. – Lautf.: *Gaalei*.

Gelbhämmerle n. ‚Goldammer‘ neben **Gelbhämmerich**
verstr. SOThür; *uff'n Quatschenbaame hum de Gaalhammeriche
e Nast gebaut,* auch **Gelbling** verstr. NOThür. → *Hämmer-
ling*.

Gelege n. früher ‚ein Armvoll mit der Sichel geschnittenes Ge-
treide, das zunächst ungebunden auf die Stoppel gelegt wurde‘,
später ‚das mit einem einzigen Sensenhieb abgelegte Getreide-
häufchen‘ oder ‚der vom gemähten Schwad mit der Sichel ab-
genommene Armvoll Getreide‘ Eichsf WThür Hennb Itzgr
sIlmThür wSOThür, sonst seltener. Beim maschinellen Mä-
hen wurde das lose Getreide dann in Garbengröße als *Gelege*
abgelegt. – Lautf.: *Geleje, -ch-, Geleie, Geliech, Gelee, -lää, -laa,* als
Pl. im söNThür *Glääden,* eigtl. **Gelegde** Sg.

gelfern sw. V. ‚laut und temperamentvoll schimpfen‘ verstr.
Hennb. – Zu mhd. *gëlfen* ‚schreien, bellen‘.

gelinde Adj. **1.** ‚mild‘ (von der Witterung) allg., doch neben *lind*
im südl. Thür; auch *es wärd gelenge* ‚es taut‘. – **2.** ‚zart, weich, saf-
tig‘ (von Brot und Gebäcken) ob. Schwarza. – **3.** ‚(zu) schwach
gesalzen‘ verstr. sNOThür nSOThür, selt. nIlmThür OThür,
als *linde* im sSOThür; *ich glowe, die Suppe es zu jelinge*.

gelstern sw. V. ‚sehr laut sprechen, rufen oder lachen, schreien‘
verstr. sWThür swZThür, selt. Hennb Itzgr; *de Nachbarn hat'n
Fanster raus gegalstert, daß's de ganze Straß gehiert hat.* – Lautf.: *gel-
stern, -a-*. Zu mhd. *gelstern* ‚gellen, schreien‘.

gelt Adj. ‚nicht trächtig werdend, unfruchtbar‘ von der Kuh allg.
und oft in der Fügung *gelt gehen (stehen)*. – Lautf.: *gell(e), -a-, j-, gelt*.
Zu mhd. *galt* ‚unfruchtbar‘.

Gelte f. ‚(Holz)gefäß in Wannen, Schüssel- oder Kübelform‘
zum Wäschewaschen und Geschirrspülen im NThür
NOThür WThür ZThür IlmThür nOThür, verstr. Hennb,
selt. Itzgr, oft auch **Wasch-, Abwasch-, Aufwaschgelte.** Als
(Schöpf)gelte ‚Schöpfgefäß‘ vorwieg. öOThür, als **(Melk)-
gelte, Milchgelte** ‚Melkgefäß‘ vorwieg. OThür nSOThür. –
Lautf.: *Gelte(n), -a-, J-, Gelle, -a-,* im Eichsf *Gelken*.

gelte Interj. ‚nicht wahr‘ allg. außer nNThür NOThür nOThür;
gall, ihr kümmt ball widder?, gelle, da guckste!, heit Aamd warsch ge-

mietlich, galle? – Lautf.: *gelle, -a-, gell, -a-, j-*. Zurückzuführen auf die 3. Person Sg. Präs. Konj. *(es) gelte.*

Gelünge n., **Gelüngs** n. ‚eßbares Eingeweide von Schlachttieren' (Lunge, Herz, Leber) sWThür Hennb Itzgr, SW-Rand ZThür, ob. Schwarza; *ee Tääl von Gelöng macht der Metzger in die Wurscht, vo's übrich kocht die Mutter Sölze.* – Lautf.: *Geling(e), -e-, -ü-, -ö-,* im sWThür *Gelengs, -ö-.*

Gelze f. ‚beschnittenes weibl. Schwein oder Ferkel' öWThür ZThür ö,sHennb, Itzgr (außer O-Rand); *ich hoo e Brut Säulich, fömf Gälzlich on fömf Bärgelich.* – Lautf.: *Gelze(n), -i-, Gelz(e), -a-, -ee-, -ää-, -aa-.* Zu mhd. *gelze* ‚verschnittenes Schwein' und verwandt mit *gelt* ‚unfruchtbar'.

Gemächte, Gemächtsen. ‚männl. Genitalien' verstr. und veraltend NThür NOThür WThür Hennb Itzgr, sonst selt.; *dän ham se ins Jemächte jeträten.* – Lautf.: *Gemächt(e), -a-,* im NThür WThür nHennb *Gemächts(e), -a-.* Zu mhd. *gemaht* mit gleicher Bed.

Gematsche, Gemätsche n. speziell ‚(zusammengerechte) Getreidereste auf dem Feld' verstr. SOThür (außer W-Rand), selt. OThür Itzgr.

Genanntes n. ‚das traditionell Festgelegte an Speise und Trank' (z. B. für das Gesinde auf Gütern) verstr. und veraltet NThür Mansf, sonst selt., zuweilen auch auf regelmäßige Geldzahlungen oder vorher Angekündigtes bezogen: *siene Frau krächt jede Woche ehr Genanntes; du krichst dei Genannts* ‚bekommst Prügel'.

genant Adj. ‚peinlich, lästig, genierlich' verstr., doch wohl veraltet; *es is schenannt, wemmer zu spat kümmt.* – Zu frz. *gênant* ‚lästig, beschwerlich'.

Gendarm m. ‚Polizist' früher allg., auch scherzh. **Schandekkel, Schanzer** genannt. Für Kinder war er nicht selten eine Schreckfigur, mit der Erwachsene drohten und zur Folgsamkeit mahnten. Beliebt war das Haschespiel *Räuber und Gendarm.*

gener → *jener.*

Geniste n. ‚altes, baufälliges Gebäude' SOThür, eigtl. übertr. von der sonstigen Bed. ‚dürres Geäst, Reisigabfall' (aus dem Vögel ihre Niststätten bauen). Auch abwertend für anderen wertlosen Kleinkram sowie Schimpfwort.

Gerbe Pl. tant. ‚Prügel' in Wendungen wie *es gibt (du kriegst) Ger-*

be verstr. öNOThür nOThür. Zu *jmd. (ver)gerben* ,(ver)prügeln'.

Gerehrich(t) n. ,(zusammengerechte) Getreidereste auf dem Feld, Abfall beim Flegeldrusch' neben **Rehrich(t)** öNThür nIlmThür, selt. wOThür SOThür. – Lautf.: *Gerehrich(t), Gerierich(t).* Zu mhd. *rêren* ,fallen (lassen)'. → *Ries.*

Gereinich n. dass., söZThür swIlmThür, aber hier auch abwertend für andere Abfälle und für Gerümpel.

gereite Adv. ,soeben, bereits, schon' Eichsf; *ich haa greit en Loch gewuhlt, ha es greit reite* ,er ist schon fertig'. – Zu mhd. *gereit(e)* ,bereits'. → *reite.*

gering Adj. **1.** ,minderwertig, von schlechter Qualität' verstr., auch *das schmeckt geringe* ,nicht gut'. **2.** ,klein gewachsen, schwächlich' verstr. Hennb; *das es gor kä gering Mädle!* – **3.** in der Fügung *geringe Leute* ,einfache, unbemittelte Personen (Familien)' vorwieg. WThür Hennb Itzgr.

Gern → *Gehren.*

Geronnene Milch f. ,Sauermilch' söWThür Hennb wItzgr. – Lautf.: *Gronn(e) Mellich (Milch), Grommellich, -milch,* selt. *Geronn(e) Milch.*

Gerüst n. speziell **1.** ,das Obergeschoß der Scheune' sNThür swNOThür WThür wZThür nwHennb, selt. nNThür; *minn Brodder es von Gerest gefalln on het sech's Kritz gebrochen.* – **2.** ,das Korbgestell an der Getreidesense' neben **Sensengerüst, Haugerüst** NOThür OThür söSOThür, zuweilen auch übertr. ,Getreidesense' – Lautf.: *Gerist(e), Gerest, -ü-, -üü-, -ie-,* für Bed. 1 auch *Grist, -e-, -üü-, -ie-.*

geschlichte voll → *schlichten.*

Geschlickerte(s) → *Schlickermilch.*

Geschlinge n. ,eßbare Innereien von Schlachttieren' (Leber, Lunge, Herz, Magen, Niere) verstr. n,öNOThür OThür SOThür (außer W-Rand), sonst selt. – Lautf.: *Geschlinge, Geschlinke.*

Geschrot(e) n. ,das zu Viehfutter geschrotene Getreide' nWThür, W-Rand ZThür. – Lautf.: *Geschrut, -ue-, Geschröte.*

Geschühe n. ,Schuhwerk' öOThür nöSOThür; *huttern eier Geschieche orndlich blank?* – Lautf.: *Geschieche.*

Geschwisterkinder Pl. ,Neffen und Nichten (deren Eltern Geschwister sind)' verstr. und veraltet, im NThür NOThür OThür selt.; RA *Metzger, Garber, Schenner senn Geschwisterkenner.* → *Andergeschwisterkinder.*

Gespe(l) → *Gäuspe(l).*

Gespüre n. ‚die aus zwei gespreizten Hölzern bestehende Verbindung zwischen dem hinteren Achsstock und der Langwiede, die den Hinterwagen in der Spur hält' sNThür, NOThür (außer N-Rand), nZThür, wofür nördl. dieser Gebiete **Spur** gilt. – Lautf.: *Gespier(e), -ee-.*

gessen, gesten → *jenseiten.*

Gevatter m. ‚Taufpate' verstr. neben **Pate,** doch veraltet und selt. belegt sWThür Hennb Itzgr, entsprechend auch **Gevatterin, Gevattersche** ‚Taufpatin'. Die Einladung, Gevatter zu stehen, geschah häufig recht förmlich mit einem **Gevatterbrief.** Früher übertr. auch Bezeichnung und Anrede für Verwandte und Freunde.

Gewende n. speziell ‚Pflugwendestelle an der Schmalseite des Ackers' vorwieg. NOThür, verstr. nZThür nIlmThür, selt. NThür sZThür; → *Angewende.*

gewohne Adj. (nicht attr.) ‚gewöhnt' in der Wendung *etw. gewohne sein* verstr. NOThür nIlmThür n,öOThür, selt. öNThür; *ar warsch jewohne, daß'e ästemiert wurre.*

Gezähe n. fachsprl. ‚Werkzeug des Bergmanns' in allen Bergbaugebieten Thüringens. – Lautf.: *Gezähe, Gezäje, Gezah.* Zu mhd. *gezouwe* ‚Gerät, Werkzeug'.

Gezeug(e) n. **1.** ‚Kleidung, Kleidungsstück' sWThür swZThür Hennb; *se hat ühr neust Gezüük ungetunt* (angetan). – **2.** oft abwertend ‚Dinge, Geräte (die man nicht näher bezeichnet)' WThür swZThür Hennb, selt. öItzgr, ob. Schwarza, auch übertr. auf Personengruppen und Verhaltensweisen: *a Gezeuch licht dou rüm; bann ich nur arscht das Gezück* (die Ware) *los weer!, macht net so domm Gezük!* ‚macht keine Dummheiten (Narreteien)!', *dos es villicht en Gezick!* ‚eine schlimme Gesellschaft'. – Lautf.: *Gezick, -ü-, -üü-, Gezeuch.* Zu mhd. *geziuc* ‚Stoff, Gerätschaft, Werkzeug', *geziuge* ‚Gerätschaft'.

Gezüng(e) n. ‚der zweirädrige Vorderpflug' wWThür wRhön. – Lautf.: *Gezink, -e-, Gezüng, -e-.*

Gezwang m. ‚Zwang, Gewalt' verstr. und veraltend WThür Hennb, sonst selt., RA *Hoffart muß Gezwaank leid.*

Gickelhahn m. ‚Hahn' wNThür WThür ZThür IlmThür (außer NO), nöItzgr, doch **Gickerhahn** söNOThür nöIlmThür OThür SOThür, **Gickerich** öOThür, **Gickel, Gückel** swWThür nwHennb, verstr. nöHennb, **Gücklesr** söHennb.

Giebel m. speziell ‚Baumwipfel, Baumkrone' vorwieg. söZThür sIlmThür OThür SOThür Itzgr söHennb.

Gieke f., **Gieker** m. ‚altes, stumpfes Messer' *Gieke* neben *Froschgieke* verstr. NOThür IlmThür OThür, N-Rand SO-Thür, doch *Gieker* neben **Froschgieker** verstr. ZThür söHennb, SOThür (außer N- und S-Rand), selt. swHennb Itzgr. – Lautf.: *Gieke(r), Gicker;* → *Rotzgieke.*

gieken sw. V. ‚stechen' verstr. neben **gieksen** und dem Iterativum **giekeln,** das in Teilgebieten auch ‚stänkern, jmd. reizen, foppen' bedeutet; *ha giekelt met'n Mässer in Assen rim; se giekelte su lang, bis ar heimging.*

Gift n. m. **1.** wie schd., allg., doch außer WThür wZThür Hennb auch häufig als Mask.; *se hat ne ganzen Gift naa, dar in der Tiet war.* – **2.** ‚Ärger, Wut' selt. NThür Hennb Itzgr, meist in der Wendung *Gift haben auf jmdn.*

Gippchen n. **1.** Kosename für ‚Küken' S-Rand NThür, ZThür (außer SO), nöHennb, selt. nWThür; auch Kosename für ‚Huhn' nWThür, dafür *Guppche, -ü-* sWThür nHennb. – **2.** Lockruf für Huhn und Küken WThür Hennb, verstr. swZ-Thür, selt. wNThür. – Lautf.: *Gippche(n), -ü-, -u-, Giepche(n),* häufig auch mit k-Anlaut; als Lockruf meist *gipp, -ü-, -u-.* Etym. unklar. → *Schiepchen, Ziepchen.*

Gischt m. speziell ‚Schaum' (z. B. auf Bier, bei der Seifenlauge) verstr. neben jüngerem **Blume,** doch selt. ZThür und nicht NThür WThür, N-Rand Hennb, wo **Schaum** und **Feldwebel** gelten; *uf Gischt un grußen Schaum sin de Warte stulz, dar hot su lang gsuffn, bis na dar Jast aus die Ohrn rausgequollen is.* – Lautf.: *Gischt, -e-, -a-, -ää-, Jesch, Gest, -a-, Jääst, -aa-.* Zumeist liegt mhd. *jëst* ‚Schaum' zugrunde, das zu mhd. *jësen, gësen, jërn, gërn* ‚schäumen, gären' gehört, woraus sich auch die Formen *Gärscht, -a-, Jarscht* im nwSOThür und an der ob. Schwarza erklären lassen.

gländern sw. V. ‚mit den Schuhen auf einer Eisfläche gleiten‘ öZThür IlmThür, verstr. um Halle, sonst selt.; hierzu **Gländer** für die entsprechende Eisbahn; *wemme us der Schule kommen, gimme glannere; Vatter pischte Alwinen ne Glänner hinnern Hause.* – Lautf.: *glännern*, *-a-*, im NOThür *glandern*. Wohl zu *Geländer*, auf dem man bäuchlings ebenfalls rutschte.

Glank n. ‚Kettenglied‘ veraltet sWThür Hennb Itzgr; *es is e Klank gesprunge.* – Lautf.: *Glaank*, *-a-*. Zu mhd. *gelanc, glanc* ‚Gelenk‘.

glattig Adj. ‚glatt‘ (im Gegensatz zu ‚rauh, stumpf, uneben‘) sNThür sNOThür ZThür IlmThür nOThür, verstr. Itzgr; *mer wulln Osche straue, heite is glottch.*

Glickerle n. ‚Küken‘ Itzgr (außer NW-Rand), hierzu **Glickerleskäse** ‚Quark‘, weil als Kükenfutter verwendet.

glinzen sw. V. ‚glänzen, glitzern, funkeln‘ verstr. öNThür NOThür, selt. OThür wSOThür. Auch **glinzern** öNThür Hennb, **glinzeln** Itzgr; *das glinzert on funkelt!, die Starn glinzeln.* – Zu mhd. *glinzen* ‚schimmern, glänzen‘.

Glotzauge n. ‚Stiefmütterchen‘ veraltend Hennb. Auch **Glotzerle** nöItzgr. Benannt nach der Blüte, die einem Auge ähnelt.

Glotzblume f. ‚Trollblume (Trollius europaeus L.)‘ verstr. SO-Rand WThür, SW-Rand ZThür, Hennb.

Gluckse f. ‚Glucke, brütendes Huhn‘ söZThür sIlmThür OThür nSOThür. Auch **Gluckshenne** söSOThür, **Glutzhenne** söItzgr, **Gluckere** ‚Gluckerin‘ swHennb, sonst **Glucke.**

glum Adj. ‚trüb (vom Wasser), feucht, halbtrocken, unreif (z. B. Wäsche, Heu, Getreide)‘ verstr. NThür, selt. NOThür, vereinzelt **glumig(t)**, **glumelig** ebd.; *klumichtes Brut* (Brot), *das Hauwe* (Heu) *es noch glume.* – Ein vorwieg. nd. Wort, vgl. mnd. *glomich* ‚trübe‘, engl. *gloomy.*

Gnatz m. **1a.** ‚Grind, Hautausschlag, Krätze‘ verstr. NThür NOThür nIlmThür, auch ‚Pickel im Gesicht‘ verstr. NOThür. – **b.** übertr. ‚freches Kind‘ neben **Gnatzkopf** verstr. NThür Mansf nWThür, selt. ZThür. – **2.** Schmutzkruste, Schmiere an Körper oder Kleidung‘ selt. N-Rand ZThür, IlmThür. – **3.** ‚harter, toniger Boden‘ neben **Gnatzboden** verstr. nWThür nZThür. – Lautf.: *Gnatz*, im NOThür *Gnätz*. Zu mhd. *gnaz* ‚Schorf, Ausschlag‘.

Gneist m. ‚Schmutzkruste (Schmiere) an Körper oder Kleidung' verstr. NThür ZThür, selt. NOThür nIlmThür nö-Hennb. – Lautf.: *Gniest, -ei-*. Zu mhd. *gnîst* ‚Grind'.

göcken → *gäken*.

gokeln → *gaukeln*.

Göker m. ‚Hahn' Hennb (außer NW und SO-Rand), Itzgr; Wetterregel: *bann die Göker schreie, räänt's ball*. – Lautf.: *Göker, Goiker, Gü(e)ker*.

Goldammer f. wie schd., doch lautlich stark abweichend *Gollammer* NThür nWThür nwZThür, *Gollmer(t)* sWThür Hennb, NW-Rand Itzgr sowie → *Ämmerling, Gelbhämmerle, Hämmerling*.

Goldkäfer m. **1.** ‚Goldlaufkäfer' neben **Goldschmied** verstr., neben **Goldkühchen, -le** verstr. öHennb, neben **Goldhenne** verstr. öOThür. – **2.** ‚Marienkäfer' neben **Goldschmied, Goldvögele** verstr. sSOThür, auch **Goldmöckele, Goldmückele** söHennb öltzgr, SW-Rand SOThür, **Goldkühle** selt. Hennb.

Gollicht n. **1.** ‚Talglicht, Kerze' Hennb (außer N-Rand), Itzgr swSOThür, verstr. ob. Schwarza. – **2.** übertr. ‚herabhängender Nasenschleim, Rotzglocke' verstr., ebd.; *du hast schunn widder ä Gollicht hängen*. – Lautf.: *Goolicht, Gollicht* mit Erstsilbenbetonung. Schon mhd. *gollieht*.

Gottesacker m. ‚Friedhof' allg., außer wNThür sWThür nw-Hennb, verstr. nWThür nöZThür, ob. Schwarza. Veraltend und zuweilen nur differenzierend für den in der Flur gelegenen Friedhof gegenüber **Kirchhof** neben der Kirche.

Grab(e)scheit n. ‚Spaten' wNThür WThür, ZThür (außer NO), sIlmThür swOThür SOThür, verstr. OThür Hennb Itzgr. Das Grundwort weist auf die ehem. Anfertigung aus Holz wie auch die Syn. **Grabbrett** verstr. sHennb, W-Rand Itzgr und **Stechbrett, -scheit** verstr. Itzgr.

Grafahmen → *Gravamen*.

Graft f. **1.** ‚Abzugsgraben, (Jauchen)rinne' verstr. ZThür, selt. sIlmThür nwSOThür. – **2.** ‚Begräbnis' selt. nNThür. – Beides Verbalabstrakta zu *graben*.

grapsen, grapschen sw. V. ‚hastig, gierig nach etw. greifen' verstr., im öNThür NOThür nIlmThür OThür vorwieg. *grap-schen*. Hierzu auch **Grapse, Grapsche** ‚eine Handvoll' verstr. IlmThür, selt. NOThür wOThür, O-Rand ZThür.

Grashüpfer m. ‚(kleine) Heuschrecke' WThür ZThür Ilm-Thür (jeweils außer N-Rand), nwNThür swOThür. Auch **Gras(e)häuer, -hauer** selt. öZThür IlmThür swOThür, **Gras(e)hitsche** SOThür, **Gras(e)pferd** NThür (außer NW), NOThür, N-Rand ZThür, N-Rand IlmThür, nwO-Thür.

Graslauch m. ‚Schnittlauch' WThür wZThür Rhön, umgedeutet zu **Graslaub** n. Hennb swZThür, ob. Schwarza. Auch **Graslich, Gras(er)ling, Gräsling, Graserich** Itzgr sw-SOThür.

Gräte f. speziell ‚Granne an der Gersten- oder Roggenähre' Itzgr SOThür; *mir is ne Grät nei ins Aach gefluung.* – Lautf.: *Grat, -ä-, Grate(n), -ä-*.

grätig Adj. ‚mürrisch, zänkisch, wütend' verstr. NOThür OThür SOThür, sonst selt.; *mer braucht'n nur schief anzugucken, da werd er gleich grätch.* – Lautf.: *grät(i)ch, -a-*.

grätschen sw. V. ‚unsicher, steif und breitbeinig gehen' verstr., auch ‚störend im Wege sein': *gratsch mer net vur'n Füßen rüm!* – Lautf.: *graatschen, -ää-,* daneben *grootschen* selt. nSOThür öOThür, *graatscheln, -ää-* nwNThür.

Grau m. ‚Angst, Abscheu, Ekel' selt. und veraltend sWThür swZThür öOThür, öSOThür; *ech honn en rechtichen Gräu fär'n Schnaps; da kam er der Grau iwwer de Kocherei.* Ebenso **Graue** f. selt. und veraltend NThür Mansf ZThür IlmThür nOThür; *do mechte änn de Graue aankomme.* – Zum Verb *grauen*.

Graumännel, -männle n. ‚Erdgeist' (nach Aberglaube meist gutartiges Wesen) sSOThür.

Gräupel Pl. ‚Streusel aus Mehl, Butter und Zucker' SOThür, häufig Dim.; *ar fraß die janzen Gräpel runger.* Hierzu **Gräupel(s)kuchen** ‚Streuselkuchen' ebd. – Lautf.: *Greibel, -w-, Grääbel.*

Gravamen Pl. in der Wendung *Grafahmen machen* ‚Schwierigkeiten (Ausflüchte, Faxen, Grimassen) machen' verstr. – Zu lat. *gravamen* ‚Beschwernis'.

greinen sw. V. ‚weinen' öItzgr sSOThür; *gegrinne ham se Rotz un Wasser.* → *grinsen.*

greis Adj. ‚grau' nwNThür, *griese Hoore.* Zu mhd. *grîs* ‚grau'.

grellen → *krellen.*

Grensing m. ‚Schafgarbe' NThür nwZThür. – Lautf.: *Grensing, -i-.* Unsicher, ob mit mhd. *grans* ‚Vogelschnabel' verbindbar.

Gretelfleisch n. ‚das beim Schlachten im Kessel gekochte fette Bauch- und Kopffleisch für Kochwürste, Wellfleisch' S-Rand WThür, Hennb (außer O-Rand), W-Rand Itzgr. – Lautf.: *Greetelfleisch,* in der Rhön auch *Greezelfleisch.* Zu obd. *gretten* ‚Würste im Kessel abkochen'.

Griebs m. **1.** ‚Kerngehäuse von Apfel oder Birne' allg. außer nNOThür sZThür swIlmThür, auch verächtlich für die ganze Frucht, bes. für kleine oder minderwertige Früchte; *schmiß dan Greebs wag!,* ebs. übertr. ‚kleiner Junge, schwache Person': *mit dan Griebs wäär ich fartch.* – **2.** ‚Kehlkopf, Gurgel' verstr., häufig in der Wendung *bein Gribbse krie (packe).* – Lautf.: *Griebs(t), -ee-, -ea-, Gribbs(t), -e-, -ä-, -ü-, Griewes(t), -ee-, Griwwes(t), -e-, -ä-,* im OThür auch *Griebsch, Gräbsch, Grebsch.* Zu mhd. *grobiz* ‚Kerngehäuse'.

Grindel m. ‚der lange Pflugbalken als Verbindung zum zweirädrigen Vorderpflug' allg. – Lautf.: *Grindel, Grinnel, Gringel.*

grinsen sw. V. ‚(grundlos) weinen' öOThür öSOThür, sonst im Thüringischen wie schd. ‚hämisch lachen'.

großartig Adj. ‚stolz, hochmütig, prahlerisch' öOThür öSOThür, selt. Itzgr; *tu nar nich su grußortch!*

großbrotig Adj. dass., verstr. NOThür öOThür öSOThür, selt. mittl. IlmThür. Hierzu **Großbrot** ‚Prahler' Mansf.

Große f. speziell ‚Großmutter' verstr. SW-Rand ZThür sowie mittl. NThür zwischen Gebieten mit **Großmutter** und **Großemutter** sonst selt., auch vereinzelt *das Großchen; mie Grueß es schunn uraalt.*

Großneujahr n. ‚Dreikönigstag (6. Jan.)' WThür ZThür, verstr. sIlmThür Hennb wItzgr, sonst selt.; auch *großes Neujahr.* Bis *Großneujahr* ließ man gewöhnlich den Weihnachtsbaum stehen.

grummen → *krummen.*

grün Adj. bezeichnet bei Nahrungsmitteln den frischen, rohen Zustand, z. B. *grüne Bohnen, grüner Salat, grüne Klöße* oder im söSOThür **Grüngenifte** ‚Klöße aus rohen geriebenen Kartoffeln'; *zwee gruße Schisseln Griengeniffte dampfeten afm Tisch.* → *Fitschegrüne, Frischegrüne.*

Grünhase m. ‚Osterhase' (legt die Eier am Gründonnerstag) söHennb Itzgr (außer O-Rand).

Grünitz → *Krinitz.*

grunksen sw. V. ‚grunzen' (vom Schwein) selt. n‚öNThür NOThür nIlmThür nOThür.

Grünling m. ‚Grünfink' verstr. sZThür sHennb Itzgr sSOThür, sonst selt.; auch **Grünschling** nNOThür.

Gucke f. ‚Papiertüte' veraltend S-Rand SOThür.

Gückel, Gückelhahn, Gückler → *Gickelhahn.*

gulkern sw. V. ‚fließen mit glucksenden Geräuschen' (z. B. aus enghalsigen Gefäßen) verstr. außer Eichsf nNOThür sSOThür Itzgr, auch von solchen Geräuschen bei hastigem Trinken oder bei der Verdauung im Bauch; *in Stiefel darf's Bier nicht gulgere, sunst kust's ne Runde; s gulgert mir in Bauche rim.* Abweichend **gulken** nNOThür öOThür. – Lautf.: *gulgern, -o-, -ö-, gulgen, gulchen.*

gunksen sw. V. ‚stoßen' öOThür öSOThür. Hierzu **Gunks** m. ‚heftiger Stoß' ebd.; *do kreit ich en äbbchen Gunks in Ricken.*

Güppchen → *Gippchen.*

Gurre f. ‚altes, schlechtes Pferd' verstr. öNThür NOThür nöZThür nIlmThür, W-Rand OThür. – Lautf.: *Gurre, -o-, Jurre.*

Gursch m., **Gursche** f. **1.** ‚plötzlicher heftiger Regenguß' NOThür, verstr. O-Rand NThür, N-Rand IlmThür, NW-Rand OThür, selt. nöZThür. Hierzu **gurschen** ‚stark regnen' ebd. – **2.** in der Wendung *es jivvet (setzt) Jursche* ‚es gibt Prügel' ebd. außer nwOThür. Hierzu *gurschen* ‚prügeln' ebd. – Lautf.: *Gurrsche, -o-, J-,* umgelautet *Jirsche, -e-* söNThür nöZThür.

güst(e) Adj. ‚unfruchtbar, nicht trächtig' verstr. NOThür. – Lautf.: *jist(e).* Zu mhd. *gust, güst(e)* ‚unfruchtbar'.

Gutentagstecken m. ‚Spazierstock' veraltend öOThür SOThür; *ich hob mein Guttentachstacken vergassen.*

Guter Mut m. ‚Taufschmaus' sSOThür, auch ‚Kindtaufe', seltener für ein beliebiges anderes Familienfest; *mir hatten gestern Guten Mut.*

gutmachen sw. V. ‚veredeln, okulieren' sNThür nöZThür, sonst selt., doch nicht sZThür sIlmThür swSOThür und Hennb Itzgr, wo → *pelzen* gilt; *de wille Ruse tut mer ausgrowe, in Gorten flanze un zer Zeit gutmoche.*

Gutschmecker m. ‚Feinschmecker, Leckermaul' verstr. söHennb Itzgr; auch **Gutschmeckchen** n. selt. WThür sZ-Thür, hierzu die RA *Gutschmäckchen macht Bättelsäckchen* verstr. nIlmThür wOThür.

ha Partikel ‚ja' (Zustimmung ausdrückend) söSOThür, selt. öOThür, interjektionsartig als Einleitung von Sätzen auch swOThür Itzgr ob. Schwarza; *ha, dös wär ämend dös öllerbest!*

Haarband → *Hormd.*

Habchen-und-Babchen n. ‚das ganze Hab und Gut' neben *Habchen-Babchen* verstr. NThür NOThür nZThür nIlmThür OThür, sonst selt., nicht Hennb Itzgr. Abweichend *Habich-Babich* nSOThür, *Habich-und-Hättich* sSOThür. Meist spöttisch: *ar versifft sinn ganzes Habchen un Babchen.* → *Packel.*

Habe → *Hebe.*

Habergeiß f. ‚langbeinige Spinne, Kanker' S-Rand Hennb, NW-Rand Itzgr, selt. swHennb; *büse Kenner resse der Hawergeiß die Bää raus.* Auch **Habermäh(d)er, Haberschneider** nö-Hennb Itzgr. – Mit semantischer Anlehnung an *Hafer* im Bestimmungswort, obwohl vermutlich *kapro* wie in lat. *caper* ‚Ziegenbock' zugrunde liegt.

haberig Adj. ‚begierig' verstr. NOThür, N-Rand IlmThür, nOThür. – Lautf.: *haww(e)rich.*

Häberling m. ‚junge Ziege (bis 1 Jahr)' verstr. sSOThür Itzgr, auch **Häberlich** selt. S-Rand SOThür. – Etym. wie *Habergeiß.*

Habit n. ‚Anzug, Kleidung, Rock' verstr. und veraltend sZThür IlmThür OThür SOThür, selt. NThür NOThür Itzgr, häufig Dim. *Habitchen, -el, -le: dar hot heit sei bestes Howittel aa.* – Lautf.: *Hawitt, -wiet, Howitt, -wiet,* stets zweitsilbenbetont. Etym. zu lat. *habitus* ‚Aussehen, Kleidung'.

Hachel → *Achel.*

hachig Adj. ‚habgierig, geizig' WThür Hennb, auch **hachtig**
SO-Rand SOThür. Hierzu **Hach(e)** m. ‚Geizhals, Grobian'
verstr. wNThür WThür nHennb; *das Lichenassen schmackt racht*
gut, wann Hachen starben.

Häck m. ‚Häcksel als Viehfutter' SO-Rand SOThür, doch →
Gehäck vorwieg. S-Rand SOThür; **Häckerich** m. verstr. ob.
Schwarza, neben **Häckerlich** im übrigen SOThür, sonst
Häckerling und jüngeres **Häcksel.** – Lautf.: *Häck, -a-,*
Häck(e)rich, -a-, Hackerch, -sch, Häckerlich.

Hacker m. kosend ‚Zahn des Kleinkinds' verstr. sWThür sZ-
Thür sIlmThür n,wSOThür, meist Dim. oder Pl.; auch **Hak-**
kele sSOThür, *Hackelchen* wRhön, neben *Hackerle* Hennb Itz-
gr; *wer'sch erscht Hackele fand, kriecht a Zuckertüte.*

Hacksch m. **1.** ‚männl. Zuchtschwein, Eber' NOThür, verstr.
öNThür, N-Rand IlmThür, neben **Sauhacksch** öOThür sS-
OThür, selt. und veraltend übriges IlmThür OThür SOThür;
schofft mo die Sau bein Hocksch! – **2.** Schimpfwort für liederliche,
schmutzige, unanständige Person, ebd.; auch *Sauhacksch.*

hackschen sw. V. ‚unflätige, zotenhafte Reden führen' verbreitet
wie bei *Hacksch* und verstr. öZThür.

Häckschneider m. ‚Heuschrecke' SO-Rand SOThür im Ge-
biet von → *Häck* ‚Häcksel'.

Hader m. **1.** ‚alter Lappen, Lumpen', insbes. ‚Scheuerlappen'
öOThür öSOThür, selt. NOThür IlmThür; hierzu **Hader-**
lump m. ‚Lumpensammler' und übertr. als Schimpfwort
‚Taugenichts, liederliche Person' ebd. – **2.** ‚Kopftuch' O-Rand
Itzgr, selt. swSOThür, meist Dim. – **3.** ‚Handtuch' selt. neben
vorwieg. **Handhader** söSOThür. – Lautf.: *Hader, -o-, -ou-.*

Hafen m. **1.** ‚Topf' Itzgr, S-Rand Hennb; RA *klänne Hafele laufe*
ball üwer; → *Hafner.* Auch ‚Nachttopf' ebd.; *gieh uf's Hafela!* sagt
man zum Kleinkind. – **2.** meist Dim. ‚Obertasse' öItzgr, verstr.
wItzgr; *an Hafela Kaffee.* – Lautf.: *Hafen, -o-, -ou-, Hofe, Haf, -o-,*
-ou-. Als obd. Wort zu mhd. *haven* ‚Topf'.

Hafergestell n. ‚zum Getreidemähen am Sensenbaum befestig-
tes Gestell aus zumeist vier hölzernen Spießen' (zuweilen auch
die so ausgerüstete Getreidesense selbst) verstr. WThür; auch

Haferkorb verstr. sItzgr, **Haferzeug** NThür (außer W-Rand), sIlmThür, selt. O-Rand ZThür. → *Haugestell.*

Haferkäse m. ,Käse, der in einem irdenen Topf in der Scheune zwischen Hafergarben gelagert und erst beim Drusch wieder hervorgeholt wurde' öOThür öSOThür.

Haferkranz m. ,Erntekranz auf der letzten Fuhre bei der Getreideernte', übertr. auch für die sich anschließende Erntefeier öNThür NOThür, N-Rand IlmThür, selt. nZThür.

Hafner, Häfner m. ,Töpfer' verstr. neben jüngerem **Töpfer** sHennb Itzgr; Spruch auf selbstgefertigten Töpfen aus Ummerstadt/Kr. Hildburghausen: *der Topf, der is aus Taa* (Ton) *gemacht, wenn er zerbricht, der Hafner lacht.*

Hagebutte f. **1.** wie schd. ,Frucht der Heckenrose' mit zahlreichen Lautvarianten und Kontraktionen, die dem Syn. → *Hiefe* im Südthüringischen gegenüberstehen. Mit Anlehnung an *Hahn* gelten *Hahnebutte* vorwieg. im öNThür NOThür nIlmThür OThür öSOThür, ferner *Hahn(e)pfote* im nwWThür, *Hahnewiepchen* im nNOThür. Mit dem Bestimmungswort *Hage(n)-* und dem Grundwort -*hiefe* begegnen lautlich stark variierende Zuss. in den Berührungsgebieten von *Hagebutte* und *Hiefe* im sZThür swIlmThür nHennb. Kleinräumig ist -*butte* zu -*butze, -butzchen* gewandelt. – **2.** ,Frucht des Weißdorns, Mehlbeere' Itzgr söIlmThür swSOThür, auch -*butze.*

Hagelrauch → *Hegerauch.*

Hagen → *Age.*

Häher → *Käher.*

Hahnebalken m. (meist Pl.) ,oberste waagerechte Balken im Dachstuhl' und in Verbindung mit Präp. *auf'n (über'n) Hahnebalken* auch ,Dachraum über dem Hahnebalken' NThür (außer wEichsf), öOThür öSOThür, verstr. swItzgr und neben **Hahnebänder** NOThür nöZThür IlmThür (außer ob. Schwarza), selt. wOThür nwSOThür; auch **Hahnhölzer** Eichsf; *de Wänster klatterten bis uff'n Hahnebalken.* – Lautf.: *Hahne-, Hahbalken, Hoh(ne)balken.*

Häkelmann m. **1.** ,Wassergeist, vor dem man Kinder warnt, um sie von Gewässern fernzuhalten' söZThür sIlmThür wSOThür Itzgr, selt. nwNThür swOThür, neben **Häkelmatz** swHennb;

auch **Hakenmann** verstr. swNThür n,öWThür, **Hakenfrau**
verstr. swWThür nRhön; zumeist in den Wendungen *der Hakel-*
mann is drinne (kimt, holt dich, zerrt dich nein)! – **2.** ‚Krätze, Schorf'
NOThür, als vom *Häkelmann* (Bed. 1) verursacht im nSOThür
angesehen; *wasch dich orndlich, du krist je sonst n Häkel-*
mann in'e Ohrn. – Lautf.: *Häkel-, -a-, -Häckel-, Hackelmann.*

Halbe f. ‚Seite' NThür NOThür; *gick a Mählichen uf de Hallewe!*
‚geh etwas zur Seite!', *ha hat uf der linken Halwe geschlofen*, RA
was uf de Halwe brenge ‚etw. beiseite bringen, stehlen'.

Halberabend m. ‚die Vespermahlzeit zwischen Mittag- und
Abendessen' Itzgr, ob. Schwarza, selt. sSOThür; *mer assen (ma-*
chen) Halwerahmd. Im Winterhalbjahr wird auf diese Mahlzeit
verzichtet: *dar Mechelstog* (29.9.) *trägt'n Holwerohmd fort, der*
Piäterschtog (22.2.) *brengt'n widder.* Auch **Halbabend** verstr.
n,öSOThür öOThür, **Halbabend(s)brot** verstr. mittl. Ilm-
Thür, OThür, selt. NOThür. Überall veraltend.

Halbeshalb n. speziell ‚ein achtel Liter' (meist als Schnapsmaß)
Hennb (außer Rhön); mit falscher Worttrennung *e halwe Saab*
Branntewei. – Lautf.: *Halweshaab*, verkürzt auch *Saab*.

Halle, Halling f. ‚Schuppen' Hennb (außer N- und O-Rand).

halt Partikel ‚eben, leider' (meist resignierend als Flickwort)
Hennb Itzgr SOThür, selt. sWThür; *es gätt* (geht) *halt niät!, ar*
kann halt sei Maul niä gehalt.

Hamen[1] m. ‚die Nachgeburt bei Kühen (Schafen, Ziegen,
Schweinen)' sNThür, N-Rand ZThür, abweichend **Hamel**
übriges NThür; *bie minner Kuh es dar Hamel hängegeblewwen.* –
Zu mhd. *ham(e)* ‚Hülle, Haut, Fischnetz', das auch in *Leichnam*
(mhd. *lîchame*) zugrunde liegt.

Hamen[2] m. ‚hakenartiger Fortsatz am breiten Ende des Sensen-
blattes' (dient zur Befestigung am Sensenstiel) sNThür nW-
Thür, ZThür (außer SW-Rand), verstr. nIlmThür, S-Rand
NOThür, selt. wOThür nSOThür; abweichend **Hamel** wN-
Thür, **Hammer** verstr. söHennb Itzgr. → *Hamme.* – Zu aus
lat. *hamus* entlehntem mhd. *ham(e)* ‚Angelhaken'.

Hamfel → *Handvoll.*

Hamme f. dass. wie *Hamen*[2], vorwieg. NOThür öOThür, verstr.
sWThür Hennb. – Etym. wohl von → *Hamen*[2] zu trennen.

Hammel, -ä- m. (meist Pl. oder Dim.) speziell **1.** ‚Fichtenzapfen, Kiefernzapfen' wHennb (außer nRhön), auch **Mähhämmel** um Salzungen. – **2.** ‚Kätzchen am Haselnußstrauch' mittl. Hennb, auch **Hammelschwänzchen** NThür (außer Eichsf), swNOThür, N-Rand IlmThür. – **3.** ‚(Brot)happen, mundgerecht geschnittener Bissen' öOThür öSOThür. – Wegen der Korrespondenz mit dem Syn. → *Schäfchen* sind alle drei Bedeutungen zu der Tierbezeichnung *Hammel* zu stellen.

Hammelsack m. (meist Pl.) ‚gelbe Pflaume, Spilling' ZThür (außer W- und S-Rand), verstr. nIlmThür.

Hämmerling m. ‚Goldammer' verstr. sNOThür IlmThür OThür nSOThür, neben *Gelbhämmerle* und *Gelbhämmerich* sSOThür; → *Ämmerling.*

handig Adj. ‚handlich, bequem' um Salzungen; auch ‚schnell, hastig' veraltet Hennb; *mach e weng haandich!;* als Adv. ‚häufig, öfters' ebd.

Handige m. ‚das im Gespann rechts gehende Zugtier' selt. neben **Handpferd, Handochse** öNThür sNOThür nIlmThür OThür n,öSOThür. – Lautf.: *Handche.*

Handschuh m. wie schd., allg., doch stark deformiert durch Kontraktionen und Suffixe. – Lautf.: *Ha(a)nsch, -ä(ä)-, Heinsch, Hanschk, -ä(ä)-, Hänschken, Ha(a)nschich, -ä(ä)-, Haadschich, Häändsching.*

Hand(s)quehle f. ‚Handtuch' verstr. und veraltet S-Rand Hennb, n,öItzgr, selt. neben → *Quehle* söNOThür öIlmThür OThür, SOThür (außer S-Rand). → *Handzwehle.*

Handvoll f. allg., doch nur im nNThür NOThür nIlmThür nwOThür neben den älteren Syn. → *Gäuspe, Grapse* als *Handvoll,* sonst reduziert zu *Ham(p)fel, -aa-, Haapfel, Hampel.*

handvollig Adj. ‚derb, grob, raffgierig' selt. und veraltet; *dar konn awer hamfelch waare!* – Lautf.: *ham(p)flich, -ä-, hamfelch, hämpelich.*

Handwerk n. wie schd., allg., doch veraltet die Lautungen *Hamberk, -berch, -bert,* ebenso veraltet als Übertragung die Mask. *Hamberch, Hambrich, Hamber(t)* für ‚Handwerksbursche, Landstreicher, Bettler'; *reißt aus, itze kimmt e Hambrich!*

Handzwehle f. ‚Handtuch' verstr. und veraltet S-Rand WThür,

Hennb (außer S-Rand). – Lautf.: *Handzwall(n), -zwell(n)*, im sWThür *Haansbel*. Zu mhd. *dwehel(e), twehel(e)* ‚(Hand)tuch' ist *Hand-* verdeutlichend hinzugefügt worden. → *Quehle*.

Hankel → *Heinkel*.

Hans m. ‚meist freundlich gesinnter Hausgeist' neben → *Drachen[1]* als abergläubische Vorstellung im IlmThür OThür SOThür. Meist Dim.: *Hänschen flug als feiricher Klumpen bei dan Leiten dorch de Feieresse ins Haus*.

Hans Ruprecht m. ‚Weihnachtsmann' neben → *Ruprecht* ob. Schwarza, NO-Rand Itzgr, wSOThür. – Lautf.: *Hans Rupp(e)rich (Rupperch, Ruppert)*.

hänseln sw. V. speziell ‚den Hochzeitszug nach der Trauung mit einem über den Weg gespannten Seil → *aufhalten*, um eine Geldspende zu erwirken' verstr. sWThür nHennb.

Häppe[1] f. **1.** ‚am Ende zusammengedrückte einfache Kinderflöte aus Holunder- oder Weidenrinde' (zuweilen auch nur Mundstück für die → *Schalmei*) verstr. mittl. IlmThür, um Erfurt, selt. O-Rand NThür, wSOThür; → *Fäpe*. – **2.** ‚Nuckel (aus Gummi)' verstr. mittl. IlmThür. – Lautf.: *Häppe, -a-*. → *Hup(p)e*.

Häppe[2] → *Heppe*.

har Interj. ‚Zuruf an Zugtiere, nach links zu gehen' wNThür WThür Hennb ZThür IlmThür swOThür, selt. öNThür, daneben auch *har(e)weg!* – Wohl *her!* bedeutend, da meist mit Ziehen an der Leine verbunden.

Harke f., **Harken** m. ‚Rechen' n,öNThür NOThür, NO-Ecke ZThür, N-Rand IlmThür, N-Rand OThür. Ebenda auch **Harkenstäbel, -stiel** ‚Rechenstiel' sowie **harken** sw. V. für die mit dem Rechen ausgeübte Tätigkeit. – *Harke* f. gilt im nöNThür, sonst *Harken* m. als Mischform zwischen nd. *Harke* und südl. Mask. *Rechen*.

Härmchen n. ‚Kamille' öOThür, *Härmel* nöSOThür; auch **Härmchentee** ebd. – Wohl volksetym. aus lat. Vorformen gebildet.

Haschemann m. in der Wendung *Haschemann spiele (mache)* ‚Haschen spielen' verstr. mittl. IlmThür, öOThür nSOThür, selt. wOThür, ob. Schwarza. Auch *Haschemännchen, -el spiele*.

Hasenbrot n. scherzh. ‚Rest des Frühstücks als Mitbringsel bei der Heimkehr für die Kinder' nNOThür Eichsf nWThür.

Hasenkuh f. ‚Kaninchen' Hennb (außer nwRhön); nur für ‚weibl. Kaninchen' im Itzgr gegenüber **Hasenmann** ‚männl. Kaninchen', der in der nwRhön **Hasenheinz** heißt.

hatschen sw. V. ‚schwerfällig, schlürfend gehend, hinken' verstr. NOThür nIlmThür OThür wSOThür Itzgr, selt. öNThür sHennb; *heeb de Beene un hatsche nich su!;* hierzu **Hatscher** ‚Person, die *hatscht'* verstr. sHennb Itzgr, **Hatschen** Pl. ‚(alte) Hausschuhe' selt. sHennb Itzgr. – Lautf.: *haatschen, -oo-, -ää-, hatschen, -ä-, -ö-.* → *hutschen.*

Hattel¹, -ä- f. ‚Ziege' SOThür (außer N-Rand), zumeist jedoch Kosename und Lockruf *Hattele, -ä-.*

Hattel² f. ‚Haferrispe' öSOThür. – Lautf.: *Hattel, -o-.*

hauchen sw. V. ‚hocken, kauern' OThür SOThür, selt. IlmThür; *de Kleen hauchen uff'n Sandhaufen.* – Zu mhd. *hûchen* ‚kauern'; → *hauern, kauchen.*

Haue f. ‚einfache Hacke' sWThür Hennb Itzgr, selt. sZThür; auch Grundwort in **Rodehaue** ‚Rodehacke' ebd. – Lautf.: *Haue, Hauwe, Häubm, Hawe, Haa(b), Haam.* Zu mhd. *houwe* ‚Hacke'.

hauen stsw. V. neben der schd. Bed. ‚schlagen, prügeln' speziell **1.** ‚mähen' allg. außer N-Rand NThür, nNOThür swWThür Hennb Itzgr sSOThür, wo **mähen** gilt. – **2.** ‚brünstig sein' (vom Schwein) swWThür Hennb, verstr. neben **häuisch** *sein* swNThür nöWThür, W-Rand ZThür; lediglich *hauisch sein* nöNThür nNOThür *de Soub houbt* (bzw. *is häubsch), me kunnen se nich geschlacht.* Abweichend **hausen** sw. V. Itzgr söHennb, das wohl den Zustand des wilden Gebärdens meint.

Hauer m. speziell ‚Eber' OThür nSOThür, verstr. öIlmThür, neben → *Hacksch* söNOThür söSOThür; *mer wulln de Sau bein Hauer fiehre.*

hauern sw. V. ‚sich hinkauern' verstr. Itzgr, selt. söSOThür, auch ‚in Hockstellung über eine Eisfläche schlittern'.

Haugestell n. dass. wie → *Hafergestell,* vorwieg. nHennb, neben **Haugerüst, Haurechen** söSOThür; auch **Hauzeug** wSOThür.

Haupt n. **1.** ‚Kopf' veraltet, im söWThür nHennb aber noch jüngst gebräuchlich gewesen; *sü hunn nüscht in Heid bie Dumm-heiten.* – **2.** ‚Kohl-, Salatkopf' neben **Kohl(s)-, Kraut(s)-, Salat(s)haupt** allg. außer w,nNThür nNOThür, häufig Dim.; *früher krecht mar vor ann Groschen sass* (sechs) *Heiderchen Salat.* – **3.** ‚Querholz (mit Zinken) am Rechen' neben **Rechen-haupt** söZThür sIlmThür, Hennb (außer N-Rand), Itzgr SOThür. – Lautf.: *Heid, Heed, Hääd, Haad.* Umgelautet zu mhd. *houbet* ‚Haupt'.

Hauptlappen m. ‚Kopftuch' veraltet söWThür swZThür nö-Hennb; *es rännt, ech tu en Heidlappen of.* Auch reduziert zu *Heid.*

Hauptwehtage Pl. ‚Kopfschmerzen' ebd.; als Mischform mit *Kopfschmerzen* auch **Hauptschmerzen** selt., ebd. – Lautf.: *Heidwedde(n), -schmerzen.*

Haus n. neben schd. Bed. speziell ‚Hausflur' verstr. öNThür NOThür, SO-Rand ZThür, IlmThür OThür SOThür; *gieh mol naus ins Haus!*

Hausern m. ‚Hausflur' neben → *Ern* NThür (außer NO), W-Thür ZThür Hennb Itzgr, selt. IlmThür wSOThür.

haußen → *hie-außen.*

Häuste f. ‚gepflasteter oder mit Platten belegter Gehweg am Wohnhaus' OThür (außer W-Rand), NO-Rand SOThür. – Lautf.: *Heiste, Hääste.* Vielleicht kontrahiert aus *Haus-Seite.*

Hauzeug → *Haugestell.*

he[1] Pers.-Pron. ‚er' wNThür WThür wZThür Hennb, verstr. öOThür, sonst selt. gegenüber *er* und *her,* das eine Mischform zwischen *he* und jüngerem *er* darstellt. – Lautf.: *he, hä, ha, her, här, har.* Altes thür. Pron., das mit nd. *he* übereinstimmt.

he[2] Interj. **1.** als Ausruf, verstr.; *he, wart a wengla!* – **2.** Bestätigung heischend ‚nicht wahr' verstr. NOThür nöOThür, auch *he nicht* Mansf; *s stieht dach awwer schienes Korn druffene, hännich?*

Hebe f. ‚Granne an der Gersten- oder Roggenähre' S-Rand N-Thür, WThür, ZThür (außer SO), Hennb. – Lautf.: *Häwe(n), -a-, Habm,* abweichend *Ho(e)we, Hafe* sHennb sowie *Haimen,* das aber mit h-Antritt wohl zu → *Age* gehört.

Hebeschmauß m. ‚Richtfest' SO-Rand SOThür, neben **Bau-heben** verstr. öOThür.

Heckenschlehe f. ‚Schlehe' (Strauch und Frucht) NThür (außer Eichsf), Mansf, verstr. nIlmThür wOThür nwSOThür. Auch *Heckschlehe;* im NOThür wOThür vereinzelte Weiterbildungen zu **Heckschlinge.**

Hecksau f. ‚Sau als Muttertier' verstr. OThür, SOThür (außer SO), selt. sIlmThür Hennb Itzgr.

Heed → *Haupt.*

Heftel m. f. n. **1.** ‚Haken zum Einhängen einer Öse am Kleidverschluß' IlmThür OThür SOThür; auf die sorgsame Arbeit bei der Herstellung von Hefteln bezogen ist die RA *offpasse wie e Heftelmacher.* Auch **Heft**söNThür ZThür nöItzgr. – **2.** ‚(Draht)öse am Kleidverschluß, in die der Haken eingehängt wird' verstr. in gleicher Verbreitung. – Lautf.: *Heftel, -a-, Heft, -a-.*

Hegerauch m. ‚dunstige Atmosphäre bei trockenem Wetter über Wälder und Fluren' verstr. außer öNOThür nöOThür; *dar Häärauch gett hoch, es gitt Rään.* – Lautf.: *Hech(e)-, Hee-, Hää-, Höö-, Hei-* mit vermutlicher Herkunft von *Hag, hegen,* doch deuten *Hehn-, Hiehn-, Hiech-* auf Anlehnung an *Höhe* und *Heede-* sowie *Hööl-, Hoal-* auf Anlehnung an *Heide* und *Hagel.*

Heid → *Haupt.*

Heide f. ‚Heidekraut' vorwieg. sWThür Hennb Itzgr swZThür sIlmThür SOThür, nordwärts dann vorwieg. **Heidekraut** oder jüngeres **Erika.**

Heidechse → *Eidechse.*

heiden Adv. ‚sehr' öHennb; *se mösse heiden berapp* ‚viel bezahlen', *en vürichte Wenter hot der Schneeä heiden hoch gelää.* Verbreiteter als Verstärkung von Subst., z. B. in **Heidenangst, -geld, -spaß;** *das kost uns ju ä Heidengeld* ‚viel Geld'.

Heiderauch → *Hegerauch.*

heim Adv. **1.** ‚nach Hause' allg.; *kumm bole heeme, es givwet Kartoffelklump.* – **2.** ‚zu Hause, daheim' verstr. öNThür NOThür, selt. nIlmThür nOThür öItzgr; *där hutte heime gor nischt ze saan* (sagen). – Lautf.: *heim(e), -e-, -ä-, ham, heäm, hein, hei, hee, hää, hämm, hamm, hämma,* im Eichsf auch *heimen.*

Heimen → *Age 3, Hebe.*

Heinkel n. Kosename in der Kinderspr. für ‚Pferd' w,sItzgr, ebs. *Hankel* S-Rand Hennb; meist Dim. *Heinkele, Hankele.* Hierzu **heinkeln** ‚wiehern' neben *hankeln* ebd.

heint(e) Adv. ‚heute abend (nacht)‘, aber auch ‚die vergangene Nacht‘ O-Rand NThür, NOThür ö‚sZThür IlmThür OThür SOThür Itzgr Hennb; *hinde gieh'mer zer Spinnstowe, heint hun ich schüllich getreimt.* Oft tautologisch erweitert *heint(e) abend (nacht),* aber auch übertr. ‚heute‘ (vorwieg. Itzgr), hierzu *heint ze früh* ‚heute morgen‘. – Lautf.: *heind(e), hind(e), -e-;* im Itzgr mit n-Schwund *heit,* das demnach lautlich nicht das Wort *heute* repräsentiert. Zu mhd. *hînte, hî-naht(e),* ahd. *hiu nahtu.*

Heinz m. speziell **1.** ‚Kater‘ w‚sWThür nöHennb, verstr. Itzgr w‚sSOThür, selt. ob. Schwarza, auch **Katzenheinz** nw-Hennb, verstr. Itzgr w‚sSOThür und **Heinze(l)mann** wN-Thür. – **2.** ‚männl. Kaninchen, Rammler‘ Hennb (außer NO, SO), w‚sSOThür, ob. Schwarza, auch **Hasenheinz** nwRhön. – Lautf.: *Heinz, -ee-, -ää-, -aa-, Hänz(e), -a-, Hääds, -aa-.* Kurzform von *Heinrich.*

Heinzelmännchen, -männle n. speziell ‚Frucht des Weißdorns, Mehlbeere‘ söWThür swZThür nHennb, auch **Heinzerle, Hänsel** verstr. swHennb.

heisch Adj. ‚heiser‘ NThür WThür ZThür nIlmThür OThür, veraltet NOThür, auch **heischer(n)** sIlmThür, SOThür (außer SW), selt. OThür, **heiserig** Hennb (außer nwRhön), **heisern** swSOThür; *ar hot sich verkullt un äs ganz heisch, ar hot sich hääscher geschriejen.* – Lautf.: *heisch, -ee-, -ää-, heescher(n), -ää-, heiserich, -ää-, heesern, -ää-.*

Heise f. Kosename für ‚(junge) Gans‘ verstr. OThür, als Dim. *Heisel* nöSOThür. Auch Lockruf *heise!* ebd. – *Heise* wird nördl. und westl. von → *Huse* begrenzt, so daß etym. wohl verwandt.

Heiste → *Häuste.*

Helm m. speziell ‚Stiel für Axt oder Beil‘ neben **Axt-, Beilhelm** Hennb Itzgr, S-Rand ZThür, ob. Schwarza, SOThür, selt. swWThür.

Hemdenflittich m. scherzh. ‚Kind, das im Hemd herumläuft‘ verstr. öOThür, auch **Hemdenleuter** Itzgr, selt. mittl. NThür, **Hemdenlumper(t)** verstr. ösOThür, **Hemdenpetz** SO-Rand SOThür, **Hemdenscheißer, -schiß** Hennb, **Hemdlemper, -plemper** wNThür nWThür nwZThür.

Hemdenlecker m. **1.** dass., söNThür sNOThür öZThür Ilm-

Thür nSOThür; wohl zu mhd. *lecken* ‚hüpfen' – **2.** ‚Buschwind-
röschen' verstr. nIlmThür nwOThür.

hemmen sw. V. speziell ‚den Hochzeitszug → *aufhalten* 'vorwieg.
NThür nwZThür wHennb; *wenn der Hochzchenzug us der Ker-
chen kemmt, wärm me hemme.* Auch ‚aufhalten des Brautwagens
beim Wegzug der Braut in ein anderes Dorf' (wNThür wZ-
Thür) oder des Taufzugs nach der Taufhandlung (wRhön).

Henne f. ‚Huhn' nöZThür, IlmThür (außer N-Rand und ob.
Schwarza), s‚öOThür, SOThür (außer NW), Itzgr (außer W-
Rand), abweichend *Hinne* söNThür NOThür, N-Rand Ilm-
Thür, nOThür nwSOThür. Als Fem. auch **Huhn** söWThür
wZThür Hennb, *Huhne, Hunne* söZThür, ob. Schwarza, sogar
Hahn W-Rand Itzgr.

Heppe f. ‚Ziege' swNOThür nöIlmThür wOThür nSOThür,
auch **Hippe** O-Rand ZThür, wIlmThür, verstr. öOThür, als
Kosename darüber hinaus öNThür NOThür, verstr. swW-
Thür sZThür. Abweichend **Hippel** ZThür, als Kosename
auch NThür (außer O-Rand), N-Rand NOThür, verstr.
söNOThür swWThür sowie **Heppel** verstr. O-Rand Itzgr;
*unse Hippe gitt den Tag zwei Liter Mällich; ar hotte e wing Fald un e
poor Happen; häste de Heppel scho jemolken?* Übertr. und pejorativ
auch für ‚(dünne) weibl. Person'. – Lautf.: *Hebbe, -ä-, -a-, -i-,
Hebbel, -ä-, -a-, -i-.*

her → *har*.

herab Adv. ‚herunter' (bes. als Bestimmungswort in verbalen
Zuss.) Hennb Itzgr sSOThür, ob. Schwarza; *es reent, wos van
Himmel ro will; eh döß' er an Pfennich gibt, liewer leßt' er sich an
Finger rouhack.* Auch in **herabtun** ‚pflücken' ebd.; *hul emol de
Ledder, mer wulln de Karschen robtue,* ferner statt ‚aus' in ‚(Schu-
he) ausziehen' sHennb, verstr. Itzgr sSOThür; *zieh den Schuhk
raa!*

heraustun st. V. speziell ‚Kartoffeln roden' Hennb wItzgr sIlm-
Thür, SOThür (außer S-Rand); *mir missen heite Ardäpfel raustu,*
auch subst. das **Erdäpfelsraustun.** Ebenso ‚Baumstümpfe
roden' SOThür.

Herrgottskühle m. ‚Marienkäfer' verstr. swHennb, W-Rand
Itzgr.

Herrgottsvögelchen n. dass., swWThür.

Herrlein n. ‚Großvater' veraltet sHennb wItzgr, neben **Vaterle** verstr. öItzgr; jetzt verdrängt von **Opa;** *Heerle, derzeel emol e hüsch Geschichte!* – Lautf.: *Herrle, Heerle.*

herrlich Adj. speziell ‚wählerisch beim Essen' SOThür (außer SW-Rand); *er is herrlich wie ne Ziege.*

Herrscheklaus m. ‚männl. Brauchtumsgestalt als Gabenbringer am Nikolaustag (6. Dez.) und auch am Weihnachtsabend' sWThür Hennb, verstr. wItzgr. Um den 6. Dez. war in größeren Orten auch der **Herrscheklausenmarkt.** – Nicht sicher, ob zu *herrschen* oder zu *Herr Sankt Nikolaus.* Auch eine Herleitung von *Hersche* ‚Hirse' oder *Hirsch* wird vermutet.

Herrscheruprecht m. dass., selt. Hennb Itzgr.

herumher Adv. ‚umher' (bes. als Bestimmungswort in verbalen Zuss.) NOThür nIlmThür OThür nSOThür, verstr. öNThür; *uf'n Dorfe leßt mer de Gense frei rimharlafe.*

Herzwurm m. in der RA bei Sodbrennen: *dar Herzworm hat mich beseicht* veraltend.

hessen, hesten → *hie-seiten.*

Hetsche → *Hötsche.*

Hetze f. speziell ‚eine Menge, eine große Anzahl' (meist von Lebewesen) verstr. NThür (außer Eichsf), NOThür nöZThür IlmThür (außer ob. Schwarza), n,öOThür; *anne Hetze Weibsleite, änne janze Hetze Meisen ha'ch jefangen.*

Heubaum m. ‚längs über die Heufuhre gelegte Stange zur Befestigung der Ladung' Eichsf WThür Hennb Itzgr n,wZThür nIlmThür OThür, sonst selt. gegenüber *Binde-, Lade-, Preß-, Wiesebaum.* Häufig auch durch ein Heuseil ersetzt.

heuer Adv. ‚in diesem Jahr' sNOThür söZThür IlmThür O-Thür SOThür Itzgr sHennb; *heire gab's veel Quetschken.* – Lautf.: *heuer, -ei-, heire, -ä-.* Ein obd. Wort zu mhd. *hiure,* ahd. *hiu jâru.*

Hexenabend m. ‚Abend vor der Walpurgisnacht (30. April)' öSOThür, begangen mit Peitschenknallen und **Hexenfeuer** (einem brennenden Holzstoß).

hicken sw. V. ‚hinken, lahmen' verstr. sWThür nöHennb, übertr. ‚hüpfen' beim Kinderspiel im Hüpfekasten, das demzufolge **Hickens** heißt. Abweichend **hicksen** ‚hinken, hüpfen' verstr. OThür öSOThür, selt. O-Rand nZThür, hierzu **Hicksen** als Hüpfespiel und **Hicks(e)** f. im öSOThür für die Figur des Hüpfekastens.

hie-außen Adv. ‚hier draußen, außerhalb' allg. außer nöNThür NOThür; *gumm dach raus, dei Bruder is ooch haußen; wer drin is, will rus, wer hussen is, will nien.* – Lautf.: *haußen, husse(n), -ü-, -ö-, -o-, houße, -ui-.* Zu mhd. *hie ûzen.*

hie-inne Adv. ‚hier drin' ähnl. verbreitet wie → *hie außen; drussen es schenner we henn.* – Lautf.: *hinne, -e-, hin, -e-.*

hie-oben Adv. ‚hier oben' ebd., doch weithin veraltet. – Lautf.: *howe, hom hu(e)m, hu(e)mne,* aber auch *hee-uwe(n)* WThür; *von hee-uwen komme bis nooch Isenach gegück.*

hie-seiten Adv. ‚diesseits' veraltet sHennb Itzgr, meist formelhaft *hesten un gesten* ‚diesseits und jenseits'; *hesten un gesten vo der Werr* (Werra), auch ‚auf beiden Seiten'; *die Härwer* (Herberge) *wor hässen un gässen mallörisch* (baufällig). – Lautf.: *heste(n), -ä-, -a-, hessen, -ä-.* Zu mhd. *hie sît.*

hie-unten Adv. ‚hier unten' ähnl. verbreitet wie → *hie-außen.* – Lautf.: *hunde(n), hunne, -o-, hungen, -o-, hung(ne), -o-,* aber auch *hee-onge(n)* WThür.

Hiefe f. ‚Hagebutte' Itzgr söIlmThür swSOThür, wo die Frucht des Weißdorns *Hagebutte* heißt. Kreuzungen mit → *Hagebutte* stellen vielfältige Lautvarianten für **Hage(n)hiefe** im nHennb sZThür swIlmThür dar, ferner **Hiefenbutte** f. im nwSOThür. – Lautf.: *Hiefe, Hiffe, Hiefte, Hiffte.*

Hiele f. **1.** Kosename für ‚Gänschen' OThür, N-Rand SOThür, neben → *Hule* NOThür; seltener Kosename für ‚erwachsene Gans'. Als Lockruf für (junge) Gänse *hiele! hiele!* ebd. – **2.** Kosename für ‚(junge) Ente' verstr. OThür, N-Rand SOThür, selt. NOThür nöIlmThür; auch Lockruf *hiele! hiele!* ebd.

Himmelmiezchen n. ‚Marienkäfer' öOThür, selt. swOThür, N-Rand SOThür. – Lautf.: *-miezchen, -mietschchen.*

Himmelsbrief m. ‚Brief mit frommen Texten, die vor Gefahren schützen und gutes Gedeihen bewirken sollen' (wurde bes. Schwangeren und Neugeborenen umgehängt oder unter das Kopfkissen gelegt) SOThür Itzgr, selt. sNThür WThür wZThür, ob. Schwarza, OThür. Im 1. Weltkrieg auch den Soldaten mitgegeben: *wie der Krieg losgang, do mutten alle Saldaten Himmelsbriefe haa, do sell'n nischt passiere.*

Himmelschlüsselchen n. ‚Schlüsselblume' NThür NOThür, N-Rand WThür ZThür IlmThür, nwOThür öSOThür; zuweilen auch *Himmelschlüssel* und **Himmelschlößchen.**

Himmelsziege f. **1.** ‚Kanker, Weberknecht' swSOThür, ob. Schwarza. – **2.** ‚(Sumpf)schnepfe, Bekassine' verstr. Itzgr, selt. Hennb, ob. Schwarza, S-Rand SOThür; hierzu die Wendung *lachen (meckern) wie änne Himmelsziege.*

hinab Adv. ‚hinunter' (bes. als Bestimmungswort in verbalen Zuss.) vorwieg. Hennb Itzgr sSOThür, verstr. sWThür sZ-Thür sIlmThür; *die Kenner kullern dan Rai* (Rain) *enaa, ar mußt'n Dreck van der Tröpp* (Treppe) *naakehr.* Auch mit Zielangabe: *nou uf Coburch.* – Lautf.: *(e)nabb, -nobb, (e)naa, noo, nou, nau.*

hinanstreichen st. V. speziell ‚die Kartoffeln anhäufeln während des Wachstums' verstr. söOThür öSOThür, selt. öItzgr. Dafür auch **hinanfahren** S-Rand SOThür, **hinanmachen** söSOThür, **hinanziehen** verstr. öOThür. – Lautf.: *nann-, nonn-, naa(n)-, noo(n)-.*

hineinzusammen Adv. verstärkend als Bestimmungswort in verbalen Zuss. söSOThür, selt. söOThür öItzgr; *dar hot alles neizammgefressen, uff'n Weesen lotschten se es ganze Gros neizamm.*

Hingabe, Hingebe f. ‚Verlobung, Verlobungsfeier' veraltet sWThür Hennb, W-Rand Itzgr; *uf ührn Geburtstag war Hiegawwed.* – Lautf.: *Hin-, Hiegawe(d), -gäwed, -gawwed, Hiegaa.*

hinhinter Adv. ‚nach hinten' (bes. in verbalen Zuss.) WThür ZThür sIlmThür swSOThür, verstr. mittl. NThür n‚öItzgr; *gieh emal ninder in de Schlafkammer!* – Lautf.: *ninder, ninger, -e-.* Zu mhd. *hin-hinder* ‚zurück, rückwärts'. → *hinter.*

hinmachen sw. V. speziell ‚sich beeilen' verstr. öNThür NOThür öZThür IlmThür OThür, sonst selt.; *mach henn, du kimmst sunst ze speet.*

Hinne → *Henne.*

hinne → *hie-inne.*

hint(e) → *heint(e).*

hinter Adv. speziell ‚nach hinten' (bes. in verbalen Zuss.) nöNThür NOThür nöIlmThür OThür öSOThür; *ich konn wädder henger noch vär, er is hinger nach'n Weesen* (Wiesen) *gegangen.* – Lautf.: *hinder, hinner, -e-, hinger, -e-.* → *hinhinter.*

hinze Adv. ‚jetzt, nun' veraltend öItzgr; *hinza wärd's besser!;* auch **hinzuig** ebd.; *hinzich macht mer suwos nimmer.* – Lautf.: *hinze, hinza; hinzich.* Zu mhd. *hinze* < *hinzuo.*

Hippe(l) → *Heppe.*

hippeln sw. V. ‚lammen' (von der Ziege) SO-Rand WThür, swZThür nöHennb.

Hirnwurst f. ‚Wurstmasse aus Gehirn, Schwarten und Semmelkrumen' (in Darm oder Einweckglas gefüllt, vor Verzehr im Tiegel gebraten) wNThür nWThür nwZThür. – Lautf. *Herrn-* und deshalb zuweilen als ‚Herrenwurst' interpretiert.

histe → *wiste.*

Hitsche → *Hütsche, Käsehütsche.*

Hitze f. Kosename für ‚(junge) Ziege' S-Rand WThür, Rhön, auch Lockruf *hitz! hitz!* ebd. – Lautf.: *Hitz, -e-, Hitzche, -e-.*

hoben → *hie-oben.*

hockern sw. V. ‚klettern' WThür Hennb, selt. ZThür, mit Umlaut verstr. NThür sNOThür OThür; *dos Käind hockert off'n Tisch.* – Lautf.: *hockern, -e-, -ee-.*

Hocket → *Hucke.*

Hof m. speziell ‚Haus-, Gemüsegarten' wNThür nWThür, während der von Gebäuden umschlossene Hofraum hier → *Miste* heißt. Auch **Gemüse-, Grabe-, Klein-, Kohlhof** sowie *Höfchen* oder *kleiner Hof.*

Höhe(n)rauch → *Hegerauch.*

Hohle, Höhle f. ‚Hohlweg', auch ‚Schlucht, Bodensenke' allg. außer NThür nNOThür nWThür nwZThür swHennb Itzgr sSOThür, wo zumeist **Hohlweg** oder **Hohlgasse** (sItzgr) gilt. – Lautf.: *Hohle(n), -uh-, Holln, Holl* sowie umgelautet *Hehlen* mittl. WThür, *Höll* söHennb.

Höhle f. speziell ‚kastenartiger Bretteraufsatz am Wagen' neben **Höhlenwagen** verstr. öNThür NOThür, auch übertr. auf den ‚Kastenwagen' selbst. – Lautf.: *Hehle, Hehlenwachen.*

Höhler m. ‚Taubenschlag' neben **Taubenhöhler** öOThür

SOThür, selt. sIlmThür; auch für ‚Erdhöhle von Wildtieren' und für ‚Bierkeller'. – Lautf.: *Hehler, Hiehler.*

Hohlkarre f. ‚einrädrige Schiebekarre mit Kastenaufsatz' nNOThür, auch **Höhl(e)karren** m. selt. öNThür. – Lautf.: *Hohl-, Holl-, Hehl(e)- Hellkarre(n).*

hohnnecken, höhnnecken sw. V. ‚höhnen, necken, spotten' verstr. nöZThür, mittl. IlmThür, selt. NOThür OThür, auch *hohnneckern* verstr. mittl. NThür, selt. WThür; *er hieneckt dän armen Karl, wu er nor kann.* Hierzu **Hohnnecker, Höhnnecker** ‚spottsüchtige Person' verstr. nWThür ZThür wSOThür. Auch **hohnneckisch, höhnneckisch** ‚spottsüchtig' verstr. wNThür IlmThür wSOThür; *dos is ä hieneckscher Hund.* – Lautf.: *hohnecken, hu(e)hn-, hi(e)hn-, -nacken.*

Hök m. ‚kleine Anhöhe, Hügel' nöWThür wZThür; *oom auf'n Heek sieht mer'sch besser.* Häufig FlN. – Lautf.: *Heek, Höök.*

Hölberle n. (meist Pl.) ‚Preiselbeere' sHennb Itzgr swSOThür; *eigemachte Hölberle schmecken am besten.* – Lautf.: *Hölberle, -e-.* Etym. unklar; vielleicht Dim. zu *Hohlbeere,* vergl. → *Hohle* mit Lautung *Höll.*

Holder m. **1.** ‚Holunderstrauch' Hennb Itzgr, S-Rand SOThür, verstr. NOThür, hierzu auch **Holderbeere** ebd. – **2.** ‚Flieder' im Zusammenfall mit ‚Holunderstrauch' Hennb (außer N- und O-Rand), W-Rand Itzgr, nNOThür, ebenso *Holunder, Holunger* als Gemeinschaftsname für ‚Holunder und Flieder' weithin im IlmThür SOThür. Zuweilen differenziert: *vür'n Fänster stätt blawer Holler* (Flieder) *un schönner Holler* (Holunder). – Lautf.: *Holler, Houer,* selt. *Holder.*

Hölperle → *Hölberle.*

Holz n. speziell ‚Wald' vorwieg. außer sWThür Hennb nItzgr, wo **Wald** gilt; *se latschten quäär dorch's Holz.* Auch *Hölzchen* ‚Wäldchen' ebd.

Homeise → *Ameise.*

Horbel f. ‚Schlag an den Kopf, Ohrfeige' verstr. und veraltend, doch nicht Eichsf nWThür sItzgr sSOThür; *patsch, hat'er anne Horbel.* Im Pl. auch ‚Hiebe': *etze jibbt's Horweln.* – Lautf.: *Horwel,* selt. *Horbel, Hormel.*

hork(e)lig Adj. ‚uneben, huckelig' 'neben **horb(e)lig** verstr.

öNThür NOThür nIlmThür nOThür, selt. nöZThür; *er kaamb dänn horklichen Feldwäg rungerjesaust.*

Hormd n. ‚turmartiger, reich verzierter Kopfputz der noch nicht verheirateten Mädchen' früheres Trachtenstück um Altenburg. – Lautf.: *Hormd, Hormed.* Wohl kontrahiert aus *Haarband.*

Hornaffe m. ‚horn- oder ringförmiges Gebäck' (früher bes. zu Feiertagen und Jahrmärkten angeboten sowie zur Schuleinführung und -entlassung überreicht) n‚öZThür nHennb. Als **Hornapf(en)** wurden im sZThür nItzgr und an der ob. Schwarza ‚Napfkuchen aus Hefeteig' bezeichnet.

hornnägeln sw. V. ‚in Fingerspitzen oder Zehen (vor Kälte) schmerzhaft jucken' selt. swItzgr. – Lautf.: *horneecheln.*

Hornzche f. ‚baufälliges Haus, armseliger Wohnraum' verstr. söNOThür nIlmThür OThür nSOThür; *in su'ner Hornsje soll eens wuhne!;* zuweilen abwertend auch für ‚Bettstatt'. – Lautf.: *Horns-che,* im NOThür *Hornske.* Slaw. Herkunft, vgl. osorb. *horjeńica* ‚Oberstube'.

Hörübel m. ‚schwerhörige Person' verstr. Hennb, aber auch Schimpfwort für ‚Person, die nicht hören will'. Als Adj. **hörübel** ‚schwerhörig' ebd. – Lautf.: *Hör-, Hürübel.*

Hosenhebe f. ‚Hosenträger zur Altenburger Männertracht' (vorne dreiteilig, hinten zweiteilig mit Stegen) veraltet öOThür.

Hötsche f. ‚Wiege, Schaukel' neben selt. *Hotsche* söSOThür; hierzu **hötschen** ‚wiegen, schaukeln' ebd.; auch **Hötschel** f. öItzgr, selt. sSOThür sowie **hötscheln,** *hotscheln* ebd. – Lautf.: *Hetsch, -o-, Hötschel, -o-,* als Verb *hetschen, -o-, hötscheln, -e-.* → *Hotze.*

hott Interj. ‚Zuruf an Zugtiere, nach rechts zu gehen' allg., auch *hott(e)weg!*

Hotte[1] f. ‚finstere Miene, verdrießlich verzogener Mund' verstr. söWThür Hennb; *mer därf niss söö* (sagen), *gleich hängt se die Hotte roo bis of die Schüh on is beleidicht,* häufig in den Wendungen *e Hotte zieh (mach, schnitz).*

Hotte[2] f., **Hotten** m. ‚Quark' NThür (außer NO), N-Rand Z-Thür; *us surer Mellich werd Hotten fer'n Kase jemacht.* Hierzu **Hottenkuchen** ‚Quarkkuchen'. – Lautf.: *Hotten* f. mit n-Antritt bei sw. Fem. und *Hotten* als Mask.

Hotze f. ‚Kinderwiege auf Kufen' veraltet wNThür nWThür,

ZThür (außer NO und S), selt. ob. Schwarza; hierzu *hotzen*sw.
V. ‚das Kleinkind in der Wiege schaukeln' ebd.; spöttisch *dumm
geborn, albern gehotzt un nischt derzugelernt.*

Hub m. ‚das Beste, Vorzüglichste' (das, was sich abhebt) verstr.
sNThür ZThür, sonst selt.; *das is der Hob von ganzen Dorf* ‚die
Vornehmsten, Reichsten des Dorfes'. – Lautf.: *Hub, Hueb, Hob.*

Hübel m. **1.** ‚Hügel, kleine Erhebung' verstr. nWThür sö-
SOThür. – **2.** ‚Beule, Pickel, Geschwulst' verstr. söSOThür,
selt. WThür, als Dim. verstr. öOThür öItzgr. – Lautf.: *Hiewel,
-f-, Hiwwel, -bb-, Hebbel,* ferner *Hiffelchen* öOThür, *Hübbela*
öItzgr; ohne Umlaut *Hubbel, -o-*öWThür.

hübsch Adj. speziell **1.** ‚freundlich, anständig, von guter Her-
kunft, vermögend' (von Personen) verstr. und veraltend öN-
Thür NOThür öZThür IlmThür OThür SOThür; *er is in äner
hibschen Jesellschaft.* – **2.** verstärkend als Gradadv. ‚ziemlich,
sehr' ebd. und öHennb; *der Mann es hebsch leiwich* (beleibt) *ge-
worn, ha is hüsch besoffe.* – Zugrunde liegt mhd. *hövisch* ‚gesittet'.

Huck-auf m. ‚Flieder' söSOThür.

Huck-auf-die-Magd m. dass., söNThür sNOThür, N-Rand
IlmThür, nwOThür, O-Rand OThür. – Lautf.: *Huckuffdemeed,
Hockeloffdemaad, Kuffdemaad* und weitere Varianten, wobei die
Motivierung wohl in dem verführerischen Duft der Blüten be-
steht. → *Hupf-auf-die-Magd.*

Hucke f. **1.** ‚Rücken' verstr. und meist in den Wendungen *die
Hucke voll hauen (kriegen), jmd. die Hucke voll lügen, sich die Hucke
voll lachen,* zuweilen auch ‚verkrümmter Rücken, Buckel'. – **2.**
‚Traglast auf dem Rücken' (z. B. Gras, Holz im und auf dem
Tragkorb) verstr. NThür NOThür OThür, auch einge-
schränkt ‚die aufgehäufte Menge über dem Tragkorb' verstr.
NOThür nOThür; *da is janzenjar anne Hucke druffene,*als Neutr.
Hocket veraltend Hennb Itzgr. – **3.** übertr. ‚eine große Menge,
eine Vielzahl' verstr. NOThür, selt. NThür nIlmThür OThür
nSOThür; *der Wind hat e schiene Hucke Schnie reingehaan* (-ge-
hauen). – **4.** speziell ‚Getreidehaufen' verstr. nwNThür, auch
‚Heuhaufen' NW-Rand NThür.

Huckekorb m. ‚vierkantiger Rückentragkorb' vorwieg.
NOThür OThür, auch **Huckekiepe** nNOThür.

Huckel, Hückel m. ‚kleine Erhebung, Hügel' verstr. außer W-Thür wZThür nwHennb söItzgr söSOThür; *etze gings an gro-ßen Heckel noff.* Seltener für ‚Beule, Pickel, Geschwulst'. – Lautf.: *Huckel,* doch mit Umlaut *Hückel, -ö-* ö,sHennb nwItzgr, *Heckel, -i-* öZThür IlmThür, sonst selt.

Huckelkorb m. dass. wie → *Huckekorb,* verstr. ob. Schwarza, swSOThür Itzgr; auch **Aufhuckelkorb.**

huckeln sw. V. ‚eine Last auf dem Rücken tragen' verstr. W-Thür Hennb Itzgr sIlmThür swSOThür; *orme Leite lasen darre Äste un huckeln se uff'n Hulzkorb heem.* Auch **aufhuckeln** ‚eine Last auf den Rücken nehmen' ebd.; *we dar Kleine net mehn konnt geläuf, honn ech'n offgehuckelt.*

huckemeste Adv. in der Wendung *huckemeste machen (tragen)* ‚ein Kleinkind huckepack tragen' OThür nöSOThür; ebenso *huckelmeste* (swSOThür), *huckefaß* (söSOThür), *hucke(l)fleisch* (swZThür), *huckeleisch* (WThür Rhön), *huckemalz(e), -pelze* (nIlmThür), *hucke(l)salz(e) machen* (sIlmThür) und weitere kleinräumige Varianten.

hucken sw. V. ‚eine Last auf dem Rücken tragen' verstr. NThür NOThür nIlmThür OThür; *se huckten s Hulz uff'n Korbe heem;* auch ‚etw. Schweres tragen' verstr. NOThür nSOThür; *hucke de Steene uff'n Hofen* (Haufen). Weiter verbreitet ist **aufhucken** ‚etw. auf den Rücken nehmen'.

Hudel m. **1.** ‚alter Lappen, Lumpen' (bes. Scheuerlappen) neben **Scheuerhudel** verstr. S-Rand WThür, nHennb Itzgr, auch ‚altes Kleid' verstr. WThür; *se rissen sich de Huddel von Lie* (Leib). – **2.** meist Dim. ‚Kopftuch' SO-Rand Hennb, verstr. wItzgr, auch **Hudellappen** sHennb; *statt aß'n Hudel trogen, werd heint an Pudelkopf noofrisiert.* – **3.** in der Zuss. **Handhudel** ‚Handtuch' öItzgr. – Lautf.: *Hudel, -ui-, Huddel, Hendhudel,* als Dim. (Bed. 2) *Hudele, -ü-.*

Hudelsauger m. ‚Stoffnuckel' veraltet öItzgr. → *Hut.*

Hügel → *Huckel, Hübel, Hök.*

Huhbär m. ‚fiktive Schreckgestalt, mit der man Kindern droht' verstr. wSOThür nöItzgr; *der Huhbar kimmt un hult dich!,* ebenso **Huhmann, Huhpopel** söSOThür.

Huhn → *Henne.*

Hühnerblume f. ‚Buschwindröschen' sIlmThür nwSOThür, selt. nöItzgr. Wohl auf die vogelfußartigen gespaltenen Blätter bezogen.

Hühnerdarm m. ‚Ackerunkraut Vogelmiere' söWThür, verstr. nöHennb.

Hühnerdreckchen n. Bezeichnung für das noch ungetaufte Kleinkind, verstr. und veraltet NThür WThür Hennb Itzgr; *bie heißt dann der Jong? vürderhand noch Hünnerdreckle.*

Hühnerpolei m. ‚Thymian' söHennb, NW-Rand Itzgr. Auch **Hühnerthymian, -däumchen** swRhön. – Lautf.: *Hünnerbolich, -dümche, -däumche, -le.*

Hühnerscharre f. ‚Vogelmiere' vorwieg. Itzgr. Auch *Hühnerschärrlich, -schärrich* sSOThür, **Huhnserbe** verstr. öHennb. Vereinzelt verwechselt mit oder übertr. auf ‚Vogelknöterich'. – Volksetym. an *scharren* angelehnt, obwohl vermutlich *-serbe* (zu mhd. *sërben* ‚siechen, kränkeln') zugrunde liegt.

Hule f. Kosename für ‚(junge) Gans' neben **Hulegans** und → *Hiele* NOThür, N-Rand IlmThür, nwOThür, **Hulle** als Kosename für ‚erwachsene Gans' nwNThür, selt. übriges NThür. Als Lockruf *hule! hule!* bzw. *hulle! hulle!* ebd.

Hülle[1] f. ‚Kopftuch' (unter dem Kinn gebunden) neben **Kopfhülle** veraltet n‚öOThür. – Lautf.: *Hille.*

Hülle[2] f. ‚kleine Wasser- oder Urinpfütze' öItzgr; *die Katz hot a Hülln nei de Küch gemacht.* – Lautf.: *Hülle.* Zu mhd. *hül, hülwe* ‚Pfütze'. → *Misthülbe.*

Huller m. **1a.** ‚walzen- oder kugelförmiger Gegenstand' (z. B. Holzklotz, Kegelkugel, Murmel, auch längliches Knäuel von Schmutzresten und ähnlich geformte Nahrungsmittel wie Fleischklößchen, Gehacktes oder längliches Brot) verstr. W-Thür (außer W-Rand), Hennb Itzgr. – **b.** speziell ‚aus Kartoffelbrei geformte Klöße' (mit Speck und Zwiebeln zubereitet) verstr. söWThür Hennb; *nu kaa's widder amol Huller gegaa* (geben). – **2.** übertr. ‚dicke, rundliche Person' ebd.

hullern sw. V. ‚rollen, wälzen, kullern' verstr. WThür (außer W-Rand), Hennb ZThür, selt. sIlmThür; *die Karle hatten gruße Bierfasser uff'n Kerfch* (Kirchhof) *gehullert,* speziell als Kindervergnügen ‚lang ausgestreckt einen Abhang hinabrollen'; *die Ken-*

ner hullern dän Rai (Rain) *ana* (hinab). Auch ‚mit Murmeln spielen' verstr. söWThür Hennb, hierzu **Hullerschoß(ten), Hullerschösser, Hullerschießer, Hullerwacke(l)** ‚Murmel' verstr. öWThür, W-Rand ZThür, Hennb. – Lautf.: *Huller, -ui-, -ü-.*

Hundeblume f. **1.** ‚Löwenzahn' verstr. öNThür sNOThür. – **2.** ‚Margerite' verstr. nwNThür. – **3.** ‚(Hunds)kamille' als *Hundsblume* verstr. nwSOThür, selt. OThür und übriges SOThür.

Hungerharken m. ‚großer Rechen zum Zusammenrechen von Getreide- und Heuresten auf Acker oder Wiese' N-Rand Eichsf, selt. NOThür und übriges NThür; ebenso **Hungerrechen** m. Eichsf nöWThür, verstr. ZThür sIlmThür. – Wie bei vereinzelten **Geizharke(n), -rechen** wird hierbei das Streben nach Maximalertrag charakterisiert.

hungrig Adj. speziell ‚geizig' nahezu allg.; *seine Mutter wor ä sehr hongriches Luder, die hat sich nischt gegonn.*

hunten → *hie-unten.*

Hupf-auf-die-Magd m. ‚Flieder' verstr. söOThür, N-Rand SOThür, selt. ob. Schwarza. – Lautf.: *Hupp(uff)demee(d), Hopfdemaad, Hupfgemee, Puffdemaad, -meed* und weitere Varianten. Motiviert wie → *Huck-auf-die-Magd.*

Hup(p)e f. **1.** ‚am Ende zusammengedrückte einfache Kinderflöte aus Holunder- oder Weidenrinde' (zuweilen auch nur Mundstück für die → *Schalmei)* verstr. wNThür WThür Z-Thür sIlmThür swOThür nHennb Itzgr, sonst selt. – **2.** ‚Nukkel (aus Gummi)' mittl. NThür, NO-Rand WThür, ZThür (außer O-Rand), abweichend **Huppich** m. verstr. sZThür. – Lautf.: *Hube(n), Hubbe(n), -o-, Hubbch.* → *Häppe*[1].

hurtig Adj. ‚schnell, eilig' Hennb Itzgr, verstr. S-Rand WThür, S-Rand SOThür, selt. übriges SOThür; *mach a weng hurtig!* ‚beeile dich!', *se sprunge* (rannten) *so hottich, bie's ging.*

Husche f. **1.** ‚kurzer Regenschauer' öNThür NOThür, verstr. wNThür (außer wEichsf), öOThür, sonst selt.; *dos is bluß ne Husche, do brauchmer nich glei heem.* Auch **Huscher** m. selt. sIlmThür sOThür SOThür. – **2.** in der Wendung *ne Husche mache* ‚ein kleines Feuer schüren' verstr. mittl. NThür, selt. Ilm-

Thür O Thür SO Thür. Auch **Huscher** m. selt. öItzgr, S-Rand SO Thür.

huscheln sw. V. speziell ‚mit den Schuhen auf einer Eisfläche gleiten' wO Thür, N-Rand SO Thür zwischen → *ruscheln, schusseln, zuscheln.* Hierzu ebd. **Huschel** f. als entsprechende Eisfläche.

Huse f. Kosename für ‚Gans' n,wO Thür, selt. nwSO Thür; auch Lockruf *huse! huse!* – Wohl zu slaw. *hus* ‚Gans'. → *Heise.*

Hut m. speziell ‚Nuckel (aus Gummi)' neben den Dim. *Hütchen, Hutel, Hütel* verstr. SO-Rand O Thür, söSO Thür. → *Hudelsauger.*

Hütes m. ‚gesottener Kartoffelkloß' gehört zum Lieblingsessen im sW Thür Hennb und entspricht den anderwärts gebräuchlichen *Thüringer Klößen; off'n Sonntich gitt's Hütes on Broete.* Die Zubereitung erfolgt unterschiedlich, meist jedoch aus einer Masse von geriebenen rohen Kartoffeln mit Zusatz von Kartoffelbrei aus gekochten Kartoffeln oder von Kartoffelstärke, auch untermischt mit saurer Milch und nahezu stets mit gerösteten Semmelbröckchen gefüllt. Als **Hütesfresser** werden die Bewohner von Meiningen verspottet. – Lautf.: *Hü(e)tes, -ö-, Hüüts, -ee-,* abweichend *Hüwes, -b-, Höwes, -e-* swW Thür nwRhön nö-Hennb.

hutsch Interj. Scheuchruf für Gänse, vorwieg. sNO Thür Ilm-Thür O Thür nSO Thür, verstr. nNO Thür nöZ Thür ö,sSO-Thür öItzgr, auch *husch!* verstr. öN Thür nNO Thür, sonst selt.; ähnlich verbreitet sind diese Scheuchrufe für Enten und Hühner, seltener für Rindvieh, Ziegen, Schweine, Katzen. – Lautf.: *hutsch, -uu-, husch, -uu-.*

Hütsche f. ‚Fußbank' allg. außer nwN Thür sW Thür Hennb Itzgr, wo **Fußbänkchen** oder **Schemel(chen)** gilt. Übertr. auch ‚niedriger Kinderschlitten', → *Käsehütsche.* – Lautf.: *Hitsche(n), -e-, -ü-, -ö-, Hitsch.*

hutschen, hütschen sw. V. ‚sich rutschend oder kriechend fortbewegen' (von Kleinkindern oder mühsam gehenden, die Füße schleifenden Personen) verstr. außer Itzgr; *hütsch net su, namm de Bein huch!;* auch ‚hinken' verstr. Eichsf sSO Thür. – Lautf.: *hutschen,* im W Thür Hennb zumeist *hitschen, -ü-, -ö-.*

Huttich m. **1.** ,Schelm, Taugenichts' verstr. NThür WThür ZThür IlmThür nöHennb, selt. Mansf wSOThür. – **2.** neben Mask. auch Neutr. ,Gesindel, Pöbel' verstr. OThür nSOThür; *do wor Huttch un Duttch besamm.* Erweitert **Gehuttich** n. selt. sNOThür öOThür. – Lautf.: *Huttich, Huittich, Huttch, Gehuttche.*

hutzen sw. V. **1.** ,einen abendlichen Besuch machen, um zu plaudern' verstr. söSOThür, selt. ob. Schwarza; *Madel, tu dich schie putzen, ze dir kumm ich hutzen.* Diese früher im Winter reihum veranstalteten Zusammenkünfte wurden auch als **Hutzenstube** bezeichnet; *wos fer Luderei is sinst in Hutzenstuum ausgeheckt wurn!* – **2.** refl. ,sich stoßen' (bes. bei spielerischem Stoßen an die Stirn von Kleinkindern) verstr. öItzgr; dafür auch *a* **Hutzböckla** *mach.*

i als Lang- und Kurzvokal ist die mdal. Entsprechung von mhd. î (nhd. ei) im NThür WThür ZThür nHennb und z. T. an der ob. Schwarza, z. B. *Wien* ‚Wein'.

ickel → *eitel.*

illern sw. V. ‚genau, begierig hinblicken' verstr. söNOThür OThür, örtlich auch ‚verstohlen blicken, schielen', im öOThür öSOThür zuweilen auch *ielen.*

Influenza f. ‚Grippe' veraltet. In Anlehnung an *faul* häufig umgedeutet; *seine Fraa meente freilich, es wär nur Faulenzia.* – Lautf.: *Influenz(i)a, Infuulenz(i)a, Fuul-, Faulenz(i)a,* angelehnt an *fallen: Infallenzche, Infällenza.* Zu spätlat. *influentia* ‚Einfluß (der Sterne)'.

Inschelt, Inschlich → *Unschlitt.*

Inster n. **1.** ‚Eingeweide vom Kalb' (auch als Speise) verstr. sNOThür OThür, selt. öNThür. – **2.** Schimpfwort für weibl. Personen, selt. söNOThür. – Etym. unklar; vielleicht zu lat. *intestina* ‚inwendig, innerlich'.

invitieren sw. V. ‚einladen' veraltet; *se hann mich geinfendiert, ich sall an Mälichen nienkumme.* – Lautf.: *infedieren,* selt. *infendieren.* Zu lat. *invitare,* frz. *inviter.*

irgend Adv., Part. ‚vielleicht, etwa' verstr.; *sinst is arnd der Loden zu, wenn ich kumm; das Deng beißt doch nich iernd?, ofte nich, ärcht dann un wann; weißt dou's ängst bässer?* – Lautf.: *ärchend, ärcht, erng, irng, ärnd, arnd, iernd(er), äären;* wohl hierzu mit r-Schwund auch *engs(t), ängst, angst* (< *irgends)* im sWThür nHennb.

itrucken → *nitrücken.*

ittel → *eitel.*

itze → *jetzt.*

j- im Anlaut → **g-** SO Thür (z. B. *Gohr* ‚Jahr'), sonst Einzelfälle.

ja → *ha*.

Jäche f. ‚Diarrhöe, Durchfall' öO Thür. – Zu → *jächen*.

jächen sw. V. ‚fortscheuchen, vertreiben' verstr. Z Thür Ilm-Thür O Thür nSO Thür, selt. öW Thür nHennb; *gech de Gänse aus'n Goarten!*, oft in Zuss. wie **fort-, heim-, hinaus-, wegjächen.** – Lautf.: *gächen, -e-*, selt. *j-, -sch-*. Nebenform zu *jagen* wie mhd. *jöuchen*.

jackern, -ä- sw. V. ‚im Galopp reiten (fahren), schnell laufen' verstr. wN Thür W Thür wZ Thür nHennb; *ha jäckerte met'n Weenchen immer we verreckt derch's Derf.* – Iterativum zu *jagen*.

jähling(s) Adv. ‚plötzlich, schnell, hastig, gierig' verstr. und veraltend NO Thür öZ Thür Ilm Thür O Thür SO Thür nItzgr, selt. W Thür; *schode, daß dar esu gaalchen gestorm is*. Besonders für hastiges Trinken und Essen: *trink nich su jallnich!, ha frißt alles so gallning nien*. – Lautf.: *gäälning, -aa-, gääling, -aa-, galnich, galchnich, gäälich, gaalich(en), gälchen, -a-, -aa-, galchend, galchens*. Mit *j*-Anlaut nur, wo anl. *g-* zu *j-* wird. Zu mhd. *gæheliche* ‚ungestüm'.

Jan m., **Jane** f. ‚Reihe von Feldfrüchten (Rüben, Kartoffeln), Weinreben, gemähtem Gras oder Getreide' verstr. und veraltet, nicht belegt Itzgr SO Thür; *mer wulln's Hei uf Joon eischloo zum Eifohrn*. Der Vormäher bei der Ernte wurde **Janführer, -häuer, -mann** genannt. Auch ‚Waldanteil': *der John es uff* ‚ist freigegeben zur persönlichen Nutzung'. Hierzu als Adv. **janeweg** ‚in einem fort, ohne Unterbrechung schnell und vollständig'. –

Lautf.: *Jon(e)*, *-a-*, *Gon*. Zu mhd. *jân* ‚fortlaufende Reihe'. Wegen des Weinanbaus wird der ON Jena auf dieses Wort zurückgeführt.

Jelängerjelieber m. **1.** ‚Geißblatt (Lonicera periclymenum L.)' verstr. – **2.** ‚Flieder (Syringa vulgaris L. und Syringa persica L.)' SO-Rand WThür, NO-Rand Hennb, Itzgr mit zahlreichen Varianten wie *Längerlieber, Engelelieber, Liebelänge, Liebedieläng.*

jener, jene, jenes Pron. wie schd., doch selt. NThür nWThür nwZThür Hennb Itzgr. Häufig in festen Fügungen für Zeitangaben wie *(an) jenen Tag, jener Tage* ‚(vor)gestern, neulich' *jene Woche* ‚vorige Woche', *jenesmal* ‚damals', aber auch *jene(r) Gute* ‚jemand, den man nicht nennen möchte' vorwieg. WThür; *unses Mächen hotte genne Woche Geburtstag, genntag wor â schlimmes Gewitter, dos war gennsmal väl Geld, dos un gess* ‚das und jenes', *gennegute het's gesööt* (gesagt). – Meist kurzer Stammvokal; regional kontrahiert *gerr* ‚jener', *gess* ‚jenes', *genn* ‚jenen', hierzu *genndog* ‚neulich', *genns-, gessmal* ‚damals'. Außer in den Gebieten mit der Entwicklung g- > *j*-nahezu stets *g*-Anlaut.

jenseiten Adv. ‚jenseits' Itzgr, bes. in der Fügung *hessen un gessen* ‚hüben und drüben'. – Lautf.: *gesten, gessen*. Zu mhd. *jen-sît* ‚jenseits'. → *hie-seiten.*

Je(r)scht → *Gischt.*

jetzt Adv. wie schd., doch *itze* vorwieg. söZThür sIlmThür OThür (außer NW), SOThür, selt. swZThür nwOThür; *itze bin ich soot* (satt), *die macht itze es Laafmädel.* – Lautf.: *itz(e), etz(e),* selt. *itzt, etzt.* Zu mhd. *iezuo.* Aus gleichbedeutendem mhd. *iezunt* sind verstr. im NThür, sonst seltener die mdal. Formen *itzund, itzend* (erweitert *itzunder, inzund, inzunder*) sowie → *zund* (erweitert *zunder*) hervorgegangen.

jiepern sw. V. ‚begierig nach etw. verlangen' verstr. n,wNThür nNOThür; *är jiepert nach e Sticke Kuchen.* Hierzu **jieperig** ‚begierig' und **Jieper** m. ‚heftiges Verlangen, Appetit' ebd. – Lautf.: *jiepern, jippern.* Ein vorwieg. nd. Wort.

Johannisblume f. **1.** ‚Arnika (Arnica montana L.)' verstr. söWThür öHennb nwItzgr sZThür, ob. Schwarza, SOThür; als Heilpflanze geschätzt. – **2.** ‚Margerite' Eichsf, W-Rand Rhön.

Johannisfeuer n. ‚das Abbrennen eines Holzstoßes am Vor-
abend des Johannistages' (dabei Schwingen von Fackeln und
brennenden Besen) früher vor allem in söNThür NOThür
nZThür OThür SOThür, sonst selt. und nicht im n,wNThür,
wo → *Osterfeuer* abgebrannt wurden.

Johanniskühle n. ‚Marienkäfer' verstr. Itzgr.

Johannistag m. ‚der 24. Juni' allg. – Formen: *Johanni, Johanne,
Gehanni, Gehanne* vorwieg. öNThür NOThür IlmThür
OThür nSOThür, verstr. öZThür, sonst meist Vollformen *Jo-
hannes-, Jehann(e)s-, Gehannes-, Kannestag*, die mit diesen Lau-
tungen auch in den anderen *Johannis*-Zuss. auftreten.

Johanniswurm m., **-würmchen** n. ‚Glühwürmchen' vorwieg.
s,öOThür nSOThür, ob. Schwarza, verstr. sSOThür nw-
Hennb. Auch **Johannisfunken, -fünkchen, -vögele.**

Jour f. in der Wendung *die Schur hawe* ‚in Reihenfolge eine
dienstliche Verpflichtung verrichten' selt. und veraltet; *du hast
heite de Schur un mußt de Baubude abschließe.* – Zu frz. *être de jour*
‚Dienst haben'.

Jungenfist(er) m. spöttisch ‚Mädchen, das gern mit Jungen
spielt' verstr. söNOThür OThür, SOThür (außer SW),
swZThür, *-fi(e)ster* verstr. WThür wZThür. Auch
Jungenfärz(el) verstr. nIlmThür, O-Rand nZThür, **Jungen-
schmecker** verstr. wItzgr.

Jünkerle, -lich Dim. Pl. ‚(Feder)nelken' verstr. Itzgr.

Jursche → *Gursch(e).*

K-, k- wird anlautend vor Vokal wie *g-* gesprochen im öNThür NOThür nIlmThür nwOThür. Statt der Anlautverbindung kl-, kn- sprechen ältere Bewohner im SOThür swItzgr auch *dl-, dn-*.

Kabel f. ‚kleines Feldstück‘ (bei Gemeindeland oft mit Nutzung durch Verlosung) veraltend NOThür. – Lautf.: *Kabel, -w-;* ein nd. Wort, vgl. mnd. *kavele* ‚Los‘, *kavelen* ‚durch Los abteilen‘.

Kabuse f. ‚kleines, dunkles Zimmer‘ NThür, als Dim. *Kabieschen.* – Zu mnd. *kabuse* ‚Verschlag‘ und verwandt mit *Kombüse* ‚Schiffsküche‘, wohl auch Grundlage für weiter verbreitetes **Kabuff.**

Kachel f. speziell ‚kleiner Hohlraum im eisernen Stubenofen oder Kachelofen‘ (dient zum Warmhalten, Anwärmen und Dörren) wNThür sWThür Hennb; *de Kaffeekann steht n ganzen Tog in dar Kachel.*

Käcker → *Kecker(t).*

Kaff n. ‚Spreu‘ N-Rand NThür, N-Rand NOThür. – Lautf.: *Kaaf, Kaff,* im nwNThür als Fem. *Kawe, Kamen.* Ein nd. Wort.

Käher m. ‚Eichelhäher‘ sWThür Hennb n,wItzgr, selt. S-Rand ZThür, ob. Schwarza; *ich honn schenne beuntiche Fäder fongen, de hat e Kähr verlörn.* – Lautf.: *Kehr, Kähr, Kiehr.*

Kahre f. ‚Kehre, Krümmung, Wegbiegung‘ verstr. außer söltzgr wSOThür, wo **Kehre** gilt; *du mußt uffpasse, daß de de Kohre krist.* – Lautf.: *Kahre, -oh-, Köhr.* Zu *kehren* ‚wenden‘.

kajolieren sw. V. ‚schmeicheln‘ veraltend, nicht belegt Itzgr SOThür; *du mußt’n ordenlich koschliere, wenn de wos howe willst.* –

Lautf.: *kasch(e)lieren, -o-*. Zu frz. *cajoler* ‚liebkosen, schmeicheln‘.

kake(l)n → *gaken²*.

Kalasche → *Kalesche.*

Kalbe f. ‚junge Kuh, die noch nicht gekalbt hat‘ s WThür s ZThür s IlmThür OThür SOThür Hennb Itzgr; *dar hot e troochende Kalm im Stall stenn.* – Lautf.: *Kalbe(n), -w-*. Zu mhd. *kalbe.*

kalben sw. V. ‚ein Kalb zur Welt bringen‘ allg., doch neben **hekken** nur selt. Hennb Itzgr s IlmThür SOThür.

Kälberkern m. ‚die Doldengewächse Wiesenkerbel (Anthriscus silvestris Hoffm.) und Kälberkropf (Chaerophyllum bilbosum L.)‘ verstr. NThür n,w WThür nö ZThür n IlmThür OThür n SOThür, selt. NOThür. – Lautf.: *Käkver-, Kikverkarn*. Vielleicht Umstellung aus *Kerbel-*.

Kaldaune f. (meist Pl.) ‚eßbare Innereien von Schlachttieren‘ sowie ‚daraus zubereitete säuerliche Speise‘ NThür NOThür, verstr. n ZThür n IlmThür nw OThür; übertr. und weiter verbreitet auch ‚Eingeweide (oder Lunge) vom Menschen‘ in RA wie *ich ärcher mich de Galuun us'n Wanst, ich reiß dir de Galauna raus!, ha hät kenne Kalunnen im Buchche* ‚hat keine Courage‘. – Lautf.: *Kalaune(n), Kalune(n), Kalunne(n), Kalünnen,* auch *G-*. Zu mlat. *caldūna,* das aus lat. *calidus* ‚warm‘ entwickelt ist.

Kalesche f. **1.** ‚leichter (vierrädriger) Wagen‘ verstr. und veraltend, auch spöttisch ‚schlechter Wagen, alte Kutsche‘; hierzu **kaleschen** ‚schnell fahren, rennen‘. – **2.** übertr. **a.** ‚Herumtreiberin, wildes Mädchen, Klatschbase‘ vorwieg. Eichsf öOThür nSOThür Itzgr, sonst selt.; hierzu **kaleschen** ‚sich herumtreiben‘. – **b.** in der Wendung *Kalasche krieche* ‚Prügel bekommen‘ verstr. NThür NOThür öOThür nSOThür, sonst selt.; hierzu **kalaschen** ‚prügeln‘; *dann hammer awwer jegallascht!* – Lautf.: *Kalesche, Kalasche, Kolasche,* in Bed. 2b (mit Anlehnung an *Lasche* ‚Prügel‘) meist *Galasche, Golasche,* auch *Jelasche,* weshalb die etym. Zuordnung fraglich ist. Bed. 1 ist slaw. Ursprungs, vgl. poln. *kolaska,* tschech. *kolesa.*

Kamille f. ‚der Korbblütler Matricaria chamomilla L.‘ allg. außer sw NThür n WThür (→ *Kammerblume)* und öO Thür nö-

SOThür (→ *Härmchen),* doch häufig umgedeutet zu *-melle* (<
Melde) und im sWThür Hennb wItzgr auf *Kuh-, Küh-.* – Lautf.:
Kamille, -melle, Kameeln, Kuh-, Küh-, Köhmelle, im öltzgr *Ga-
malln.*

Kämmer m. ‚Kamm' verstr. und veraltend S-Rand WThür,
Rhön, selt. nItzgr; *ich kunn dan Kämmer net gefeng* (finden).

Kammerblume f. **1.** ‚Kamille' swNThür nWThür, selt. wZ-
Thür, übriges NThür. Umgedeutet aus Chamomilla. – **2.**
‚Margerite' verstr. söNThür, SW-Rand NOThür.

Kammerwagen m. ‚Wagen, der die Ausstattung der Braut vom
Elternhaus in das Haus des Bräutigams bringt' veraltet öOThür
öSOThür, übertr. auch die Ausstattung selbst.

Kämpe m. ‚Zuchteber' nNThür, N-Rand NOThür. Ein nd.
Wort.

Kanker m. **1.** ‚Spinne, insbes. Weberknecht' allg. außer Eichsf
w,sWThür Hennb Itzgr sSOThür. – **2.** ‚Spinngewebe' zuwei-
len ebd. neben **Kankergespinst, Spinnekanker(t)** und wei-
teren Varianten. – Lautf.: *Kanker(t), G-, J-.*

Kannenbrett n. ‚kleines, an der Wand befestigtes Regal oder
Brett für Küchengeschirr und kleinere Hausutensilien' vorwieg.
Hennb nwItzgr, auch *Kannelbrett* nItzgr., ebs. **Kannenbank** f.
m. verstr. WThür, selt. Hennb, **Kannenrick** m. n. verstr. mittl.
NThür, selt. NOThür ZThür. – Lautf.: Außer *Kannrick(chen)*
zumeist *Kamm-*infolge Assimilation von n an b und Anlehnung
an *Kamm.*

Kannenkraut n. ‚Schachtelhalm' (weil zum Scheuern von
Zinnkannen verwendet) verstr. sNThür n,wZThür, sonst selt.;
auch **Kannengras** nwSOThür. – Lautf.: *Kann-, Kannekrut,
-kraut.*

Kant(en) m. ‚Anfangs- oder Endstück des Brotlaibs' NOThür,
nOThür, verstr. öNThür nIlmThür; häufig *Käntchen,* selt.
Kant.

Kantor m. ‚Lehrer' öNThür NOThür, N- und O-Rand ZThür,
IlmThür wOThür, sonst selt. neben **Schullehrer, Schul-
meister,** doch jetzt gegenüber **Lehrer** veraltet; *wärt när, ich
waar'sch en Kanter sochen!,* Volksreim: *wärd im Dorf a Schwien ge-
schlacht, guckt nur, wie der Kanter lacht!* – Lautf.: *Kanter, -G-.* Zu

lat. *cantor* ‚Sänger‘, da er auch als Leiter des Kirchenchors und als Organist tätig war.

Kanulle f. ‚Kaninchen‘ verstr. sEichsf. – Lautf.: *Kanülln.*

Kanuz m. dass., söWThür und SW-Rand ZThür, wo auch *Karnuz* gilt.

kapabel Adj. ‚fähig, geschickt‘ verstr. NThür, sonst selt., doch überall veraltet; *dar is ze allen kumbowel!,* auch *s wor nit kumbawel* ‚es war nicht möglich‘. – Lautf.: *kummbawel, -bowel, komm-, kammbawel,* selt. *kabawel.* Zu frz. *capable,* lat. *capabilis.*

Kappe f. speziell **1.** ‚Mütze‘ nwWThür sHennb Itzgr, sonst seltener und meist für bestimmte Mützenformen; RA *gleiche Brieder, gleiche Kappen,* Rätsel *es hot e ruet Hösle oo on e schwarz Käpple of* (die Hagebutte). – **2a.** ‚Kinderkleidchen‘ (auch für Jungen) früher verstr. OThür nSOThür; *dann ehr Kleener is schun drei Gohr* (Jahr) *un leeft immer noch in der Koppe rim.* – **b.** ‚langer schwarzer Tuchmantel der Bauerntracht‘ öOThür. – Lautf.: *Kappe, -o-, Kapp, Kappm.*

käppisch Adj. ‚uneins, verfeindet‘ verstr. söOThür, selt. nSOThür ZThür; *die tun kappsch minanner;* auch ‚empfindlich, wählerisch beim Essen‘ selt. nSOThür. – Lautf.: *kappsch.*

Karbatsche f. **1.** ‚Lederpeitsche‘ verstr. NThür (außer Eichsf), Mansf OThür nSOThür, sonst selt. und veraltet. – **2.** übertr. ‚Hiebe, Prügel‘ verstr. nIlmThür, selt. söNThür OThür nSOThür; *märre wie eemal hunn se of der Kärmse Karwatschen gekricht.* Als Verb **karbatschen** ‚prügeln, züchtigen‘ verstr. sNThür NOThür ZThür nIlmThür OThür, sonst selt.; *er karbatscht n Hund, daß'e jammerlich aanfängt ze queilen.* – Zu slaw. *karbač* ‚Peitsche‘.

Karesse f. in der Wendung *uf de Karesse gieh* ‚Brautschau halten, poussieren‘ veraltet wNThür WThür ZThür Itzgr; hierzu **karessieren** ‚umschmeicheln, poussieren‘ veraltet Hennb Itzgr öOThür; *erscht hot ar die Emma karresiert un dann hot ar sa sitzen lossen.* – Zu frz. *caresse* ‚Liebkosung‘.

Karinchen n. ‚Kaninchen‘ verstr. sWThür, selt. Rhön.

Karnickel m. n. ‚Kaninchen‘ allg. außer sWThür swZThür Hennb Itzgr sSOThür, auch *Karnuckel* verstr. nwNThür.

Karrete f. abwertend ‚schlechtes Fahrzeug‘ (z. B. Wagen, Kutsche, Fahrrad) verstr., doch selt. WThür wZThür Itzgr, nicht belegt Hennb; *poß uff, doß deine Karrete de Reeder nich verliert*, ein Heiratsorakel verheißt beim Blätterzupfen *Kutsche, Karrete, Mistwagen.* – Zu lat. *carrus* ‚Wagen‘, ital. *caretta.*

karriolen sw. V. ‚(sinnlos) schnell fahren oder rennen‘ verstr. NThür nöZThür nIlmThür, selt. OThür, häufig **herum-, umherkarriolen;** hierzu *in Karjol* ‚im Galopp‘. – Lautf.: *karjolen.* Zu frz. *carriole* ‚leichter Kutschwagen‘.

Karst m. ‚zwei- bis vierzinkige Hacke‘ (vorwieg. zum Kartoffelroden und Ausmisten) öNThür NOThür, ö,sZThür IlmThür nwOThür nwSOThür, sonst selt.; *die Ardäpfel wern met'n Koarscht rusgehackt.* – Lautf.: *Karscht, -o-, G-*,selt. *Karsch, -o-.*

Kartel → *Quartel.*

kaschen sw. V. speziell ‚haschen, fangen (beim Haschespiel)‘ vorwieg. ZThür (außer S); hierzu **Kaschens, Kaschemann** *spiele* ebd.; → *Haschemann.*

Käseblume f. ‚Margerite‘ verstr. söOThür nöSOThür.

Käsehütsche f. ‚primitiver kleiner Kinderschlitten aus Brettern für Sitz und Kufen‘ (sieht aus wie eine → *Hütsche)* verstr. und veraltend öNThür NOThür ZThür IlmThür OThür nSOThür, sonst selt.; auch **Käserumpel** vorwieg. nwOThür. – Lautf.: *Kas(e)hitsch(e), Käs(e)-.*

Katerich m. ‚Kater‘ OThür (außer W-Rand), nSOThür.

kätschen sw. V. **1.** ‚unanständig essen, schmatzend kauen‘ verstr. söNOThür OThür öSOThür; *iß onstännich un katsch nich su!;* abweichend **kätscheln** ‚lange und appetitlos kauen‘ Eichsf; *katschele nit sa lange druffe rim, schluck es nunger!* – **2.** ‚viel schwatzen‘ verstr. swHennb; *da werd gekätscht on die Leut werrn schlachtgemacht.*

Katzenheinz m. ‚Kater‘ neben → *Heinz* nwHennb Itzgr swSOThür; *wu treibt sich denn unner Katzenheenz rim?*

Katzenschwanz m. ‚(Acker)schachtelhalm‘ söNOThür, OThür (außer W-Rand), verstr. nSOThür; auch **Katzenzagel** verstr. söZThür sIlmThür swOThür, sonst. selt.

Katzer(t) m. ‚Kater‘ öNThür swNOThür öWThür ZThür IlmThür, W-Rand OThür, sHennb, auch *Katzker* swHennb. – Lautf.: *Kaatzert, -oo-, oa-, Kootzger.*

kauchen sw. V. refl. ‚sich kauern, niederhocken' verstr. sWThür Hennb, auch **käuchern. –** Lautf.: *kuuchen, ou-, kuchchen, -ü-, -o-, küchchern.* → *hauchen.*

käueln sw. V. ‚wiederkäuen' (von der Kuh) söHennb wItzgr söZThür sIlmThür, SOThür (außer S-Rand). Auch **käuern** O-Rand ZThür, mittl. IlmThür, verstr. OThür. – Lautf.: *keln, -ä-, -a-, käweln, -a-, -ei-; kävern, -a-, -ei-.*

Käugusche f. ‚schwatzhafte Person' verstr. Itzgr.

Kaule f. **1.** ‚Kugel' verstr. und veraltend, nicht belegt sHennb Itzgr sSOThür. – **2.** in regionaler Verbreitung (meist in Zuss.) für kugelähnliche Gegenstände, Früchte, Blütenstände oder für Tiere mit runden, kugelförmigen Körperteilen. – **a.** ‚Kegelkugel' neben vorwieg. Zuss. mit *Kegel-* verstr. NThür WThür Z-Thür nHennb, ob. Schwarza, sonst selt.; hierzu **Kaulbahn, -leich** ‚Kegelbahn' – **b.** ‚(tönerne) Murmel' neben vorwieg. Zuss. **Schneller-, Schuß-, Zwier(s)kaule** und **Kuller** verstr. IlmThür SOThür, selt. OThür. – **c.** ‚Futterrübe, Runkel' veraltend S-Rand NOThür, nIlmThür nwOThür; *bei der Källe sin de Kauln erfrorn.* – **d.** im Pl. ‚die grünen Früchte an der Kartoffelstaude' neben vorwieg. Zuss. **Erdäpfels-, Erdbirnenkaulen** und Pl. *Kaulern* verstr. OThür SOThür. – **e.** in der Zuss. **Kaulrose** ‚Pfingstrose' verstr. nwNThür (neben **Kuhrose** als Anlehnung von *Kuul-* an *Kuh). –* **f.** in der Zuss. **Kaularsch** ‚Huhn ohne Schwanzfedern' verstr., doch nicht belegt sHennb Itzgr sSOThür; auch **Kaulmutz** verstr. IlmThür, selt. OThür. – **g.** in Zuss. für ‚Kaulquappe': **Kaul(s)kopf** verstr. Eichsf nwWThür, auch **Kaulpatz(e)** verstr. O-Rand SOThür, **Kaulquacke, -quake** verstr. NThür (außer Eichsf), NOThür, N-Rand ZThür, nIlmThür, sonst **Kaulquappe** verstr., doch selt. Eichsf sWThür Hennb Itzgr. – Lautf. (inkl. Zuss.): *Kuule(n), -üü-, Kulle(n), -ü-, Kull, Kuil(n)* und diphthongiert *Kaule, Kaul, Kaale.* Alles md. Kontraktionen zu mhd. *kugel(e).* → *Kuhle, Kuller.*

käume Adj. ‚schwächlich, kränklich' wNThür; *a sitt* (sieht) *mord kieme us;* auch ‚minderwertig, schlecht, bösartig' ebd.; *das gitt dies Johr ne kieme Kornarne,* als Schelte *kiemer Hund! –* Zu mhd. *kûme* ‚schwach, kränklich'.

kaupeln sw. V. ‚(als Kinder) Kleinhandel treiben, tauschen' verstr. NOThür n,öOThür. Wohl sorb. Herkunft.

käupeln sw. V. ‚wackeln, torkeln, sich schaukelnd auf etw. bewegen, fallen' verstr. mittl. NThür, ZThür (außer S), IlmThür OThür, sonst selt.; *der Stuhl keipelt,* in der Wendung *enne Kepelfuhre mache* ‚einen beladenen Wagen fahrlässig umkippen'. Häufig in Zuss. mit *um-, herab-: ich bin mit'n Schlieten imgekepelt.* – Lautf.: *keibeln, -e-, -ä-,* im öItzgr *kaubeln.* Die Umlautformen beruhen auf mhd. öu und sind von *kippeln* mit gleicher Bed. im gleichen Raum zu trennen.

Kaute[1] f. ‚kleine, flache Bodenvertiefung, Grube' WThür, W-Rand ZThür, selt. nöHennb und neben → *Kuhle* mittl. NThür; *de Hinnre kratzen sich Kuten und huddern sich drinne.* Auch häufig in Zuss. wie **Lehm-, Sandkaute,** übertr. ‚weibl. Geschlechtsteil'. – Lautf.: *Kute(n), Kutten, -ü-, Kuitte.* Etym. ungeklärt.

Kaute[2] f. ‚nach dem Hecheln zusammengedrehtes Flachsbündel zum Befestigen am Spinnrocken' verstr. und veraltet, doch nicht belegt Eichsf ö,sNOThür nIlmThür OThür nSOThür. – Lautf.: wie *Kaute*[1] und in den Diphthongierungsgebieten *Kaute.* Mhd. *kûte.*

kauten sw. V. ‚Tauschhandel treiben (mit kleinen Dingen)' verstr. mittl. NThür, WThür, selt. ZThür sIlmThür Hennb; *wenn der Luntemann kämmet, wumme Zwärn kute.* – Lautf.: wie *Kaute*[1] im Stammvokal. Zu mhd. *kût* m. ‚Tausch'.

Kautsche f. ‚(Hänge)schaukel' öOThür, hierzu **kautschen** ‚schaukeln' sowie vereinzelt **Kautschel** und **Kauntsche** am O-Rand SOThür; zur Kirmes wurde nach altem Brauch eine **Kirmeskautsche** in der Scheune aufgehängt, *do kautschen se bis ongersch Dach.*

Kauz m. speziell ‚kranzförmig gesteckter Haarknoten der Frau am Hinterhaupt' veraltend NThür (außer Eichsf), NOThür nöZThür nIlmThür, OThür (außer O); *Kiezchen sin nich mehr Mode.* – Lautf.: *Kuz, Kauz;* oft. Dim.

kauzen sw. V. intr. und refl. ‚kauern, sich niederhocken' NThür Mansf ZThür IlmThür, selt. WThür söNOThür nwOThür; *de alte Eve kauzte uf dar Ufenbank, ha küzt sech in de Acken on flannt* (weint). Hierzu **Käuzchen** in der Wendung *Keizchen (Kiez-*

chen) fahren (machen, schurren) ,in Hochstellung schlittern' ebd., vielleicht auch **Kauzkäfer** ,Maikäfer' verstr. sIlmThür OThür nwSOThür. – Lautf.: *kauzen, -ui-, -u-, -ü-*.

Kecker(t) m. ,Frosch' selt. neben → *Moorkecker* söNOThür nöZThür. → *Frosch-, Quarrkecker(t)*.

Kehlrötchen n. ,Rotkehlchen' verstr. söWThür wZThür. – Lautf.: *Kähl-, Kahl-, Kall-* mit Wortumstellung aus *Rotkehlchen*.

Kehrblech n. ,Kehrschaufel' vorwieg. N-Rand NThür nNO-Thür. Auch **Kehrschippe** Eichsf, W-Rand WThür, wRhön sNOThür, **Kehrichtschaufel** verstr. söZThür sIlmThür SOThür sHennb Itzgr, sonst **Kehrschaufel.**

Keine f. ,Riß, aufgesprungene Haut an Fingern oder der Hand' verstr. und veraltend NThür (außer Eichsf), nZThür nIlm-Thür, selt. WThür nHennb; *bäi dan nassen Watter honn ech ne Kenn krecht.* – Lautf.: *Keine, -ee-, Kiene(n), Kenn(e), -i-*.

Kellerassel f. wie schd., doch vorwieg. bekannt unter regionalen Bezeichnungen wie **Kelleresel** Eichsf wWThür wHennb, **Kellerkuh** öItzgr, **Kellerlaus** sIlmThür nwSOThür, **Kellermaus** söHennb, **(Keller)schabe** neben **(Keller)schwabe** NOThür nIlmThür nOThür, **Kellerwanze** Itzgr, selt. ZThür swOThür, ö,sSOThür, **Kellerwurm** wNThür wZThür nöHennb.

Kempe → *Kämpe*.

kerl(s)albern Adj. ,nach der Gesellschaft von Männern oder Jungen verlangend' neben **mann(s)albern** verstr. Eichsf, ebs. **kerl(s)närrisch** verstr. ZThür IlmThür wOThür SOThür, selt. öNThür sNOThür.

kerren sw. V. ,laut schreien, weinen oder lachen' Itzgr sSOThür. – Zu mhd. *kërren* ,schreien'.

Kesper → *Kirschbeere*.

Kesse, Keste f. ,Riß, Fuge, Spalte' (vorwieg. im Holz) verstr. Itzgr. – Lautf.: *Käss(e), Käst(e)*.

Kesselfleisch n. ,das im Kessel gekochte Fleisch zur Wurstbereitung' NThür NOThür WThür, verstr. nöZThür OThür; *zun Friehstick gab's bi'n Schlachten Kesselfleisch*.

Kesselsuppe f. ,Brühe aus dem Schlachtkessel' verstr. ZThür, mit Fleisch- und Wurstbeilagen wurde sie auch zu Nachbarn und Bekannten geschickt.

Kettenblume f. ‚Löwenzahn' verstr. bei Kindern, weil diese mit Hilfe der Stengel Ketten flechten.

Kettenklaus m. ‚Brauchtumsgestalt am Nikolaustag (6. Dez.)' ‚sie führte Ketten zum Rasseln und zum Fesseln böser Kinder mit sich, verstr. Eichsf.

Kibbe(n) f. n. ‚weibl. Jungtier von Ziege oder Schaf' verstr. neben **Kibbenlamm** nwNThür; auch **Kibbel(lamm)** verstr. mittl. NThür nöZThür nwIlmThür. – Lautf.: *Kibbe(n), -ww-, Kimm(en).* → *Zibbe.*

Kicken → *Küken.*

Kickelhahn → *Gickelhahn.*

kickern sw. V. ‚laut und ausdauernd lachen' NOThür, selt. n‚öOThür nöSOThür; *mer ham uns bald tot jekickert.*

kiefen sw. V. ‚nagen, mühsam beißen' Itzgr, verstr. sHennb; *ar kieft draarüm.* – Zu mhd. *kifen* ‚nagen, kauen'.

kiefig Adj. stets verneinend im Sinne von ‚unbeständig, unfreundlich, nicht vertrauenswürdig' Hennb Itzgr; *das Wääter (die Sach, der Kerl, im allen Schloß) is net kiefig.*

Kienapfel m. ‚Kiefernzapfen' nNOThür, verstr. neben **Tann(en)apfel** NThür sNOThür nZThür nIlmThür nOThür; *mer ham uns met Kienäppel geworfen.* Im nNOThür auch ‚Fichtenzapfen'.

Kienbaum m. ‚Kiefer' verstr. und veraltend söZThür, IlmThür (außer N-Rand), swOThür nwSOThür, selt. nIlmThür. – Lautf.: *Kien-, Kiem-;* wohl in Anlehnung an *Kiebchen, Kiewichen,* ‚Küchchen' und den Zuss. mit *Kuh* für die Kiefer- und Fichtenzapfen auch **Kühbaum** *(Kiehboom, -baam).*

Kiepe f. **1.** ‚meist viereckiger, aus Weiden geflochtener und mit Tragbändern versehener Rückentragkorb' verstr. öNThür NOThür, seltener wNThür nZThür nIlmThür nOThür; *das Reisholz wärd in dar Kiepe hämejetraan.* Im nöNOThür auch für kleinere (Henkel)körbe zum Kartoffellesen und Obstsammeln. – **2.** ‚Tasche in Rock oder Hose' neben **Rock-, Hosenkiepe** Eichsf, selt. W-Rand WThür wRhön; *nimm dinne Hänge üs der Kiepen!* – Lautf.: *Kiebe(n), Kibbe(n), Kibb.*

Kiesel m. speziell ‚Hagelkorn' Hennb (außer NW), Itzgr; hierzu **kieseln** ‚hageln' ebd.

Kiewichen → *Kuh.*

Kieze → *Kitze.*

kindeln sw. V. ‚mit Ruten leicht peitschen' als Brauch am → *Kindeltag,* wobei Verse hergesagt und kleine Gaben erheischt wurden, verstr. öNThür öZThür wIlmThür, selt. nHennb, dafür auch **kindern** nNThür. – Lautf.: *kindeln, kingeln; kingern.*

Kindeltag m. ‚der 28. Dez. (als Tag der unschuldigen Kindlein)' im Verbreitungsgebiet von → *kindeln;* auch **Kindertag** nN-Thür.

Kind(er)frau f. ‚Hebamme' verstr. NThür n,öWThür sNO-Thür IlmThür OThür nSOThür, ebs. **Kind(er)mutter** verstr. nNOThür.

Kinderkirmes f. ‚Taufschmaus' söOThür nSOThür; auch *Kindskirmes* n,wItzgr, selt. Hennb, **Kindskirchweih** *(-kerwa)* öItzgr.

Kinne → *Keine.*

Kirchhof m. ‚Friedhof' (früher an der Kirche gelegen) NThür sWThür Rhön, verstr. nWThür nZThür, ob. Schwarza, sonst selt. und von → *Gottesacker* verdrängt, der außerhalb der Ortschaft liegt. – Lautf.: *Kirchhof, -hoff, -hob, Kärvich, Kärf(i)ch, Kerfed.*

Kirchweih f. dass. wie → *Kirmes,* Itzgr, S-Rand SOThür; *zur Kärwa machen die Musiganten vur jeden Haus a Standela.*

Kirmes f. ‚von den Kirmesburschen ausgerichtetes, mehrere Tage währendes Dorffest' (meist als Erntefest im Herbst) allg. außer Itzgr, S-Rand SOThür und im nNOThür, wo dieses Fest nicht gebräuchlich ist; beliebtes Kirmeslied:

bann's Kärmes es, bann's Kärmes es,

do schlocht minn Voter en Bock,

do taanzt minne Motter, do taanzt minne Motter,

do wockelt ehr dar Rock.

Lautf.: *Kärmes, -i-, Kärmse, -i-, Kärmesse.* Verkürzt aus *Kirchmesse.* → *Kinderkirmes.*

Kirschbeere f. ‚Kirsche' Eichsf. – Lautf.: *Käsber.*

Kitsche f. ‚weibl. Kaninchen' nHennb (außer nwRhön), auch ‚weibl. Katze' verstr. ebd. – Lautf.: *Kitsch(e).* → *Kitze.*

kittern sw. V. **1.** ‚verstohlen lachen, kichern' (bes. über junge Mädchen gesagt) verstr. NThür WThür ZThür, selt. IlmThür nwSOThür; *nu heert emol auf zu kittern!* – **2.** ‚wiehern' (vom Pferd) vorwieg. NThür.

Kitze f. **1.** ‚weibl. Kaninchen' swWThür sIlmThür SOThür; *onse Kiezen het gehäckt.* – **2.** ‚weibl. Katze' wOThür SOThür-Itzgr, sonst seltener. – Lautf.: *Kitz(e), Kieze(n), Kiez.*

Kitzekäfer m. ‚Maikäfer' öZThür, W-Rand IlmThür; auch **Maikitze** selt. öWThür sZThür.

Kläge f. ‚(schwere) Arbeit' verstr. NOThür, bes. typisch für Halle und das Mansfeldische. Hierzu **klägen** sw. V. ‚(schwer) arbeiten, sich plagen' ebd.; *n janzen Taach muß mer kläjen for nischt un widder nischt.*

klamüsern sw. V. ‚grübeln, austüftelnd, etw. zurechtbasteln' verstr. NThür Mansf WThür Hennb, sonst selt.; häufig in Zuss. mit *aus-, auseinander-, zusammen-*: *dos honn ech ganz allein üsklamüsert.* – Lautf.: *klamiesern, -ü-, -äu-, -ei-*, selt. *kal-.*

Klank → *Glank.*

Klapper f. speziell ‚Reinigungsmaschine mit Rüttelsieben und Gebläse für Getreide (nach dem Flegeldrusch)' NThür NO-Thür nWThür nIlmThür nOThür. Mit der Sache veraltet.

klarmachen sw. V. speziell ‚zerkleinern' verstr. NOThür Ilm-Thür OThür SOThür; *heite kricht mer alle Gewarze gleich klorgemacht ze keefen.*

Klatschrose f. **1.** ‚Klatschmohn' verstr. öNThür, sonst selt. – **2.** ‚Pfingstrose' neben **Platschrose** verstr. WThür nRhön.

Kläue, Kläuel n. ‚Knäuel' (meist von Wolle oder Garn) W-Thür, Hennb (außer SO-Rand), selt. Eichsf. – Lautf.: *Kläuwel, -ou-, -au-, -äi-, -ui-*, doch *Kläue* Hennb. Zu mhd. *kliuwe(l).*

klautschen sw. V. ‚(laut) bellen, kläffen' verstr. söNOThür OThür.

klecken sw. V. **1.** ‚herabfallen' (bes. von Obst) OThür, selt. öZThür nIlmThür, neben *klicken* nNThür NOThür; *die Bärn sin jut, se klecken schone;* auch ‚herabfließen' in dem Spruch bei der Zubereitung von Obstkuchen: *walt's Gott, daß's gut beckt un nich kleckt.* – **2.** ‚ausreichen' (in meist negativen Aussagen) veraltend Hennb Itzgr, selt. ob. Schwarza, sSOThür; *zwei Klüeß klecken bei dan niät.* – Zu mhd. *klecken* und verwandt mit *kleckern, Klecks.* → *Klick.*

Klein(e)lauch m. ‚Schnittlauch‘ Eichsf.

Kleinicht(s) n. m., **Kleinicht(s)garten** m. ‚Vorgarten; Gemüse-, Blumengärtchen (beim Haus)‘ OThür, SOThür (außer W); *de Hinner sin wieder emol in Kleenichsgorten gewasen.* – Lautf.: *Kleenicht, Klennzich* nöOThür, *Klaanet(s)* söSOThür, sonst mit mannigfachen Varianten *Kleenichs-, Klenz(e)-, Kleenesgorten,* im öOThür *Kleingarten, kleiner Garten.* In älterer Überlieferung auch *Kleinod(s)garten.*

Kleinostern o. G. ‚der Sonntag nach Ostern‘ veraltend nöN-Thür NOThür nIlmThür OThür, selt. sNThür, sonst **Weißer Sonntag.**

Klenge → *Klinge.*

Klick m. ‚Haufen, Menge‘ verstr. NThür Mansf, selt. WThür; *ha hotte an Glick Gald,* als Dim. ‚eine Kleinigkeit, ein Stückchen‘ ebd.; *gatt* (gebt) *mich en Klickchen Kuchen!;* auch ‚herabgefallener Teil einer weichen Masse, Häufchen, Klecks‘ öOThür. – Lautf.: *Klick,* selt. *Kleck.* → *klecken.*

Klickerle → *Glickerle.*

Klinge f. speziell ‚enger, schmaler Raum zwischen Gebäuden‘ WThür; *de Klängen moß wedder mol reingemocht waar.* – Lautf.: *Klänge(n), -a-.* Mit Übertritt in den e-Vokalismus, aber wohl zu mhd. *klinge* ‚Gießbach, Talschlucht‘, zumal *Klingen* im WThür ZThür vereinzelt auch für Hohlwege, Bäche und Quellen gilt und in Erfurt die Wassergräben für den Anbau von Brunnenkresse so bezeichnet werden.

klingeln sw. V. speziell ‚durch den Ort ziehen, mit Ruten oder Tannenzweigen schlagen und in den Häusern kleine Gaben heischen‘ als Brauch der Kinder am 3. Weihnachtsfeiertag oder am 28. Dez., dem **Klingeltag,** früher im söNOThür nöIlm-Thür nwOThür, seltener im sIlmThür nwSOThür, zuweilen mit Sprüchen wie

klingel, klingel, Rute, tu mir was zugute,

Pfefferkuchen, Brantewein, alles soll was Gutes sein.

→ *kindeln, Kindeltag.*

Klinke f. ‚Türklinke‘ neben **Türklinke** NOThür nöIlmThür OThür, N-Rand SOThür, sWThür nwRhön, neben **(Tür)-drücker** seltener öNThür öWThür ZThür, mittl. IlmThür.

Klinse → *Klunse.*

Klippe f. ‚Türklinke' neben **Türklippe** Eichsf nwWThür, Hennb (außer nwRhön), NW-Rand Itzgr.

klopfen sw. V. speziell ‚(die Sense) dengeln' NThür (außer S-Rand), nNOThür; hierzu **Klopfehammer** ‚Dengelhammer' und **Klopfestengel, Klopfezeug** ‚Dengelamboß'. – Lautf.: *kloppen.*

Kloßkuchen m. ‚Kartoffelpuffer aus geriebenen rohen Kartoffeln' neben **Klump-, Klunzkuchen** nNOThür, wo **Klump, Klunz** ebenfalls ‚Kloß' bedeuten.

Klunse f. ‚Spalte, Fuge, Riß' Mansf, mittl. IlmThür, OThür SOThür, selt. NThür nöZThür; *dar glotzt dorch jede Klunse dorch.* – Lautf.: *Kluns(e),* selt. *Klinse,* im SOThür *Kluntsch(e), Dl-.* Zu mhd. *klunse* ‚Spalte'.

Kluppe f. in der Wendung *jmd. in der Kluppe ham, in de Kluppe krieche* ‚jmd. gewaltsam bedrängen' verstr. öOThür, veraltet Hennb, um Erfurt. – Zu mhd. *kluppe* ‚Zange'.

Knack(e)beere f. ‚Walderdbeere' (besondere Sorte mit hartem Fruchtfleisch) verstr. NOThür, auch **Knackelbeere** mittl. NThür, **Knickelbeere** selt. nNOThür.

knäffen sw. V. ‚ausdauernd mit hellen Lauten bellen' verstr. N-Thür sNOThür nWThür n,wZThür, neben → *knaufen* nHennb, sonst selt.; *dar Hund knafft an einer Tour.* Übertr. auch ‚schimpfen, keifen'. – Lautf.: *knäffen, -a-.*

knängeln sw. V. ‚jmd. (weinerlich) mit Bitten belästigen, verdrießlich reden' verstr. NThür (außer Eichsf), Mansf.

knängen sw. V. ‚undeutlich sprechen, näseln, jammern' vorwieg. sHennb Itzgr; *mei Fraa knänkt mer in ganzen Toug die Ohrn vuel.*

knängern sw. V. dass. wie → *knängeln,* verstr. sNThür, ob. Schwarza, auch ‚jämmerlich weinen' (von Kindern) vorwieg. nwSOThür. → *nängern.*

Knantsch m. ‚schlammiger Boden, Morast' verstr. neben **Knatsch** Itzgr.

knappen sw. V. ‚hinken' Hennb (außer N-Rand), wItzgr; scherzh. *er knappt nach Rente* ‚möchte Rentner werden'.

knarzen, -ä- sw. V. ‚knarren' (bes. von neuen Schuhen, aber auch von Türen, Wagen usw.) Hennb Itzgr; *es knärzt kei Wöö* (Wagen) *mehr.* – Lautmalend zu *knarren*.

knätschen sw. V. ‚viel reden, verleumden' verstr. NThür Mansf ZThür, selt. WThür IlmThür Hennb; *der hat's neetch, ewwer annere ze knätschen;* wohl übertr. von der verbreiteten Bed. ‚in breiiger Masse rühren, etw. zerdrücken'. Auch ‚jammern, weinen' verstr. söSOThür öItzgr, ‚unanständig essen, schmatzen' verstr. NOThür.

Knäuel → *Kläue(l)*.

knauen sw. V. ‚weinen, wimmern' nNOThür, selt. nNThür. – Lautf.: *knauen,* im nEichsf *knauwen.*

knäufeln sw. V. ‚Erbsen oder Bohnen aus der Hülse entnehmen' neben **auf-, ausknäufeln** Eichsf öWThür wZThür sHennb, ob. Schwarza. – Lautf.: *kneifeln, -äu-, -e-, -ä-, knäffeln.* – Wohl ‚knöpfen' zu mhd. *knöufel* ‚Knöpfchen'.

knaufen sw. V. ‚bellen' neben → *knäffen* nHennb.

knauntschen sw. V. ‚weinen, jammern' (von Kindern) verstr. öItzgr, S-Rand ob. Schwarza; *ann die Uhern vuelknauntsch.* ebs. **knautschen** verstr. SOThür, selt. söIlmThür öItzgr.

Knaust m. ‚Anfangs- oder Endstück des Brotlaibs' NThür Mansf, verstr. Hennb, selt. WThür ZThür nIlmThür; häufig Dim. – Lautf.: *Knuust, -üü-, -au-, Knüüstchen, -ie-.*

Knauz m. dass., vorwieg. ZThür, verstr. WThür, häufig Dim.; *dos Kniezchen schmackt en basten.* – Lautf.: *Knuuz -üü-, -au-, Kniezchen.*

Kneif m. ‚altes, schlechtes (Taschen)messer' NThür (außer Eichsf), WThür ZThür, mittl. IlmThür, N-Rand Hennb, selt. NOThür nIlmThür; *mät dan Kniefte kast de nech emo Botter jeschnied.* – Lautf.: *Knief(t), -ei-, Kniff(t).*

kneren → *knören.*

knetschen → *knätschen.*

Knipper m. ‚(gläserne) Murmel' Eichsf, hierzu **knippern** ‚mit Murmeln spielen'. Als nd. Wort zu schd. *kneifen.*

knitten → *knütten.*

Knöbel m. ‚Knöchel am Finger- und Handgelenk' verstr. und veraltend wNThür ZThür Hennb Itzgr, ob. Schwarza, sonst selt.; *wenn ich dich mol unger de Knäwwel krie!,* auch ‚Gichtkno-

ten': *hä hät Knübel on Fengern.* – Lautf.: *Knöwel, -ü-, -e-, -ä-, -ea-,
-b-, Knewwel, -ä-.* Zu mhd. *knübel* ,Fingerknöchel'.

knöchen sw. V. ,drangsalieren, (mit Bitten) belästigen' verstr. NThür Mansf Hennb, selt. WThür n,wZThür Itzgr; *dar knöcht si Frau bis off's Blut.* – Lautf.: *knöchen, -e-;* von *Knochen* abgeleitet.

Knopfe f. **1.** ,Blütenknospe' Eichsf WThür w,sHennb, verstr. nNOThür sZThür sIlmThür SOThür, sonst selt. gegenüber **Knospe;** *bäi dar Kell* (Kälte) *honn de Knoppen wos obgekrecht.* – **2.** ,die grünen Früchte an der Kartoffelstaude' verstr. ob. Schwarza, wSOThür. – **3.** Pickel, Pustel im Gesicht' verstr. wNThür WThür, W-Rand ZThür, häufig Dim.; *ha hät's Gesicht voller Knepperchen.* – **4.** ,einzelner Teil einer mehrgliedrigen Semmel' WThür; *in Isenach* (Eisenach) *het de Sammel sachs Knoppen.* – Lautf.: *Knobbe(n), -u-, Knopfe(n), Knopf.* Zu mhd. *knobbe,* verwandt mit mhd. *knopf* ,kugelähnliches Gebilde, Knoten', dem auch schd. *Knopf* zugrunde liegt.

knören sw. V. **1.** ,drängen, (zer)drücken, zerknittern' verstr. NOThür söWThür Hennb Itzgr, sonst selt.; *loß dich mand nich in de Ecke kneern!,* häufig auch **ver-, zerknören;** *dou häst die Blusen schüllich verknürt.* – **2.** ,nörgeln, jammern, schimpfen' wNThür, selt. Itzgr; *ar knört in eenefort.* – **3.** ,trödeln, bummeln' verstr. Itzgr. – Lautf.: *knören, -ü-, -e-, -ea-.*

knörpeln sw. V. ,mürrisch reden, nörgeln' verstr. sNThür W-Thür ZThür Rhön. – Lautf.: *knärbeln, -w-.*

Knorren m. speziell ,Fußknöchel' sZThür sIlmThür sOThür SOThür Itzgr, Hennb (außer NW); *dar Scheeßenrock tat bis an de Knorrn henge.* Auch **Knorrel** m. nöZThür nwIlmThür. – Zu mhd. *knorre* m. ,Auswuchs, hervorstehender Knochen'.

Knoten m. speziell ,Eiterbeule, Karfunkel' sWThür Hennb.

Knotte f. speziell ,Samenkapsel des Leins' verstr. und veraltend NThür WThür ZThür sIlmThür SOThür, selt. im Wechsel mit **Knoten** Itzgr; *ich ha die Knatte off's Knattetuch geschott, deß se schüe tracke werrn.* Übertr. ,kleines, freches, widerspenstiges Kind'. – Lautf.: *Knotte, -u-, -a-, Knotten, -u-.* Nebenform von *Knoten.*

Knubbe → *Knopfe.*

Knülle f. **1.** ‚Falte, eingedrückte Stelle (z. B. am Topf)‘ verstr. sNOThür OThür, selt. nIlmThür nSOThür; RA *ich lache mir änne Gnille in'n Bauch.* Abweichend *Knüller* sSOThür. – **2.** ‚Beule am Kopf (durch Schlag oder Stoß)‘ neben **Knulle** verstr. swNThür; *se huiben* (hauen) *sich Knüllen un Striemen.* – Lautf.: Bed. 1 *Knille, Kniller,* Bed. 2 *Knillen, -u-.* Zu mhd. *knüllen* ‚stoßen‘ und schd. *knüllen* ‚zusammendrücken‘.

Knust → *Knaust.*

knütten sw. V. ‚stricken‘ veraltend nwNThür; auch **Knüttstock, Knüttzeug** ‚Stricknadel, -zeug‘ ebd.; *de jungen Frauwen arweiten nich meh met Knittstecken.* – Lautf.: *knitten.* Zu mnd. *knütten* ‚knoten, knüpfen, stricken‘.

Kober, -ö- m. ‚Behälter für Proviant‘ (taschenförmig oder handkorbähnlich aus Leder, Flechtwerk oder Blech, mit Riemen zum Umhängen oder zum Befestigen an Fuhrwerken, häufig verwendet von Fuhrleuten, Holzfällern oder Wegearbeitern bei längerer Abwesenheit) allg., doch veraltet; *häng dan Kowert an Waan on pack de Fresserei ien!,* RA *us dan Kewwerchen hippe,* ‚übermütig sein‘. Häufig auch **Freßkober.** – Lautf.: *Kower(t), -u-, -ue-, Kowwer,* im wNThür WThür wZThür nHennb meist umgelautet *Kewer, -ö-, Kewwer(t).* Spätmhd. *kober* ‚Korb, Tasche‘ als Entlehnung aus dem Lat. über frz. *coffre.*

Kobold m. ‚freundlich oder feindlich gesinnter Hausgeist je nach Bewirtung und Behandlung durch die Hausbewohner‘ (weshalb auch *reicher* oder *armer Kobold* genannt) NOThür, verstr. öNThür nOThür, selt. nIlmThür öOThür; *entweder kunn se jehexe odder se han a Kowwelchen* sagt man von reichen Leuten. – Lautf.: *Kowwel(d),* Dim. *Kowwelchen,* selt. *Koweld, Kobold.*

Köchels n. ‚(Gemüse)zutaten, zureichende Portion von Gemüse oder Kartoffeln für eine Mahlzeit‘ wNThür (außer wEichsf), verstr. nZThür; *nunne gett's nouwes Kechels* (frisches Gemüse), *wort emol, ich lange gliech e Kechels Kartiffel;* auch *a Kächels Lensen (Bennchen* ‚Böhnchen‘).

Kochet n. ‚zureichende Menge für eine Mahlzeit‘ sWThür Hennb Itzgr; *ich haa ner noch e Kochet Kartoffel derhämm.*

Kofent m. ‚Dünnbier‘ (selbstgebrautes oder Nachbier aus Brauereien) allg. außer WThür wZThür Hennb Itzgr, doch veraltet; *das Lagerbier gab annere Courage wie dar Kooft.* – Lautf.: *Koofend, -uu-, Koowend, Koofen, Koomd, Koofd, -uu-, Kowwend, Kommd.* Betont auf 1. Silbe und herzuleiten von *Konvent,* weil früher in Klöstern gebraut.

Kohl m. **1.** ‚Spinat' verstr. Itzgr, ob. Schwarza, sSOThür, neben **Blaukohl** sHennb. – **2.** in den Zuss. **Rot-, Weiß-, Sauerkohl** (bzw. **Saurer Kohl**), **Kohlkopf, Kohlsuppe** nur n,wNThür nNOThür, während südlich Zuss. mit **Kraut** oder andere Syn. anschließen. – Ein nd. Wort. In Bed. 1 oft umgelautet *Köhl, Kühl, Kehl, Kiehl.*

Kollatio f. ‚große Festlichkeit, Festschmaus' (z. B. Hochzeit, Taufe) veraltet öOThür SOThür. – Lautf.: *Kollaazche, Gallaazche.* Eigtl. ‚Zusammenkunft' nach lat. *collatio.*

Kollatsche f. ‚ein Gebäck' (von unterschiedlicher Art, z. T. in Schneckenform) verstr. und veraltet wNThür nwZThür, selt. nöOThür, ob.Schwarza. – Lautf.: *Kolla(a)tsche(n), Ka-, Ku-.* Vielleicht von slaw. *kolač* ‚Brot-, Kuchengebäck' zu *kolo* ‚Rad'.

Koller n. m. speziell ‚Jacke, Unter-, Strickjacke' verstr. sSOThür, ob. Schwarza. – Lautf.: *Koller, G-.* Zu mhd. *koller, goller* ‚Halsbekleidung' (frz. *collier).*

Kommers m. ‚Lärm, Geschrei' verstr. S-Rand NThür, nZThür nIlmThür OThür nSOThür, selt. nWThür sIlmThür; *in Jane* (Jena) *war ä Kommersch un ä Gewärche in allen Gassen.* Hierzu **kommersen** ‚lärmen, zanken, schimpfen' ebd.; *do kommerschten schonne wädder alle, daß's Fleesch su teier äs.* – Aus frz. *commerce* ‚Handel, Verkehr' über die Studentenspr. mit der Bed. ‚Trinkgelage' in die Mda gelangt.

kommod Adj. ‚bequem, lässig, faul' verstr., doch veraltend; *macht eich's racht kummod!* – Lautf.: *ko-, kummode.* Zu frz. *comode* ‚bequem'.

Kommoden Pl. ‚bequeme Hausschuhe, Pantoffeln' verstr. und veraltend wNThür WThür ZThür sIlmThür nHennb. – Zu → *kommod.*

Kompost m. speziell ‚in Töpfen oder Fässern eingelegtes Sauerkraut' (meist aus gebrühten kleineren Weißkrautköpfen oder losen Blättern bestehend, um Weimar auch aus Rotkraut bereitet) swNThür n,öWThür nwZThür wHennb, seltener sIlmThür

Itzgr sowie übriges wNThür WThür ZThür Hennb; *Kommst on Schwinnefleisch* war eine beliebte Mahlzeit, Rätschel: *bas gerätt* (gerät), *bann's nit gerätt? der Koumbes* (aus schlecht entwickelten Krautköpfen). – Lautf.: *Kommbes, -u-, -ou-, Kommesd, -u-, komm(b)sd, -u-,* um Coburg *Gummbedds.* Zu lat. *compositum* ,Zusammengesetztes' und schon mhd. *kümpost* ,Sauerkraut'.

Konduite f. ,feines Benehmen, Anstand' selt. und veraltet; *ech well se uf de Benähmiche schecke, doß se e beßchen Kondewitte lernt.* – Lautf.: *Konndewidde, Ku-,* Pl. *Konnderwidden, Ku-.* Zu frz. *conduite.*

Konfiefchen → *Konvivium.*

kontent Adj. (nicht attr.) in der Wendung *mit jmd. (nicht) kontent sein* ,mit jmd. sich (nicht) gut vertragen' verstr. söZThür OThür, sonst selt.; *de weeßt doch, doß'ch mät mei Nachbar nech ganz kontant bän.* – Lautf.: *kon-, kundánd, kondénd.* Zu frz. *kontent,* lat. *contentum* ,zufrieden'.

Kontusch m., **Kontusche** f. ,eine Frauenjacke' (auch abwertend) verstr. und veraltet öOThür SOThür, selt. NThür Hennb nItzgr, ob. Schwarza; auch ,langer Schoß an der Frauenjacke' um Erfurt. – Lautf.: *Kanndúsch(e), Konn-, Kunn-;* wird zu poln. *kontusc* (Teil der Nationaltracht) gestellt.

Konvent → *Kofent.*

Konvivium n. scherzh. oder abwertend ,Freundeskreis, der gemeinsam etw. unternimmt' (z. B. zecht oder Streiche ausführt) verstr. und veraltend; *do äs wädder än schänes Konfiefchen bisammen;* für Einzelpersonen ,Taugenichts' selt. – Lautf.: *Konnfiefchen, Kunn-, Komm-, Kumm-.* Zu lat. *convivium* ,das Zusammensein (beim Mahl)'.

Kopf(s)gäukel → *gaukeln.*

Kopfholz n. ,Stirnjoch des Zugochsen' verstr. NOThür.

Kopfpein f. ,Kopfweh' öItzgr swSOThür.

Korks m. ,(Flaschen)korken' vorwieg. öNThür, NOThür (außer N-Rand), nIlmThür OThür nSOThür, verstr. sSOThür, sonst selt.; hierzu auch **Korkszieher** ebd. – Lautf.: *Korgs, -a-, G-, J-.*

Kornengel m. ,fiktive Gestalt, vor der man Kinder warnt, damit sie nicht in Getreidefelder laufen' verstr. söNOThür; auch

Kornmuhme, Kornmutter verstr. öNThür n,öOThür SOThür, sonst selt.; Warnung: *der Kornengel (die Kornmuhme, Kornmutter) sitzt drinne!, … holt dich!*

Kornesel m. spöttisch ,derjenige, der beim Flegeldrusch den letzten Schlag ausführt' neben **Dreschesel** swHennb, auch ,derjenige, der die letzten Halme auf dem Feld abmäht' ebd.

körisch → *kürisch.*

kosen sw. V. ,plaudern, erzählen' verstr. und veraltend sHennb nwItzgr, ob. Schwarza, öOThür SOThür, selt. ZThür söW-Thür nHennb nöItzgr; *dar kust veel zamm; emol hamm se ne ganzen Oomd vun Watter gekust.* – Lautf.: *kosen, -u-, -ue-, -oa-.* Zu mhd. *kôsen* ,sprechen, plaudern' (altfrz. *choser).*

Köte f. (meist Pl.) ,Fußgelenk am Tierhuf, Klaue' verstr. NThür NOThür ZThür nIlmThür wOThür, selt. nWThür öOThür nSOThür, häufig **Schweinsköte;** eine beliebte Speise in Eichsfelddörfern war *Suurn Kohl un Keeten.* Übertr. und salopp auch ,Füße, Beine des Menschen' ebd.; *nimm diene Keeten hoch!* – Lautf.: *Keden, -ä-, Kiede(n), -iä-.* Zu nd. *kote* ,Gelenk', mhd. *köte* ,Knöchel'.

Kotze f. ,grobe Wolldecke, Pferdedecke, derbes Kleid' öOThür, selt. sSOThür.

Kötze f. ,runder oder viereckiger Rückentragkorb mit Riemen' (zum Transport von Feldfrüchten, Gras usw., auch von Essen bei Feldarbeiten) WThür Hennb Itzgr, verstr. wZThür; RA: *ha is'n Tüfel aus'r Kötz gehopft, hä versprecht enn Kütze on Körb* ,verspricht alles und jedes'. – Lautf.: *Kötze, -ü-, Kötz, Ketz(en), -i-.* Zu mhd. *kötze.*

kotzen sw. V. 1. ,sich erbrechen' verstr. neben regionalen Syn. – 2. ,(stark) husten' sEichsf WThür Hennb wItzgr, verstr. Z-Thür sSOThür; *Jong, gäh bäin Dokter, dou kotzt je be e all* (altes) *Schof,* abweisend: *ich wie* (will) *de abbes kotz!* Hierzu **Kotz(en)** m., **Kotze** f. ,starker Husten', ebenso **Kotzer** m. verstr. nö-Hennb. – Lautf.: *kotzen, -u-, kuzen.*

krächzen sw. V. speziell ,husten' verstr. NThür NOThür Ilm-Thür wOThür nSOThür. Hierzu **Krächz** m. und im sNO-Thür wOThür nSOThür **Krächze** f. ,Husten'; *dar Jonge leift so lange drusse rim, bis ar den Krächz on Halse hat.* – Lautf.: *krächzen,*

-ö-, *krächsen, kräcksen.* Zu frühnhd. *krachitzen* als Intensivum zu *krachen.* → *krötzen.*

Krähe → *Krak(e).*

Krähenauge n. ‚Hühnerauge (am Fuß)‘ verstr. nNThür nNOThür.

Krak(e) m. f. ‚Krähe‘ S-Rand WThür, wHennb Itzgr. – Lautf.: *Krag(e), Krack(e).* Wohl lautmalend zu mhd. *krâ(e), krâwe.*

Kralle f. speziell ‚Granne an der Gersten- oder Roggenähre‘ SO-Rand ZThür, sIlmThür swOThür, NW-Rand SOThür.

Kransbeere → *Kronsbeere.*

Kranzstechen n. ‚das Herabstechen eines Kranzes (oder Ringes) von einer Stange‘ (beim Reiterfest zu Pfingsten bzw. vor oder nach der Ernte) neben **Kranzreiten, Ringreiten, Ringstechen** veraltend O-Rand NThür, NOThür, selt. NW-Rand OThür.

Kräpfel m. ‚in siedendem Fett oder Öl bis zur Bräunung erhitztes Kleingebäck aus Teig von Weizenmehl und Milch-, Butter-, Eier, Zuckerzutaten, oft gefüllt mit Mus oder Konfitüre‘ allg. außer öNOThür öOThür ö‚sSOThür, wo **Pfannkuchen** gilt, während im sWThür Hennb Itzgr neben **Krapfen** m. die Dim. *Kräpfchen, -ö-, Kräpfle, -ö-* vorherrschen; *Faasnacht ziehn de Jongen en Dorfe rem on sammeln Kräppel ein.* – Lautf.: *Kräpfel, -a-, Kräbbel, -a-.* Zu mhd. *krapfe.*

Kratzbeere f. ‚Brombeere‘ vorwieg. SO-Rand WThür, SW-Rand ZThür, öHennb söIlmThür, OThür (außer NW-Rand), neben **Kratzelbeere** SOThür.

Krätze f. speziell **1.** ‚Handkorb mit Bügel‘ (z. B. zum Kartoffellesen) vorwieg. Itzgr, auch **Krätzert** m. sZThür. – **2.** ‚flacher ovaler Korb mit Grifflöchern‘ (z. B. für Viehfutter) wRhön. – Lautf.: *Krätz(e), -a-.*

Kräuel m. ‚mehrzinkige Hacke, Karst‘ (als Misthaken, aber bes. zum Jäten und Kartoffelroden) sSOThür, sonst selt.; auch **kräueln** sw. V. ‚mit dem Kräuel arbeiten‘ ebd.; *de Ärdepfel missen gekräält wärn.* – Lautf.: *Kreel, -ää-, -aa-, -ei-.*

Kräuterich n. **1.** ‚Kartoffelkraut‘ neben vorwieg. **Kartoffel-, Erdäpfel-, Erdbirnenkräuterich** S-Rand NOThür, nöZThür nIlmThür OThür SOThür, ebs. **-kräutich** söW-Thür sZThür sIlmThür Itzgr, verstr. Hennb. – **2.** ‚das Blattwerk von Runkeln' neben vorwieg. **Rüben-, Runkelkräute-rich** OThür, SOThür (außer S-Rand); ebs. **Kräutich, Rü-ben-, Runkelkräutich** Itzgr.

Kraut(s)haupt → *Haupt.*

Kraut(s)pöpel, -popel m. ‚Vogelscheuche auf dem Feld' swO-Thür SOThür Itzgr, ob. Schwarza; übertr. auch ‚verkleidete, liederlich angezogene oder zu kleine Person; *dar secht aus wie a Krautspüepel.*

Krawate → *Kroate.*

Kreckel, Krickel m. ‚Kurbel' (z. B. an Butterfaß oder Drehorgel) Eichsf, auch ‚Türgriff, Fensterwirbel' nNThür.

Kredelfleisch → *Grettelfleisch.*

kregel Adj. ‚munter, lebhaft, kerngesund' verstr. nNThür. – Lautf.: *krejel.* Ein vorwieg. nd. Wort.

Krehl → *Kräuel.*

kreischen stsw. V. speziell **1.** ‚(laut) weinen' vorwieg. Eichsf WThür nwRhön. – **2.** ‚(mit Geräusch) braten, brutzeln' verstr. nwNThür Mansf WThür; *de Brotwerschte krieschten in Tiechel.* – Lautf.: *krischen, -ie-.* Zu mhd. *krîschen* und dessen Kausativum *kreischen* ‚kreischen machen' mit der Lautung *-ai-, -äi-* (Bed. 2).

krellen sw. V. (meist refl.) ‚(sich) stoßen und dabei einen läh-menden Schmerz erleiden' WThür, verstr. Hennb; *ech honn mech gekrällt,* auch … *de Haand verkrällt.* – Lautf.: *krällen, -a-.* Vielleicht zu mhd. *krellen* ‚kratzen', wenn nicht zur Wortsippe *grell* ‚schrill, sehr hell' gehörig.

Kren m. ‚Meerrettich' S-Rand SOThür, selt. und veraltet Hennb, O- und S-Rand Itzgr; hierzu **krenbitter, -sauer** ‚sehr bitter, sehr sauer', **krenböse** ‚sehr böse'. – Lautf.: *Kren, Kre, Krien.* Zu slaw. *chrěn* ‚Meerrettich'.

Krepel → *Krüppel.*

Kretscham m. ‚Wirtshaus' veraltet öOThür. Zu slaw. *krčma* ‚Schenke'.

Kreuzkäfer m. ‚Maikäfer' neben **Kreuzgräber** Mansf, neben **Kreuzhauer, -häuer** um Erfurt. Auch **Kreuzkrebs** nIlm-Thür; 10 Tage vor Himmelfahrt fand in Mellingen bei Weimar ein Markt mit dem Namen *Kritzekrebsmarkt* statt. – Lautf.: *Kritz-, Kritze-.*

Krieche f. ‚kleine, auch wildwachsende Pflaumenart (Prunus insitia J.)‘ verstr. nwNThür, als Dim. *Kriechele* söSOThür; abweichend **Kriech(er)ling** sEichsf WThür. – Lautf.: *Kriechen, Kriechele; Kriechling, -ee-, -e-, Kreckling, Krichcherling, -e-.* Mhd. *krieche* ‚Schlehenpflaume‘.

Kriegen(s) m. ‚das Haschespiel der Kinder‘ n,wNThür nNOThür, auch **Kriegening(s), Kriegelings, Kriegeles** WThür nHennb, meist in Verbindung mit *spielen.* – Lautf.: *Kriechen(s), Kreien(s), Krien(s), Krinn(s), Kriechenings, Kriening(s), Kriech(e)ling, Krieling(s), Kriecheles.*

krietschen sw. V. ‚kreischen, übermäßig lachen‘ verstr. söNOThür n,öOThür, SO-Rand SOThür; *Berta krietscht bei jeden klenn bißchen.* Hierzu vielleicht **Krietschche** f. ‚alberne (dumme, faule) weibl. Person‘ n,öOThür.

Krinitz m. ‚Kreuzschnabel‘ verstr. nöHennb sZThür sIlmThür sSOThür nöItzgr, selt. öOThür, RA *es schmeckt'en wie den Krinnitz de Mockeln* (Tannenzapfen). Dem beliebten Stubenvogel wird nachgesagt, daß er Krankheiten (bes. Rheumatismus) von Hausbewohnern übernimmt: *an Krienitz muß mer in der Stub hoo, die ziehn die Krankerten an sich.* Weil volksetym. an *grün* angelehnt, zuweilen auch auf ‚Grünfink‘ übertr. – Lautf.: *Krienitz, Krinnitz, Krienerz, Krienz, -ei-, -i-.* Zu slaw. *krivonos,* eigtl. ‚Krummnase‘.

Kritz(e)käfer → *Kreuzkäfer.*

Kroate m. f. speziell ‚lebhaftes, ungezogenes Kind‘ veraltend NThür Mansf öOThür öSOThür; *su änne kleine Krawate!* – Lautf.: *Krawate, Krowate, -wote.* Übertr. vom Volksstamm der Kroaten.

Kronsbeere f. ‚Preiselbeere‘ nur verstr. nNThür. – Lautf.: *Kroons-, Kruunsbeere.* Zu mhd., mnd. *kran(e)* ‚Kranich‘.

krötzen sw. V. ‚ächzen, stöhnen‘ sWThür nHennb; *ha schwetzt on kretzt bäi jeder Arwet.* – Lautf.: *krötzen, -e-, -i-;* im nöHennb auch *krössen.* Etym. wohl zu *krächzen.*

Kruke f. ‚bauchiger Tonkrug (mit Henkel und Korkenverschluß)‘ früher meist verwendet als Kaffee- oder Bierkrug verstr. NThür (außer wEichsf), nNOThür, übertr. auch ‚Spaßmacher, Dummkopf‘ ebd. – Lautf.: *Kruge(n).* Ein nd. Wort.

Krummbein n. speziell ,Schlachtfest' verstr. SO-Rand SO Thür, ebenso **Krummsuppe** f. O-Rand Itzgr.

Krummholz n. ,die leicht gebogene Leiste, an die das geschlachtete Schwein aufgehängt wird' öO Thür SO Thür Itzgr.

Krümme f. ,die Wegkrümmung, Kurve' verstr. Hennb Itzgr sSO Thür, sonst selt.; *wu dar Wag de Kremm macht, geht's barguff.* Auch ,Umweg' in der RA *e gut Krömm gätt* (geht) *niss öm* ,ist vorteilhaft'. – Lautf.: *Krümm, -ö-, Krimm(e), -e-.*

krummen sw. V. **1.** ,kneifen, kratzen' verstr. Itzgr, selt. S-Rand ob. Schwarza, SW-Rand SO Thür; *die Katz hot mich gekrummt.* – **2.** unpersönlich **a.** ,es schmerzt, tut kolikartig weh' verstr. Itzgr; *in die Darmer krummt's wie niät gscheit.* – **b.** ,es ärgert einem' ebd.; *es krummt na, döß'r is Gald hot raus müss rück.* – Vielleicht ablautend zu mhd. *krimmen, grimmen* ,kratzen, kneifen', doch für Bed. 2 ist auch eine Herleitung von mhd. *grume* ,wütender Schmerz' erwägenswert.

Krumpel, -ü- f. m. (meist Pl.) **1.** ,Streusel (auf Kuchen)' verstr. öN Thür NO Thür Ilm Thür sW Thür swZ Thür Hennb, selt. O Thür, W-Rand Itzgr; hierzu **Krumpel-, Krümpel(s)kuchen** für den entsprechenden Kuchen. – **2a.** ,Mehlklümpchen (in der Suppe)' sW Thür Hennb, verstr. swZ Thür, selt. söN Thür; *bann e Ee* (Ei) *in die Krompele geschlöö werd, schmeckt die Soppe bässer;* hierzu **Krümpelsuppe.** – **b.** ,Butterklümpchen beim Buttern im Butterfaß' neben **Butterkrümpele** s Hennb, selt. n Hennb, W-Rand Itzgr. – Lautf.: *Krumbel, -o-,* im sW Thür swZ Thür Hennb auch Mask. und zumeist umgelautet *Krümbel, -ö-, -e-, -eu-, -äi-.*

krunksen sw. V. ,ächzen, stöhnen, kränkeln' verstr. öN Thür NO Thür, selt. n Ilm Thür O Thür; *de Grußemutter krunkst un gieht ganz krumm.*

Krüppel m. wie schd. ,mißgestaltete oder behinderte Person' doch häufig auch Schimpfwort und abwertend für Tiere, Früchte oder andere Dinge, allg.; *ich schlah dich zum Krepel!, die verfluchten Krepels sin uns entwischt, dan Krepel von Schleeten well ech net mehn hoo,* RA *es ke Mahl in Kiebele, backen mer lauter Kriepele.* Hierzu die Adj. **krüppelig, verkrüppelt** und das Verb **krüppeln** ,sich mühsam bewegen, mit Mühe arbeiten'; *dos sen*

owwer kreepliche Äpfel!, dar krepelt nach su e bißchen in Hause rim;
is mer erscht ewwer de fuffzch, fänget mer aan ze krepeln. – Lautf.:
Krebel, -ä-, -ea-, -ü-, -ie-, im sHennb Itzgr *Krüppel.* Zu mhd.
*krüp(p)el,*mnd. *krep(p)el.*

Krutsch m. ‚kleine Person, Knirps' verstr. nöZThür söNThür.
Hierzu **Krutscher** m. ‚Bauer mit wenig Landbesitz' verstr.
öOThür söSOThür. – Lautf.: *Kruutsch, Kruutscher.* Könnte aus
nsorb. *krotuš* ‚Knirps, Zwerg' übernommen sein, doch wird es
auch zu osorb. *krótši* ‚kürzer' gestellt.

Küchen, Küchel(chen), Küchele → *Küken.*

Kuchenbock m. ‚leiterartiges Gestell zum Aufbewahren der
auf Kuchenbrettern liegenden großen (runden) Kuchen' verstr.
söSOThür. Auch **Kuchengestell** n. verstr. nNThür NOThür
nöWThür swZThür Hennb Itzgr, sonst selt., **Kuchenleiter** f.
verstr. sWThür nöHennb, **Kuchenregal** n. verstr. sNThür
sNOThür, O-Rand ZThür, IlmThür, **Kuchenschragen** m.
verstr. swNThür, ZThür (außer NO), ob. Schwarza, nw-
SOThür, sonst selt.

Kuchendecke f. ‚(rundes) Brett mit Griff, auf dem der Kuchen-
teig aufgerollt wird und der Kuchen nach dem Backen liegt' ver-
str. sNOThür nIlmThür OThür. Auch **Kuchendeckel** m.
mittl. IlmThür, SOThür Itzgr söHennb, **Kuchenschande** f.
verstr. söZThür, ob. Schwarza, **Kuchenschüssel** f. verstr.
NThür, ZThür (außer SO), söWThür nHennb.

Kuchenwilger m. ‚Holzwalze zum Ausrollen des Kuchen- und
Nudelteigs' S-Rand NThür WThür ZThür IlmThür Hennb,
auch **Kuchenwilgerer** m. wItzgr, **Kuchenweller** m. verstr.
söIlmThür.

Kuff-die-Magd → *Huck-auf-die-Magd.*

Kugel → *Kaule.*

Kuh f. speziell **1.** ‚Fichten-, Tannen-, Kiefernzapfen' meist Dim.
Kiewichen um Weimar, *Kühla* Itzgr (außer N- und W-Rand);
mir genn naus die Kühla ‚wir gehen Zapfen holen'. Auch **Kuh-**
böckel, -lenker, -welle nöSOThür, **Kuhmutsche** söIlm-
Thür swOThür nwSOThür, **Mockelkuh, -kühchen** söZ-
Thür swIlmThür, **Tannenkuh** öHennb, SW-Rand ZThür,
NW-Rand Itzgr, sowie kleinräumig **Burzel-, Schielkuh** S-

Rand SOThür. – **2.** ‚weibl. Kaninchen' verstr. neben → *Hasen-kuh*sHennb Itzgr. – **3.** in Zuss. für ‚Marienkäfer' → *Muh-, Mut-schekühchen, Herrgotts-, Johanniskühle.*

Kuhblume f. ‚Löwenzahn' nNOThür, neben → *Hundeblume* verstr. nöNThür sNOThür, selt. nOThür, N-Rand IlmThür.

Kuhhase, Kühhase m. ‚Stallkaninchen' neben **Hase, Stallhase** verstr. SOThür (außer N-Rand) im Gegensatz zu **Karnikkel, Feldhase, Wilder Hase** für ‚Wildkaninchen'; *de willn Kornickel schmecken lange nich su gut wie die Kiehhosen.* – Lautf.: *Kuh-, Kiehhos(e).*

Kuhle f. ‚kleine Bodenvertiefung, Grube' verstr. NThür NOThür, sonst selt. – Lautf.: *Kuhle(n), Kaule.* Nd. Wort.

Küken n. ‚das Junge vom Huhn' als *Kieken, Kiekchen* verstr. N-Rand NOThür, selt. nöNThür, vereinzelt auch *Kicken* als jüngere Form neben mdal. Syn. im NOThür OThür nSOThür, mit k-Verschiebung *Kichen* n,wNThür, WThür (außer S-Rand) sowie neben → *Gippchen* sNThür, ZThür (außer SO), als *Kichel* nIlmThür, W-Rand OThür; *onse Glucke hät fuffzahn Kichchen usgebrieht.*

Kuller f. speziell ‚Murmel als Spielkugel der Kinder' sNOThür, verstr. sZThür öOThür, selt. IlmThür nOThür wSOThür. Auch **Kullerschoß** öNThür, N-Rand ZThür, **Kullerwacke(l)** wWThür, **Schußkuller** verstr. nöZThür nIlm-Thür, W-Rand OThür, **Titschkuller** verstr. nOThür und kleinräumig weitere Zuss. mit *Kuller.* Das Spiel mit Murmeln ist jetzt kaum noch gebräuchlich. – *Kuller* ist eine Ableitung zu kontrahiertem mhd. *kugel(e)* ‚Kugel'. → *Kaule.*

kulpen sw. V. ‚tief schlafen' verstr. nNThür nNOThür; *där kulpt den ganzen Tag.*

kumbabel → *kapabel.*

Kundewitte → *Konduite.*

Kunnele → *Quendel.*

Kunze m. ‚kastrierter Eber, kastriertes männl. Ferkel' S-Rand OThür, söIlmThür, SOThür (außer O- und S-Rand). – Lautf.: *Kunze, -uu-, Kunz, -uu-, -ou-.* Zum PN *Konrad, Kuno.*

Kuppe f. speziell **1.** ‚Anfangs- und Endstück des Brotlaibs' meist Dim. sHennb Itzgr swSOThür. – **2.** ‚das obere Stück der Rübe', das bei der Ernte mit den Blättern abgeschnitten oder abgehackt wird' neben **Rüben-, Runkelkuppe** öNThür nöZThür nIlmThür. – Lautf.: *Kupp(e), -o-, Küpp(e)le, -ö-.*

Küppel m. ,kleine Anhöhe, Hügel' swWThür nwHennb. – Lautf.: *Kebbel, -ü-.* → *Hübel.*

Kur f. neben der schd. Bed. speziell *jmd. in der Kur haben (in die Kur nehmen)* ,jmd. in Lehre und Erziehung haben (nehmen)', *är hät minn Jongen in der Kur.* Auf Sachen bezogen: *ich wie* (will) *die Mässer äma in de Kuir nahm* ,bearbeiten, schärfen'. Auch *jmd. die Kur machen, jmd. in die Kur kriegen (nehmen)* ,jmd. zurechtweisen, schelten, züchtigen'; *paß uff, wenn ich dich in de Kur nahme!* – Lautf.: *Kur, Kür, Kuir.* Letztlich auf lat. *cura* ,Sorge' beruhend.

Kür f. ,die Auslese, das Beste', auch ,Erlaubnis zur Auswahl' selt. und veraltend wNThür WThür nZThür; *es äs gutes Vieh, die Keere in ganzen Dorfe,* RA *ich gaa* (gebe) *Keer o Woahl* ,ich erlaube die Auswahl'. – Lautf.: *Ker(e), Kür.* → *kürisch.*

kuranzen sw. V. ,schimpfen, schikanieren, züchtigen' veraltend; *dar kann de Leite kuranze!;* auch ,geschäftig herumwirtschaften, umherstreifen' selt. und veraltend NThür Mansf öOThür. – Lautf.: *ku-, ko-, karánzen.* Wohl zu mlat. *carentia* ,Bußübung mit Geißeln'.

kürisch Adj. ,wählerisch' (von Mensch und Vieh, bes. in bezug auf Speise und Futter) nWThür, ZThür (außer SO), verstr. wNThür, mittl. IlmThür; *minne Katzen sin nich su kiersch, die frassen alles.* – Lautf.: *kiersch, -ee-, -üü-.* Zu mhd. *kiesen* ,wählen'. → *Kür.*

Kusch, Kutsch, Kutz o. G. Kosename für ,Schwein, Ferkel' neben *Kuschchen, Kuschel* und **Kusch(e)matz, Kuschschwein** O-Rand NThür, NOThür nöZThür nIlmThür nOThür; auch Lockruf *kusch!* Abweichend *Kutsch* öOThür nöSOThür, *Kutz* O-Rand SOThür. – Lautf.: *Kusch(chen), G-,* im nNOThür auch *Kischchen, G-; Kutsch(chen), G-; Kutz.*

Küsel m. **1.** ,Kreisel als Kinderspielzeug' neben **Brummküsel** verstr. nNThür nNOThür. – **2.** ,Wirbelwind' nwNThür nNOThür, meist **Windküsel** nöNThür. – Lautf.: *Kiesel.* Zu nd. *Küsel.*

Kusteln Pl. ,Fichten-, Tannen-, Kiefernzapfen' SOThür westl.

der Saale, NO-Rand Itzgr, neben **Kusten** ob. Schwarza. Zur Samengewinnung müssen die **Kustelsteiger** auf die Bäume klettern. Als **Kustelkreis** wurde scherzh. der nach dem 2. Weltkrieg neugebildete Kr. Neuhaus bezeichnet. – Wohl zu mhd. *kuose* ‚weibl. Kalb‘, da sich nahezu alle Syn. für diese Zapfen im südl. Thüringischen auf ‚Kuh‘ oder ‚Kalb‘ beziehen. → *Kuh 1*.

Kutte → *Kaute¹, Kaute²*.

kutteln sw. V. speziell **1.** ‚rasch und oberflächlich einen kleinen Posten Wäsche waschen‘ nNThür, verstr. NOThür, selt. N-Rand IlmThür, nOThür; auch **Kuttelwäsche** ‚kleine Wäsche‘ ebd. – **2.** ‚hastig, gierig trinken‘ verstr. n,öSOThür, selt. öOThür.

kutten → *kauten*.

kutterig Adj. **1.** ‚verbogen, wellig‘ (vom Sensenblatt) neben dem Adj. **kuttern** öOThür; *dar kann nich dengeln, die Sanse is kuttrig gepucht*. – **2.** ‚übel, unwohl‘ (bei Darm- oder Magenbeschwerden) selt. öOThür; auch ‚ärgerlich, zornig‘ Mansf; *dan einen Tag war ar wedder amol su racht kutterig*.

Kuttich m. ‚altes, stumpfes Messer‘ verstr. öNThür nöZThür, neben → *Futtich* nwNOThür. – Lautf.: *Kuttch*.

Kütze → *Kötze*.

l wird im Silbenauslaut sowie vor Kons. stark u-haltig oder als *u*-artikuliert in Teilen des sWThür Hennb, vereinzelt im sEichsf; Sprachspott: *in dar Kachu* (Ofenröhre) *stett heiß Miuch, se wird owwer kaaud säi.*

Laban m. ‚große, schlaffe oder unbeholfene männl. Person' verstr. doch nicht sIlmThür SOThür; zumeist *langer Laban* – Wohl zum bibl. Laban (1. Moses 29 ff.).

Labbe f. verächtlich ‚Mund', auch ‚trotzig oder weinerlich verzogener Mund' vorwieg. öNThür NOThür nIlmThür OThür; *halt de Lawwe!, hängt dar änne Lawwe har!*

labern sw. V. ‚viel, lange, albern oder kindisch sprechen' vorwieg. NOThür OThür SOThür Itzgr; *die beeden laawern en ganzen Tag iwwer's Watter.* Hierzu **Laberer, Laberich** ‚Schwätzer' ebd. – Lautf.: *laabern, -w-, -f-, lawwern.*

labet Adj. **1.** in der Wendung *labet sein* ‚verloren haben im Kartenspiel' veraltend; auch *dan homme beet gemocht* ‚der hat keinen Stich bekommen'. – **2a.** ‚müde, erschöpft, kränklich' verstr.; *ich bin heite racht laweete vun dar Orweit.* – **b.** ‚schadhaft, kaputt' selt.; *paß uff, dar Stuhl is e weng laweete!* – Lautf.: *labeet(e), -w-;* in Bed. 1 häufig *beet.*

Lach m. ‚kurzes, lautes Auflachen' vorwieg. WThür Hennb; auch Pl.: *se tunn alle Läch* ‚lachen schallend'.

Lache f. ‚Grenze, Grenzrain, Grenzmarkierung' verstr. und veraltend SOThür öItzgr, selt. OThür. Hierzu **Lachstein** ‚Grenzstein' ebd.; *rundim sin Loochsteene gesetzt, un do dernoch weß mer genaa, wie die Looch lefft.* – Lautf.: *Laach(e), -oo-, -ou-.* Zu mhd. *lâche* ‚Grenzzeichen'.

Lade f. **1.** ‚verschließbare Holztruhe mit gewölbtem oder flachem Deckel' früher allg. zur Aufbewahrung von Wäsche und Kleidung verwendet, jetzt zumeist Vorrats- oder Ablagebehälter für Mehl, Schrot, Wolle, Lumpen und Gerümpel. Die oft reich bemalte und mit Sprüchen verzierte Lade gehörte zur Aussteuer der Braut, für Dienstboten war sie das einzige Möbelstück. Zuweilen enthielt sie eine kleine verschließbare **Beilade** für Schmuck und Ersparnisse. – **2.** ‚Sarg' neben **Totenlade** veraltet Hennb.

Lagenstange f. dass. wie → *Langwiede*, öItzgr. – Lautf.: *Lachng-*, *-ou-;* nach Nasalschwund und Ersatzdehnung wohl aus *Lang-* entstanden.

Laib m. **1a.** ‚Brotlaib' Hennb Itzgr, seltener WThür sZThür sIlmThür SOThür; RA *de Fraa muß me bänner schte Lääb Brut zieh.* – **b.** übertr. ‚ein zusammengerolltes Stück Schmer' S-Rand Hennb, wItzgr. – **2.** nur Dim. ‚Brötchen' verstr. Itzgr, selt. Hennb; *de Laiwerle senn e bißle wißlich gerote.* – Lautf.: *Laib, -ä-, -a-*.

Lakritze f., **Lakritzche(n)** f. m. ‚eingedickter Südholzsaft in Stangen- oder Tablettenform' allg., doch auch → *Bärendreck*, *Pferdeblut* und in rhombischer Pastillenform **Negerfötzchen.** – Lautf. vielfach abgewandelt, z. B. *Leck(e)riezche, -ritzchen, Lagretchen, Galitzke, Zitzritze.* Etym. zu lat. *liquiritia.*

Lambrie f. ‚Holztäfelung an der Zimmerwand bis etwa Brusthöhe' verstr. u. veraltend, doch nicht IlmThür OThür SOThür. – Lautf.: *Lamb(e)rie.* Zu frz. *lambris* ‚Wandtäfelung'.

Lämmchen (meist Pl.) speziell **1.** ‚männl. Blüte des Haselnußstrauches' Eichsf wWThür Rhön. Auch **Lämmerschwänzchen** verstr. NThür NOThür, selt. öZThür nIlmThür wSOThür. – **2.** ‚Federwolken' regional neben **Schäfchen;** RA *Lämmerchen machen was ins Ämmerchen* (Eimerchen) ‚künden Regen an'.

Langbaum m. dass. wie → *Langwiede*, NOThür, verstr. NThür ZThür nIlmThür OThür.

Langbere f. dass wie → *Langwiede*, verstr. ob. Schwarza. Auch **Langberstange** n, wItzgr. – Lautf.: *Lamber(e)*, auch *Lambert* m., wobei das Grundwort wohl auf ahd. *bëran* ‚tragen' beruht wie in → *Radebere* ‚Schiebekarre'.

langen sw. V. **1a.** ,etw. holen' NThür Mansf WThür, verstr. Hennb, selt. nZThür; *geh mol in Konsum on lang Brut!*, scherzh. *ar het sich nasse Beine jelanget* ,ist betrunken'. – **b.** ,(mit der Hand) nach etw. greifen' Itzgr, ob. Schwarza, sonst selt.; *ar langt nouchn* (nach dem) *Kuchen.* – **2.** ,etw. (dar)reichen, (über)geben' vorwieg. OThür SOThür Itzgr, sonst seltener; auch ,ohrfeigen' in Wendungen wie *gleich kriechste eene gelangt!* – **3.** , ausreichen, genügen' vorwieg. Hennb Itzgr SOThür, sonst verstr.; *dos beßchen Gald soll fer uns lang?; itze langt mer'sch!*

Langeweile f. in der Fügung *für die Langeweile* ,vergeblich, nutzlos' allg. außer WThür Hennb Itzgr; *nischt hat geholfen, es woar alles far de Langeweil.*

Langfahrt f. dass. wie → *Langwiede*, n,öOThür. – Lautf.: *Lamft*, auch *Langert* m.

Langwiede f., selt. m. n. ,langes Rundholz, das Vorder- und Hinterwagen unterhalb des Wagenkastens verbindet' allg. außer NOThür öOThür Itzgr sowie der Umdeutung **Lenkwiede** im WThür Hennb. Auch **Langwagen** verstr. nNThür NOThür, ferner → *Lagenstange, Langbaum, Langbere, Langfahrt.* – Lautf.: *-wied(e), -e-, -ä-, -ea-, -äi-* führen zu ahd. *witu* ,Holz' zurück wie schon ahd., mhd. *lancwit* n. f.

Lanke f. ,seitliche Weichteile des Tier- und Menschenkörpers' NThür nZThür; *das Fard hat nischt in'n Lanken.* – Zu ahd. *hlanca*, mhd. *lanke* ,Seite, Hüfte'.

lanzen sw. V. ,ohrfeigen' vorwieg. WThür; *geh wag odder ech lanz dech eine!*

Lapparsch m. ,träge, kraftlose, ängstliche Person' verstr.; *du Lapparsch läßt däi alles gefall.* Auch **Lappsack, Lappschwanz** selt. öZThür OThür SOThür.

läppe Adj. ,schlaff, kraftlos, nicht fest (vom Ball)', auch ,nicht gespannt (vom Seil), fade (von Speisen)' öNThür NOThür nöZThür IlmThür n,wOThür, sonst selt.; hierfür **lapperig, -ä-** verstr. Hennb Itzgr SOThür, sonst selt., **lappig, -ä-** verstr. SOThür, **läppisch** wNThür WThür wZThür Rhön, verstr. SOThür; *was best de mant fern lappscher Kerl!;* → *latsch.* – Lautf.: *läppe, -a-, lapp(e)rich, -ä-, lapperch, lapp(i)ch, -ä-, lapp(i)sch, -ä-.*

Lappen Pl. speziell ‚eßbare Innereien (Leber, Lunge, Magen, Milz) von Rind oder Wild', auch die daraus zubereitete säuerliche Speise' WThür Hennb, als *Läppchen* verstr. nwZThür.

Lappentütz m. ‚mit eingeweichter gezuckerter Brotrinde oder mit Zucker gefülltes Leinenläppchen als Nuckel' veraltet W-Thür nZThür öRhön, um unbesorgt fortgehen zu können, fügten weniger gewissenhafte Eltern dem Beutelinhalt auch Schnaps zu. Syn. sind **Lappennuckel** verstr. NThür öZThür, **Lappennutsch** verstr. ZThür IlmThür OThür, **Lappensukkel** selt. öNThür öZThür IlmThür, **Lappenzütz** nöHennb.

Lappländer m. ‚nachlässige, liederlich gekleidete Person' allg. außer OThür SOThür. → *Livländer*.

Lase f. ‚krugähnliches Gefäß von unterschiedlicher Größe und aus unterschiedlichem Material (irden, hölzern, emailliert, gläsern)' vorwieg. OThür, verstr. sNOThür IlmThür nSOThür. Früher zumeist für den Transport von Getränken verwendet, deshalb auch *Bier-, Kaffee-, Milch- Wasserlase*. Zu lat. *lasanum* ‚Gefäß' oder mnd. *låte* ‚Krug' (mit Herkunft aus *låten* ‚lassen').

Latcher m. ‚Landstreicher, Vagabund' veraltet NOThür OThür, verstr. nIlmThür; jetzt meist Schimpfwort für arbeitsscheue und liederliche Personen. **Latcherschmus** nannte man das Rotwelsch in Halle. – Ein rotw. Wort aus der Zigeunersprache.

Latsch m. speziell ‚dünner, schlechter Kaffee' NOThür IlmThür OThür SOThür, verstr. NThür nöZThür; *dan Latsch kannste salwer saufe!* Auch **Latsche** f. selt. ebd. – Wohl zu zig. *latscha* ‚Brühe'.

latsch, -ä- Adj. dass. wie → *läppe*, vorwieg. Hennb Itzgr; in der Bed. ‚fade, wenig gewürzt, weichlich' neben **lätschig, -a-** verstr. NThür (außer Eichsf), NOThür nöZThür nIlmThür OThür nSOThür.

latschen sw. V. speziell ‚gemütlich plaudern', auch ‚viel und albern reden' SOThür öItzgr; um Ilmenau; *mer ham bille gelattscht*. Hierzu **Latscher, Latschgusche, -kappe** ‚Schwätzer' verstr. ebd. – Lautf.: Stets Kürze gegenüber **latschen** ‚nachlässig, langsam gehen' mit Langvokal im gesamten Thüringischen.

lättern sw. V. ‚eintrocknen und dadurch undicht werden' (von

Holzgefäßen) vorwieg. Pt. Prät. *er-, zerlättert* söNThür nöZ-
Thür IlmThür; *de Wanne es awwer zerlattert.*

Lättich m. speziell ‚Kopfsalat' neben **Lättichsalat** WThür. –
Lautf.: *Lättich, -a-.* Aus lat. *lactuca* ‚Kopfsalat'.

Läube f. **1.** ‚Obergeschoß des Hauses' oder ‚Flur bzw. Zimmer
im Obergeschoß' WThür, W-Rand ZThür; *ä hät ä Huis mit är
Leiwen droff.* – **2.** ‚vom oberen Stockwerk überdachter Säulen-
gang an Bürgerhäusern' in Altenburg und Schmölln. – Lautf.:
Leiwen, Leimn, in Bed. 2 Pl. *Leem.* Volksetym. an *Lehm* angelehnt,
obwohl zu *Laub, Laube* gehörig.

Laubmann m. ‚in frischbelaubte Zweige gehüllter Junge als
Hauptfigur eines Frühlings- und Pfingstbrauches' veraltend N-
Thür WThür ZThür, selt. Hennb. Der *Laubmann,* einzelörtlich
auch **Laubjunge, -könig, Schoßmeier, Grüner Mann** ge-
nannt, wurde im Umzug durch das Dorf geführt, wobei man mit
Heischesprüchen auch Geld und Lebensmittel einsammelte.

Lauer → *Lorke.*

lauern sw. V. **1.** ‚auf etw. warten' allg.; *ich laure nu schon värzen
Tache uf Post.* – **2.** ‚lauschen' (z. B. heimlich an der Tür) verstr.
sEichsf; → *laußen.*

laufen st. V. ‚gehen' allg. als Fortbewegung zu Fuß mit normaler
Gehgeschwindigkeit, während schnellere Gangarten regional als
→ *rennen, springen* bezeichnet werden; *met ein Johr honn ech kunnt
gelouf.*

läufen sw. V. ‚Erbsen (Bohnen) der Hülse entnehmen' neben
ausläufen, (aus)läuften n,öNThür. Auch **(aus)läufern**
öZThür IlmThür swNOThür wOThür nwSOThür, SW-
Rand Itzgr, **(aus)läufeln** kleinräumig mittl. NThür, swHennb
swSOThür. – Lautf.: *leife(r)n, leifeln, -äi-, -äu-, -e-, -ä-.* Zu mhd.
louft m. ‚Hülse', *löufel* f. ‚(Nuß)hülse'.

Laufkarren m. ‚Schiebekarre mit Kastenaufsatz' aus der Berg-
mannsspr. kleinräumig im nordwestl. Thür. Wald und an der
ob. Schwarza auch in die Bauernsprache gelangt.

Laugensack m. in der Wendung *naß wie (schwitzen wie) e Laugen-
sack* verstr. NThür WThür ZThür, selt. IlmThür; bezogen auf
den ehemals zur Bereitung von Waschlauge mit Buchenasche
gefüllten Leinensack.

Läuseblume f. **1.** ‚Löwenzahn' oder ‚Blüte des Löwenzahns'
verstr. S-Rand ZThür, ob. Schwarza, öHennb Itzgr. – **2.**
‚Herbstzeitlose' neben **Läusebeutel, Läusekuh** (vorwieg. für
den Fruchtstand) verstr. öItzgr, selt. W-Rand SOThür.

Lause-, Läusekamm m. ‚feinzinkiger Kamm' früher allg. zum
Auskämmen von Läusen und Nissen dienend; scherzh. auch
Lause-, Läuserechen.

laußen sw. V. ‚(heimlich) lauschen, horchen' WThür Hennb,
W-Rand ZThür; *de Keng honn henger de Tier gelüsst on alles ge-*
hiert. – Lautf.: Inf., 1. Sg. *laus, -ou-, -u-, -ui-, luss, -ü-,* mit Run-
dung im mittl. Hennb *löss, -öu-.* Zu mhd. *lûzen* ‚lauern'.

laut Adj. speziell ‚schnell, eilends' sSOThür; *nu macht ower mol*
wing (ein wenig) *laut!* ‚beeilt euch!'.

läutern sw. V. ‚Wäsche spülen' NThür (außer Eichsf), mittl.
NOThür, WThür nZThür nIlmThür; *me muß de Wesche e poor-*
mol littre. Hierzu **Läuterwasser** ‚Spülwasser' ebd. – Lautf.: *lit-*
tern.

Leben n. speziell ‚die empfindliche Stelle im Nagelbett unter den
Finger- und Zehennägeln bzw. unter dem Huf bei Tieren' N-
Thür WThür ZThür; *ech honn mech en Splitter ins Laben geronn.*

lech Adj. ‚eingetrocknet und dadurch undicht' (von Holzgefä-
ßen) verstr. NThür NOThür, selt. WThür nZThür nIlmThür
wOThür. – Lautf.: *läch, -a-;* entspricht schd. und nd. *leck.*

lechen sw. V. ‚eintrocknen und undicht werden' vorwieg. Pt.
Prät. *(d)erlecht, verlecht* NThür WThür ZThür Hennb; *das Faß is*
ganz derlacht. Auch **lechzen** neben vorwieg. → *ver-, zerlechzen*
nöNThür, NOThür (außer N-Rand), wOThür söZThür, SO-
Rand IlmThür, – Lautf.: *lech(z)en, -a-.* Zu mhd. *lëchen* ‚austrock-
nen' und dem Intensivum *lëch(e)zen.*

lecken sw. V. speziell ‚(mit Wasser) benetzen' wNThür nWThür;
me missen noch de Straße lecke. Zu mhd. *lecken* in gleicher Bed.

ledern sw. V. speziell ‚tüchtig prügeln' neben *verledern* NOThür
ZThür IlmThür OThür nSOThür; *du krichst glei e poor geledert!;*
hierzu subst. als Pl. tant. **Ledern, Ledere** ‚Prügel' ebd.; *e gibt*
(setzt) Läddern (Läddere). – Lautf.: *ladern, -ä-, laddern, -e-.*

ledig Adj. **1.** ‚unverheiratet' allg. – **2.** ‚locker, lose, nicht angebun-
den' Hennb Itzgr; *mei Backezoh ies ledich worrn, der Hund löfft le-*

dich rüm. – **3.** ‚leer' wNThür, selt. NO Thür O Thür; RA *emol alles gefrassen un dann leddich gesassen.* – Lautf.: *led(i)ch, -ie-, ledd(i)ch, leddeg, lärrich.*

Leere f. ‚Spielkarte ohne Zählwert' vorwieg. SO-Rand NO Thür, O Thür SO Thür Itzgr sHennb, verstr. O-Rand nIlm Thür, ob. Schwarza.

leeren → *ableeren.*

Lehde f. ‚Ödland, Brache' verstr., doch selt. NO Thür SO Thür, nicht Eichsf s WThür Hennb Itzgr. – Lautf.: *Lehde(n), -äh-, ah-, -ei-.* Mit Bed.-Verschiebung zu mnd. *lēgede* ‚Niederung'.

Leib m. speziell ‚Weste des Mannes' veraltend Eichsf WThür Hennb, auch Teil der Männertracht. – Lautf.: *Leib, -ie-,* im Hennb *Lie.*

Leibch, Leifich → *Leikauf.*

Leibchen n. **1a.** ‚ärmellose Unterziehjacke der Frau' verstr., doch veraltend. – **b.** ‚Mieder als Oberbekleidung in der Frauentracht' veraltet NThür WThür ZThür sIlm Thür, selt. Hennb Itzgr. Regional unterschiedlich nach Stoffverwendung und Verzierungen, doch stets vorne mit Knöpfen oder Haken und Ösen zu verschließen; zuweilen auch als **Leibstück** bezeichnet. Als **Rockleibchen** war es an der ob. Schwarza fest mit dem Trachtenrock verbunden; *zont* (jetzt) *sieht me keine mähn in Liebstöck gäh.* – **2.** ‚ärmelloses Unterziehjäckchen für Kinder' früher allg. bei kalter Witterung; es wurde auf dem Rücken zugeknöpft und trug auch die Strumpfhalter; *dös Leibla is ar ze klee worrn.*

Leich n., selt. m. **1.** ‚Spiel, lustiges Gelage' verstr. und veraltend wNThür, selt. nZThür, meist eingeschränkt auf bestimmte Spiele, z. B. Kegeln; *me ginn off's Kuhlleich* (Kugelleich) *un kuhlen a Leich.* – **2.** ‚Spielstätte' verstr. und veraltet wNThür WThür ZThür, ob. Schwarza, sonst selt., nicht Itzgr SO Thür; meist bestimmte Spielstätten, z. B. Kegelbahn (→ *Boßel-, Kaulleich),* Plätze für Ball- und Murmelspiele oder Mal beim Haschespiel. Auch in Flur- und Straßennamen überliefert. – Lautf.: *Leich, -äi-, -ä-, -e-.* Ein altes germ. Wort, dem got. *laiks* ‚Tanz', *laikan* ‚hüpfen' oder anord. *leikr* ‚Spiel, Kampf' entsprechen.

Leichdorn m. ‚Hühnerauge als Hautverhornung' vorwieg. WThür ZThür O Thür; *dar Leechdönn stecht, es gett anner Watter.*

– Lautf.: *Leich-, -ie-, -ee-, Lichch, -ü-* mit teilweiser volksetym. Anlehnung an *Licht, leuchten,* auch kontrahiert *Lichter* m.

Leiche f. speziell ‚Begräbnis' W Thür Hennb Itzgr öO Thür, ob. Schwarza, verstr. mittl. N Thür w,s Z Thür s SO Thür, sonst selt. gegenüber **Beerdigung, Begräbnis** und → *Begrabe(n)*. Nach Aufwand und Anteilnahme spricht man von einer *großen (schönen, vollen) Leiche* oder von einer *kleinen (halben, schlechten, stillen) Leiche; dös wor a grossa Leich, an Haufen Leut senn mitganga.* Nach dem Begräbnis treffen sich Angehörige und Verwandte zum **Leichenessen, -mahl, -schmaus, -trunk, Leidessen, -mahl, Traueressen** und → *Tröster*. – Lautf.: *Leich(e), Lieche(n), Lichche, Leicht, -äi-, -i-*.

Leichenbitter m. ‚eine bestimmte Person im Ort, die jeweils einen Todesfall anzeigt und um Teilnahme bei der Bestattung bittet' veraltet NO Thür Ilm Thür O Thür, verstr. nZ Thür; auch **Leichenbesteller.**

Leier f. **1.** ‚Kurbel zur Handhabung eines Geräts' (z. B. am Butterfaß, an der Kaffeemühle) NO Thür öZ Thür Ilm Thür O Thür SO Thür öItzgr, sonst selt.; speziell ‚Bremsvorrichtung mit Bremse am Bauernwagen' vorwieg. söZ Thür öItzgr, ob. Schwarza. – **2.** ‚eintöniger Gesang, ermüdendes Gerede' verstr., auch Bezeichnung für einen sich oft wiederholenden Vorgang in Wendungen wie *dos is immer die aale Leier (diesalwe Leier) von der Erbschaft*. – Lautf.: *Leier, Lier(e), Lä(e)r*, im söZ Thür *Lichcher*.

leiern sw. V. **1.** ‚eine Kurbel (an Geräten, Maschinen) drehen' allg., doch selt. Eichsf W Thür Hennb; hierzu *geleierte Milch* ‚Magermilch' verstr. Itzgr. – **2a.** ‚langsam arbeiten, bummeln' Hennb Itzgr, verstr. s Ilm Thür; Sprichwort *wär aafängt ze leiern, wörd ball gar feiern* ‚arbeitslos sein'. – **b.** ‚(anhaltend) weinen' verstr. öO Thür ö,s SO Thür, selt. NO Thür; *die leiert bei jeden Drack*. – **c.** ‚in langgezogenen Tönen gackern' (von Hühnern) vorwieg. s NO Thür O Thür SO Thür.

Leikauf m. ‚Trunk zur Besiegelung eines Kaufes' (bes. beim Viehhandel) früher allg. außer w N Thür s W Thür Hennb, wo → *Weinkauf* galt oder in Mischung mit *Weinkauf* im n W Thür w Z Thür zu *Linkuff, Lenkuff* und *Limpf* geführt hat; *er hat mit'n*

Fleescher Libbch getronken un kamb heem wie enne Radehacke ‚war betrunken'. – Lautf.: *Leikauf* mit zahlreichen Abwandlungen, z. B. *Leikuff, Lickf, Libbfch, Leifich, Leibch, Läbch, Libbch.* Schon mhd. *lîtkouf* in gleicher Bed. aus mhd. *lît* ‚Obstwein' und *kouf.*

leise Adj. speziell ‚fade, zu wenig gesalzen' verstr. NThür W-Thür ZThür Hennb, selt. ob. Schwarza, Itzgr wSOThür; *de Soppen schmackt hitt owwer liese, do moß Saalz droon.* – Lautf.: *leis(e), -ie-.*

Leit n. ‚Lenkseil für Zugtiere' Itzgr, wo es sich zu **Leitseil** im Hennb WThür stellt, während im übrigen Thüringischen **Leine** und → *Seime* oder Zuss. mit diesen Grundwörtern (meist *Akker-, Pferdeleine)* vorherrschen. – Lautf.: *Lätt; Leitseil, Lätsäl.*

Leite f. ‚Berghang' verstr. außer NOThür IlmThür wOThür, doch in FIN allg.; Wortspiel *die Leiten ham ihre Leiden* ‚sind schwer zu bearbeiten'. – Lautf.: *Leite(n), -ie-.* Zu mhd. *lîte.*

lernen sw. V. speziell **1.** ‚lehren' allg. außer wEichsf, wo umgekehrt *lehren* für ‚lernen' gilt; *war het dech dann suwos Dommes gelarnt?* – **2.** in Verbindung mit dem Inf. anderer Verben ‚beginnen, werden' verstr. Mansf öOThür öSOThür; *de Hand lärnt wieh tun* ‚beginnt zu schmerzen'.

Leuchse f. ‚hölzerne Stütze zwischen Radachse und oberer Wagenleiter am Leiterwagen' allg. mit vielfachen Lautvarianten, ferner in den Zuss. **Stemmleuchse** NOThür nöIlmThür OThür nöSOThür, **Leuchsenstäbel, -stützel, -holz** Eichsf. – Lautf.: *Lisse(n), -ü-, Löss, -ä-, Leuse, Leusten, Lickse* sowie *Listen, Stemmleiste* mit Anlehnung an ‚Leiste'.

Leuchte f. ‚Laterne, Lampe' NThür, sonst selt.

Leut n. ‚Frau, Mädchen' Itzgr, meist in Fügungen wie *a stramms (schöös, tüchtich, dumms) Leut;* dass. in der Zuss. **Weiberleut** n. Itzgr sHennb, doch **Männerleut** n. ‚männl. Person' ebd.; *es is mer a Mannerleut un a Weiwerleut begiächent* (begegnet). Mit anderer Verbreitung im Pl. tant. → *Mannsleute, Weibsleute.*

libbern ‚gerinnen (von Fett, Talg, Blut)' meist Pt. Prät. *gelibbert* verstr. NOThür n,öZThür IlmThür OThür SOThür, sonst selt.; auch ‚leicht überfrieren' vorwieg. öOThür; *de Fanster sin schunn e bißchen geliffert.* – Lautf.: *geliwwert, -e-, -ä-, geliffert, -ä-, geliefert.* Zu mhd. *liberen* ‚gerinnen'.

Libbfch → *Leikauf.*

Lichtstube f. ‚geselliges Beisammensein der Burschen und Mädchen an Winterabenden' früher sHennb Itzgr, verstr. ob. Schwarza, W-Rand SOThür. Während zu Hause Licht gespart werden konnte, begaben sich die **Lichtmädchen** in ein eigens für den betreffenden Winter ausgewähltes Haus unter die Obhut eines älteren Ehepaars, des **Lichtherrn** und der **Lichtfrau** . Später kamen auch die **Lichtburschen** hinzu, so daß Spinnen und andere Handarbeiten von Unterhaltung, Gesang und mancherlei Gesellschaftsspielen abgelöst wurden.

Lickf → *Leikauf.*

Lid n. **1.** ‚Deckel, Klappe an Öffnungen' (z. B. an Öfen, Schornsteinen, auch an Stallungen und Scheunen zum Durchreichen von Erntegut) NThür NOThür WThür ZThür wIlmThür, sonst selt. – **2.** Kurzform von ‚Augenlid' verstr., doch selt. sHennb Itzgr swSOThür gegenüber → *Augendeckel.* – Zu mhd. *lit* ‚Deckel'.

Liebegott(es)mäuschen n. ‚Marienkäfer' neben **Gottesmäuschen** und **Liebegotteshühnchen** Eichsf. Die Lautung *-meischen* führt nicht zum Dim. von *Maus,* sondern zu → *Mäuschen* ‚weibl. Kalb'.

Liebegott(es)schäfchen, -schäfel n. ‚Marienkäfer' verstr. neben **Liebengelchen** sZThür sIlmThür, verstr. neben **Liebegott(es)vogel, -vögelchen** und **Liebegotteskäfer** wOThür wSOThür.

Lieberei o. G. in dem Ausruf der Verwunderung *ach du Lieberei!* sWThür Hennb; wohl euphemestisch aus *lieber Heiland.*

liefern → *libbern.*

Liese f. (meist Dim.) ‚Eiterpustel, Pickel' in der gesamten thür. Südhälfte und verstr. neben **Blütchen** öNThür NOThür nIlmThür nOThür; *ha het läuter kleine Lieserchen in Gesecht.* – Lautf.: *Liese(n), Liesle, -el, -chen,* doch auch *-iä-, -ee-, -äi-* und Kürzen *Lesse, -i-, Lessle, -i-, Lesschen* sowie mit Dentaleinschub *Lieste, Liestle.*

linde → *gelinde.*

Linkuff → *Leikauf.*

linzen → *lunzen.*

Livländer m. ‚Taugenichts, Liederjan' verstr. WThür wZThür.
→ *Lappländer.*

Lochkuchen m. ‚Napfkuchen' mittl. NThür, nwZThür.

Lock m. n. ‚unbestimmte, doch vorwieg. kleinere Menge' (meist
von Erntegut wie Getreide, Gras, Obst) verstr. und veraltend
NThür Mansf WThür ZThür IlmThür; *holl en Leckchen Gros fer
de Karnickel!*

löckern sw. V. ‚locken' WThür Hennb Itzgr, selt. w,sZThür; RA
met Spack leckert me de Mies. → *ablöckern.* – Lautf.: *leckern, -ö-.* Ite-
rativum zu *locken.*

Lorbeeren Pl. ‚Kot von Ziegen, Schafen, Kaninchen, Hasen'
(den Früchten des Lorbeerbaumes ähnelnd) verstr., doch im
sWThür Hennb swZThür und sonst vereinzelt gilt die durch
Dissimilation entstandene Form *Norbel(n); dar ganze Gorten is
vull Lorwern,* Sprichwort *hüt Höö* (Heu), *morn Norwel* ‚heute viel,
morgen nichts'. Hierzu mit gleicher Verbreitung der Lautvarian-
ten **lorbeeren** sw. V. für das Misten dieser Tiere. – Lautf.: Pl.
Lorwer(n), Norwel(n), -u-, -ö-, -ä-; am S-Rand SOThür auch *Lol-
wer.*

Lorke f. ‚schlechtes Getränk, dünner Kaffee' öNThür
NOThür, verstr. nöZThür nIlmThür OThür nSOThür; *die
Lorke kammer doch nich saufe!* – Lautf.: *Lorke, -u-,* selt. *Lor-
che.* Wie seltenes **Lauer** (mdal. *Lauer, Luren)* zu lat. *lora,* ahd.
lura ‚Nachwein'.

lorksen sw. V. **1.** ‚ungeschickt, liederlich arbeiten' sSOThür, ver-
str. Hennb, vor allem ‚fehlerhaft spinnen oder stricken'
sSOThür; *da haste was zammgelorkst!* – **2.** ‚gierig essen, schlin-
gen' verstr. sHennb Itzgr; *dar lorkst ölles nei.*

lötschen sw. V. ‚weinen' sHennb swItzgr; *dar löötscht in eener Tour
*‚weint immerzu' – Lautf.: *löötschen, -üü-.*

Ludel[1] m. **1.** ‚alter Lappen, Fetzen von Stoff' (meist als Scheuer-
, Wisch- oder Topflappen verwendet) OThür, N-Rand
SOThür; auch ‚abgetragenes Kleidungsstück': *dan Ludel
konn'ch doch nich oonziehe.* – **2.** übertr. ‚Taugenichts, Faulenzer'
ebd.; hierzu **ludeln**[1] sw. V. ‚faulenzen, bummeln' öOThür
nSOThür.

Ludel[2], **-ü-** f. ‚Kinderpfeife' verstr. Hennb Itzgr; auch ‚Drehorgel' ö,sItzgr. Hierzu **ludeln², -ü-** ‚eintönig musizieren oder singen' Hennb Itzgr, sonst selt. – Wohl lautmalend wie *dudeln.*

Ludel³ f. ‚Nudel' söOThür söSOThür, O-Rand Itzgr. Assimilierung von *Nudel.*

Luderbein n. leicht tadelndes Schimpfwort im IlmThür OThür SOThür, verstr. NOThür; *Luderbeen, du willst wohl deine Großemutter veräppeln!;* derber und verbreiteter **Luderkerl** für männl., **Ludermensch** für weibl. Person.

Lüffchen n. ‚Küken' sWThür, N-Rand Hennb; *där Höcht* (Habicht) *hot e Lüffche gehollt;* hierzu *lüff! lüff!* als Lockruf für Küken.

lühen sw. V. ‚Wäsche spülen' Hennb (außer nwRhön); auch *löhen* nöHennb. Hierzu **Lühwasser** ‚Spülwasser'.

Lulatsch m. ‚großer, schlaksiger, unbeholfener Mensch' verstr.; *dar lange Lulatsch konn ball us dar Dachrenn gesuff.*

Lumich m. ‚Taugenichts, Liederjan' NOThür OThür IlmThür, sonst verstr., nicht Itzgr; *dan Lumich trou ich nich ewwer'n Wag.*

Lumperich m. dass., verstr. sIlmThür OThür SOThür, selt. sNOThür ZThür. Auch **Lumpes** m. verstr. NThür NOThür ZThür IlmThür, selt. OThür SOThür.

lundern sw. V. **1.** ‚heftig klopfen, pochen, dumpf poltern, donnern' Itzgr, verstr. sZThür; *ich hou a poormol an der Tür gelunnert, awer kä Mensch hot aufgemacht.* Hierzu **Lunderer** m. ‚dumpfes Poltern, Donnerschlag', auch ‚Prügel' *es gibt Lunnerer.* – **2.** ‚brennen mit prasselndem Geräusch, lodern' Hennb, verstr. Itzgr, S-Rand SOThür, sonst selt.; *s Reisich lunnert im Backuefen.* – Lautf.: *lunnern, -uu-, -ui-.* Zu mhd. *lundern* ‚brausen, brüllen'.

lungern sw. V. **1.** ‚müßig herumstehen, bummeln' neben *herumlungern* allg. – **2.** ‚auf etw. begierig sein' NOThür; *mer lungert's nach'n Kaffee.*

Lunn, -ü- m., **Lunne, -ü-** f. ‚Bolzen in der Radachse, der das Abgleiten des Rades verhindert' mit folgenden Varianten: Mask. *Lunn, -o-* IlmThür, W-Rand OThür, wSOThür, *Lenn* neben **Vorstecker** nöNThür NOThür. Fem. *Lunn(e)* söNThür, O-Rand ZThür, nwIlmThür, *Lünn, -i-, -e-* nwNThür WThür wZThür Hennb Itzgr, *Liüü* sItzgr.

Lunte f. (meist Pl.) speziell ‚Lumpen, Fetzen, altes Kleidungsstück' vorwieg. öNThür Mansf nöZThür, verstr. nIlmThür, sonst selt. – Lautf.: *Lunte(n), -o-, -ui-, -eu-*.

Luntemann m. **1.** ‚Lumpensammler' NThür nZThür, verstr. nIlmThür, sonst meist **Lumpenmann**; *schnall alle Lunten harbie, der Luntemann is do.* – **2.** übertr. ‚liederliche Person, Lump', auch ‚mittellose Person' ebd. sowie nWThür sZThür OThür.

lunzen, -ü- sw. V. **1.** ‚vorsichtig spähen, heimlich etw. beobachten' söNOThür OThür SOThür, verstr. WThür öItzgr, sonst selt. – **2.** ‚leicht schlafen, schlummern' verstr. mittl. NThür, WThür ZThür IlmThür Hennb, sonst selt.; *minne Grußmotter lunzt nooch'n Mettochassen garn en beßchen of'n Kanepee;* auch ‚sich zu einem Schläfchen hinlegen' verstr. NThür ZThür Mansf. – Lautf.: *lunzen, -o-, -ui-, -eu-;* mit Umlaut *linzen* vor allem in Bed. 1.

Lüppe f. ‚hölzerne Kanne mit Handgriff und Klappdeckel' veraltet Hennb. – Lautf.: *Löppe.* Etym. unklar.

Lusche f. **1.** ‚Hündin' verstr. O-Rand Itzgr, S-Rand SOThür. – **2.** ‚liederliche, mannstolle Frau' verstr. sWThür Hennb Itzgr, selt. SOThür, dafür auch **Lusch** m. verstr. nIlmThür sNOThür OThür. – **3.** ‚Spielkarte ohne Zählwert' sWThür nHennb söZThür, verstr. ob. Schwarza, sNThür öNOThür öOThür nöSOThür, sonst oft umgsprl. neben regionalen Syn.; *ech honn de gaanze Haand voll Lüschen.* – Lautf.: *Lusche(n), Lusch, -ü-, -ui-*.

Lutsch m. ‚Nuckel' verstr. neben älteren mdal. Syn. und jüngerem **Lutscher** öNThür NOThür nWThür ZThür IlmThür OThür, sonst selt.; → *Zutsch(er).*

Mache f. **1.** in der Wendung *etw., jmd. in der Mache haben* ,etw. bearbeiten, sich mit etw. beschäftigen' oder ,jmd. beschimpfen, verprügeln, verleumden' wohl allg. – **2.** ,Fett, Butter oder Speck als Speisezutat' NO Thür; *ich hawe e bißchen Mache dran jemacht.*

machen sw. V. ersetzt in abgeblaßter Bed. weitaus häufiger als im Schd. andere Verben oder in Verbindung mit Subst., Adj., Adv. konkretere Verbalbegriffe, z. B. *uff's Feld mache, an die Ostsee mache* (statt ,gehen, fahren, reisen'), *mach e bißchen schnaller!, mach hin!* ,beeile dich!' *mach's gut!* ,auf Wiedersehn!', *Liechen mache* ,lügen', *dick mache* ,schwängern', ebs. sehr oft in Zuss. mit Adv. wie z. B. *(Kartoffeln) rausmachen* ,roden', *(Korn) abmachen* ,mähen'.

Mage f. ,Lust, Neigung' NO Thür O Thür n Ilm Thür; *ich howe heite keene Mooche zer Orweit.*

Magenwurst f. ,vorwiegend mit Blutwurstmasse gefüllter Schweinemagen' verstr. Ilm Thür O Thür, sonst selt.

Mahde f. ,Grasschwaden' oder ,die Reihe von frisch gemähtem Getreide' sW Thür Hennb, verstr. nw Itzgr, ob. Schwarza. Auch **Mahden** m. Itzgr, S-Rand SO Thür, selt. s Hennb, ob. Schwarza – Lautf.: *Mahde(n), -oh-, -oa-, -ou-.* Zu mhd. *mâde* f.

Mähder m. **1.** ,jmd., der mit der Sense mäht' Hennb Itzgr, verstr. sW Thür SO Thür O Thür, selt. sZ Thür. – **2.** ,Kanker, Weberknecht' verstr. neben → *Habermäh(d)er* ö,s Hennb; wohl wegen seiner Beinbewegungen so bezeichnet. – Lautf.: *Mahder, -äh-.*

mähen sw. V. wie schd., doch mdal. nur N-Rand N Thür, n NO Thür und abermals im sw W Thür Hennb Itzgr s SO Thür gegenüber vorwieg. → *abmachen, hauen* in der Mitte Thüringens.

Mähhammel m. (meist Pl.) **1.** ‚Tannen-, Kiefernzapfen' neben **Mählämmchen** um Salzungen. – **2.** ‚männl. Haselnußblüte' um Schmalkalden, selt. um Salzungen neben *Mählämmchen.* – Lautf.: *Mähhaamel(e),* doch *Mähhäämu* (mit 1 > u) und spielerisch *Hähmäämu* um Salzungen. Als Kinderwort zu *mähen* ‚blöken'.

Mahrdrücken n. ‚das Alpdrücken' (als Angsttraum) nwNThür.

Maibaum n. ‚stattliche, oft reich geschmückte Fichte, die auf einem öffentlichen Platz von der männl. Dorfjugend aufgestellt wird'. Mit unterschiedlichem Brauchtum trug oder trägt das **Maibaumsetzen** (meist zu Pfingsten) den Charakter eines Volksfestes, insbes. sIlmThür sOThür nSOThür.

Maiblume f. ‚Maiglöckchen' neben jüngerem **Maiglöckchen** öNThür NOThür nSOThür, verstr. IlmThür, sonst seltener.

Maie f., **Maien** m. ‚frisch belaubtes Birkenstämmchen als Pfingstschmuck' früher allg. außer SOThür, als *Maien* m. vor allem Itzgr, selt. ob. Schwarza, bisweilen im wItzgr reduziert zum bloßen Mask. **Mai.** Je nach örtlichem Brauchtum wurden *Maien* vor den eigenen Häusern oder von der Dorfjugend vor Gasthäusern, Schulen, Kirchen und auch vor den Wohnungen der Pfarrer, Lehrer und Bürgermeister gesetzt, zuweilen heimlich von Burschen auch vor den Häusern ihrer Liebsten. Mit Birkenzweigen als *Maien* wurden auch die Fenster umrahmt oder Flure und Wohnzimmer geschmückt. – Lautf.: *Maie(n), Maije(n), -ch-, Määe(n),* Mask. *Mää.*

Maille f., selt. m. ‚Öse zum Verschluß von Kleidungsstücken mittels Drahthaken' nwNThür, N-Rand WThür. – Lautf.: *Mall(e)chen.* Zu frz. *maille.*

Maitau m. ‚Tau am frühen Morgen eines Maitages' im söNOThür nöZThür IlmThür wOThür wSOThür Anlaß zu einem geselligen Morgenspaziergang oder zu mancherlei Brauchtum, z. B. sich mit Maitau waschen oder mit bloßen Füßen im Maitau waten; *Määtaa macht junge Mädel hibsch.*

Maium n. ‚Wasser, starker Regen' als rotw. Wort (< jidd. *majim* ‚Wasser') von Halle aus auch in die Umgebung gelangt. Hierzu *es maiumt* ‚es regnet' ebd.

malade Adj. ‚kraftlos, abgespannt, müde, krank' allg.; *n ganzen Tag we verreckt geärbt, jetz ben ech malatt.* – Lautf.: *maláde,* im WThür Hennb Itzgr *maládd.* Zu frz. *malade* ‚krank'.

Mäle f., **Mälchen** n. ‚eine geringe Menge, ein bißchen' und ‚eine kurze Weile' NThür, NW-Rand ZThür; *mach enne Meeln Solz droon!, me wonn* (wollen) *noch a Mälichen worte.* Zu *Mal.*

Malesten → *Molesten.*

Malheur n. ‚Unglück, Mißgeschick' allg.; *das Mächen hat Malleer gehatt* ‚ist schwanger'. – Lautf.: *Mallör, Ma-, Moleer.* Zu frz. *malheur.*

malkern sw. V. ‚in etw. wühlen, an etw. herumdrücken (und dadurch ungewollt quälen)' neben *herummalkern* verstr. söNThür sNOThür nöZThür IlmThür, selt. OThür nSOThür; *dar Junge malkert die Katze su lange, bis se beißt.* Auch **malken** sw. V. vorwieg. OThür, **malksen** sw. V. selt. nIlmThür nOThür. – Lautf.: *malge(r)n, -o-,* selt. *mälgern, malche(r)n.* Vielleicht aus *melken* entwickelt.

Mallchen → *Maille.*

Malter n. m. **1.** ‚großes Hohlmaß für Getreide' veraltet Eichsf WThür ZThür Hennb wItzgr, doch von unterschiedlicher Größe in den einzelnen Amtsbezirken, so daß die zwischen meist 120 bis 700 Liter fassenden Maltermaße oft den Zusatz des städtischen Amtsmittelpunkts benötigten, z. B. *Erfurter (Eisenacher, Meininger) Malter.* – **2.** ‚Raummaß für Holz' verstr. N-Thür, sonst selt., doch überall veraltet, seitdem die Holzstöße nach Kubikmeter gemessen werden. – Lautf.: *Malter, Maller,* selt. *Maler, -o-.*

Malzstein m. ‚Bonbon' selt. neben → *Feuer-, Zuckerstein* swN-Thür WThür wZThür.

mammeln sw. V. scherzh. ‚essen', doch meist ‚langsam, unlustig essen' verstr. ZThür; *dar mammelt ne ganze Stunn.* → *mummeln.*

man Partikel ‚nur' NThür nNOThür, selt. ob. Schwarza; *tuk mand so was nit!, wu bliewet'n mand der Ferdnand su lange?* – Lautf.: *man,* doch meist mit Dentalantritt *mand.* Zu mnd. *man, men* < *newan* als Zuss. von verneinendem *ne* und *wan* ‚fehlend'.

manchmal Adv. speziell ‚vielleicht, möglicherweise' verstr.

NOThür, selt. nIlmThür nOThür, auch umgsprl.: *wissen se manchmal, wie spät es is?*

Mandel f. n. (m.) **1.** ‚eine Anzahl von 15 Stück' veraltet; zumeist als Zählmaß für kleinere Handelsobjekte (z. B. Eier, Obst, Brötchen), wobei eine **Bäcker-, Bauernmandel** abweichend jeweils 16 Stück betrug; *ä Mandel hat ääjentlich fuffzn Steck, awwer sechzn sin gerachent worrn.* – **2.** ‚der aus 15 Garben bestehende Getreidehaufen' früher allg., doch seltener Eichsf W Thür Rhön Itzgr öSO Thür. Teils stehend, teils liegend angeordnete Garben; eine kreuzförmige Lagerung wurde **Kreuzmandel** genannt, im wN Thür W Thür und der Rhön meist **Mandelhaufen.** – In Bed. 1 meist Neutr., in Bed. 2 Fem. und Neutr., doch Mask. verstr. Hennb. Zu lat. *manus* ‚Hand', mlat. *mandala* ‚Bündel, Garbe' im Sinne von ‚eine Handvoll'.

mang 1. Präp. ‚zwischen, inmitten' verstr. neben **mittenmang** N Thür NO Thür, verstr. in angrenzenden Randgebieten; *Frieda setzt sich garn mang de Mannsliete.* **–2.** Adv. ‚dazwischen' selt. ebd.; im Wortspiel mit Bed. 1 *mang uns mang is einer mang, der nich mang uns mang geheert.* – Lautf.: *mang(k).* Vgl. engl. *among* ‚zwischen, unter'. Mit *mengen* verwandt.

Mangel f. ‚Gerät zum Glätten der Wäsche' verstr. neben **Wäschemangel** sSO Thür Eichsf, neben → *(Wäsche)rolle* öN Thür NO Thür IlmThür O Thür nSO Thür, doch **Mange** f. verstr. Hennb Itzgr. Auf der Mangel werden die Wäschestücke mittels Drehrad oder Kurbel zwischen zwei Walzen hindurchgepreßt und so geglättet. Ursprünglich *mangelte* man mit einer Holzwalze und einem Brett. Dabei wurde die Wäsche in ein **Mangeltuch** gelegt und um das **Mangelholz** gewickelt, sodann mit Hilfe des **Mangelbretts** auf dem **Mangeltisch** hin- und hergerollt, bis sie ausreichend glatt war. Über die Sorgfalt beim Glätten der Wäsche hieß es im Volksmund: *beim ersten Kind wird gebügelt, beim zweiten gemangelt, beim dritten nur gepatscht.* – Lautf. *Mangel,* im O Thür nSO Thür *Mannel, Mandel,* im Hennb Itzgr *Mang.* Zu mhd. *mange* ‚Glättrolle'.

Mannhüpfen n. ‚Hüpfespiel der Kinder auf den Umrissen einer Mannesfigur' vorwieg. SO Thür, seltener **Männerhüpfen Mann-, Männerhicksen** ebd.

Mannsen n. (meist Pl.) ‚Mann‘ NOThür öZThür IlmThür OThür SOThür; *e Mannsen hat doch märre Forsche* (Kraft) *wie e Weibsen.* – Verkürzt aus mhd. *mannesname*.

Mannskerl m. ‚Mann‘ (meist mit positiver Bewertung) verstr. NThür Mansf WThür nHennb; *die ist stark wie en Mannskerl*.

Mannsleute Pl. tant. ‚Männer‘ verstr. NThür WThür nHennb ZThür sIlmThür, selt. NOThür SOThür; *die Wiewesliete han gewaschen, un die Mannsliete han Mist gefahrn*.

Man(t)sch m. ‚breiige Masse, Schlamm, Schmutzbrühe‘ vorwieg. NThür, sonst seltener und nicht WThür SOThür; *mußt' e immer derch'n Mansch patsche?* Hierzu **man(t)schen** sw. V. ‚mit Wasser oder Schlamm spielend hantieren‘ ebd.; auch ‚etw. unachtsam verschütten‘ oder ‚etw. absichtlich vermischen, panschen‘; *dar mantscht alles nein in seine Worscht.* – Lautf.: *Mansch, Mantsch; man(t)schen*. Wohl lautmalend zu *matschen*.

Man(t)scheimer m. ‚Eimer für Spülicht, Scheuereimer‘ verstr. öNThür NOThür öZThür IlmThür.

Märbel m., selt. f. ‚kleine Spielkugel aus Stein, Ton, Glas; Murmel‘ Itzgr, Hennb (außer Rhön). **Steinmärbel** wurden aus Steinwürfeln in heimischen **Märbelmühlen** zu Kugeln geformt, **Glasmärbel** wurden vorwieg. in Lauscha hergestellt. – Lautf.: *Märbel, -a-, -w-*. Über → *Marmel* aus *Marmor* entwickelt.

Mard m. ‚Marder‘ O-Rand NThür, NOThür nIlmThür OThür SOThür, sonst **Marder** m. – Lautf.: *Mard, -o-, -aa-, -oo-*, selt. *-u-, -uu-*.

Märde[1] f. ‚langatmiges, nichtssagendes Gerede‘, auch ‚Aufhebens, umständliche, Handlung, Bummelei‘ vorwieg. NThür NOThür nöZThür nIlmThür OThür SOThür; *zum Oomdbrute wurde nich viel Maarde jemocht.* Zu → *mären*[1].

Märde[2] → *Märte*.

mären[1] sw. V. ‚langweilig erzählen, dumm schwätzen‘, auch ‚langsam arbeiten, bummeln‘ verstr. *dar märt an die Ohrn vull mit dan aalen Geschichten; mare nich su lange!* Hierzu auch **Märe, Gemäre** ‚Geschwätz‘ sowie **Märsack, Märschwein, Märsocke** ‚umständliche Person‘. – Lautf.: *mären, -a-*, im Itzgr auch *mören*. Zu mhd. *mæren* ‚etw. verkünden, erzählen‘ wie in schd. *Märe, Märchen*.

mären² sw. V. ‚in Schmutz oder breiiger Flüssigkeiten wühlen, etw. durcheinanderrühren, etw. spielerisch befummeln' neben *herummären* verstr.; *de Keng maarn en ganzn Tog in dan dracki-chen Bach (rem), mär die Katz nich su!;* auch ‚drängeln, drücken, schieben' Itzgr; *a hot sich durchgemört.* Semantische Überschnei-dungen mit *mären¹* sind nicht auszuschließen. – Lautf. wie → *mären¹,* doch zu mhd. *mërn* ‚Brot eintauchen und einweichen; umrühren, mischen'. → *Märte.*

Margaretenblume f. ‚Margerite' neben **Margerite** ZThür IlmThür SOThür, verstr. sNThür. Wohl an den RN *Margarete* angelehnt.

Marie f. speziell im öOThür früher als Bezeichnung für die Al-tenburger Bäuerin sowie auch für deren im Nacken gebundenes Kopftuch üblich. – Lautf.: *Moorche, -o-, -aa-.*

Marks n., selt. m. ‚Knochenmark' allg. außer Eichsf Hennb Itzgr. RA *dar hot (kee) Marks in Knochen* ‚hat (keine) Kraft'.

Marmel, -ä- f. speziell ‚kleine Spielkugel, Murmel' verstr. nZ-Thür, selt. neben → *Märbel* Hennb Itzgr. Dissimiliert aus *Marmor.*

marode Adj. ‚erschöpft, müde' allg., doch veraltend; Scherz-reim: *miede, matt, marode, fuul, bequem, kummode.*

Märte f. ‚Kaltschale mit eingebrockten Brot- oder Semmelstück-chen bzw. Obst als Zutat' (erfrischende Speise meist im Som-mer) verstr. öNThür NOThür ZThür OThür SOThür. Häufig in Zuss. wie *Bier-, Brot-, Kaffee-, Milchmärte.* – Lautf.: *Maarde, -ää-.* Zu mhd. *mërn* wie → *mären²* und mhd. *mërâte* ‚flüssige Speise aus Brot und Wein, Abendmahl'.

martern sw. V. ‚(sich) quälen, peinigen' verstr. außer NThür WThür wZThür. – Lautf.: *martern, mattern,* doch *metern, -ä-* im SOThür wohl zur mhd. Nebenform *merteren.*

Martin, Martini o. G. ‚Martinstag' im kath. Eichsf als Festtag am 11. Nov., im evangelischen Thüringen zu Ehren des Ge-burtstages von Martin Luther am 10. Nov. gefeiert mit man-cherlei Brauchtum, so mit (Laternen)umzügen bereits am Vorabend, dem **Martinsabend,** oder mit Heischegängen von Kindern als **Martinsmännchen.** Zum **Martinstag** wurden auch die **Martinsgänse** geschlachtet und besondere Gebäcke hergestellt wie **Martinsbrezel, -brötchen, -hörnchen.**

Auch fanden am oder um den Martinstag **Martinsmärkte** statt.

Marunke(l) f. ‚gelbe Pflaume, Eierpflaume' verstr. sNThür NOThür öZThür nIlmThür OThür SOThür, selt. wZThür, ob. Schwarza. – Lautf.: *Marúnke*, im sNThür nöZThür nIlm-Thür vorwieg. *Marúnkel*. Slaw. Herkunft, vgl. poln. *marunka*, tschech. *merúňka* ‚Aprikose'.

Maruschel f. ‚liederliche Frau' verstr. nZThür nIlmThür OThür SOThür. – Lautf.: *Marúschel*. Eigtl. slaw. Koseform von *Maria*.

massakrieren sw. V. ‚ermorden, umbringen' verstr., doch volksetym. zumeist zu *mordsakrieren* umgedeutet. Zu frz. *massacrer* ‚morden'.

Materie f. ‚Eiter' verstr. außer SOThür, doch veraltet. – Lautf.: *Ma-, Moteerche*.

Matin m. n. ‚Männermantel, langer Überrock mit weitem Kragen als Kirchen- oder Reisemantel' veraltet; *ar hotte sich far die Reise en Mateng geborcht.* – Lautf.: *Mattắng*, selt. *Mantäng*. Zu frz. *matin* ‚Morgen' und eigtl. ein Morgenrock.

Matsch m. **1.** ‚Schlamm, halbflüssige Masse' allg. neben regionalen Syn.; *dar Matsch gieht bis ivwer de Schuh.* Hierzu das Adj. **matschig** ‚weich, schmierig; faulig (vom Obst)' und das sw. V. **matschen** ‚in bzw. mit Flüssigkeiten oder breiigen Dingen hantieren', auch ‚Flüssigkeiten verschütten, panschen' und im NOThür öZThür IlmThür OThür speziell ‚anhaltend regnen oder naß schneien' – **2.** ‚die zusammengerechten Getreide- oder Heureste' n,öOThür, verstr. sNOThür. – Lautf.: *Matsch, -o-, -ö-*, selt. *-aa-, -oo-*.

Matscheimer m. ‚Scheuereimer' verstr. söNOThür OThür SOThür.

Matte f., **Matten** m. ‚Quark, Quarkspeise' sEichsf WThür wZThür Hennb, am S-Rand des Hennb **Mattenkäse** und **Käsematte,** RA *bei Matte un Moos* (Mus), *da giäht's getrost, bei Wurst un Spack, da giäht's vom Flack* (mit der Arbeit). Hierzu auch der beliebte **Mattenkuchen** ‚Quarkkuchen' ebd. – Lautf.: *Matte(n)* Mask. verstr. Hennb, sonst meist Fem.; zu frz. *maton* ‚Quark'.

Matz¹ m. dass., NOThür nIlmThür wOThür, doch **Käsematz**
O-Rand NThür, **Steifmatz, Streichmatz**   söSOThür;
→ *Mutz*. Wie *Matz¹* verbreitet ist auch **Matzkuchen** ‚Quark-
kuchen'.

Matz² m. **1.** ‚Eber' söNThür ZThür, selt. öWThür IlmThür;
RA *är ackert, wie e Matz seicht* ‚ackert krumme Furchen'. Auch
‚Schwein, Ferkel' verstr. OThür SOThür, selt. öNThür öZ-
Thür IlmThür und übertr. als Schimpfwort für schmutzige, lie-
derliche, sich unanständig benehmende Personen (bes. Kinder);
Matz, gehst du ball us der Fitzen (Pfütze) *rus*. – **2.** als Kosename
und Lockruf (meist Dim.) – **a.** für Schweine und Ferkel verstr.
NThür sNOThür IlmThür wOThür SOThür. – **b.** für Kälber,
Schafe und Lämmer verstr. öOThür öSOThür. – **c.** für Kanin-
chen vorwieg. Itzgr sSOThür. – **d.** für Stubenvögel verstr. ne-
ben **Piepmatz**. – Lautf.: *Matz, -o-, Matzchen, -ä-*. Wohl Kurz-
formen von *Matthias* und *Matthäus* wie in schd. *Hemden-, Ho-
senmatz*.
Mauer(ts)wolf → *Maulwurf*.
Mauke¹ f. **1.** ‚Fußkrankheit des Pferdes' allg. – **2.** ‚leichte Erkran-
kung, Erkältung, Migräne' verstr. NOThür OThür. – **3.** in der
Wendung *keene Mauke hawe* ‚keine Lust zu etw. haben' verstr.
sNOThür OThür.
Mauke² → *Mauzche*.
Maul n. **1.** ‚Tiermaul' bes. bei Pferden, Kühen und Fischen wie
schd. allg. – **2.** ‚Mund des Menschen' allg. und zumindest im
Westen und Süden Thüringens noch mit neutraler Bedeutung;
*se hann sich's vum Mul mißt obspore, s Wasser leift'n im Mule zesom-
men, dar is nich auf's Maul gefallen* ‚ist redegewandt'. – **3.** ‚Kuß'
(oft Dim.) wNThür WThür nHennb, selt. MansfZThür, doch
meist in der Fügung *ein Maul (Mäulchen) geben (kriegen)* für unge-
bräuchliches ‚küssen'; *ha het er gliech en Mul gegann*. – Lautf.:
Maul, -u-, -ü-, -ui-.
Maulschelle f. **1.** ‚Ohrfeige' verstr. WThür sZThür sIlmThür
Hennb, sonst selt.; *in der Schul gob's freher vill Muilschalln*. – **2.**
‚flaches Gebäck aus Blätter- oder Hefeteig' verstr.
Maulwurf m. wie schd., wo aber eine Umdeutung zu *Maul*-vor-
liegt. Gebietsweise bewahren Syn. die älteren, auf ‚Erdhaufen',

Erde' beruhenden Formen (ahd. *mûwërf, -wurf* ,Haufenwerfer',
mhd. *moltwërf, -wurf* ,Erdwerfer'), doch gibt es andererseits An-
lehnungen an mhd. *mûr* ,Mauer' und mhd. *mot* ,Moder,
Schlamm' sowie im Grundwort an *Wolf* und *Wurm*. Hingegen
wird → *Moll* für ein Wort ndl. Herkunft gehalten. Verbreitet
sind außer *Maulwurf* folgende Zuss.: *Mauerwolf* (mdal. *Muw-
wer-)* verstr. söZThür, südl. Weimar, *Mauertswolf* verstr. nwO-
Thür, *Maukwolf* verstr. sNThür nZThür, *Motwolf* öOThür,
selt. NOThür nSOThür, *Maukwurm* selt. NThür nNOThür,
Motwurm selt. NOThür, *Moltwurm* nEichsf.

Maurer, -äu- m. ,Maurer' allg. außer sHennb; Sprichwort: *der
Meier is faul un teier.* – Lautf.: *Maurer, Mauer, Muu(e)r,* doch mit
Umlaut *Mäurer, Mierer* WThür nHennb, W-Rand ZThür,
Mär sNThür, n,öZThür, *Mei(e)rer* nöSOThür, *Meier*
sNOThür IlmThür OThür nwSOThür.

Mäuschen n. speziell ,die empfindliche Stelle am Ellbogen' W-
Thür ZThür IlmThür, verstr. OThür SOThür Itzgr Hennb;
au, etz ha ech mech ans Meische gestußen.

Mäuse f. (meist Dim.) **1.** weibl. Kalb' neben **Mäusenkalb**
Eichsf WThür wZThür nHennb; auch Kosename für ,Kuh'; *s
Mäuschen wörd ball verkouft.* – **2** in den Zuss. →
(Liebe)gottesmäuschen ,Marienkäfer' verstr. Eichsf. – Lautf.:
Mäuse(n), -ei-, -äi-, -ee-, Mäuschen, -le, Meischen, -äi-. Etym. un-
klar, doch wohl gleicher Herkunft wie → *Meise* ,weibl. Ge-
schlechtsteil'.

Mäusegedärm n. ,das Ackerunkraut Vogelmiere' vorwieg.
Hennb; auch *Mäusegedärmich* n. um Erfurt, um Weimar; ebs.

Mäusegeschirr verstr. sIlmThür sOThür nSOThür; **Mäu-
se-, Mausekötel, -kuttel** verstr. sNOThür nSOThür, sonst
selt. – Infolge Verwechslung alle Syn. vereinzelt auch für ,Vogel-
knöterich' und andere kriechende Unkräuter.

mausen sw. V. ,stehlen' allg.; RA *met dan kammer än Gaul mau-
sen; mät'n Oochen mause; war veel tuscht* (tauscht), *darmuust au.*

Mäusöhrle n. ,Ohrwurm' neben **Ohrmaus, -mäusle** sHennb
nwItzgr.

Mauzche f. ,Obstlager', auch ,Obstversteck oder Versteck für
Geld und Näschereien' (z. B. im Bettstroh oder Heu) verstr.

n,öOThür; RA *etw. in de Mauzche lee* (legen) ,sparen'. – Wohl mit Suffix -*che* zu erzgebirgisch *Mauke* in gleicher Bed.

mechant Adj. ,böse, niederträchtig, scheußlich' allg., doch veraltend; *e meschantes Luder. – Lautf.*: me-, mischant, doch mit Erstsilbenbetonung *meeschant* öOThür. Zu frz. *mechánt* ,schlecht'.

Mehlbeere f. **1.** ,Frucht des Weißdorns' NThür, NOThür (außer SO), WThür (außer SO-Rand), söHennb, sonst selt.; auch **Mehlbrötchen** N-Rand NOThür, **Mehlbutte** nwSOThür, **Mehlfäßchen** söNOThür söZThür IlmThür OThür, -*fäßel* öSOThür. – **2.** ,Preiselbeere' sZThür sIlmThür.

mehr unbest. Zahladj. wird im NThür NOThür WThür ZThür ob. Schwarza und verstr. im Hennb meist durch r-lose Formen (mhd. *mê*) vertreten, während im IlmThür OThür SOThür Itzgr die Komparativform aus mhd. *mërre* gilt; *dar het mehn Gald we alle annere Liet; je marre, doß'r hot, desto marre will er howe*. Außer im WThür ZThür Hennb Itzgr herrscht der Sup. *mehrst* statt ,meist', ebs. das Adv. **mehrstens** statt ,meistens'; *marrschtens* (bzw. *die marrschte Zeit) is'er nich derheeme. – Lautf.*: mehr, mähr, märre, -a-; meh, mäh, mieh, miäh, mäih; mit n-Antritt mehn, mähn, miehn, miähn im WThür wZThür und hierzu der Komp. *menner, -ä-, -i-* verstr. sWThür swZThür nHennb.

Meichel f. m., selt. n. **1.** abwertend ,Frau, Mädchen' selt. Itzgr. – **2.** ,im Nacken zusammengebundenes Kopftuch' (meist Dim.) ö,sItzgr swSOThür. – Lautf.: *Meichel(e)*, selt. *Marjele*. Wohl Dim. zu *Margarete* wie *Morche* aus → *Marie*.

Meierich m. ,das Unkraut Vogelmiere' verstr. öOThür.

meinen sw. V. **1.** ,denken, glauben, sagen' wie schd., allg. – **2.** als Redefloskel oder Flickwort wird *meine ich* ,glaube (denke) ich' in eine Äußerung eingeschoben und z. T. bis zur Unkenntlichkeit kontrahiert im öNThür NOThür IlmThür OThür n,wSOThür, verstr. öZThür, selt. Itzgr; *dos is meench nich wohr, ar hat's meech verjassen.* – Kontraktionen: *meich, meech, määch*, im öOThür *mee*.

meinetage Adv. ,von jeher' n,öOThür nöSOThür; *ar is meitooche e Siffel* (Säufer) *gewasen;* auch ,für immer' *ewich un meitaache*. Ähnlich in der formelhaften Wendung **meinleb(e)tag** ,mein Leben lang, immer' WThür ZThür sIlmThür Hennb Itzgr wSO Thür; *dös hou ich meiladdich net ghört, ha is schonn milaad nit dogewast.* – Lautf.: *meidáche, -dóche,* Kontraktionen *miládich, -ládch, -lád(e), maládche, maladdich.*

Meise f. ‚weibl. Geschlechtsteil' O Thür, sonst selt.; → *Mäuse.*

Melchior m. ‚der (in Tracht gehende) Altenburger Bauer' öO Thür. – Lautf.: *Malcher.*

Melksack → *Milchsack.*

Melm m. **1.** ‚(Straßen)staub' n,öZ Thür, selt. sN Thür nIlm Thür O Thür; *der Malm stiewet bi dan heißen Watter.* Auch **Melme** f. öN Thür Mansf; hierzu **melmen** sw. V. ‚stauben'. → *Mulm(e).* – **2.** ‚sandiger Lehmboden' verstr. öZ Thür Itzgr, auch häufig in FlN. – Lautf.: *Malm, -ä-, Mall(e)men, -ä-.* Zu mhd. *mëlm* ‚Staub, Sand'.

Memme f. **1a.** ‚weibl. Brust' Itzgr, veraltet Hennb. – **b.** ‚Zitze der Muttersau' sHennb Itzgr. Hierzu **memmen** sw. V. ‚saugen' (von Jungtieren und Säuglingen) ebd.; *der Jung mammt noch o die Finger.* – **2.** ‚Nuckel' verstr. öItzgr, selt. sHennb. – **3.** ‚wehleidige, ängstliche Person' verstr. O Thür, sonst selt. – Lautf.: *Memme, -a-.* Zu mhd. *memme, mamme* ‚Mutterbrust'.

mengen sw. V. **1.** ‚mischen' verstr., auch *gemengte Klöße (Hütes)* ‚Klöße aus gekochten Kartoffeln und Stärkemehl' sHennb Itzgr, *gemengte Wurst* oder subst. *Gemengte* f. ‚Weißwurst' Itzgr. – **2.** ‚kneten, Teig einrühren' neben *an-, einmengen* N Thür NO Thür W Thür, selt. Z Thür Ilm Thür.

Menkenke f. ‚Aufhebens, Umstände, Ausflüchte' verstr.; *mach keene lange Menkenke, fang oon!*

Mensch n. speziell ‚Frau, Mädchen', auch ‚Geliebte, Braut' verstr. und durchaus nicht immer abwertend; *dos is e tichtchs Mensch, die konn zupacke; der hat sich ä Mänsch angeschafft.* – Lautf.: *Mensch(e), Mansch;* Pl. *Menscher, -a-.*

Merks m. ‚Gedächtnis, gute Auffassungsgabe' allg.; *Herr Paster, se hum ower en guten Marks, die Predcht, wu se heit gehalln hum, hum se varn Gohre aa schun gehalln.*

meschant → *mechant.*

meschugge Adj. (nicht attr.) ‚einfältig, verrückt' N Thür NO Thür O Thür, sonst selt.; *du best je meschugge!* – Rotw. Wort zu jidd. *meschuggo.*

Meste f. **1.** ‚Behälter für Salz oder Mehl' neben **Salz-, Mehlme-
ste** allg. außer nwNThür, N-Rand NOThür, Hennb Itzgr sw-
SOThür öOThür, dabei östl. der Saale vorwieg. für das irdene
oder hölzerne Gefäß im Schrank oder an der Wand mit ca. 1 kg
Fassungsvermögen, sonst meist für das Salzfäßchen auf dem
Tisch. → *huckemeste.* – Lautf.: *Meste(n), -i-, -ee-, -ie-, -iä-.* Ein vor-
wieg. md. Wort.

metern → *martern.*

Mette f. ‚Frühgottesdienst' im kath. Eichsf, sonst eingeschränkt
auf den Gottesdienst zu Weihnachten und Neujahr; auch
Christmette; *im halb sachse mutten mi us den Bette un es gung in
de Metten.*

Metze f. **1.** ‚zylindrisches Gefäß als Hohlmaß für Getreide' allg.
außer söOThür öSOThür im Reußenland. Meist 10 – 15 Liter
fassend, doch je nach Amtsbereich unterschiedlich und seit der
Einführung des metrischen Maßsystems veraltet als amtliches
Maß und nur noch behelfsmäßig beim Verkauf von Kleinfrüch-
ten (z. B. Obst, Nüsse) oder zum Abmessen von Mehl oder
beim Füttern der Pferde als Hafermaß verwendet; abwehrend:
mi honn noch kei Metze Salz metnand gegässe. – **2.** ‚mit der Metze
abgemessener Naturallohn des Müllers' früher allg.; hierzu
metzen ‚den Mahllohn vom Mahlgut einbehalten'. – **3.** übertr.
‚eine unbestimmte große Menge (Anzahl)' verstr.; *dar hot ä gan-
ze Mätz voll Gald gewonnen.* – Lautf.: *Metz(e), Metzen, -a-.*

Metzger m. ‚Fleischer, Hausschlächter' WThür ZThür swN-
Thür sIlmThür Hennb Itzgr swSOThür, doch veraltend ge-
genüber *Fleischer;* Schnellsprechvers: *der Metzger wätzt das
Metzgermesser.* – Lautf.: *Metzger, Metzcher, -a-;* *Meetzger*
öHennb, *Meckster*Itzgr.

Michel m. **1.** ‚dummer, einfältiger Mensch' verstr.; zum früher
häufigen RN Michael, oft verbunden mit Adj. oder in Zuss.: *alter
(dummer) Michel, Gär-, Lügen-, Quatschmichel.* – **2.** in der RA *er
schläft, bis Michel tutt* ‚er schläft, bis der Gemeindehirte zum Aus-
trieb bläst (d. h. sehr lange)' NOThür nöZThür nIlmThür
OThür nSOThür, sonst selt.; wohl bezogen auf den Erzengel
Michael, der zum Jüngsten Gericht bläst.

Mienze f. **1.** Kosename für die ‚Katze' verstr. Hennb Itzgr, ob

Schwarza, S-Rand SO Thür, auch Lockruf *mienz! Mienzele!* – **2.** nur Dim. ‚Weidenkätzchen' sSO Thür, verstr. sHennb.

Mieze f. **1.** Kosename für die ‚Katze' neben **Miezekatze** N Thür NO Thür nIlm Thür O Thür nSO Thür, verstr. Z Thür, sonst seltener und mehr umgsprl.; auch Lockruf *miez! miez!* – **2.** nur Dim. *Miezel(e)* ‚Weidenkätzchen' söSO Thür. – **3.** ‚weibl. Geschlechtsteil' verstr. O Thür.

Milbenkäse m. ‚in einem langen Reifeprozeß durch Milben fermentierter Sauermilchkäse' n‚öO Thür.

Milchbusch m. ‚Löwenzahn' W Thür Rhön, verstr. wZ Thür. Auch **Milchdistel** f. verstr. ob. Schwarza, mittl. O Thür, nSO Thür, selt. NO Thür, **Milchstock** m. verstr. N-Rand Ilm-Thür, nwO Thür, meist beschränkt auf die Blattrosette im nö-Hennb n‚öItzgr.

Milchsack m. ‚Euter von Kuh oder Ziege' neben **Sack** verstr. N Thür, neben **Melksack** öO Thür.

Minke → *Munke*.

Mirsing → *Wirsing*.

Mispel → *Wespe*.

mischeln sw. V. ‚die Spielkarten mischen' söNO Thür O Thür söNO Thür, verstr. Ilm Thür; *hast genuch gemischelt!*

Mistbrühe f. ‚Jauche' sW Thür, SW-Rand Z Thür, verstr. nHennb; *me mussen Mistbrieh fohr, das Misbriehloch es bis uewen voll.* Ebd. auch **Mistbrühfaß** ‚Jauchenfaß', **Mistbrührinne** ‚Jauchenrinne'.

Miste f. **1.** ‚die Miststätte (der Misthaufen) im bäuerlichen Anwesen' W Thür Hennb Itzgr, während hierfür **Mist** m. im NO Thür Ilm Thür O Thür SO Thür vorherrscht; Sprichwort: *frei iwwern Mist, da weißt'e, was de krist* ‚heirate in die Nachbarschaft'. – **2.** ‚der von Gebäuden umschlossene bäuerliche Hofraum' wN Thür, N-Rand W Thür; Drohung *komm nur mol uff unse Misten!* ‚nimm dich in acht!'. – Lautf.: *Miste(n), -e-, Meeste*.

Misthülbe f. ‚Jauche' vorwieg. neben **Mistsülle** und **Mistsüde** Itzgr, ebs. **Mistsutte** f. verstr. neben **Sutte** wEichsf nwW Thür öZ Thür Ilm Thür wSO Thür, N-Rand Itzgr, **Misttrotsche, -trotze** f. neben **Trotsche, Trotze** verstr. sHennb.

Mittag m. speziell ‚Mittwoch' verstr. nöZ Thür, selt. NO Thür sZThür OThür. – Lautf.: *Mittch, -e-* wohl in Anlehnung an *Mondch, Dienstch*usw. ,Montag, Dienstag'.

mittelwend Adv. ,mittendrin, in der Mitte' öZThür IlmThür wOThür wSOThür, selt. sNThür; *de Katz hat sich mittelwend off mei Blumebeet geläät.* – Lautf.: *-wend, -a-, -weng.*

mittenmang → *mang.*

Mittwoch m. wie schd., doch vorwieg. Fem. in der Fügung *uf de Mittewoche* IlmThür OThür SOThür. → *Mittag.*

Mockel f. m. **1a.** Kosename für ,Kalb' söHennb Itzgr sSOThür, verstr. ob. Schwarza; meist Dim. *Mockele, -ö-, Mockelchen.* – **b.** Kosename für ,Kuh' söHennb, W-Rand Itzgr. – **2.** übertr. – **a.** ,Marienkäfer' neben vorwieg. Zuss. **Mockelkühchen, Herrgottsmockelchen, Goldmöckele** SO-Ecke ZThür, ob. Schwarza, N-Rand Itzgr. – **b.** ,Fichten-, Kiefernzapfen' neben vorwieg. Zuss. **Mockelkuh, -kühchen** söZThür; *mi giehn in de Mockeln* ,holen Zapfen'.

Moder m. ,Schlamm, Straßenmatsch' verstr. NOThür. – Lautf.: *Modder*, selt. *Moller* durch Lambdazismus.

Möhre f. wie schd., nur NThür NOThür (außer N-Rand), ZThür IlmThür OThür n,öThür; *Mehren schowe (schnipple).* Auch **Mohrrübe** N-Rand NOThür. Sonst → *Gelbe Rübe.*

Molesten Pl. ,Mühen, Beschwernisse' verstr. und veraltend; *je älter, desto mähr Molesten stelln sich ei.* – Lautf.: *Molésten, Malésten, -lásten.* Zu lat. *molestia* ,Beschwerde'.

Molkendieb m. ,Schmetterling' selt. OThür nSOThür. Auch **Molkenstäfel, Molkenstehler** verstr. Hennb, **Milchdieb** verstr. wZThür, ob. Schwarza, selt. Hennb. Nach abergläubischer Vorstellung eine Hexe in Schmetterlingsgestalt, die Milch stiehlt.

Molks m. **1.** ,Molch' selt. öNThür NOThür nIlmThür nOThür nSOThür. – **2.** ,dicke, plumpe Person (bes. Kinder)' verstr., ebd. – Lautf.: *Molks, Mul(e)gs.* Wohl zu *Molch.*

Moll m. ,Maulwurf' neben **Molt** m. verstr. NOThür. → *Maulwurf.*

Mond m. speziell ,Monat' verstr. und veraltet nöHennb. – Lautf.: *Muun, -ui-, Munn.* Zu mhd. *mân(e)* ,Mond', der als Zeitmesser diente.

Moorkecker m. ‚Frosch‘ verstr. NOThür nZThür, selt. sZThür nIlmThür. – Lautf.: *Moor-, Maar-, Muurkecker, -gecker(t).*

Moosfräulein n. ‚zwergenhafter weibl. Waldgeist‘ SW-Rand SOThür; der letzte Rest vom Getreide bleibt für die *Moosfraala* stehen.

Moosjocke f. ‚Preiselbeere‘ söWThür nHennb. – Lautf.: *-jocke, -u-, -jöckche* wohl zum RN *Jakob*, da um den Jakobstag (25. 7.) reifend.

Moosmännel n. ‚zwergenhafter männl. Waldgeist‘ selt. nw-SOThür; als Warnung an Kinder: *die Muusmännel nahm dich mit!*

mordsakrieren → *massakrieren.*

Mores Pl vor allem in der Wendung *jmd. Mores lernen (beibringen)* ‚jmd. Anstand, Benehmen, Respekt lehren‘ verstr. – Zu lat. *mores* ‚Sitten‘.

Morgen m. speziell ‚Osten‘ verstr. und veraltet ZThür IlmThür OThür; *beim Mandeln* (Garbenlegen) *kamen de Keppe nach'n Morchen zu.*

Mörsel m. ‚Mörser als Gefäß, in dem feste Stoffe (z. B. Mohn, Pfeffer, Kaffeebohnen) mit einem Stößel zerkleinert werden‘ früher allg.; *im Mierschel hat me gedärrte Ronkeln zerstußen fer Kaffee.* Hierzu **mörseln** sw. V. für die entsprechende Arbeit. – Lautf.: *Mörschel, -ä-, -üü-, -ie-, -ee-, -ää-.*

moschen sw. V. ‚verschwenderisch oder unachtsam mit etw. umgehen, liederlich arbeiten‘ verstr. NOThür nOThür; *mosche nich so mit'n Jälle!* (Geld)

möschen sw. V. ‚schlagen, prügeln‘ verstr. NOThür IlmThür OThür, hierzu *vermöschen* sw. V. ‚verprügeln‘ und **Mösche** Pl. tant. ‚Prügel‘ ebd.; *dar kreit Meesche, wenn er heeme kimmt.* – Lautf.: *meeschen.*

Motsche → *Mutsche.*

Motwolf, Motwurm → *Maulwurf.*

Mucke f. **1.** ‚öfters wiederkehrende leichte Erkrankung, leichter Schmerz‘ verstr. ZThür IlmThür; *ha het mol wedder sinne aale Mucken.* → *Mauke¹.* – **2.** im Pl. ‚Tücken, launische Angewohnheiten‘ allg.; *das Fard hat seine Mucken.*

Mücke f. speziell ‚Fliege, Stubenfliege' vorwieg. söHennb Itzgr; *dan stört die Muck an der Wänd.* – Laut.: *Muck, Mucken.*

muckern sw. V. ‚leicht-pochend schmerzen (bes. bei Zahnweh)' NThür NOThür IlmThür OThür, sonst selt.

muckisch Adj. ‚mißgelaunt, trotzig, widerspenstig' verstr. außer Hennb Itzgr sSOThür; selt. *muckig* → *Mucke²*. Vgl. schd. *(auf)mucken* ‚sich widersetzen'.

muckschen sw. V. ‚trotzen, schmollen' verstr. außer Hennb Itzgr; *ar schimpft un sie muckscht.*

muddeln sw. V. ‚langsam, ungeschickt arbeiten, sich mit nebensächlichen Dingen beschäftigen' vorwieg. öZThür IlmThür OThür SOThür; *loßt nor en Opa muddle, dar macht kenn Schoden.*

Muhkäfer m. ‚Marienkäfer' verstr. öNThür.

Muhkühchen n. dass., vorwieg. ZThür (außer SO), neben **Muhkälbchen** öNThür. Auch **Muhpetzchen** östl. Mühlhausen. – Als Kinderwort übertr. von den Bezeichnungen für Kuh und Kalb.

Muhmanz → *Mummanz.*

Mulde f. speziell ‚längliches Gefäß aus Holz' allg. außer Itzgr SOThür, wo **Multer** m. gilt. Die aus einem einzigen Holzblock gearbeiteten Mulden dienten vor allem zum Zubereiten des Kuchenteigs und der Wurstmasse beim Schlachten, kleinere und häufig blecherne Mulden auch zum Säen und Düngerstreuen. Ein flacher ovaler Korb ohne Bügel und Grifflöcher war hingegen die **(Futter)mulde** im OThür nöSOThür, mit der den Pferden Hafer oder Schrot gereicht wurde. – Lautf.: *Muule, Mulle(n), -o-, Mulde.* Mhd. *muolte(r), mulde* zu lat. *mulctra* ‚Melkgefäß'.

Müller m. speziell **1.** ‚Maikäfer mit weißem Brustschild oder weißlich behaarten Flügeldecken' verstr. öNThür NOThür nOThür. – **2.** ‚Kanker, Weberknecht' neben **Müller-Mahler** w‚sWThür Rhön.

Mulm, -ü- m. ‚(Straßen)staub' nEichsf, neben **Mulme, -ü-** f. und → *Melm(e)* selt. NThür NOThür. Auch **mülmen, -u-** sw. V. ‚stauben' ebd.

Multer → *Mulde.*

Mummanz m. ‚fiktive Gestalt, mit der man Kindern droht‘ OThür nSOThür, verstr. söNOThür; *gieh heeme, itze kimmt der Mummanz!* Auch **Mummbär, Mummelbär** selt. öNThür NOThür IlmThür, **Mumme(l)petz** neben **Mumme(l)ratz** verstr. öZThür IlmThür. – Lautf.: *Mu-, Muhmanz.*

mummeln sw. V. ‚langsam kauen oder essen‘ vorwieg. NThür NOThür; → *mammeln.*

mumpfeln sw. V. dass., Itzgr. Vielleicht zu **Mumpfel** f. ‚ein Mund voll‘ ebd.

Munke, -ü- f. **1.** ‚Schlamm, Straßenmatsch‘ verstr. OThür, selt. IlmThür nSOThür; *die Munke uff’n Waache leeft enn bis in die Schuh.* – **2.** ‚Kaffee mit eingebrockten Brotstückchen‘ ebd., auch ‚Brei aus Mehl und ·Wasser‘ oder andere Mischgetränke wie **Bier-, Milchmunke.** – Lautf.: *Munke, -o-,* selt. *Minke.*

murkeln sw. V. ‚mit den Händen derb betasten, (Tiere) ungeschickt liebkosen, etw. zerkrümeln, zerknittern‘ verstr. NOThür, selt. öNThür.

murksen sw. V. ‚liederlich, ungeschickt arbeiten (schneiden)‘ verstr.; hierzu **Gemurkse, Murkserei** und **Murks** ‚schlechte Arbeit, Pfuscherei‘.

Musche f. Kosename für ‚Kuh‘ oder ‚Kalb‘ selt. neben → *Mutsche* öNThür NOThür IlmThür OThür wSOThür. – Lautf.: *Muusche, -oo-,* häufig Dim. *Muuschchen, -oo-.*

muscheln sw. V. **1.** ‚heimlich hantieren, betrügen beim Kartenspiel‘ verstr. NThür, sonst selt. – **2.** ‚flüstern, tuscheln‘ ebd. – Lautf.: *muscheln, -ü-.*

Musikantenknochen m. ‚empfindliche Stelle am Ellbogen‘ n,wNThür nNOThür, verstr. sNOThür OThür nSOThür. Auch **Musikantenknopf** öNThür.

Muskrücke f. ‚langer Stiel mit einem quer angesetzten Brettchen zum Umrühren des kochenden Pflaumenmuses‘ NThür nWThür OThür. Auch **Musrühre** f. verstr. öNThür NOThür nZThür nIlmThür OThür.

Mutsche, -o-, Mütsche, -ö- f. **1a.** Kosename für ‚Kuh‘ NOThür OThür nSOThür, verstr. söNThür sSOThür. – **b.** Kosename für ‚Kalb‘ (meist Dim.) öNThür NOThür IlmThür wOThür nSOThür. – **2.** übertr. – **a.** ‚Marienkäfer‘ selt. OThür

nSOThür; → *Mutschekuh, Mutsche(n)kalb.* – **b.** ‚Kiefernzapfen'
neben **Kiefernmutsche** verstr. öOThür. – **c.** für ‚Kiefer- und
Fichtenzapfen' **Kuhmutsche** söIlmThür swOThür nw-
SOThür; auch **Mutschel** f. sSOThür neben **Kuhmutschel,
Scheelmutschel.** – Lautf.: *Muutsche, -oo-,* doch auch mit Um-
laut (bes. im Dim.) *Mietschchen, -ee-, Mietschel.* Etym. wohl Er-
weiterungen zu lautmalendem *Muh.* → *Muze.*

Mutschekäfer m. ‚Marienkäfer' verstr. söNThür, selt. NOThür
IlmThür OThür. → *Muhkäfer.*

Mutschekuh f., **Mutschekühchen** n. **1.** Kosename für ‚Kuh'
verstr. öNThür wNOThür, selt. öNOThür nOThür. – **2.** ‚Ma-
rienkäfer' IlmThür (außer ob. Schwarza), wOThür; nahezu
stets Dim. – Lautf.: Dim. *-kiewichen, -kiebchen.*

Mutsche(n)kalb n. **1.** ‚weibl. Kalb' teils neben **Mutsche** verstr.
wNOThür nöZThür nIlmThür öOThür nSOThür; als Kose-
name meist Dim. – **2.** ‚Marienkäfer' (meist Dim.) söNThür,
NOThür (außer N-Rand) und neben *Mutschekühchen* selt.
nIlmThür wOThür.

Mutter f. speziell ‚Großmutter' verstr. sNOThür OThür
SOThür, *Mutterla* neben älterem *Frääla* ‚Fräulein' verstr. NO-
Rand Itzgr, SW-Rand SOThür. → *Älter(mutter).*

Muttergotteskäfer m. ‚Marienkäfer' neben **Muttergottes-
hühnchen, -kälbchen, -kühchen, -mäuschen** verstr.
Eichsf, als **Mutterkäfer(le), Mutterkühle** verstr. nöHennb.

Mutz¹ m. ‚kurze, gerade Tabakspfeife' verstr. NThür nZThür
n,wNOThür, sonst selt; auch **Mutzpfeife** NThür WThür
Rhön, sonst selt.

Mutz² m. ‚Quark' öSOThür; Nebenform von → *Matz¹.* Auch
Mutzkuchen ‚Quarkkuchen'.

Muz(e)¹ f. Kosename für ‚Katze' verstr. nöNThür nNOThür.
Wohl Nebenform von → *Mieze.*

Muze², -ü- f. (meist Dim.) **1a.** ‚weibl. Kalb' verstr. nöZThür,
SO-Rand OThür. – **b.** Kosename für ‚Kalb' und ‚Kuh' ebd. – **2.**
übertr. im Verbreitungsgebiet von → Mutsche vereinzelt für
‚Kiefer-, Tannenzapfen' und in der Zuss. → *Himmelmiezchen* für
‚Marienkäfer'. – Lautf.: *Muze, -ie-, -e-, Muzchen, -ie-, -e-.*

Nabel m. speziell ‚Nabe am Wagenrad‘ wNThür.

nach 1. als Präp. in Richtungs- und Zeitangaben wie schd., allg. –
2. als Adv. – **a.** ‚nachher, danach‘ NThür NOThür SOThür Itz-
gr Hennb, sonst selt.; *erscht hat's geräänt, nooch hat widder die*
Sunne gescheint. – **b.** ‚entlang‘ allg.; *loof doch dan Schienen nach!* –
c. in verbalen Zuss. meist mit lokaler oder temporaler Bed. ‚hin-
terher-‘, z. B. in *nachlaufen, -legen, -salzen.* – Lautf.: *naach, -oo-,*
-ou-, -oa-. Als unbetonte Präp. mit Kurzvokal *nach, -o-* und im
wNThür bei ch-Abfall *na, no.* Als Adv. mit Dentalantritt zu
naacht, -oo- vorwieg. NThür NOThür.

Nachbar m. **1.** wie schd., allg. – **2.** ‚Ortsbewohner mit Haus- und
Grundbesitz‘ veraltet Hennb Itzgr ZThür IlmThür, sonst selt.
belegt. Nach dem **Nachbarrecht** hatten die *Nachbarn* besonde-
re Privilegien. – Lautf.: *Nachber, Nackber, -fer, -wer, Nabber, -o-.*
Zu mhd. *nâchgebûr* ‚nahebei Wohnender‘.

nachfahren sw. V. speziell ‚jmd. nachgeraten (in Körper- und
Charaktereigenschaften oder Gehabe)‘ Hennb wItzgr; *hä fährt*
senner Pate nach.

nachher Adv. ‚später, dann‘ allg.; *nacher werd e Deckel draufge-*
macht. – Lautf.: Neben der Vollform mit *-har, -här, -her* meist
naacher, -oo-, -ou-, -a-, -o- und mit Dentalantritt *naachert,*
naachern oder Dentaleinschub *naachder(n).*

nachhin Adv. ‚nachher, später, dann‘ sNThür WThür ZThür
IlmThür OThür nSOThür, sonst selt.; *noochen wird Friehstick*
gemacht. – Lautf.: Vollformen mit *-hin* nur verstr. nHennb,
sonst *naachen, -oo-,* selt. *-a-, -o-,* doch häufig mit Dentaleinschub

naachden, -oo- und im söNOThür öOThür auch *naachen(d)s, -oo-*.

Nachreche f. ,zusammengerechte Getreide- und Heureste auf Äckern und Wiesen' verstr. sZThür, sonst selt.; auch **Nachgereche, Nachgerechtes** neben **Gerechtes** verstr. Hennb, **Nachharke, Nachgeharke, Nachgeharktes** neben **Harkels** und anderen Syn. selt. NThür NOThür im Gebiet von → *Harke* ,Rechen'.

Nachtbrot n. ,Abendbrot' vorwieg. NThür WThür nZThür.

nächten Adv. **1.** ,gestern abend, vergangene Nacht' neben jüngerem *nächten abend(s)* IlmThür OThür SOThür; *nächten hun se sich geschlaan* (geprügelt), *er hatte nächten e garschtchen Troom.* – **2.** ,neulich' selt. NOThür öOThür. – **3.** ,gestern' S-Rand W-Thür Hennb nwItzgr; *nächte woar Muuntich* (Montag), *nächt(e) ze Ohmd* ,gestern abend' verstr. Hennb Itzgr, selt. sSOThür. Auch **vornächten** ,vorgestern' verstr. söWThür Hennb wItzgr, ob. Schwarza. – Lautf.: *nächte(n), -a-*.

Nächterle → *Achterchen.*

Nachtessen n. ,Abendbrot' S-Rand WThür, verstr. nHennb.

Nachtmahl n. ,Abendmahl in der Kirche' wNThür nWThür wZThür; meist *Nachtemahl.*

Nachtrabe m. ,fiktives Nachtgespenst, mit dem man Kindern droht, damit sie beim Dunkelwerden nach Hause gehen' verstr. außer NOThür Itzgr; *der Nachtrawe nemmt dich mät!* – Auch **Nachtbock** m. verstr. NOThür nOThür, **Nachtböz** m. verstr. swHennb, **Nachteule** f. verstr. Hennb, selt. wNThür W-Thür ZThür, **Nachtfuchs** m. verstr. nWThür, SO-Rand SOThür, **Nachtmann** m. verstr. nwSOThür, **Nachtpopel, -pöpel** m. verstr. wItzgr sSOThür, **Nachtvogel** m. verstr. sSOThür. → *Abendbock, Mummanz.*

Nachtsuppe f. ,Mahlzeit am Abend' verstr. sSOThür.

Nack(e)frosch m. scherzh. ,nacktes oder nur spärlich bekleidetes Kleinkind' verstr. neben regionalen Syn. wie **Nackarsch** selt. Eichsf ZThür, **Nackefisch** verstr. Itzgr, **Nackepitsch(er)** m. verstr. Itzgr, selt. Hennb söZThür, ob. Schwarza. **Nack(e)schiß** m. verstr. sHennb.

nackig, nackicht Adj. ,nackt' allg. – Lautf.: *nack(i)ch, nack(i)cht* *nacket* (< *nackicht*) Itzgr, selt. s Hennb s SO Thür; *nacktch* selt. Eichsf n Z Thür n Ilm Thür O Thür.

Nackige Hure f. ‚Blüte der Herbstzeitlose' verstr. sö SO Thür. Auch **Nackige Jungfrau** verstr. sö NO Thür n Ilm Thür, selt. N Thür nö Z Thür O Thür, **Nackige Magd** verstr. n,ö O Thür.

nädern sw. V. ‚wiederkäuen' vorwieg. neben **wiedernädern** N Thür, N-Rand Z Thür. Auch **näderkauen** sw. V. verstr. Eichsf. – Lautf.: *nadern, -ä-*. Wohl verkürzt und mit prosthetischem n- zu mnd. *ed(d)er-, adderkouwen*. → *nitrücken*.

Nägelchen, Nägele n. ‚Nelke als Gewürz und Blume' verstr. s Z Thür, S-Rand W Thür, Hennb Itzgr. – Lautf.: *Nachele, -ä-, Nalchen, -ä-, Nale, -ä-, nalle*. Als Dim. zu bereits mhd. *negel(l)în*, mnd. *negelkîn, -ken*, weil die Gewürznelke den handgeschmiedeten Nägeln ähnelte. **Nelke** ist hingegen erst im Frühnhd. durch Kontraktion entstanden.

nägeln sw. V. ‚schmerzhaft kribbeln an Fingerkuppen und an den Zehen (bes. bei Wiedererwärmung)' verstr. sö SO Thür; *mich nägelt's an die Finger un an de Fieß*. → *hornnägeln, urigeln*.

nährlich Adj., Adv. **1.** ‚klein, knapp, schlecht, kümmerlich' veraltend Eichsf Mansf W Thür Z Thür Hennb; *der Rock es ze nahrlich gemessen*, auch ‚unziemlich': *nährliche Reden fiehre*. – **2.** als Adv. ‚kaum, beinahe' veraltend ebd. und s Ilm Thür SO Thür; *sinst oß ich drei griene Kließe, itze zwing ich knapp un nahrlich enn*.

nängern sw. V. ‚verdrießlich jammern, halblaut weinen' verstr. SO Thür ö O Thür, um Erfurt; *die Kleene nängerte de ganze Nacht*. → *knängern, ningern*.

Napf m. **1.** meist ‚schüsselartiges Gefäß', dessen vielseitige Verwendungsmöglichkeit vom Futternapf bis zur Aufwaschschüssel (selt. N Thür Z Thür SO Thür) reicht. Regional bezeichnet *Napf* neben **Bratnapf** auch einen niedrigen Topf zum Braten und Kochen im s Ilm Thür n Itzgr, verstr. SO Thür und als Dim. *Näpfel* die Kaffeetasse im SO Thür, ebs. als Dim. neben **Salznäpfchen, -näpfel, -näpfle** das Salzgefäß im ö O Thür s SO Thür Itzgr, meist in Zuss. wie **Asch-, Kuchen-, Ringelnapf** oder **Napfkuchenform** auch die Backform für den **Napfkuchen**. → *Näpflespfanne*. – **2.** ‚ein etwa 5 l fassendes Gefäß als Hohlmaß für Getreide und Mehl' veraltet sö SO Thür.

Näpflespfanne f. ‚eine aus kleinen Blechnäpfchen zusammenge-setzte Backform für ein Gebäck aus Eierkuchenteig' sowie ‚das in der Näpflespfanne entstandene Gepäck' verstr. ob. Schwarza, sSOThür; auch *Näpfchens-, Näpfels-, Näpflichpfanne* ebd.

närbeln → *lorbeeren.*

närrischen sw. V. ‚etw. ungestüm erledigen (z. B. einen Gang, eine Arbeit); umhertollen' verstr. OThür SOThür, mittl. Ilm-Thür, selt. NOThür ZThür; *se narrscht olle Wuche e poormol in de Stodt.* Auch *herumnärrischen: de Kinner närrschen in der Stuwe rem.* – Lautf.: *närrschen, -a-.*

naß Adj. speziell **1.** in festen Fügungen – **a.** *für naß* ‚umsonst' ver-str. NOThür, sonst selt.; *der is for naß in Saal jekommen* ‚ohne Eintrittsgeld'. Wohl aus der Studentenspr. – **b.** für Speisen wie *nasser Kuchen* ‚Kuchen mit Obst-, Rahm-, Quarkbelag' allg., *nasse Scheible (Schnippel, Schnittle)* ‚Fleischbrühe mit Kartoffel-stückchen' öItzgr. – **2.** in Wendungen wie *etw. naß machen* ‚auf etw. trinken' (z. B. auf die Geburt eines Kindes) verstr.; *es geht (fährt, fliegt, fegt) naß (nieder)* ‚es nieselt, regnet ein bißchen'.

Naßgalle → *Galle.*

natzen sw. V. ‚ein Schläfchen machen' sSOThür. Hierzu **Nat-zer** m. ‚kurzes Schläfchen'; *äich hob e Natzerla gemacht.* – Zu mhd. *napfezen, nafzen* (< *napfen*) ‚schlummern'.

näufeln sw. V. ‚Erbsen oder Bohnen aus der Hülse entnehmen' neben **ausnäufeln** WThür (außer O-Rand), nHennb sw-SOThür. → *knäufeln.* – Lautf.: *neifeln, -äi-, -e-, -ä-, -a-.*

Neben m. f. ‚das im Gespann rechts gehende Zugtier' WThür nHennb, neben vorwieg. **Nebengaul, -kuh, -ochse** verstr. wNThür. – Lautf.: *Naben, -m-, Nabet, -w-.*

Neige f. **1.** ‚Flüssigkeitsrest im Trinkgefäß (bes. vom Bier), Spei-serest in der Schüssel' verstr.; RA *Neichen kommen an die From-men.* – **2.** ‚Endstück des Brotlaibs' verstr. swSOThür; *mer ham nur noch e Neechle Brut.*

Nelke → *Nägelchen.*

nennen → *Genanntes.*

Nest n. speziell ‚Haarzopf, der am Hinterkopf nestförmig aufge-wickelt oder aufgesteckt wird' veraltend wNThür WThür W-Rand ZThür, Hennb Itzgr söSOThür, sonst selt.

Netz n. speziell ‚Nachgeburt bei der Kuh' NOThür; *das Netz geht ab (ist fort, ist raus)*.

neubacken Adj. ‚soeben gebacken, frisch (von Backwaren)' vorwieg. SOThür; *altbocken Brut kann mer wieder naubocken moche, wenn mersch e bißel feichte mocht un in de heeße Ufenriehre tut*. Ähnlich motivierte und nur im nSOThür öOThür gebräuchliche Wortbildungen sind **neumelken(d)** für frische Milch nach dem Kalben bzw. für Kühe, die nach dem Kalben wieder gemolken werden, ferner **neuwaschen** für frisch gewaschene Haushaltswäsche.

neuesgierig Adj. ‚neugierig' verstr. nHennb, mittl. NThür, selt. sEichsf. Auch **neuesgieren** Adj. verstr. nNThür Mansf. – Lautf.: *neu-, nei-, nee-, nou-, nauschierich, -schieren*, wobei *-sg-* zu *sch* geworden ist.

neufängisch Adj. dass., W-Rand WThür, selt. Eichsf. Auch **neumärisch** nöWThür nwZThür, **neuwissig** verstr. öOThür. – Lautf.: *nie-, neefangsch, -ä-; neu-, nou-, nau-, nui(we)miersch, -meersch; nei-, nauwiss(i)ch*.

Neujahr n. in den Fügungen und Zuss. *das hohe Neujahr, das hohe neue Jahr*, **Hochneujahr** ‚Dreikönigstag (6. Jan.)' SOThür. → *Großneujahr, Oberneujahr*.

neuschierig → *neuesgierig*.

Nichtse f. ‚Spielkarte ohne Zählwert' nWThür, W-Rand ZThür, verstr. söIlmThür, NW-Rand SOThür; *ha het nüscht we Nüschten of dar Haand*. – Lautf.: *Nischte(n), -ü-*, selt. *Nischke(n), -ü-, Nickse*. Aus den Lautungen von *nichts* gebildet.

Nickel[1] m. Schimpfwort für dumme oder tölpelhafte Person, verstr.; → *Drehnickel*. Zum RN *Nikolaus*.

Nickel[2] o. G. Kosename für ‚Kaninchen' vorwieg. neben **Nuck(el)** NOThür OThür, neben **Nick** und **Nickchen** auch IlmThür, sonst selt. – Kurzform von → *Karnickel*.

Nicker m. ‚feststellbares Taschenmesser' verstr. öNThür sNOThür OThür. Wohl Kurzform aus jägersprl. *Nickfänger, Genickfänger*.

niederdrücken → *nitrücken*.

Nieselpriem m. ‚einfältiger, langweiliger Mensch, Griesgram' allg.

Nießel → *Nößel.*

niffen, niften sw. V. ‚scheuern, kratzen, wund reiben' verstr. sSOThür; *die naue Stiefel niften mich ollerwend* (überall).

Nikolaus m. ‚männl. Brauchtumsgestalt als Überbringer kleiner Geschenke am **Nikolaustag** (6. Dez.)' NThür nWThür, verstr. ZThür. Neuerdings ist der *Nikolaustag* verbreiteter und verbunden mit dem Brauch, Schuhe bereitzustellen, die der *Nikolaus* über Nacht mit Geschenken (meist Süßigkeiten) füllen soll. → *Herrsche-, Kettenklaus.*

nimmer Adv. ‚nicht mehr, nie mehr' Hennb Itzgr sSOThür, ob. Schwarza; *hä hot se nimmer all beisomme* ‚ist verrückt', *nie un nümmer!* ‚niemals!'. – Lautf.: *nimme(r), -ü-*, selt. *nimmeh, nimmäh* (< *nie mehr*).

ningern sw. V. ‚anhaltend (leise) weinen, jammern' verstr. söNOThür nIlmThür OThür, selt. nöZThür; *nu fangst de gor noch on ze ningern, du aller Ningersack.* → *nängern.* – Lautf.: *ningern, -e-, ninnern.*

nippen sw. V. ‚wenig trinken, kosten' verstr., als *nüpfen, -ö-* eingemundartet im Hennb Itzgr.

nippernäppisch Adj. ‚wählerisch' (von Mensch und Vieh in bezug auf Speise und Futter) vorwieg. sZThür, selt. NThür öWThür nZThür IlmThür; *jetz sin se alle nippernappsch on wonn* (wollen) *nech alles ass.* – Lautf.: *nippernäpp(i)sch, -napp(i)sch.*

Nips m. **1.** ‚Nußkern' n,öOThür. – **2.** ‚Erbse in der Hülse' neben **Nipser** ebd.; hierzu **nipsen, nipsern** ‚Erbsen aus der Hülse entnehmen' selt. neben → *ausnipse(r)n* ebd.

Nischel → *Nüschel.*

Nischte → *Nichtse.*

Nisse Pl. ‚Lauseeier' früher allg.; Wortspiel: *hutten ihr Nisse? – Nä, do hätten mer ju och Leise.* Zu mhd. *niz, nizze* f.

nisteln sw. V. ‚ein Volksbrauch ausüben am **Nisteltag** (meist 22. Febr.)' früher verstr. wNThür WThür wZThür, um Erfurt. Das auf einen Fruchtbarkeitskult deutende Brauchtum bestand gegendweise darin, daß Haferkörner oder Samenkapseln und Abfälle von Flachs möglichst hoch geworfen wurden, daß man Mädchen mit diesen Samenkapseln rieb und bewarf oder Flachsabfälle (Schäben), Erbsen, aber auch Unrat und Scherben in

Hausflure und Stuben streute. Mancherorts war *nisteln* mit Heischegängen der Kinder verbunden, im wNThür wZThür auch mit dem Überbringen von Naturalien (Lebensmittel, Tabak, Brennholz) an den Lehrer, was mit Bewirtung belohnt wurde.

nitrücken sw. V. ‚wiederkäuen' WThür n,wHennb, SW-Rand ZThür; *de Kuh es kraank, se needreckt net mehn.* – Lautf.: *nie-, needrücken, -dröcken, -e-, -u-, -o-.* Wohl mit prosthetischem *n-* und Verschiebung der Silbengrenze in Anlehnung an *nieder* zu mhd. *it(e)rücken* ‚wiederkäuen'.

nochnicht Adv. ‚noch nicht' als Zusammenrückung zu *nánnich, -ó-* O-Rand NThür, Mansf sNOThür öOThür, *nónnich, -ú-* nördlich von Lobenstein und Schleiz, *ná-, nó-, núnich* und *naand, -oo-* (< *noch nit)* S-Rand SOThür; *de Kließ senn noonich fertch; ich bin naand derzukumme.*

nölen sw. V. **1.** ‚viel und langsam reden, dumm schwätzen' verstr. NThür nWThür ZThür IlmThür, sonst selt.; hierzu **Nölarsch, Nölbacken, Nölsack.** – **2.** ‚nörgeln, verdrießlich jammern, wimmern' verstr. nIlmThür wOThür SOThür; *dar neelt iwwer jeden Scheißdreck.* – Lautf.: *neelen.*

Nopel → *Nuppel.*

Noppe f. **1.** wie schd. ‚verdickte Stelle oder Knoten im Gewebe' meist umgsprl. oder fachsprl. – **2a.** ‚große Menge (Anzahl)' verstr. s,öOThür öSOThür; *eine Noppe Geld (Kinder, Leute).* – **b.** ‚Speise- oder Getränkerest' verstr. öZThür IlmThür; *er sieft de Melch bis zer letzten Noppe.* – **c.** in der Wendung *es stimmt uf de Noppe* ‚stimmt ganz genau' söZThür, um Weimar. – Lautf.: *Noppe, -u-, Nupp.* Zu mhd. *nop, noppe* ‚Wollknötchen'.

Norbel → *Lorbeeren.*

Nößel n. ‚Gefäß und Hohlmaß für ca. ½ l' früher allg. außer nNThür sWThür Hennb Itzgr sSOThür; *konn ech en Nessel Mellich gekrie* (kriegen)? Das zylindrische, meist mit einem Henkel versehene Blech- oder Emaillegefäß diente auch als Schöpftopf. – Lautf.: *Nesel, -ä-, -ie-, -iä-, Nössel, -e-, -i-.* Zum mhd. Dim. *nözzelîn* ‚kleines Hohlmaß'.

Noster f. n. ‚Perle als Schmuck', als Neutr. meist ‚Perlenkette, Halsband aus Perlen' veraltet sEichsf WThür Hennb. – Lautf.: *Noster, -u-.* Verkürzt aus *Paternoster;* → *Päterle.*

notchen Adv. ‚dringlich, eilig‘ verstr. n,öOThür; *ich muß notchen emol in de Stodt.* Mit Dim.-Suffix wohl zu mhd. *nôte* ‚notwendig‘.

noten Ad. **1.** dass., nur selt. öOThür öSOThür; *mer hunn's noten.* – **2.** in der Wendung *s tut nuten* ‚ist nötig‘ Mansf.

Nuck, Nuckel → *Nickel².*

nuddeln sw. V. ‚schlecht oder leiernd musizieren (singen)‘ neben **nudeln** verstr. öNThür ZThür IlmThür, selt. NOThür OThür SOThür; zuweilen auch ‚murmeln, (leise) weinen, langsam arbeiten‘. Häufig hierzu *Genuddel, Nuddelei.*

Nudel f. speziell ‚fingerdickes Röllchen aus Gersten- oder Roggenschrot zur Gänsemast‘ O-Rand NThür, NOThür, verstr. n,öOThür öSOThür; → *Ludel².* Hierzu **nudeln** sw. V. ‚der Gans die *Nudeln* in den Schnabel und Hals stopfen‘ ebd.; RA *ich bin wie genudelt* ‚übersatt‘.

Nuffen m. f. ‚das im Gespann links gehende Zugtier‘ neben **Nuffengaul, -kuh, -ochse** wNThür, N-Rand WThür. Vielleicht zu mnd. *nopen* ‚antreiben, berühren‘.

Nultsch m., **Nultscher** m. ‚(Gummi)nuckel‘ verstr. S-Rand SOThür, selt. öOThür. Hierzu **nultschen** sw. V. ‚saugen, nukkeln‘ ebd.; → *Nutsch.*

nüpfen → *nippen.*

Nuppel m. ‚(Gummi)nuckel‘ OThür, verstr. SOThür, selt. sNOThür, dafür **Nopel** verstr. O-Rand NThür, nNOThür, selt. sNOThür, *itze hot' er sein Nuppel verlorn, nu gieht's Gebläk lus.* Hierzu **nuppeln** sw. V. ‚nuckeln, saugen‘ ebd.

Nüschel m. **1.** derb ‚Kopf‘ allg., doch in den Westgebieten mehr umgsprl.; *du kriechst glich eine vär'n Nischel!* – **2.** derb ‚Mund‘ verstr. ZThür Itzgr, selt. söWThür; *hall den Nischel!* ‚schweig!‘ – Lautf.: *Nischel,* doch *Nüschel* Itzgr.

nuseln, -ü- sw. V. ‚vor sich hin brummeln, undeutlich sprechen‘ verstr. neben **nuscheln** NThür NOThür WThür wZThür SOThür söItzgr, sonst selt.; *er nusselt su vär sich hän.* Zuweilen auch ‚albern schwätzen, nörgeln, weinerlich reden‘. → *Nieselpriem.* – Lautf.: *nuseln, -ü-, -ö-, -e-, -ie-, nusseln, -ü-, -i-, -e-.*

Nüßchen n. ‚Rapünzchen, Feldsalat‘ swWThür, selt. nwEichsf. – Lautf.: *Neßchen, -i-.* Wohl wegen des nußähnlichen Geschmacks.

nussen sw. V. ‚prügeln, schlagen (bes. an den Kopf)' verstr.
OThür öItzgr, sonst seltener. Wohl bezogen auf die scherzh. Be-
zeichnung *Nuß* für ‚Kopf'.

Nusser(t) m. ‚Eichelhäher' S-Rand SOThür, verstr. öItzgr, ob.
Schwarza. Kurzform von → *Nußhäher*.

Nußhacker, -häcker m. dass., SOThür (außer S-Rand), verstr.
OThür, selt. IlmThür. – Lautf.: h-Schwund häufig SOThür;
Dentalantritt verstr. wSOThür IlmThür. Im nSOThür auch zu
Nußknacker umgewandelt.

Nußhäher m. dass., verstr. söZThür IlmThür öItzgr; →
Nusser(t).

Nußhämmele n. ‚männl. Blüte des Haselnußstrauches' neben
Nußkätzchen, Nußmienzele verstr. swHennb. → *Hammel²*.

Nutsch m. ‚(Gummi)nuckel für das Kleinkind' verstr. NThür
sNOThür ZThür sIlmThür nwSOThür. Auch **Nutschel** m.
verstr. Eichsf, selt. WThür, ob. Schwarza und **Nutscher** m. ver-
str. söSOThür. – Lautf.: *Nuutsch, -oo-, Nuttsch; Nuutschel, Nutt-
scher, Nuutscher*.

nutscheln, nutschen sw. V. ‚nuckeln, saugen, (Bonbon) lut-
schen' ebd. – Lautf.: *nuutschen, -oo-, nuttschen; nuutscheln, nutt-
scheln, -ü-*.

nutteln → *nuddeln*.

nütteln sw. V. ‚rütteln' verstr. söSOThür; *er nittelt an der Tier*. Zu
mhd. *nütteln* ‚sich hin und her bewegen, rütteln'.

oben → *da-oben*.

Öberboden m. **1.** ‚Dachgeschoß des Wohnhauses‘ (als Speicher, vor allem für Getreide, genutzt) söNThür NOThür sW-Thür nwHennb öZThür IlmThür OThür n‚öSOThür, sonst verstr. neben *öberer (öberster) Boden*. – **2.** scherzh. übertr. ‚Kaffee aus gebrannten Roggenkörnern‘ verstr. OThür. – Lautf.: *Ewer, Ä-, I-, Ö-, Ü(e)-, Ewwer, Ä-, I-*. Selt. ohne Umlaut.

Öbermaul n. ‚Oberlippe‘ verstr. nWThür, selt. wNThür wZThür; *ha het sech ins Ewwermul gebessen*.

Öberneujahr n. ‚Dreikönigstag (6. Jan.)‘ verstr. OThür. → *Neujahr, Öberster*.

öbersich Adv. **1.** ‚aufwärts‘ selt. sHennb Itzgr; *ar glotzt üwerschich* ‚schielt nach oben‘. – **2.** in der Fügung *öbersiche Rube* ‚Kohlrabi‘ (die oberhalb des Erdbodens befindliche Rübe) sHennb Itzgr. – Lautf.: *öwerschich, ü(e)-*; selt. ohne Umlaut.

Öberster m. ‚Dreikönigstag (6. Jan.)‘ sHennb Itzgr; *an Üwerschten muß mer sei Stark trink*. → Öberneujahr.

Öberstube, Oberstube f. **1.** ‚Stube im Obergeschoß des Hauses‘ verstr. außer wNThür WThür wZThür. Häufig als Prunkstube oder Gästezimmer ausgestattet. – **2.** scherzh. übertr. ‚Kopf‘ verstr.; *in dan sinner Ewwerstowwen stemmt's nich mieh*.

observieren sw. V. ‚etw. genau beobachten, exakt wahrnehmen, kalkulieren‘ allg., doch veraltend; *das geht nit so fix, wie de denkst, das muß mer erscht genau obslewiere*. – Lautf.: *ab-, obselfiern, -wiern, ab-, obslewiern*. Zu frz. *observer* mit r-Dissimilation.

obstinat Adj. **1.** ‚widerspenstig, eigensinnig‘ verstr., doch veral-

tend. – **2a.** ‚peinlich genau, gewissenhaft' veraltend sWThür Itz-
gr; *si Frau ies sehr absternat in Huishall.* – **b.** ‚wählerisch bei Speise
und Futter' veraltend nöHennb Itzgr. – Lautf.: *ab-, obsternat,
-schternat, ab-, obsenat,* selt. *asbernat.* Zu lat. *obstinatus* ‚beharrlich'.

Ochsenbeutel m. ‚Herbstzeitlose' (meist Fruchtstand gemeint)
verstr. sZThür IlmThür, um Saalfeld. Auch **Ochsenpinsel**
öNThür.

ochsern, öchsern sw. V. ‚brünstig sein' (von der Kuh) Hennb,
um Salzungen; *die Kuh ossert, se moß bäi'n Oss.* Auch **öchsisch**
Adj. ‚brünstig' nwEichsf.

oder Konj. **1.** wie schd., allg., doch mit der Lautung von → *aber*
auftretend verstr. OThür SOThür Itzgr, ob. Schwarza, selt.
NOThür Hennb; *sprich joo awwer nee!* – **2.** ‚aber' verstr. und ver-
altet Itzgr, selt. sHennb SOThür sOThür; *dös warn odder schönna
Pfingsten!*

Ofenblase f. ‚runder oder ovaler Wasserbehälter im Stubenofen'
neben → *Blase* verstr. OThür, SOThür (außer SW), ob.
Schwarza, sonst selt.; hierfür **Ofenhafen** m. öItzgr, **Ofentopf**
m. sSOThür, verstr. ob. Schwarza.

Ofenröhre f. ‚Hohlraum im Kachelofen oder eisernen Stuben-
ofen zum Anwärmen und Warmhalten von Speisen und Ge-
tränken' früher neben **Röhre** allg. außer sWThür Hennb; *in der
Ufenrihre stieht dar Klußtupp.*

oh, öh Interj. ‚Zuruf an Zugtiere zum Stehenbleiben' verstr.
öNThür OThür SOThür, selt. Mansf nIlmThür; zuweilen
auch in Verbindung mit anderen Zurufen: *oh brr!, brr öh!* – Lautf.:
oh, eh, öh.

oha, öha Interj. dass., verstr. Hennb Itzgr SOThür, ob. Schwar-
za, sonst selt.

Ohle → *Ahle.*

Ohrämse(l) f. ‚Ohrwurm' verstr. nOThür. Auch **Ohränte** f.
ebd. und nöIlmThür öOThür, **Ohränze** f. verstr. nwO-
Thür. – Lautf.: *-amse(l), -ä-* entsprechen den Lautungen von
→ *Ameise* im gleichen Gebiet; *-ante, -ä-, -anze, -ä-* könnten
hingegen aus benachbartem → *Torante* ‚Ohrwurm' defor-
miert sein.

Ohratze(l), Ohrassel f. dass., öNThür NOThür.

Ohrelle f. dass., mittl. NThür. – Lautf.: *Ohralle(n), -elle(n), Ohreile(n), Ohrei(l).* Etym. unklar.

Ohrenhöhler m. dass., Itzgr, S-Rand SOThür. Auch **Ohr(en)schlitzer** m. neben **Schlitzöhrle** n. swHennb, **Ohrmäusle** n. verstr. neben **Mäusöhrle** n. sHennb nwItzgr.

Ohrfeige f. wie schd., doch mdal. nur sWThür Hennb Itzgr, ob. Schwarza, selt. Eichsf ZThür.

Ohrhornisse f. ‚Ohrwurm' neben vorwieg. **Ohrlinse** f. nöW-Thür nwZThür.

Ohrigel m. dass., verstr. öSOThür; wird oft als **Ohrriegel** interpretiert.

Ohrlaus f. dass., verstr. sIlmThür wSOThür.

Öhrle n. dass., verstr. nöHennb. Auch **Öhrling** m. verstr. söZ-Thür, selt. NOThür öSOThür.

Ohrlitze f. dass., w,sWThür nHennb, selt. sEichsf swZThür; RA *munter we ne Ürlitzen.*

Ohrwurm m. wie schd., Eichsf nwZThür, verbreiteter in den Wendungen *flink (munter, still, aufpassen) wie ein Ohrwürmchen.* Neben älteren Syn. wohl jüngere Bildungen sind **Ohrenkneiper, -knieper** m. nöZThür nIlmThür, verstr. söNOThür nOThür, **Ohrenkriecher** m. verstr. OThür SOThür sö-Hennb, O-Rand Itzgr.

Öl n., m. ‚Speiseöl' allg., → *Baum-, Rüböl.* Früher auch ‚Petroleum' für **Öllampe, Öllicht,** abwertend **Ölfunsel** f. – Abweichend vom Schd. als Mask. verstr. im nNThür nNOThür sSOThür.

ollen, ollsen → *alsan.*

Onsbel → *Amsel.*

Oolewand, Oonewand → *An(e)wand.*

oone, onne → *ane.*

Opfermann m. ‚Kirchendiener' verstr. Eichsf.

Orfel → *Armvoll.*

Ort m. **1.** ‚Platz, Stelle' verstr., häufig in der Formel *an Ort und Stelle* sowie in RA: *e gut Wuirt fengt än guten Uirt.* – **2.** ‚Dorf, Ortschaft' verstr. sSOThür Itzgr, ob. Schwarza, sonst selt. – **3a.** ‚Ende, Spitze' verstr. öOThür, selt. NOThür; *s dicke Ende vurn, s schwache Urt heng* (hinten), hierzu auch *vor Ort* in Bergwerken. –

b. ‚Ahle als Schuhmacherwerkzeug‘ verstr. wEichsf söWThür. – Als Neutr. verstr. öOThür, selt. sNOThür SOThür Itzgr. Zu mhd. *ort* ‚Spitze, Ende, Stelle‘.

Ortscheit n. ‚das Querholz am Waagebalken des Wagens‘ söNOThür, ZThür (außer NW), IlmThür OThür SOThür, O-Rand Hennb, nItzgr; kontrahiert zu *Urtscht* im öOThür.

Ortsrichter m. ‚Bürgermeister‘ verstr. und veraltet sNOThür.

orzen → *urzen*.

Ose → *Ase*.

oste(n) Adv. ‚sofort, sogleich‘ veraltend öItzgr. Etym. zu → *alsan* oder kontrahiert aus mhd. *al-zehant* ‚alsogleich‘.

Osterhase m. ‚Hase, der angeblich die **Ostereier** legt‘ allg., doch daneben auch ältere Bezeichnungen für die fiktiven Überbringer der Ostereier, was man verstr. im wNThür ZThür IlmThür nö-SOThür dem Gickelhahn, im söNThür sNOThür dem **Osterhahn,** im Hennb öItzgr, selt. nWThür dem Storch und im sWThür sogar dem Kuckuck nachsagte. Nicht am 1. Ostertag, sondern schon am Gründonnerstag wurden die Eier im WThür öOThür SOThür gebracht. In bestimmten Landschaften wurden die Ostereier zum → *Eisertitschen* und → *Eierwerfen verwendet*. → *Grünhase*.

Osterjunge m. ‚Kleinknecht im 1. Jahr nach der Schulentlassung zu Ostern‘ veraltet öOThür, selt. NOThür IlmThür wOThür öSOThür. Auch **Ostermädchen** für die entsprechende junge Magd.

Ostern n. wie schd., allg., verbunden mit altem Brauchtum, z. B. dem Aufrichten einer mit ausgeblasenen Eiern geschmückten Fichte als **Osterbaum** im wWThür oder dem Abbrennen von **Osterfeuer** im n,wNThür nNOThür; → *Osterhase, Osterwasser*. → *Kleinostern*.

Osterwasser n. ‚zu Ostern nachts oder vor Sonnenaufgang schweigend geschöpftes und nach Hause gebrachtes Wasser‘ verstr. und veraltet Hennb Itzgr SOThür öOThür, sonst seltener. Man verwendete es zum Waschen, Baden, Einreiben und besprengte auch das Vieh zum Schutz gegen Verhexung und Krankheiten; jungen Mädchen sollte es zu Schönheit verhelfen.

Otter f. ‚Schlange, Natter (meist Kreuzotter und Ringelnatter)‘

verstr. Hennb Itzgr SOThür; Kindervers beim Beerensammeln: *Atter, Atter, beiß mich net, ich breng der oo viel Beere met.* – Lautf.: *Otter, Atter.* → *Eidechse.*

Otter(n)jüngferle n. ‚Eidechse' verstr. swSOThür.

Otterzunge f. ‚Wiesenknöterich (meist Blätter gemeint)' verstr. öltzgr, ob. Schwarza, SOThür söOThür.

P, p wird allgemein als stl. Lenis *b* artikuliert.

Pf, pf erscheint nur in der wRhön im Anlaut vor Vokalen als be-
hauchtes unverschobenes *p,* sonst gilt anlautend zumeist *f-,* doch
im sWThür swZThür, am S-Rand des IlmThür und im Hennb
Itzgr SOThür *bf-;* vor Konsonanten ist anl. *bf-* jedoch auf das
sHennb Itzgr sSOThür beschränkt. In- und auslautend wird pf
im NThür NOThür nöZThür nIlmThür OThür durch *-b-, -b,*
südl. davon durch *-bf-, -bf* vertreten.

Packe f. ‚große Menge' verstr. NOThür OThür; *enne Packe
Schnie* (Schnee).

Packel, -ä- n. in der Wendung *mei Hackel un Packel* ‚mein ganzes
Hab und Gut' verstr. Hennb sIlmThür swItzgr. Auch ‚gemisch-
te Gesellschaft' *do kömmt Hackel o Packel.* → *Habchen und Bab-
chen.*

Padde f. ‚Kröte' nNOThür, selt. für ‚Frosch' ebd.; *naß wie änne
Padde.*

palavern sw. V. ‚viel und überflüssig reden, sich angeregt unter-
halten' verstr. außer Hennb Itzgr SOThür. Hierzu **Palaver** m.
‚Gerede, Geschwätz'.

Paletot m. ‚Herrenmantel' verstr. und veraltet.

Palmen Pl. ‚am Palmsonntag in der Kirche geweihte Weiden-
zweige' in kath. Gebieten des Eichsf und der wRhön, sonst selt.;
hierzu **Palmenkätzchen, -kätzle** ‚Blütenstand der Salweide'
selt. neben regionalen Syn., aber am S-Rand SOThür auch
übertr. auf die Haselnußblüte.

Pampel¹, -ä- f. ‚Hebamme' neben selt. *Pampelin* verstr. nö-

SO Thür. Auch **Pampel-, Pämpelmutter** nIlmThür wO-Thür, verstr. SO Thür. → *Pimpel(mutter)*.

Pampel², pampeln → *Bambel, bambeln*.

Pampf m. ‚breiige Masse, steifer Brei, zu dick geratene Speise‘ sItzgr. → *Pfampf*.

Pamps m. **1a.** dass., verstr. außer Hennb Itzgr; *fraß dei Pamps salwer!;* auch ‚steifer Kartoffelbrei‘ verstr. öSO Thür. – **b.** speziell ‚in der Pfanne gebackene Kartoffelpuffer aus geriebenen rohen Kartoffeln‘ öSO Thür, auch *Grüner Pamps* (mit Bezug auf die ungekochten Kartoffeln) verstr. nSO Thür. – **2.** ‚dichtes Gewirr‘ (z. B. vom Haarschopf, vom Getreide) verstr. nöZ Thür sIlm-Thür; *dar hat vielleicht en Pamps off'n Kopfe.* – Lautf.: *Bam(b)s, -o-,* in Bed. 1b *Bambes.* → *Papp, Paps*.

Paneel n. ‚Wandbrett für kleinere Gegenstände und Gerätschaften‘ vorwieg. nIlmThür. Auch **Paneelbrett** verstr. öNThür NOThür, sonst selt.

Pänert m. ‚runder, steilwandiger Weidenkorb mit Bügel‘ (früher meist zum Kartoffellesen verwendet) sNOThür OThür, verstr. nIlmThür, gelegentlich auch für den kleineren Korb mit gewölbtem Boden. – Lautf.: *Banert, -ä-.* Etym. zu lat. *panarium* ‚Brotkorb‘.

Päonie → *Patönie*.

Päpe → *Fäpe*.

Papp m. **1.** ‚Brei, Kleister‘ verstr. öItzgr. – **2.** ‚Pappe‘ verstr. neben **Pappe** f. Hennb Itzgr, deren Bezeichung sich aus Bed. 1 herleitet.

Päppe f. **1a.** meist abwertend ‚Mund‘ verstr. außer wN-Thür WThür Hennb Itzgr; *halt de Päppe!* – **b.** speziell ‚verzogener Mund, Flunsch‘ verstr. sNOThür öZThür Ilm-Thür wOThür Itzgr; *was hängst'n wedder for ne Päppe her!* – **2.** ‚Kinn‘ verstr. öOThür, selt. nOThür, um Gera. – Lautf.: *Bäbbe, -a-, Babb*.

Pappel f. veraltet ‚Löwenzahn‘ verstr. wSO Thür. Auch **Pappelblume** verstr. S-Rand SO Thür, **Pappelbusch** N- und W-Rand SO Thür, **Pappelstock** söSO Thür.

pappeln¹, -ä- sw. V. ‚kauen, genießerisch essen‘ verstr. NThür ZThür nIlmThür, selt. SO Thür; *do werd e bill gepäppelt un a bill* *gebabelt* ‚ein bißchen gegessen und geplaudert'. → *päppen.* – Lautf.: *babbeln,* selt. *-ä-.*

pappeln² → *babeln.*

Pappelrose f. ‚Pfingstrose' sö Hennb Itzgr.

pappen sw. V. ‚Pfeife, Zigarre oder Zigarette rauchen' s Eichsf W Thür Z Thür, Hennb (außer Rhön), nö Itzgr; *minn Grußvoter pappt we'n Schlut on es äckergesond.* Hierzu **Papppfeife** ‚Tabakspfeife'. → *papsen.*

päppen, -a- sw. V. ‚essen' (bes. zu Kindern) verstr. ö N Thür NO Thür n Ilm Thür ö O Thür, um Erfurt. → *pappeln¹, Päppe.*

Papperei, Pappergeld → *Plapperei, Plappergeld.*

pappern sw. V. **1.** ‚schwatzen, plaudern' verstr. außer Eichsf W Thür w,s Z Thür; RA: *war henner der Häll* (Ofenecke) *sitzt, hat gut pappern.* – **2.** ‚brodelnd kochen' verstr. ö N Thür Mansf n Ilm-Thür, selt. nö Z Thür; *wenn's Mus pappert, denn is es gut.* – Lautf.: *babbern,* im Itzgr *-ä-,* im s Hennb auch *babern.*

Paps m. ‚breiige Masse, zu dick geratene Speise' verstr. n,ö O Thür, auch ‚steifer Kartoffelbrei' nw Itzgr.

papsen sw. V. ‚Tabak rauchen' O Thür SO Thür. Hierzu **Papse** f. scherzh. ‚Tabakspfeife', **Papser** m. ‚starker Raucher'. → *pappen.*

Parapluie m. ‚Regenschirm' ö O Thür Itzgr, sonst selt. und überall veraltet. Fremdwort aus dem Frz.

parforce Adv. ‚mit Gewalt, unbedingt' veraltet; *ha woll praforsch Bonnkaffee haa.* – Lautf.: *bar-, borforsch, bra-, broforsch.* Fremdwort aus dem Frz.

Parforcekohl m. ‚säuerlich zubereitetes Weißkraut' verstr. N Thür NO Thür, ebs. **Parforcekraut** selt. s NO Thür nö Z Thür.

Part m. f. **1.** ‚Teil, Anteil' verstr.; *ich far menn Part bin zufrieden; ich denk mer mein Part.* – **2.** meist als Fem. ‚Personengruppe' verstr., auch ‚Mietspartei'; *mir hann zu drei Parten gewohnt.*

partout Adv. ‚durchaus, unbedingt' verstr. und veraltet; *ar will partuu heeme.*

Passer-le-temps m. f. in der Wendung *für (aus, per, zum) Passeltant(e)* ‚aus Zeitvertreib, ohne besonderen Grund' als veraltet aus allen thür. Gebieten belegt; *ich gieh nar zun Posteltante hin.*

– Lautf.: Mit mannigfacher Variation zumeist *Bassel(e)dand(e)*, *Bossel(e)-, -u-, Bastel-, -o-, -u-*. Aus dem Frz.

Pastor m. ‚Pfarrer' NThür (außer Eichsf), NOThür nIlmThür OThür, N-Rand SOThür, verstr. neben → *Pfarre(r)* w,sZThür sIlmThür SOThür; RA: *Pastersch Kinner un Millersch Vieh geraten selten oder nie; mir sen je unter uns Basterschtechtern ,wir können offen reden'.* – Lautf.: *Baster, -o-*.

Pate m. f. wie schd., allg. außer sWThür Hennb; RA: *wenn's Kind getauft äs, will jeder Pate sie.* Zur besseren Geschlechts- und Alterskennzeichnung auch **Patenmann, Mann(s)pate** für den männl. Paten, **Patenfrau, Frau-, Weibspate** für die Patin, **Patchen** und **Kleinpate** für das Patenkind; jünger sind **Patenonkel** und **Patin.**

Patenabbitte f. ‚persönliche oder briefliche Danksagung der Konfirmanden an die Paten für erwiesene Unterstützung' früher öOThür, seltener nIlmThür wOThür nSOThür. → *abbeten.*

Patenbrief m. **1.** ‚Brief der Kindeseltern mit der Bitte, die Patenschaft zu übernehmen' veraltet, doch unüblich im Eichsf W-Thür Hennb Itzgr. Nicht nur als Zeichen der Ehrung, sondern auch zur Abwehr weiterer Patenschaften wurde er bisweilen an den Spiegel oder an das Fenster geheftet. – **2.** ‚Brief mit einem Geldgeschenk des Paten zur Taufe' verstr. außer Eichsf. Auch **Patenkästel** n. verstr. SOThür, da der Brief oft aus einem gekauften flachen Schächtelchen bestand. – **3.** ‚Brief mit der → *Patenabbitte* verstr. außer Eichsf.

Päterle, -a- n. ‚kleine Perle aus Glas' Itzgr sSOThür, selt. sHennb, übertr. auch ‚Schweißperle' und ‚Träne' sowie im Pl. ‚Halskette, Perlenschnur'; *der Angstschwääß kam in grußen Patterlen iwer de Stern, in alten Zeiten trugen de Bauernweibsen im Hols rim Pattern.* – Lautf.: *Bätterle, -a-*, Dim. Pl. *Bätterlich*, vereinzelt im SOThür auch Pl. *Bättern, -a-*. Wohl verkürzt aus *Paternoster*, da benachbartes → *Noster* ebenfalls die Perle bezeichnet. Eine Herleitung von *Perl-lein* infolge Dissimilation ist erwägenswert, doch für Thür weniger wahrscheinlich.

Patönie f. ‚Pfingstrose (Päonia spec.)' öNThür NOThür, verstr. nIlmThür nwOThür, sonst selt.; auch **Patöniesrose** f. verstr. sSOThür. – Lautf.: Mit Hiatustilgung bei aneinanderstoßenden

Vokalen durch Kons.-Einschub zumeist *Ba-, Bo-, Budénn(i)che(n), -deen(i)che, -aa-, Bunénn(i)che, Bedún(i)che,* wobei Anlehnungen an die Zierpflanze *Petunie* und volksetym. Umdeutungen zu *Putthennchen, Putthähnchen* stattgefunden haben.

Patsche f. speziell **1.** ,Getreidesense mit stoff- oder gazebespanntem Bügel' früher verstr. Z Thür s Ilm Thür w SO Thür, sonst selt. – **2.** als Pl. *Patschen* ,Hausschuhe' verstr. w SO Thür.

Patsch(e)bleuel m. ,Holzwalze oder flaches Brett mit Handgriff' (diente meist zum Klopfen und Glätten der Wäsche) verstr. Z Thür Ilm Thür, selt. s N Thür. Auch **Platschbleuel** verstr. ob. Schwarza.

patschen sw. V. ,schwatzen, plaudern' s SO Thür; RA: *wenn mer vun Esel paatscht, kimmt er glei gelaatscht.* Hierzu **Patsche** f. ,Schwätzerin, Klatschbase' ebd., aber auch ,verweichlichte, kraftlose Person' verstr. SO Thür. – Lautf.: *baatschen, -oo-; Baatsche, -oo-.*

Pax m. f. n. ,Mal beim Hasche- oder Versteckspiel' verstr. SO Thür, selt. Ilm Thür O Thür. Zu lat. *pax* ,Friede'.

pecken sw. V. **1.** ,Hackarbeiten verrichten, jäten mit der Hacke' verstr. S-Rand SO Thür. – **2.** ,Reisig mit einem Hackmesser zu **Peckstreu** zerkleinern' s SO Thür, neben *picken* auch ö Itzgr. Hierzu wird der **Pecker(t)**, die **Streupecke** oder der **Streupecker** als Hackwerkzeug verwendet.

Pein f. ,Schmerz, Qual' ö Itzgr, selt. SO Thür. → *Kopf-, Zahnpein.*

pelzen[1] sw. V. ,prügeln' neben *durch-, verpelzen* verstr. ö N Thür NO Thür; hierzu **Pelze** Pl. tant. ,Prügel'. Zu *Pelz* ,Fell'.

pelzen[2] sw. V. ,veredeln, pfropfen' Hennb (außer w Rhön), Itzgr s SO Thür; *der is aa uf Scheißbeerholz gepelzt* sagt man von einem Taugenichts. – Lautf.: *balzen, -e-.* Aus lat. Wurzel über romanische Vermittlung bereits ahd. *belzōn, pelzōn.*

pelzig Adj. speziell ,ausgetrocknet, holzig' (bes. von Wurzelgemüse und Obst) verstr.; übertr. ,gefühllos, taub' verstr. Itzgr.

Perllein → *Päterle.*

Perücke f. speziell ,lockeres Pfannengebäck aus geriebenen gekochten Kartoffeln mit Zugabe von etwas Mehl' sw O Thür, verstr. Ilm Thür nw SO Thür; *zor Poricke jiebt's keene Titsche* (Soße). Hierfür auch **Perückenhans** m. verstr. sw SO Thür. Die gleiche Speise aus rohen geriebenen Kartoffeln, wie Kartoffelpuffer zubereitet, heißt *rohe* bzw. *grüne Perücke* verstr. swOThür nw-SOThür. – Lautf.: *Be-, Ba-, Borícke, -récke, -rócke, -rúcke.*

Peterle n. f. ‚Petersilie' Itzgr, selt. swSOThür. – Lautf.: *Betterla,* selt. *Bie-, Bäi-, Beeterla.*

Petze[1] f., **Petz** m. **1.** ‚(junges) Schaf, Lamm' Itzgr, verstr. SW-Rand SOThür, auch Kosename und Lockruf ebd. – **2a.** ‚Fichten-, Kiefernzapfen' swItzgr; hierfür auch **Tannenpetz** ‚Fichtenzapfen' und *klenne Petz* ‚Kiefernzapfen'. – **b.** nur Dim. ‚männl. Haselnußblüte' Itzgr, selt. S-Rand SOThür; auch ‚Weidenkätzchen' verstr. Itzgr. – Lautf.: *Bätz(la),* selt. *Beez, Bääz.*

Petze[2] f. **1.** ‚Hündin' allg. außer wNThür sWThür Hennb Itzgr, seltener für andere weibl. Kleintiere wie Kaninchen, Katze, Hamster. – **2.** übertr. ‚mannstolle weibl. Person' (die sich wie eine läufige Hündin verhält). – Lautf.: *Batz(e), -ä-, -e-.*

Petze[3] f. ‚Person, die etw. verrät' verstr. NOThür OThür, in der Schülerspr. verbreiteter. Hierzu **petzen** sw. V. ‚etw. verraten' neben *verpetzen* bes. in der Schülerspr. – Lautf.: *Bätze,* selt. *-a-.* Wohl rotw. Wort aus hebr. *pazah* ‚den Mund auftun' mit Anlehnung an → *Petze*[2], die etw. verbellt.

Pfaffe m. abwertend ‚Pfarrer, Geistlicher' verstr. NOThür OThür, sonst selt.

Pfampf m. ‚dicke, breiige Masse, zu dick geratene Speise (Suppe)' söZThür sIlmThür, auch ‚Kartoffelbrei' selt. SOThür. → *Pampf, Pamps.*

Pfandwisch m. ‚Pfahl mit Strohwisch auf Acker oder Wiese' (um das Betreten, Nachernten oder Abweiden als strafbar zu kennzeichnen) öOThür; auch **Pfändewisch** söNOThür nOThür, verstr. SOThür Itzgr.

Pfanne f. **1.** Bezeichnung für unterschiedliche Gefäße. – **a.** ‚großes, längliches Bratgefäß' verstr. neben **Brat(en)pfanne** und älteren Syn.; RA *die Glocken leiten* (läuten am Sonntag) *den Braten in de Fanne.* – **b.** meist Dim. ‚kleine Kasserolle mit Stiel' (z. B. zum Schmoren von Zwiebeln oder Ausbraten von Speckgriefen) verstr. Itzgr SOThür. – **c.** ‚flacher, runder Tiegel mit Stiel' (z. B. für Bratkartoffeln, Eierkuchen oder Spiegeleier) neben **Brat-, Stielpfanne** verstr. Eichsf, selt. nöNThür NOThür söHennb wItzgr. – **d.** ‚rechteckiges Backblech mit hohem Rand (zum Backen von → *Striezeln*) selt. ob. Schwarza, W-Rand SOThür, nöItzgr; → *Näpflespfanne*. – **2.** ‚in der Bratenpfanne gebackenes Gericht aus geriebenen Kartoffeln, Semmelbrocken, Eiern, Milch, Obst und zuweilen auch mit Beigabe von Räucher- oder Geflügelfleisch bzw. Wurst' (vorwieg. als Sonntagsgericht) verstr. öNThür sNOThür, selt. öZThür nIlmThür. Häufig auch in Zuss. wie *Birnen-, Kirsch-, Quetschen-, Eier-, Milchpfanne*. – **3.** ‚rechteckiger Wasserbehälter im Küchenherd' sNThür WThür ZThür IlmThür OThür SOThür, verstr. sNOThür, zuweilen auch für den Wasserbehälter im Stubenofen gegenüber → *(Ofen)blase*.

Pfann(en)kuchen m. **1.** ‚handtellergroßes, oft mit Mus gefülltes, in Öl oder Fett gesottenes kugelförmiges Gebäck' vorwieg. öNOThür öOThür ö‚sSOThür; → *Kräpfel*. – **2.** ‚einfacher, in der Bratenpfanne gebackener Hefekuchen' öWThür, verstr. wZThür, selt. nöHennb und übriges WThür.

Pfarre[1] f. ‚Pfarrhaus' verstr.; *naann der Kärche stieht gleich de Pforre*. – Aus mhd. *pfarre* zu spätlat. *parochia*.

Pfarre[2] m. ‚Pfarrer' sEichsf WThür Hennb, verstr. swZThür sIlmThür SOThür; *Edeward studiert off'n Pfarre* ‚studiert Theologie'. – Lautf.: *(P)farre, -o-, (P)farr, -ä-, -o-, -ö-, Parr, -ö-, -oa-*. Zu mhd. *pfarre* als Nebenform zu *pfarrœre* ‚Pfarrer'.

Pfarrer m. wie schd., Itzgr, verstr. SOThür und umgsprl.; *ar kann rede wie ä Pfarrer*.

Pfarrner, -ä- m. ‚Pfarrer' nöHennb, verstr. ob. Schwarza; *hä tit wonnerschwichtig bie der Pfarrner of der Kaanzel*.

Pfeifen, Pfeifchen Pl. speziell ‚säuerliches Gericht aus Innereien von Schlachttieren' verstr. neben → *Kaldaunen* öNThür NOThür n‚öOThür. – Lautf.: *Bieben, Fiefchen, -ei-*.

Pferdeapfel m. (meist Pl.) ‚Pferdekot' s‚öNThür NOThür nIlmThür nOThür, seltener neben **Pferdescheiße, -dreck, -mist** nNThür sEichsf WThür nHennb. Auch **Pferdeboller** söHennb nwItzgr, **Pferdehütes** swHennb, **Pferdekräpfel** sZThür sIlmThür, **Pferdesemmel** sOThür SOThür und selten angrenzend.

Pferdebeißer m. ‚Libelle' selt. neben **Pferdenüssert** S-Rand

SOThür. Auch **Pferdestachel, -stechel, -stichel** verstr. ob. Schwarza, wSOThür, **Pferdestecher** verstr. söHennb nItzgr w,sSOThür.

Pferdeblut n. ‚Lakritze' verstr. n,öNOThür.

Pferdeminze f. ‚das Unkraut Ackerminze' öOThür nSOThür; *de Pfaarminze stänkt wie Pfaarstoll.*

Pferderose f. ‚Pfingstrose' nwOThür.

Pfetter m. ‚männl. Pate' W-Rand sWThür, W-Rand nRhön. – Lautf.: *Pätter, -a-, Pfatter.* Zu mlat. *patrinus* ‚Taufzeuge'.

pfietschen sw. V. ‚pfeifen, schrille Töne von sich geben' verstr. OThür SOThür; *dein Roller pfietscht, dan mußt'e mal eele.* Hierzu **Pfietsche** f. ‚Weidenpfeife' ebd., selt. IlmThür.

Pfiffer m. ‚Pfifferling' öHennb, verstr. swZThür, neben *Gelber Pfiffer* Itzgr, weil *Pfiffer* hier ‚Pilz' schlechthin bedeutet. – Lautf.: *Pfiffer, -ü-, -ö-, Pfiipfer, -ö-.*

Pfingstbier n. ‚Pfingstvergnügen mit Umzug, Tanz und Maibaumsetzen' verstr. sNOThür, neben **Pfingstquas** nOThür. Das Pfingstbier der Halloren in Halle dauerte mehrere Tage. Die Veranstalter der Feier waren in den Dörfern die **Pfingstburschen** in ihrer **Pfingstgesellschaft.** Zuweilen wurde im Festumzug ein mit Bändern und Blumen geschmückter **Pfingstochse** mitgeführt; RA: *geputzt wie e Pfingstochse.*

Pfingstvogel m. ‚Pirol' NThür NOThür nZThür, verstr. OThür.

Pfips m. ‚die Geflügelkrankheit → *Pips*' verstr. öZThür, um Weimar; auch **Pfipf** m. verstr. nöZThür, mittl. NThür. – Lautf.: *Fibs, Fiebs, Fibb, -e-.*

pfitschen → *pfitzen.*

pfitschenaß Adj. ‚völlig durchnäßt' vorwieg. SOThür; *Korl kom fitschenaß vun Felle.* Auch *pfutsch(e)naß* verstr. WThür Hennb, selt. sNThür ZThür.

Pfitschepfeil m. ‚Pfeil und Bogen als Kinderspielzeug' nöZThür IlmThür SOThür Itzgr söHennb. Hingegen gilt im sNOThür OThür *Pfitschepfeil* meist nur für den Pfeil, während der Bogen **Pfitschebogen** heißt. – Lautf.: *Fitsche-, Pfitsche-.*

pfitzen sw. V. ‚zwicken, kneifen, zusammendrücken' WThür nHennb wZThür; *ha pfitzt de Aüben* (Augen) *zu,* RA: *dos es groa*

su, als wammer ne Kuh (en Ochs) ins Horn fitzt ‚es wirkt nicht'. –
Lautf.: *(p)fitzen, pitzen.* Zu mhd. *pfetzen* ‚zupfen, zwicken'.

Pfitzkuchen m. ‚im Waffeleisen gebackenes herzförmiges Gebäck aus Eierkuchenteig' WThür, verstr. W-Rand ZThür.

Pfitzzange f. ‚Beißzange' s WThür, selt. wZThür nHennb.

Pflanzenstecher m. ‚spitzer Holzpflock zum Bohren von Pflanzlöchern für Gemüse und Rübenstecklinge' verstr. nZThür öNThür NOThür. Auch **Pflanzer, -ä-** verstr. NThür (außer Eichsf), NOThür, um Erfurt, selt. IlmThür, **Pflanzholz** w, s ZThür s IlmThür wSOThür Itzgr Hennb, verstr. Eichsf.

Pflaume f. **1.** neben differenzierenden Bezeichnungen allg. als Sammelname für alle Pflaumensorten außer der → *Zwetsche;* RA: *die erschten Pflaumen sin moodch* (madig). – **2.** ‚Hauszwetsche (Prunus domestica L.)' NO-Rand NThür, NOThür OThür öSOThür. Hierzu **Pflaumenkuchen** ‚Zwetschenkuchen', **Pflaumenmus** ‚Zwetschenmus' und als getrocknete Früchte für späteren Verzehr **Back(en)pflaumen, Pflaumenhutzel** oder *gebackene (gedörrte, gewellte, trockene) Pflaumen.*

pflocken sw. V. ‚(Obst, Beeren, Blumen) pflücken' nWThür nZThür nIlmThür OThür, NO-Rand SOThür, verstr. söNThür söNOThür nöHennb nöItzgr, sonst selt., nicht Eichsf; *Gretchen het zwei Eimer Beer geflockt.* Auch **pflöckeln** verstr. S-Rand WThür nHennb. – Lautf.: *(p)flocken, -u-; flöckeln, -e-, bleckeln.*

pflügen sw. V. wie schd., doch nur n, öNThür NOThür.

Pflugkarre f. ‚der zweirädrige Vorderteil des Pfluges' O-Rand NThür, NOThür. Auch **Pflug(s)karren** m. Eichsf s IlmThür wSOThür, **Pfluggeschirr** n. s ZThür, **Pfluggestell** n. sö-SOThür, **Pflugslade** f. S-Rand NThür, öWThür wZThür, als Dim. **Pflugstöckchen** n. OThür, **Pflugächsel, -achsel** nSOThür, **Pflug(s)rädel** n. mittl. SOThür.

Pflumpe, Pflumpfe f. ‚Pumpe' SOThür (außer W-Rand). Auch **Plumpe, Plumpfe** f. SO-Rand NThür, NOThür n, söIlmThür OThür, verstr. öZThür, W-Rand SOThür; *dazemal moßt mersch Wasser noch an der Plompe hulle.* Hierzu ebd. die sw. Verben **pflumpen, -pf-, plumpen, -pf-.** – Lautf.: *Flumbe, Flumfe, Pflumpfe; Blumbe, Blumfe.*

pfnuschen sw. V. ‚niesen' s WThür, hierfür **pfnischen** Hennb, *pfnuschen* neben *pfnischen* SW-Rand ZThür; *sie pfnischt in äner Tour*–Lautf.: *(p)fnuschen, -ü-;*an *niesen*angelehnt *(p)fnischen,*selt. *-ie-*. Zu mhd. *pfnûsen* ‚niesen‚ schnauben'.

Pfocke f., **Pfocken** m. ‚große Menge, Vielzahl, großes Stück' verstr. öOThür öSOThür; *worch net su gruße Pfocken nei!*

Pföffer, Pföpfer → *Pfiffer.*

pfoschen, -ö- sw. V. ‚(mit Geschenken, gutem Essen) verwöhnen oder ködern und willfährig machen' verstr. und veraltet swNThür nWThür nZThür; *dos Käind werd vill ze vill gfööscht; wenn ech'n Dokter feesch, schriebt'er mech kraank.*–Lautf.: *fooschen, -öö-, (p)feeschen.*

Pframpf m. ‚breiige Masse, Kartoffelbrei, zu dick geratene Speise' swWThür sZThür Hennb Itzgr, S-Rand SOThür; iron. *du host en schön Pframpf zesammgekocht;* auch **Pframps** m. verstr. nöZThür, **Pframpfe** f. verstr. nIlmThür. Hierzu **pframpfen, pframpsen** sw. V. ‚viel essen, gewaltsam in etw. hineinstopfen'; *ech haa's in dan Sack geframft.* → *Pampf, Pamps.*–Lautf.: *(P)framf, -aa-, Framb,* im öHennb swItzgr *Bramf, -aa-.*

Pfrieme f. ‚Ahle als Schuhmacherwerkzeug' NOThür nIlmThür wOThür, verstr. NThür nZThür; auch **Pfriem(en)** m. sIlmThür, SOThür (außer O-Rand), nöItzgr, verstr. NThür, um Erfurt; RA: *ein Geizhals ißt dan Matz* (Quark) *met der Frieme.*

Pfrießerich, Pfrießlauch → *Frieß(e)rich.*

pfropfen[1] sw. V. ‚Bäume oder Sträucher durch Aufsetzen eines Reises veredeln' NOThür nIlmThür OThür nSOThür, W-Rand Rhön, verstr. WThür swZThür; *dan aalen Apfelbaum honn ech emgefropft.* – Lautf.: *(p)fropfen, -bb-,* in der wRhön *brobben.* Zu lat. *propagare* ‚erweitern, fortpflanzen'.

pfropfen[2] sw. V. **1.** ‚etw. fest in etw. hineindrücken, stopfen' verstr. – **2.** speziell ‚Gänse mästen mit Stopfklößchen aus Roggen- oder Gerstenschrot' söWThür Hennb, W-Rand Itzgr.

Pfühl n. m. ‚Kopfkissen (bes. die längeren für Zweipersonenbetten)' veraltend, nicht belegt im Itzgr. – Zu mhd. *pfülwe, -u-* aus lat. *pulvinus.* Neutr. außer Hennb sOThür öSOThür und verstreuten Einzelbelegen.

Pfumpfnase f. ‚(große, dicke, unförmige) Nase' öZThür, selt. IlmThür OThür söHennb. Auch **Pfumpf** m. selt. sZThür,

Pfumpfe f. verstr. söZThür IlmThür, **Pfumpfer** m. selt. wZThür; *hat der en heiden Pfompf!, putz emol de Fompe!* – Lautf.: *Pfom(p)f, -u-, Fombe, -u-, (P)fumfe.*

Pfundrose f. ,Pfingstrose' öOThür nSOThür.

Pfüpfer → *Pfiffer.*

Pfusche → *Fusche.*

Pfütsche f. ,Pfütze, Lache von Flüssigkeiten' Eichsf WThür Hennb Itzgr; *hä is nei en e Pfötsche getappt.* – Lautf.: *Pfütsche, (P)fitsche(n), -e-, -ö-, Petsche.* Nebenform von *Pfütze.*

Pfütze f. speziell ,Jauche' neben **Mistpfütze** sNThür sNOThür nZThür nOThür. Hierzu **Pfützenfaß, Pfützenloch** ,Jauchengrube'.

picheln sw. V. ,viel trinken, zechen' verstr., doch selt. Hennb Itzgr; *zer Huchzich* (Hochzeit) *homme vier Faß Bier gepichelt.* – Lautf.: *bicheln, -e-,* mit Anlehnung an *bügeln* auch *biecheln.*

pichen sw. V. ,kleben' Itzgr, selt. swSOThür; *ar hot su geschwitzt, deß sei Hemm uff'n Buckel gepicht is.* Hierzu **Pichel** m. ,klebriger Schmutz am Kleidersaum' ebd.; abgeleitet von *Pech.*

Piepel → *Popel.*

Piepen → *Pfeifen.*

Piephahn m. ,Truthahn' ö,sItzgr. Auch **Piepgöker, Piepgükkel, Piepgückler** verstr. söWThür Hennb nwItzgr. Übertr. ,Hitzkopf, streitsüchtige Person'.

pietschen sw. V. ,viel Alkohol trinken, zechen' verstr. öNThür NOThür öZThür IlmThür OThür nSOThür. Vielleicht zu osorb. *pić* ,trinken'.

Pik m. ,Groll, Haß' in der Wendung *auf jmd. einen Piek haben* WThür Hennb Itzgr. Auch **Pike** f. NThür NOThür ZThür IlmThür OThür; *ar hat anne Pieke uff'n Nachbarn.* Zu frz. *pique* ,Spieß, Groll'.

Pimpaum m. ,Löwenzahn' nöZThür nIlmThür, verstr. swOThür. Auch **Pimpaumbusch** und **Pimpaumstock**. – Lautf.: *Bimbaum, -boom, -baam.* Mit Anlehnung an *Baum* lautmalend in der Kinderspr., doch wohl auf ahd. *pipawe* beruhend. → *Pumpaum.*

Pimpe f. ,Spielkarte ohne Zählwert' mittl. IlmThür, verstr. um Eisenach.

Pimpel f. ‚Hebamme' verstr. ösO Thür. Auch **Pimpelmutter** ebd. und öO Thür. → *Pumpel(mutter), Pampel(mutter)*.

pimpeln sw. V. ‚häufig kränkeln, empfindlich und wehleidig sein' verstr. NO Thür öO Thür, selt. in den benachbarten Gebieten. Weiter verbreitet auch im N Thür nZ Thür nIlm Thür wO Thür nSO Thür ist das Adj. **pimpelig** ‚kränklich, zimperlich, schwächlich'; *alte Leite sin pimplich*.

Pink(e)s m. ‚Glöckchen' (z. B. am Schellengeläute, an Herdenkühen) selt. öO Thür SO Thür.

Pips[1] m. ‚eine Geflügelkrankheit mit Verhärtung der Zunge und Entzündung der Nasen- und Schnabelhöhle' verstr. NO Thür nIlm Thür, N-Rand O Thür, sonst selt.; → *Pfips, Schnipf, Zipf*.

Pips[2] m. ‚einzelne Erbse' verstr. NO Thür nIlm Thür, N-Rand O Thür. Hierzu **pipsern** sw. V. ‚Erbsen aus der Hülse entnehmen'. → *auspipsern*.

pirtschen sw. V. ‚ständig kommen und gehen' (meist zur Tür herein oder hinaus) sHennb Itzgr. – Lautf.: *bertschen, -i-, -ie*. Wohl mit r-Metathese zu → *pritschen*.

pispern sw. V. ‚(heimlich) flüstern' sN Thür Z Thür Ilm Thür s,öO Thür SO Thür, verstr. söHennb; *wenn zwä Weiwerleut mitenand pischpern, bleit an der drett kei heil Hoor*. Auch **pispeln** sw. V. N Thür nwHennb. → *puspern, fispern*[2]. – Lautf.: *bischern, bisbern, bischbeln, bisbeln, -e-*.

Pißmiere f. ‚Ameise' nNO Thür.

pitsch(e)naß Adj. ‚völlig durchnäßt' vorwieg. Eichsf sNO Thür nöZ Thür nIlm Thür wO Thür; *ich honn pitschnasse Fieße*. → *pfitschenaß*.

placken sw. V. ‚sich mühen, plagen, schwer arbeiten' NO Thür, verstr. öN Thür nIlm Thür nO Thür. Hierzu **Plack** m. ‚Mühe, Plage'. Intensivbildung zu *plagen*.

Plan m. **1.** ‚Dorfplatz, Anger' verstr. N Thür swNO Thür W-Thür Z Thür, selt. Ilm Thür O Thür Hennb; *er diente früher als Versammlungsstätte, Markt- und Tanzplatz*. – **2.** ‚auf dem Dorfplatz errichtete Tanzfläche aus Stampflehm, Bohlen oder als Podium' verstr. Itzgr nIlm Thür, um Erfurt; *Fingesten worde ⟨ Plan jebaut*, Zeitungsannonce: *am 12. August 1972, 19.00 Uhr großer Plantanz in Maua*. – **3.** ‚Kirchweihfeier mit Umzug und ⟨

Tanz im Freien', veranstaltet von den **Planburschen** der **Plangesellschaft** söHennb Itzgr.

Plapperei n. ,Ei, das einem Kleinkind beim ersten Besuch in einem andern Haus geschenkt wird' verstr. IlmThür swOThür SOThür sHennb. Auch **Pappelei, Papperei.** Es sollte das Sprechen fördern.

Plappergeld n. ,eine Anzahl kleinerer Münzen, die dem Patenkind geschenkt wurden, damit es bald sprechen lernt' neben **Pappergeld, Plapper-, Pappel-, Papperpfennig** verstr. nIlmThür OThür SOThür.

Plärge f. ,Wunde, Beule' verstr. Itzgr. – Lautf.: *Blärch(en), -a-.* Zu mhd. *plerge* ,Hautverletzung'.

plärren sw. V. ,laut schreien, rufen oder weinen' verstr., doch selt. Itzgr SOThür; *der plärrt wie am Spieße.* Zu mhd. *blërren* ,blöken, schreien'.

Platschbleuel → *Patschebleuel.*

Platschrose → *Klatschrose.*

platt Adv. in der Wendung *platt sprechen (schwatzen, plaudern, storchen)* ,die ortsübliche Mundart verwenden' (im Gegensatz zu *hochdeutsch)* NThür WThür Hennb Itzgr; *bei ons wärd bloß platt gestorchet.* Hierzu **Platt** n. ,Dialekt' ebd. – Vgl. Kt. S. 15.

Plätte f. ,Bügeleisen' NOThür OThür, N-Rand IlmThür, verstr. öNThür. Früher mit einem durch → *Plättstahl* oder Holzkohle beheizten Innenraum. Als Dim. *Plättchen, Plattle* früher lediglich Stahlplatte mit Handgriff im w,sZThür sIlmThür öHennb Itzgr.

Plätteisen n. ,Bügeleisen' NO-Rand SOThür, verstr. neben **Bügeleisen** NThür (außer W- und O-Rand).

Plätt-, Plattglocke f. ,Bügeleisen (mit Plättstahl)' SOThür (außer W-Rand), selt. öOThür. – Lautf.: *Blätt-, Blattlocke.*

Plättstahl m. ,heißer eiserner Bolzen im Hohlraum der *Plätte* oder *Plättglocke*' (meist wurden mehrere in Feuer oder auf der heißen Herdplatte erhitzt, um auswechseln zu können) OThür SOThür; *ollemoo leet dar alle Plattstohl in Ufenloche, wemmer Assenkuche will.*

Platz m. spezielle Gebäcke: **1a.** ,flacher, auf dem Kuchenblech gebackener Kuchen' verstr. OThür Rhön, sonst selt.; Wortspiel:

wemmer kenn Plotz hun, aß mer Kuchen; wenn de kenn Platz hast,
bäckst'e dir welchen. – **b.** abwertend ‚allzu flacher, nicht geratener
Kuchen' selt. söNThür ZThür sIlmThür nöHennb; *s äs nur su a*
Platz geworn. – **2.** ‚flacher Kuchen aus Resten des Brotteigs' ne-
ben → *Brotplatz* verstr. NOThür, selt. NThür ZThür nHennb.
– **3.** ‚handtellergroßer flacher Kuchen aus geringerem Mehl'
verstr. Itzgr. – **4.** ‚Gebäck aus geriebenen rohen oder gekochten
Kartoffeln, Kartoffelpuffer' nIlmThür, selt. öNThür nZThür,
neben **Plätzer(t), -a-** wOThür.

Platzbüchse f. ‚Kinderspielzeug, bestehend aus einem ausge-
höhlten Holunderstab, in den ein hölzerner Stößel eingeführt
wird und die Luft so stark verdichtet, daß eingesetzte Kartoffel-
stückchen oder Klümpchen aus Werg knallend davonfliegen'
verstr. NThür Mansf nWThür nZThür, selt. öOThür; →
Spritzbüchse.

Platzburschen Pl. ‚Dorfburschen als Veranstalter des Kirch-
weihfestes' verstr. WThür ZThür Hennb Itzgr, während **Platz-**
knechte und **Platzmeister** mit besonderen Pflichten und
Rechten die Leitung innehaben, verstr. WThür ZThür Hennb.

Platze Pl. tant. ‚Prügel, Hiebe' verstr. sNOThür öOThür, um
Weimar; *es gibt (setzt) Platze.* Auch **Plätzer** verstr. ZThür
Hennb, selt. NThür Mansf WThür Itzgr, mittl. IlmThür.

Platzriemen m. ‚Peitsche' öHennb.

Pläuder f. ‚mit Kurbelantrieb versehene Maschine zum Reinigen
des von Hand gedroschenen Getreides' verstr. ZThür. Zu →
pläudern 2.

plaudern sw. V. ‚sprechen' Itzgr (außer NW); *ich hou mir ball es*
Maul fußlich geplaudert.

Pläudern Pl. tant. ‚Prügel, Hiebe' nIlmThür; *es gibt (ihr kreit) Plee-*
dern.

pläudern sw. V. **1a.** ‚heftig wehen, flattern' verstr. n,öZThür
IlmThür, selt. sNThür wOThür nSOThür; *der Wind hat de Zä-*
gel rungergeplädert; de Wäsche pledert uf der Leine. – **b.** ‚verjagen'
selt. IlmThür; *er pladert de Fliegen wag.* – **2.** ‚Getreide in der *Pläu-*
der mittels Gebläse reinigen' verstr. ZThür. – Lautf.: *bleidern, -e-,*
-ä-, -a-. → *pludern.*

Plauze f. ‚Lunge, Brust, Bronchien' verstr.; zumeist in der Wendung *er hat's uf der Plauze* ‚ist erkältet, ist lungenkrank'. – Lautf.: *Blauze, Blauzche.* Zu wslaw. *pluca* ‚Lungen'.

Plempe[1] f. ‚fades Getränk (z. B. Bier, Kaffee, Magermilch), dünne Suppe' verstr. NOThür öOThür, selt. nSOThür; *dos Locherbier schmeckt wie Plempe.*

Plempe[2] f. **1a.** ‚kurzer Säbel, Seitengewehr' selt. und veraltet. – **b.** übertr. ‚Polizist' selt. öOThür. – **2.** ‚Messerklinge, stumpfes Messer, Taschenmesser' verstr. NOThür.

Plinse f. ‚kleines, flaches Pfannengebäck unterschiedlicher Art' verstr. öNThür NOThür OThür, selt. nWThür ZThür nIlmThür SOThür. Die Zubereitung mit Mehl und Eiern entspricht dem Eierkuchen, die aus geriebenen rohen Kartoffeln dem Kartoffelpuffer, die aus Mehl und gekochten Kartoffeln anderen lokalen Pfannengebäcken. – Lautf.: *Blinse,* auch Mask. *Blins, Blinsen.* Zu sorb. *blinc, mlinc* ‚dünner Buchweizenkuchen'.

pludern sw. V. ‚heftig wehen, flattern' verstr. wNThür WThür, selt. nZThür; *dar Wäind pluddert mech dan ganzen Schnäi ins Gesicht,* auch *de Henner plüddern sech in Saand* ‚schütteln sich Sand ins und aus dem Gefieder'. – Lautf.: *bluddern, -o-, -ü-, bluidern.* Zu mhd. *plodern, blodern* ‚rauschen' wie → *pläudern.*

Plumpe, Plumpfe → *Pflumpe.*

Pobratsche, Poblatsche f. **1.** ‚Gestell (für Obst), Regal', auch ‚Gerümpel' öOThür, veraltet Erfurt. – **2.** ‚kleiner, schlechter Wohnraum, baufälliges Haus' sNOThür nOThür, selt. nNThür nIlmThür öOThür. – Lautf.: *Buvverzche, -worzche, Bufferzche, Bowwerzche, Buvveratschke, -ratschke, Bu-, Bobratsch(ch)e, Boweritzke, -ritschche, Bummferzche, -forzche, Bomeritzke, Bommletschke, Bommelatschke, Bavvelatschen* u. a. m.; aus tschech. *pavlač* ‚Hängeboden' und einer sorb. Entsprechung eingedeutscht, wobei vielleicht auch *Bauwerk* untermischt ist.

pofen sw. V. salopp ‚schlafen' verstr. sNOThür n‚öOThür, selt. öNThür Mansf nIlmThür. Ein rotwelsches Wort.

Polei m. ‚Thymian' selt. wNThür und neben den Zuss. **Küchenpolei** im nöHennb, **Frau(en)polei** um Ilmenau und → *Hühnerpolei* im söHennb nwItzgr. – Lautf.: *Bolei, Boleich, Bolich.* Zu ahd. *poleia, pulei, poleige* < lat. *pule(g)ium.*

pomale, pomäle Adj. ‚langsam, allmählich' NOThür IlmThür

OThür SOThür öItzgr; *ich gieh ganz pomale dan Barg nauf.* Aus slaw. *pomalu* ‚langsam'.

Popanz m. **1.** ‚fiktive Schreckgestalt, mit der man Kindern droht' verstr. öNOThür OThür SOThür, um Erfurt; *wenn de nich glei fulgst, hult dich der Pupanz.* – **2.** ‚Vogelscheuche' selt., ebd.

Popel, -ö- m. **1a.** ‚gespenstisches Wesen, Kinderschreck, Popanz' verstr. Itzgr sSOThür, sonst selt. – **b.** ‚vermummte Gestalt' (auch als Brauchtumsfigur z. B. zu Fastnachten) verstr. Itzgr, selt. sIlmThür wSOThür; RA: *liewer in Winter a Pepel as wie in Sommer a Krepel* (Krüppel). – **c.** ‚Vogelscheuche' Itzgr, verstr. mittl. IlmThür, selt. sIlmThür OThür SOThür söHennb; → *Krautspöpel.* – **d.** ‚dunkle Gewitterwolke' verstr. Itzgr sSOThür öOThür; *dart kümmt a schwarzer Pöpel!* – **2.** ‚kleines Kind, Knirps, Schwächling, Taugenichts' sNOThür ZThür, verstr. öItzgr, sonst selt. – **3a.** ‚verhärteter Nasenschleim' allg.; *do is Rootz un Pöpel geheult worn.* Hierzu **popeln, -ö-** sw. V. ‚in der Nase bohren'. – **b.** übertr. auf andere kleinere und unansehnliche Dinge, wie z. B. den Apfelgriebs, den Rest der Obstblüte oder einen Eiterpfropfen, verstr. – **c.** ‚abgebrannter Kerzenoder Lampendocht' selt. Hennb Itzgr sSOThür. – Lautf.: *Bobel, -u-,* mit Umlaut *Böbel, -ü(e)-, -ie-, -e-, -ä-.*

Porkirche, -laube, -scheune → *Borkirche, -laube, -scheune.*

Possekel m. ‚schwerer Schmiedehammer, Vorschlaghammer' verstr. NOThür nIlmThür OThür öSOThür, um Erfurt, sonst selt. – Lautf.: *Boss-, Bass-, Bussegel, -ch-, Bosseggel.* Zuss. aus mhd. *bôzen* ‚schlagen' und *eckel* ‚Stahl'.

poten sw. V. ‚pfropfen, veredeln' NThür Mannsf. Zu lat. *imputare.*

Prä n. ‚das Allerbeste' veraltend; *där Bäum es's Pree in der gaanzen Flur* ‚ist am ertragreichsten'; meist jedoch in der Wendung *das Prä haben* ‚den Vorrang (das Vorrecht) haben'; *der Börchemeister hat immer s Prä.*

Pracher m. ‚Bettler, Wandermusikant' verstr. außer Eichsf WThür Hennb wItzgr. – Zu mnd. *prachen* ‚betteln'.

präkeln, präpeln → *bräkeln, bräpeln.*

Prampf → *Pframpf.*

pratschen sw. V. **1.** ‚sich breit und bequem hinsetzen' verstr.

öOThür SOThür. Hierzu **Pratsch** m. ‚jmd., der sich entsprechend hinsetzt'. – **2.** ‚geräuschvoll fallen und aufschlagen' selt. NThür WThür ZThür OThür SOThür; *der Taller is mer aus der Haand gepratscht.* – Lautf.: *bratschen, -aa-, -oo-.*

pratsch(e)breit Adj. ‚übermäßig breit' selt. ZThür IlmThür OThür SOThür; *dar sitzt protschbreet uff'n Kanepee;* auch **pritsch(e)breit** ‚ganz breit' verstr. Hennb, selt. NThür W-Thür; *hä hot sich sein Daume pretschebreit gepocht.*

Preschwagen m. ‚leichter Pferdewagen zum Transport von Personen und kleineren Lasten' verstr. NOThür nIlmThür OThür nöSOThür; auch **Pritschwagen** verstr. öOThür.

pressieren sw. V. ‚Eile erfordern' verstr. und veraltend; *mach hen, es pressiert!;* seltener ‚zur Eile drängen'.

preußisch Adj. speziell ‚böse, verärgert, uneins' verstr. sNOThür nöZThür nIlmThür, selt. OThür SOThür; *mach, doß de wagkimmst, sinst waar ich preisch!; er tut preißsch* ‚ist beleidigt'. – Lautf.: *breisch, -äi-, breißsch.*

pritschen sw. V. speziell ‚ständig kommen und gehen' (meist zur Tür herein oder hinaus) verstr. nWThür nwZThür, selt. wN-Thür; *de King pritschen de Stobben kaalt.* → *pirtschen.*

proforsch → *parforce.*

proper Adj. ‚sauber, ordentlich, adrett gekleidet' veraltend; *dos Määchen sieht immer propper us; er hat die Arbeet propper gemacht.*

Prophetenkuchen m. ‚breiter flacher Festtagskuchen mit huckliger Oberfläche, ohne Hefe, aber mit Butter, Rum und vielen Eiern gebacken' wOThür, selt. mittl. IlmThür.

Puffer(t) m. **1.** Kurzform von ‚Kartoffelpuffer' verstr. NThür sNOThür n,öZThür nIlmThür OThür, sonst selt., wegen der Zubereitung aus rohen Kartoffeln auch *rohe* oder *grüne Puffer(te).* – **2a.** ‚kleine flache Schnapsflasche' (zum Tragen in der Tasche) verstr. sNOThür nIlmThür OThür, O-Rand ZThür, sonst selt. – **b.** ‚Schnapsglas' verstr. nIlmThür, selt. O-Rand ZThür nw-SOThür. – Lautf.: *Buffer, Buffert.*

pulken sw. V. ‚sich plagen (bei der Arbeit)' öNThür, neben **pulkern, pulksen** NOThür nIlmThür, selt. nöZThür nOThür; *där hat was gebullicht in sin Lawen!* – Lautf.: *bull(i)chen, bulchern, bulgen, bulgsen.* Zu nd. *pulken, -o-.*

pullen sw. V. ‚urinieren, pissen' neben **pullern** WThür, verstr.
N-Rand Hennb, sonst selt.; *dar Kleine het wedder in de Husen ge-*
büllt, der Vater eines Neugeborenen muß sein Kind *bullen lassen*
‚Alkohol spendieren' – Lautf.: *bulle(r)n, -ü-*.

Puls m. **1.** ‚Pulsschlag' allg. – **2.** meist Pl. ‚Glockengeläut mit be-
stimmten Intervallen je nach Anlaß' verstr. OThür, selt. öN-
Thür sNOThür öSOThür; *in der Neijohrschnacht lieten se vun*
zwellewen bis eine in dräi Polsten. – Lautf.: *Buls, Bulst, -o-,* Pl.
Buls(t)en, -o-.

Pulz m., **Pulze** f. **1.** ‚Kartoffelpuffer' n,öSOThür. auch *grüner*
Pulz, grüne Pulze. – **2.** ‚einfaches Pfannengebäck aus geriebenen
gekochten Kartoffeln, → *Bröckelkloß*'verstr. neben *gekochte Pul-*
ze und **Bröckelpulz(e)** n,öSOThür öOThür, selt. mittl. Ilm-
Thür, wOThür; *uff'n Dorfe gob's zen Koffee marschtenteels nor Pul-*
ze. – **3.** ‚steifer Kartoffelbrei' selt. mittl. IlmThür, wOThür. – **4.**
‚Bratkartoffeln' verstr. öOThür. – **5.** ‚Mehlspeise mit viel Speck
oder Fett' (als Festschmauß nach dem Einfahren des letzten
Erntefuders oder nach dem letzten Flegeldrusch) veraltet wO-
Thür; auch übertr. auf die gesamte Feier. – Lautf.: *Bulz(e), -o-,*
Buls(e), -o-, im öOThür mit che-Suffix *Bools-che, -aa-*. Zu lat.
puls ‚Brei'.

Pumpaum m. ‚Löwenzahn' N-Rand ZThür, söIlmThür; auch
Pumpaumel, -pauwel zwischen Gotha und Erfurt, **Pumpein**
sNThür, **Pumpbusch,** selt. **Pumpelbusch** sZThür, S-Rand
IlmThür, **Pumpelstock** um Naumburg, **Pumpchen** verstr.
nOThür; vereinzelt im Umkreis dieser Wörter auch
Pumpaum(s)busch, -stock, Pumpauwelsbusch, Pump-
chenblume, -stock, Pumpeinbusch, Pumpelblume,
Pumpe, Pumpenstock. Die Formen korrespondieren ablau-
tend mit → *Pimpaum* im Bestimmungswort, stellen Weiterbil-
dungen zu *Pumpel* oder *Pumpchen* dar und sind im Grundwort
lautlich angelehnt an *Baum, baumeln, Paul* oder durch *Busch,*
Stock und *Blume* ersetzt bzw. ergänzt.

Pumpe → *Pflumpe.*

pumpelig Adj. ‚dick, unbeholfen, altersschwach' vorwieg.
OThür, selt. NOThür IlmThür SOThür, *där is awer alt un*
bumplich jeworn.

Puparsch m. derb-iron. ‚(selbstgebrautes) dünnes Bier‘ verstr. und veraltet nöZThür nIlmThür OThür.

pupig Adj. ‚dürftig, schäbig‘ öOThür; *dos Kleed wärkt puupch*.

Püppchensmutter f. ‚Hebamme‘ verstr. öOThür.

Puppe f. speziell ‚zu einem Haufen zusammengestellte Getreidegarben‘ sZThür sIlmThür öOThür SOThür öItzgr, verstr. sNOThür, sonst selt.; hierzu **puppen** sw. V. ‚Garben zu Haufen aufstellen‘ verstr. OThür SOThür.

puppern sw. V. **1a.** ‚sich hastig bewegen, zappeln‘ verstr. NThür Mansf. – **b.** ‚zittern vor Erregung (Fieber, Kälte)‘ verstr. NThür Mansf. – **c.** ‚klopfen (vom Herzen)‘ ebd. sowie vereinzelt W-Thür Hennb öOThür. Hingegen mit Umlaut **püppern** ‚an etw. klopfen (z. B. an die Tür, ans Fenster)‘ nWThür, W-Rand ZThür; *dos Herz het'n ganz schien gepoppert; mach de Tier off, es het gepeppert!* – **2.** ‚etw. geduldig (umständlich) bearbeiten oder herstellen (mittels Hammer)‘ selt. nWThür nZThür; *ha het ne Hunnehetten zerachtgepuppert.* – **3.** ‚dumpf dröhnen, donnern‘ verstr. SOThür, selt. n,öOThür; *dos wor e Gekrache un e Gebuuwere.* – Lautf.: *bubbern, -o-* sowie *buuwern* (Bed. 3).

Purzelkorb m. ‚kleiner (Weiden)korb mit gewölbtem Boden und Bügel‘ ZThür nöHennb IlmThür wSOThür; auch **Purzelpänert** m. verstr. nöOThür, **Purzelwanne** f. verstr. nöZThür, ob. Schwarza. → *Pänert, Wanne.*

Purzelkuh f. ‚Tannen- oder Kiefernzapfen‘ vorwieg. neben **Purzelmockel** S-Rand SOThür.

puspern sw. V. ‚flüstern‘ neben **puspeln** verstr. wWThür. – Lautf.: *buschbern, -ü-, büsbern, büschbeln, büsbeln.* → *pispern.*

Putthähnchen, Putthennchen → *Patönie.*

Putthühnchen n. ‚Marienkäfer‘ NO-Rand NThür.

Putzmaschine f. ‚Maschine zum Reinigen des von Hand gedroschenen Getreides‘ veraltet sSOThür. Auch **Putzmühle** m. Itzgr.

Pyramide f. ‚pyramidenförmiges Gebilde zur Weihnachtszeit mit starren Etagen aus Stäben um einen Mittelstab, geputzt mit Tannengrün, Buntpapier, Äpfeln, Nüssen und Kerzen‘ bis um 1900 verstr. mittl. IlmThür, OThür n,öSOThür, sonst selt.; eine durch Kerzen angetriebene drehbare Pyramide inmitten eines **Paradies-** oder **Weihnachtsgartens** mit Figuren der Weihnachtslegende war daneben im öOThür öSOThür gebräuchlich. In jüngster Zeit hat sich dieser Weihnachtsschmuck in ganz Thüringen verbreitet. – Lautf.: *Bar-, Bermétte, Beremítt(e), Ber(e)lmétte, Berlemítt.*

Quacke, Quake → *Kaule (Kaulquacke, -quake).*

quackeln sw. V. **1.** ‚viel (albern, unverständlich) reden' verstr. NThür Mansf, sonst selt., speziell ‚nd. sprechen' nEichsf. – **2.** ‚geräuschvoll kochen, brodeln' selt. neben **quackern** Itzgr. – Wohl lautmalend.

quäksen sw. V. ‚weinen, schreien' (bes. von Kindern) verstr. nWThür ZThür IlmThür, RA: *frieh gepfeffen, nochmittichs gequäkst.* Auch **quäken** verstr. O-Rand NThür, NOThür nOThür, sonst selt.

Qualster m. speziell ‚schleimiger Auswurf, Nasenschleim' verstr. öNThür NOThür wOThür, sonst selt.; auch **Qualsterich** m. verstr. öOThür. Hierzu **qualstern** sw. V. ‚Schleimklumpen ausspucken' verstr. OThür, selt. nNThür NOThür IlmThür.

Quanten Pl. salopp ‚Schuhe, (große) Füße' NOThür WThür ZThür OThür SOThür; *heb de Quanten un mach nech so e Gelaatsch!*

quäntern sw. V. ‚fortwährend zur Tür herein- und hinausgehen, störend umhergehen' NThür nZThür nIlmThür w,sOThür, selt. sNOThür nSOThür; *quäntere mich nich ejal vor'n Beenen rim!* – Lautf.: *quäntern, -a-*, selt. *quännern, -a-, quängern.*

Quärch m. ‚handgeformter länglicher Käse' neben selt. **Quärchel** m. öOThür öSOThür. – Zu *Quark.*

Quarkkäulchen n. ‚kleines Pfannengebäck aus geriebenen gekochten Kartoffeln und Quark' verstr. OThür, selt. NOThür öSOThür; hierfür auch **Quarkspitze** f. verstr. öOThür öSOThür.

Quarrkecker(t) m. ‚Frosch' verstr. nOThür, selt. nIlmThür;
auch **Quarrkeckser(t)** m. nöOThür. → *Kecker(t)*.

Quartel n. ‚Gefäß und Hohlmaß für ca. ½ Liter' sWThür; auch
Quarter n. nHennb (außer wRhön), **Quärtle** n. sHennb Itzgr;
komm, mer trinken nuch e Kartle Bier! – Lautf.: *Kartel, Karter,
Kärtle, -a-*.

quarzen sw. V. **1.** ‚knarren' (z. B. von Türen, Rädern, Schuhen)
verstr. Hennb; Neckvers zum dialektalen Gebrauch von *är* statt
ar: die Mäninger gänn bärwes (barfuß) *üwern Märt* (Markt) *un fär-
ze, deß die Stää quärze.* – **2.** ‚ächzen, stöhnen' ebd. – Lautf.: *quar-
zen, -ä-*.

Quas m. ‚Dorffest mit Umzug und Tanz' veraltet öOThür.
– Zu nsorb., osorb. kvas ‚Hochzeit'.

Quatsche → *Quetsche*.

quatt Adj. **1.** ‚schlecht, böse' Mansf; *ä quates Määchen;* auch
‚schlaff, kraftlos, matt, welk' selt. ZThür, *,allzu weich'* selt.
Hennb; *der Hawer is noch quatt.* – **2.** ‚üppig, zu geil gewachsen'
(von Pflanzen) verstr. nZThür, auch ‚gut genährt, fett' veraltet
NThür. – Lautf.: *quaat, quatt.* Zu mhd. *quât* ‚böse, ekelhaft',
etym. verwandt mit mhd. *quât* ‚Kot'.

Quatter m. ‚Straßenkot, Schlamm' selt. NThür Mansf Hennb,
vereinzelt auch ‚Kuhfladen, Rotzfladen, dünne Speise, Ge-
schwätz' ebd.

quattern sw. V. **1.** ‚geräuschvoll brodeln, aufwallen' selt. OThür
öSOThür, auch ‚plätschern, spritzen' selt. nNThür. – **2.** ‚viel
und albern reden; quasseln, quatschen' verstr. söNOThür nIlm-
Thür OThür öSOThür. Hierzu auch **Quatterich** m. ‚Ge-
schwätz, schwatzhafte Person' sowie **Quatterarsch, Quatter-
fritze** und ähnliche Bildungen mit PN für ‚Schwätzer' ebd.

Quehle f. ‚Handtuch' verstr. neben selt. **Hand(s)quehle**
söNOThür OThür nSOThür, O-Rand mittl. IlmThür, doch
veraltet. – Lautf.: *Quehle, -äh-, -ah-*. Wie → *(Hand)zwehle* zu
mhd. *twehel(e), dwehel(e), zwehel*.

Quendel m. ‚wilder Thymian' SOThür Itzgr, verstr. sIlmThür,
früher als Heilpflanze sehr geschätzt und auch im Brauchtum
verwendet. – Lautf.: *Quennel, -a-*, selt. *Quengel, -a-;* umgebildet
mit Dim.-Suffixen zu *Quann(el)chen, Quandchen, Quangelchen,*

Quanglich, Quannlich, Quennele. Als rom. Lehnwort steht der lat.
Herkunft aus *cunila, conila* am nächsten die Wortform *Kunnele*
am O-Rand des SO Thür.

quengeln sw. V. ,ständig mit Bitten lästig werden, störend im
Wege sein (meist Kinder betreffend)' verstr., doch selt. W Thür
Hennb s SO Thür; *der Junge quengelte in eener Tour.*

querch Adj. wie schd. ,quer', doch veraltend; *ha laat* (legt) *sich
quarch* ,ist dagegen', *es gieht alles quarch* ,schlägt fehl'. – Lautf.:
querch, -a-, doch *quärich, -a-* Hennb, verstr. sZ Thür, selt.
w SO Thür ö Itzgr. Zu mhd. *twerh* ,schräg, quer, verkehrt'.

Quer(ch)sack m. ,schlauchartiger und über die Schulter zu
hängender Tragesack' veraltet Eichsf W Thür Z Thür, sonst
selt. belegt.

Quere, Querche f. **1.** ,quer zu den übrigen Feldern verlaufen-
der Acker' vorwieg. O Thür n SO Thür. – **2.** in der Wendung *in
die Quer(ch)e kommen* ,ungelegen kommen, hinderlich sein' allg.;
es is me ebbes in de Quar komme. – **3.** adv. gebraucht *der Quere* oder
die Quere (vorwieg. Itzgr SO Thür) und *derquer(e), diequere* als ein
Wort empfundener erstarrter Genitiv in der Bed. ,quer' verstr.;
da lag alles der Quere; red nich immer derquare!

queren sw. V. ,fortwährend (zur Tür) hereinkommen und hin-
ausgehen, störend im Wege sein' (meist von Kindern) verstr.
sö NO Thür O Thür n SO Thür; *quare mer doch nich immer varn
Benn* (Beinen) *rim!*

quergeln sw. V. **1.** dass., verstr. Ilm Thür O Thür SO Thür, selt.
W Thür Z Thür. – **2.** ,ständig mit Bitten lästig fallen, nörgeln' selt.
ebd.; *die hiern nich off met Quengeln on Quärcheln.*

questern sw. V. **1.** dass. wie *quergeln 1,* vorwieg. neben **questeln,
questen** s NO Thür n Ilm Thür O Thür n SO Thür; *questert nich
eejool hennewidder!* – **2.** dass. wie *quergeln 2,* verstr. ö Itzgr, selt.
SO Thür; *ar quastert en schö en ganzen Touch mit a rueten Ball.*

Quetsche f. ,Zwetsche' allg. außer NO-Rand N Thür, NO Thür
O Thür ö SO Thür, wo auch die Hauszwetsche → *Pflaume* heißt;
e Mannel Quatschen sin sachzen Stick. Hierzu **Quetschen-
baum, -kuchen, -mus** sowie **Quetschenhutzel** ,gedörrte
Zwetschen' verstr. ö N Thür nö Z Thür, N-Rand Ilm Thür, die
im übrigen Verbreitungsgebiet von *Quetsche* meist *dürre (gebacke-*

ne, gedörrte, treuge, welke) Quetschen genannt werden. – Lautf.:
Quetsche(n), -a-, -o-, -ö-, Quitschen (Eichsf), erweitert *Quetschge,
-a-, Quetschche, -a-, Quatschte, Quatschich(e).* → *Quetschker.*

Quetschker m. f. ‚Zwetsche' Hennb (außer nwRhön), Itzgr,
westl. Lobenstein; RA: *dar hat de letzten Quatschter gassen* ‚wird
bald sterben'. – Lautf.: *Quetschger, Queckschter, -a-, Quatschter,
Quatschcher.*

queulen sw. V. ‚heulen, jaulen' (bes. von Hunden) verstr. ZThür
IlmThür (außer ob. Schwarza), söNOThür OThür nSOThür;
dar Hond hat de gaanze Nacht gequielt. – Lautf.: *quielen, -ei-, -ää-.*

Quewede f. ‚Holunder, Holunderbeere' nIlmThür. – Das mit
mannigfachen Spielformen und meist im Pl. verwendete Wort
ist unklarer etym. Herkunft. Wie bei *Quetsche/Zwetsche* korre-
spondieren die *Quewede*-Varianten mit den Varianten von →
Zwewede, Zweweste. Mit Q-Anlaut begegnen als Hauptformen
*Quéwedde(n), Quí-, Quéwetzche, Quéwelte, Quéwecken, Quelgen,
Qweeften, -ää-, -aa-, Queeftchen, -ää-,* aber auch *Gewéwwedde,
-wäwwedde.*

Quiel m. **1.** ‚Quelle' neben **Quiele** f. Hennb; RA: *wu a Quiel is,
gitt's aa Wasser.* – **2.** ‚feuchte Stelle auf Acker oder Wiese' verstr.
sWThür nwHennb, neben **Quielfleck** m. selt. sHennb.

Quien m. ‚Hund' Halle und Umgebung. Ein rotw. Wort.

Quirbel m. ‚Quirl als Rührgerät' öHennb swZThür, selt. wN-
Thür WThür IlmThür nöItzgr, übriges ZThür; *die tanzt wie a
Querwel.* → *Zwirbel.* – Lautf.: *Quirwel, -e-, -a-.*

Quirbelwind m. ‚Wirbelwind' neben **Quirlwind** sZThür.

Quitsche f. ‚Vogelbeerbaum, Vogelbeere' verstr. NThür außer
Eichsf, wo **Vogelquitsche** gilt im Unterschied zu *Quitsche*
‚Zwetsche'. – Lautf.: *Quitsche(n), -ie-, Quitschgen, -ie-.*

quitschen sw. V. ‚fortwährend zur Tür herein- und hinausgehen'
sWThür Hennb sZThür sIlmThür, SOThür (außer N-Rand);
die kemmt alle Minuten gequitscht.

R, r wird im Silbenanlaut meist als Zäpfchen-r gesprochen, doch als gerolltes Zungenspitzen-r ist es ein typisches Merkmal der Mda im Hennb Itzgr, teils auch im wNThür sWThür sSOThür. Im Auslaut oder vor Konsonanten wird r zumeist nur angedeutet, was besonders im sWThür Hennb Itzgr zu Vokalisierung und Schwund geführt hat.

Rächer(t) m. ‚Enterich‘ verstr. nOThür, SO-Rand NOThür. – Das Wort gehört etym. zum 2. Glied von ahd. *anutrehho*, mhd. *antrech*. → *Drachen*[2].

Radebere f. ‚einrädrige Schiebekarre mit kastenartigem Aufsatz‘ öWThür, ZThür (außer N-Rand), sIlmThür Hennb Itzgr; RA: *bär net gehorcht, muß Rodbärrn fohr* (wie die Zuchthäusler in Untermaßfeld / Kr. Meiningen). Auch **Radeberge** f. S-Rand NOThür, OThür, **Radeberl(e)** f. verstr. nöZThür, mittl. IlmThür und **Radewelle** f. SOThür, S-Rand OThür, verstr. öItzgr. – Lautf.: *Rode-, Radebärre, -barre, Rod(e)bärrn, Robärrn, -w-, Rower, -ou-; Rade-, Rodebärch(t)e, -barch(t)e; Radebärrl(e), -bärrel, -a-, Rodderche, -u-;* mit Anlehnung an *Welle* sodann *Rodewäll(e), -wall(e), Ro-, Rouwälln, -walln.* Das Grundwort beruht auf mhd. *bërn* ‚tragen‘.

Radehacke → *Rodehacke.*

räden sw. V. ‚sieben‘ nöZThür, mittl. IlmThür, sonst selt.; auch **rädern** sw. V. vorwieg. söZThür sIlmThür. Hierzu **Radensieb** n. und **Räder** m. ‚Getreidesiebe zum Aussondern des Radensamens‘. → *Reiter.*

Raffel f. derb. ‚Mund‘ Itzgr; *halt dei Raffel!*

raffeln → *abraffen.*

Rage f. ‚Wut, Jähzorn, Hast, Eile' verstr. und meist in Wendungen wie *in dar Rage sei, in die Rage komme.* – Lautf.: *Raasche.* Zu frz. *rage* m. ‚Wut'.

Rahm m. ‚Fettschicht der ungekochten Milch' allg. außer Eichsf NOThür; *als Keng homme immer üs'n Räumtepfen gelackt.* Wenn nötig, wird differenziert *saurer (süßer) Rahm.* – Lautf.: *Rahm, Rohm, Ru(e)m, Raum, -äu-.* Zu mhd. *roum* und aus der Mda verhochdeutscht zu *Rahm.*

Rahmstock m. ‚Löwenzahn' öOThür.

Rainkümmel m. ‚Thymian' öOThür. Wohl umgedeutet aus benachbarten **Rainquendel** und → *Quendel.* Auch **Rainthymian** verstr. nOThür, **Randthymian** verstr. swOThür.

rammeln sw. V. **1.** ‚begatten' (bes. von Hasen und Kaninchen, übertr. auch von Menschen) verstr. – **2.** ‚(sich) wälzen' (z. B. im Bett) sWThür, sonst selt.; auch als Kindervergnügen ‚einen Abhang hinabrollen' selt. Hennb. – **3a.** ‚stoßen' verstr. sNOThür IlmThür OThür nSOThür, sonst selt.; *ha es met'n Kopf ver de Lampe gerammelt.* – **b.** ‚sich balgen, prügeln' selt. – **4.** ‚schnell laufen, rennen' verstr. SOThür, sonst selt.; *do simmer zun Bus gerammelt.* – **5.** in der Fügung *gerammelt(e) voll* ‚sehr voll, überfüllt' verstr.

Rampanien Pl. tant. ‚eßbare Innereien von Schlachttieren (meist vom Rind)' sowie ‚die daraus zubereitete säuerliche Speise' vorwieg. ZThür IlmThür, verstr. swOThür, um Eisenach; *saure Rambanchen aß ech fer minn Laam garn.* – Lautf.: *Rammbänn(i)chen, Rabánnchen.*

Rampen Pl. tant. dass., verstr. WThür.

Ranft m., **Ränftchen, Ränftel** n. **1.** ‚Anfangs- oder Endstück des Brotlaibs' nöZThür nIlmThür OThür SOThür, verstr. neben → *Knaust, Knauz* WThür nHennb, sonst selt.; *dos Raaftchen krinn de Keng.* – Lautf.: *Ranft, Ram(b)f, -aa-, Raaft, -ää-;* häufig Dim. – **2.** ‚(bestrichene) Brotscheibe' Itzgr, sonst slt.

Rang(en) m. ‚Rain, Grenzstreifen zwischen Feldern, Abhang' sSOThür Itzgr, verstr. Hennb; auch begehbar als Feldweg. – Wohl zu mhd. *ranc, range* ‚Rand, Einfassung'.

Ranschke f. ‚Futterrübe' öNThür; auch **Ranksche** f. selt. NThür als Mischform mit → *Runksche.*

Ranze f., **Ranzen** m. ‚Tragetasche, Schulranzen' verstr.; hierzu
Ranzerte als Neckname für die Einwohner einiger Orte an der
ob. Schwarza, weil von dort die → *Balsamleute* als ambulante
Händler mit Arzeneien kamen; übertr. ‚(dicker) Bauch, Magen'
(von Mensch und Tier) verstr.; *der hat's in Ranzen*. – Als Fem.
Ranz(e), *-aa-* s Hennb Itzgr.

ranzen sw. V. **1.** ‚unruhig sitzen oder liegen (z. B. im Bett), um-
hertollen' verstr. WThür ZThür Hennb Itzgr, selt. NThür. – **2a.**
‚(sich) begatten' (bes. von Katzen, Hasen, Kaninchen) selt.
s WThür Hennb. – **b.** ‚brünstig sein' (bes. von Hund und Katze)
Hennb Itzgr, vom Schwein verstr. S-Rand SO Thür. Auch **ran-
zig** Adj. ‚brünstig' selt.

rapen, rappen → *abraffen*.

Rapuse f. meist in der Wendung *etw. (jmd.) bei der Rapuse nehmen
(kriegen)* ‚bearbeiten', auch ‚verprügeln' verstr. öOThür, selt.
NThür nZThür. – Lautf.: *Rabúse*, im öOThür *Rabúsche*. Viel-
leicht zu tschech. *rabuše* ‚Kerbholz' unter Einfluß von *rapschen*
‚etw. hastig ergreifen'.

rasaunen sw. V. ‚Lärm machen, ausgelassen herumtoben,
umherspringen' verstr., doch selt. WThür Hennb Itzgr; *uf der
Kermesse werd rasaunt bis in die Nacht*. – Lautf.: *rassáunen, ras-
súnen*.

Rasche → *Rage*.

Rasierer m. ‚Friseur' um Sonneberg.

räsonieren sw. V. ‚schimpfen, nörgeln' verstr.; *hä räseniert wie e
Rohrspatz*.

Rasselbock m. ‚fiktives Tier' (meist Hase mit Rehgehörn als
Kreuzung zwischen Häsin und Rehbock) verstr. sZThür sIlm-
Thür wOThür, sonst selt.; RA: *ar hat Rasselbecke gefangen* ‚er-
folglos gejagt'. Mit dem *Rasselbock* veralbert man Fremde oder
droht Kindern, um sie vom Wald oder von Getreidefeldern
fernzuhalten.

ratsam Adj. speziell ‚sparsam, haushälterisch' veraltend s WThür
sZThür sIlmThür OThür nSOThür Hennb Itzgr; *s Fleesch is
itze sehr huch in Preise, do muß mersch rootsen asse*. – Lautf.: *raad-
sem, ro(e)dsem* Hennb, sonst *raadsen, -oo-, -oe-*.

Ratz m. ‚Iltis' NThür WThür ZThür sIlmThür Hennb Itzgr,

verstr. nIlmThür wSOThür; iron. *das paßt wie der Ratz ins Hieh-nerhaus.*

Ratze f. **1.** ‚Iltis' selt. Itzgr. – **2.** ‚Ratte' veraltet ö,sItzgr. Schon mhd. als Nebenform für *ratte* ‚Ratte'.

ratzen sw. V. **1.** ‚stehlen' selt. wNThür nZThür. – **2a.** ‚fest und lange schlafen' verstr. wSOThür Itzgr, ob. Schwarza, sonst selt.; *dar hot geratzt bis in die Puppen.* – **b.** ‚schnarchen' selt. NThür sNOThür nZThür nIlmThür nItzgr. → *razen.*

räuber(s)gar Adj. ‚halbgar, nicht durchgebraten' verstr. nW-Thür nwZThür. → *reitergar.*

Raum → *Rahm.*

raunzen sw. V. ‚fest und lange schlafen' verstr. söSOThür; auch ‚schnarchen' ebd.

rauschen sw. V. speziell ‚brünstig sein' (von der Sau) selt.

Räuscher m. ‚Trichter', auch ‚Brause an der Gießkanne' verstr. n,wOThür. – Lautf.: *Reischer(t),* selt. *Rauscher.*

razen sw. V. **1.** ‚einen Kratzer (Riß) machen, geräuschvoll Stoff zerreißen' verstr. NOThür OThür; hierzu **Raz** m., seltener **Razer** m. ‚Kratzer, Riß' (z. B. an Möbelstücken) ebd. – **2.** übertr. ‚schlafen, schnarchen' verstr. sNOThür nIlmThür OThür SOThür. Wohl lautmalend. Den Bezug zu Bed. 1 zeigt die RA *dar razt Barngt* (Barchent) ‚schnarcht'. → *ratzen.*

Rebbach m., **Rebbes** m. ‚Profit, günstiger Handel' verstr. und veraltend NThür WThür ZThür Hennb; meist in der Wendung *en Reibach (Rebbes) mach.* – Lautf.: *Reibach; Räwwes, -a-.* Rotw. aus jidd. *rewach, ribbis* ‚Zins'.

Rechen m. wie schd. außer n,öNThür NOThür nIlmThür nOThür, wo → *Harke(n)* gilt. Spezielle Formen sind z. B. → *Scheunen-, Schlepprechen.* Hierzu wie schd. **rechen** sw. V. ebd.

Rechenbogen m., **Rechenbügel** m. ‚halbkreisförmig gebogene (Weiden)rute zur Befestigung des Rechenstiels am → *Rechenhaupt'* verstr. sSOThür.

Rechengabel f. ‚gespaltenes Ende des Rechenstiels, das mit Spreizung in das *Rechenhaupt* eingefügt ist' (früher natürlicher Ast mit Gabelung) allg. im Gebiet von → *Rechen* (außer sSOThür), doch nicht wEichsf, wo **Rechengiebel** gilt.

Rechenhaupt n. ‚das Querholz mit Zinken am Rechen' neben →

Haupt 3 söZThür sIlmThür, Hennb (außer N-Rand), Itzgr SOThür, verstr. OThür. Sonst meist **Rechenbalken** m.

Rechich(t) n. ‚(zusammengerechte) Getreide- oder Heureste auf dem Feld' neben **Zusammenrechich(t)** sIlmThür w,sSOThür, N-Rand Itzgr. – Lautf.: *Rechich(t), -a-, Rechnich, -a-, Rechet, -a-*.

Refermande → *Reprimande*.

Reff n. **1.** ‚Gestell zum Transport von Lasten auf dem Rücken' (z. B. Leseholz, Heu, Backsteine, auch die Ware hausierender Händler) verstr. – **2.** ‚Lattengitter zum hinteren Verschluß des Erntewagens' sEichsf, N-Rand WThür. – **3.** ‚Holzgestell an der Getreidesense zum Sammeln der Halme beim Sensenhieb' söZThür, sonst selt. – **4.** ‚Schulranzen' veraltet NOThür. – **5.** abwertend – **a.** ‚altes, baufälliges Gebäude' verstr. WThür Z-Thür Hennb, sonst selt.; *dos aale Raff wockelt bei jeden Wäind.* – **b.** ‚alte, zänkische Frau' verstr. – Lautf.: *Raff, -e-, Raaf(t), -ää-*.

Reformationsbrötchen n. ‚Gebäck in Brötchenform zum Reformationstag (31.10.)' früher im OThür SOThür.

Regard m. ‚Achtung, Respekt' verstr. und veraltend NThür Hennb; *vär dan neien Borchemeister ham die Leite allen Regard.* Zu frz. *regard* ‚Beachtung, Aufmerksamkeit'.

Regenmade f. ‚Regenwurm' veraltend nNOThür.

Regenmolch(er) m. ‚Feuersalamander' wSOThür, selt. söHennb, ob. Schwarza, neben **Regenwurm** um Sonneberg; kriecht er bergauf, gibt es schönes Wetter, kriecht er bergab, gibt es Regen.

Regulator m. ‚Wanduhr mit Pendel' früher allgemein.

Rehbock m. (meist Pl.) ‚Pfifferling' swWThür nRhön.

Rehrich(t) → *Gerehrich(t)*.

Reibach → *Rebbach*.

rein(e)weg Adv. ‚geradezu, ganz und gar' verstr.; *das es je reineweg alles verkehrt!*

reiniglich, reinlich Adj. ‚sauber, frei von Schmutz' verstr., aber auch ‚auf Sauberkeit bedacht, eigen, anständig (von Personen)' ebd.; RA: *die renklichen Weiwer sucht mer in den Eckna* ‚erkennt man an sauberen entfernten Stellen im Haushalt'. – Lautf.: *renglich, -a-, rengelch, rendlich, -a-, rendelch*.

Reinigung f. speziell ‚die Nachgeburt bei Tieren' (bes. bei der Kuh) verstr. swZThür nHennb, selt. OThür SOThür, übriges ZThür. Auch **Reinemachich** n. verstr. S-Rand SOThür, **Reinung** f. OThür söSOThür; *die Sau hot de Reenche gefrassen.* Hierzu die Verben **reinemachen, reinigen** für den Vorgang des Abstoßens.

Reise f. speziell ‚zwei Eimer Wasser als Tragelast am → *Tragholz'* veraltend nöNThür nNOThür; *hule ma ene Reede Wasser!* – Lautf.: *Reise, -ee-, Reede.*

reisen st. V. speziell ‚herabfallen (von reifen Früchten), ausfallen (von reifem Getreide)' verstr. und veraltend NThür WThür Hennb; *s Korn riest schonn, me mossen's obmach.* Hierzu **Reis(e)apfel, -birne** ‚Fallapfel, -birne'. – Lautf.: *riesen.* Zu mhd. *rîsen* ‚(ab-, nieder)fallen'. → *Ries.*

Reisholz n. ‚dürres Astholz (zum Anschüren des Feuers)' wEichsf öNThür NOThür, selt. OThür, sonst **Reisig.**

Reißen n. ‚Rheumatismus' allg., doch veraltend; *wenn de Reißen host, lee e Kotzenfall auf.* Scherzh. auch **Reißmatismus.**

Reiste f. ‚Bündel gehechelten Flachses' (auch Zählmaß) veraltet; übertr. *ne Riesten Kinge* ‚viele Kinder eines Ehepaares' – Lautf.: *Rieste(n), Riste, -e-.* Zu mhd. *rîste* ‚Flachsbüschel'.

reite Adj. ‚fertig' wNThür, selt. N-Rand WThür, nwZThür; *es dann der Kaffee nach nit reite?* –→ *gereite.*

Reitel m. **1.** ‚kurzer Holzstab, den man als Knebel zum Spannen und Straffen einer Kette oder eines Seils benutzt' vorwieg. öOThür öSOThür Itzgr Hennb sWThür, sonst verstr. oder selt., auch **Reitelholz, -knüppel.** Hierzu **reiteln** sw. V. ebd.; *s Hei werd gerettelt* ‚mit einem Heubaum festgezurrt'. – **2.** ‚starker Ast, Knüppel' verstr. wNThür nZThür IlmThür wSOThür, sonst selt.; übertr. auch ‚großes Stück Brot (Wurst)' bzw. abwertend ‚grobe, verschlagene, dumme Person'; *dan Rättel trau ich alles zu.* – Lautf.: *Reidel, -äi-, Reddel, -ä-, -a-, -ö-.* Mhd. *reitel* zu ahd. *rîdan* ‚drehen, winden'.

Reiter m. f. n. speziell **1.** ‚(grobes) Sieb zum Säubern des Getreides von Stroh- und Ährenresten' (mit kreisrundem Rand aus Spanholz und einem Bodengeflecht aus Ruten oder Draht) sIlmThür SOThür Itzgr Hennb, verstr. WThür sZThür swO-

Thür; differenzierend auch *grober (enger, klarer) Reiter*. Hierzu
reitern sw. V. ‚sieben' neben *aus-, durchreitern*. – **2.** ‚großer
rechteckiger Durchwurf für Sand und Kies' nur verstr.
SO Thür. – Lautf.: *Reider, -eu-, -ie-, Ridder, -e-, -a-, -ö-*. Zu mhd.
rîder ‚Sieb', das als Fem. noch im W Thür Hennb Itzgr bewahrt
ist, sonst aber als Mask. in Anlehnung an schd. *Reiter* ‚Berittener'
erscheint, seltener als Neutr. in Anlehnung an *Sieb* n.

reitergar Adj. ‚halbgar, nicht durchgebraten' verstr. öN Thür
Z Thür, selt. NO Thür nIlm Thür Eichsf. → *räuber(s)gar*.

Reitschule f. ‚Karussell' O Thür, SO Thür (außer NW-Rand),
selt. Ilm Thür. Hierfür **Reitbahn** f. verstr. W-Rand SO Thür,
selt. sIlm Thür wO Thür, um Suhl.

Rendezvous n. in der Wendung *Rendevous machen (halten)*
‚gründlich sauber machen, aufräumen' verstr. und veraltend; *ver
dar Kermes werd erschtmo rechtech Rangdewuu gemocht*. – Lautf.:
Rangde-, Rande-, Ronnewuu, -fuu(ch) und weitere Varianten.
Fremdwort aus dem Frz.

renklich → *reiniglich*.

rennen stsw. V. speziell **1.** ‚jmd. (sich) stoßen' N Thür
nNO Thür W Thür, verstr. sNO Thür Z Thür nIlm Thür; *ha es
wedder en Balken geronn; ich hawwe mich än Horn an Täz je-
rennt*. – **2.** refl. ‚sich einen Splitter einstechen' neben *ein-, hin-
einrennen* verstr. Eichsf sW Thür nwZ Thür; *ha het sech en
Schewwer in Fenger geronn*. – Lautf.: *rinnen, -e-, -a-*. Stark flek-
tiert im sN Thür swNO Thür W Thür Z Thür nwIlm Thür
Hennb

Reprimande f. ‚Zurechtweisung, Tadel' verstr. öZ Thür nIlm-
Thür, sonst selt., auch **Reprimand** n. selt. wN Thür W Thür
wZ Thür Hennb Itzgr; *wie ar besoffen heimkom, krecht er enne Ref-
fermande vun sinner Frauwe*. – Lautf.: *Rebbermánd, -ménd(e)*, doch
in Anlehnung an *Reform* meist *Reffermánd(e), -ménd(e)*. Zu frz. *re-
primande* ‚Verweis'.

resch → *risch*.

Rettiche Pl. tant. ‚Prügel' verstr. O Thür SO Thür, selt. Ilm Thür;
du krist Rattche, bis der Hiern un Sahn vergieht! – Zum Wurzelge-
müse *Rettich*.

revidieren sw. V. ‚nachprüfen, kontrollieren' verstr.; *dar Schan-*

darm refendierte jeden Battler. – Lautf.: *reffedieren* Hennb Itzgr, sonst *reffendieren.* Zu lat. *revidere* ,wieder hinsehen'.

Ribbel (meist Pl.), **Ribbelchen** Dim. Pl. **1.** ,Klümpchen aus zerriebenem oder zerpflücktem Nudelteig als Suppeneinlage' wNThür nWThür. Hierzu **Ribbelsuppe** f. verstr. ebd., auch übertr. ,Schelte'. – **2.** ,Streusel aus Mehl, Zucker und Butter für den Streuselkuchen' verstr. ebd. – Zu *ribbeln*.

ribbeln sw. V. **1.** ,etw. wiederholt reiben' WThür, verstr. wNThür; RA: *Zippel un Käs ribbelt de Näs.* – **2.** ,sich kratzen, sich an etw. scheuern' Itzgr, selt. ob. Schwarza; *de Sau riffelt sich.* – Lautf.: *ribbeln, -e-, -ww-, riebeln, riffeln.* Iterativum zu *reiben*.

richten sw. V. speziell ,etw. bewerkstelligen, bei jmd. etw. erreichen' veraltet öOThür söSOThür; *es war nischt mit ne ze richten.* In der Wendung *die Uhr richten* ,die Uhr stellen' Itzgr SOThür, sonst selt.

Rick m. n. **1.** ,Wandbrett, Topfbrett' neben → *Kannenrick* verstr. öNThür NOThür, selt. öWThür ZThür. – **2a.** ,Ofenstange zum Wäschetrocknen' söWThür nöHennb. – **b.** ,Sitzstange für Hühner' neben **Hühnerrick** verstr. söHennb; auch ,Sitzstange im Vogelbauer' ebd.; die ungeborenen Kinder *sitze im Brönnhäusle aufm Rickle.* – Lautf.: *Rick, -e-.* Zu mhd. *ric* ,Stange, Latte'.

Riebasch m., **Riemsch** m. ,größere Schüssel als Aufwaschschüssel' ö,sSOThür. – Lautf.: *Riebasch, Riemesch, Reemesch, Riemsch.*

Riebes n. m. **1.** ,irdenes Gefäß von unterschiedlicher Form und Zweckbestimmung' verstr. NThür WThür, W-Rand ZThür, selt. nHennb. Als Schüssel oder Topf wurde es zur Aufbewahrung von Milch (bes. zur Sahnegewinnung) verwendet, ebenso zur Aufbewahrung von Mus oder Salz, diente aber auch als Waschgefäß, Melkeimer oder Futternapf. – **2a.** ,Bratenpfanne' verstr. öHennb, W-Rand Itzgr, auch als Backform genutzt. – **b.** ,Backgefäß in Napfkuchenform für **Riebeskuchen'** ebd.; doch zuweilen lediglich ein rechteckiges Backblech mit erhöhtem Rand. – Lautf.: *Rebbes, -ww-, Riwwes, Riewes(t), Rebbs(t).* Etym. wohl zur Wortsippe von *reiben*.

Riedfaß n. ,Wetzfäßchen' sNThür, um Mühlhausen. Zu *Ried* ,(sumpfige) Wiese, Niederung'.

Riemen m. speziell ‚Peitsche‘ öHennb, selt. NW-Rand Itzgr, ob. Schwarza.

Ries n. ‚(zusammengerechte) Getreide- oder Heureste‘, auch Abfall anderer Art (z. B. Spreu, Überkehr, Heusamen) nNOThür, verstr. sEichsf., selt. übriges NThür. – Lautf.: *Rees, Ries*. Zu mhd. rîsen. → *reisen, Gerehrich(t)*.

Riester m. ‚zweiarmige Handhabe am Pflug‘ allg. außer nö-NOThür swWThür Hennb Itzgr sIlmThür, W-Rand SOThür. Zu mhd. *riester* ‚Pflugsterz‘.

rinderisch Adj. ‚brünstig (von der Kuh)‘ neben **rindern** sw. V. ‚nach dem Bullen verlangen‘ NThür NOThür WThür ZThür, sonst selt.; doch meist *rindern* IlmThür OThür nwRhön und verstr. SOThür; *de Kuh rengert, se moß bäin Ochs.* – Lautf.: *rinder(i)sch, rinner(i)sch, ringersch, -e-; ringern, -e-, rindern, rinnern*.

Ringelstock m. ‚Löwenzahn‘ sHennb swItzgr.

Ringstechen → *Kranzstechen*.

Rinken m. ‚Ring‘ veraltend wNThür WThür wZThür Hennb, verstr. sIlmThür, sonst selt.; *ha het sinn Schatzchen en Renken üs Gold geschaankt*.

Rinnebecher m. ‚große ovale Holzwanne‘ nur söNThür nöZThür.

rippeln sw. V. refl. ‚sich bewegen, sich rühren‘ verstr., häufig formelhaft *sich rippeln und regen (rühren); ha läit im Batt on reppelt on raat sech net*. Wohl zu nd. *reppen* ‚sich bewegen, rühren‘ im Gegensatz zu → *ribbeln*.

risch Adj. ‚rasch, flink, schnell‘ verstr. nHennb, selt. NThür wZThür öOThür, ob. Schwarza; *käst rüsch emo de Eier gequirl!* – Lautf.: *risch, -e-, -ü-, -ö-*. Zu mhd. *risch* als Nebenform von *rasch*.

Rispel f. **1.** ‚Haferähre‘ sWThür ZThür (ohne NO), sIlmThür Hennb Itzgr, W-Rand SOThür, sonst meist **Rispe** f. – **2.** ‚Zwiebelbündel, Zwiebelzopf‘ verstr. Hennb, selt. söWThür nItzgr. – **3.** übertr. ‚eine Menge, Vielzahl‘ selt. söWThür Hennb; *se hun a Rispel Kinner*. – Lautf.: *Risbel, -e-, Rischbel*.

Risse Pl. speziell **1.** ‚Witze, Späße, lose Streiche‘ verstr. mittl. N-Thür, sonst seltener, auch ‚große Pläne, Vorhaben‘ *ar hat grasse Resse in Kopp.* – **2.** ‚Schläge, Prügel‘ selt. nNThür öZThür OThür Hennb; *es gibt Riss*.

Ritt m. meist in adverbiellen Fügungen wie *uf (in) änn Ritt* ‚mit einem Mal, ohne Unterbrechung' verstr. WThür. sonst selt., *all(e) Ritt(e)* ‚sehr oft, jedesmal' verstr. und veraltend Hennb Itzgr swZThür öOThür, sonst selt. belegt; *alle Reet was annerscht!*

Rocken m. ‚Stab am Spinnrad, um den der zu spinnende Flachs gewickelt wird' verstr. außer nNThür NOThür, wo **Wocken** m. gilt, doch mit der Sache veraltend; RA: *du hast a Werg on Rukken* ‚bist nicht makellos'. In der Wendung *zu Rocken gehen* ‚zur → *Spinnstube* gehen' vorwieg. SOThür nwItzgr. Hierzu **Rockenstube** f. ‚Spinnstube' verstr. SOThür.

Rodehacke f. ‚Hacke mit schmalem Blatt zum Roden und zum Bearbeiten von hartem Boden' allg. außer sWThür swZThür Hennb wItzgr, wo sie **Rodehaue** heißt. RA: *besoffen wie ne Rodehacke* (d. h. jmd. fällt im Stehen um wie eine Rodehacke, die man nicht senkrecht stellen kann). – Lautf.: *Rod(e)-, Ru(e)d(e)-,* doch im nördl. Thüringischen *Rade-, Roade-* mit Anlehnung an *Rad,* im sSOThür *Rohack, Ruhack.*

Röggele n. ‚Semmel aus Roggenmehl' veraltend sSOThür; *fär'n Fimfer Räggele holn.* Auch **Röggeling** m. verstr. mittl. IlmThür.

Roggen m. wie schd., doch nur nNOThür und söZThür, sonst **Korn** n.

Roggenmuhme f. ‚fiktive Gestalt, mit der man Kindern droht, um sie von Getreidefeldern fernzuhalten' verstr. öNThür NOThür und in angrenzenden Gebieten neben → *Kornmuhme; die Roggenmuhme sitzt drin (geht um, kommt und holt dich)!*

Röhling m. **1.** ‚Frosch' verstr. sNThür wWThür, sonst selt.; *de Rehlinge quaken.* – **2.** ‚Molch' verstr. nNThür Mansf swWThür swOThür nwSOThür, sonst selt. – **3.** ‚Feuersalamander' verstr. NThür wNOThür WThür nwZThür nwHennb swOThür nwSOThür. – **4.** ‚Eidechse' verstr. wNThür, selt. n,wZThür swOThür nSOThür nHennb. – **5.** ‚Maulwurfsgrille' selt. Itzgr. – Lautf.: *Rehling, -ih-, -öh-, -üh-,* mit Anlehnung an *Rohr* oder *röhren, rühren* auch r-Einschub zu *Rehrling* bzw. *Rehrlich, Riehrlich.* Wohl zu mhd. *rühelen* ‚röcheln, brüllen', zumal diese kleineren Tiere oft nur nach ihren Rufen identifiziert werden, so daß die vielfältige Zuordnung in den gleichen Gebieten höchst unsicher ist.

Röhrentätscher m. ‚flaches rundes Gebäck aus geriebenen gekochten Kartoffeln und Mehl' (in der Ofenröhre oder auf der Herdplatte gebacken, mit Zucker und Zimt bestreut und meist warm zum Kaffee gegessen) verstr. neben **Röhrenkuchen** SO Thür s Ilm Thür.

Rohrpampe, -pumpe, -bombe f. ‚Rohrkolben' verstr. söN-Thür NO Thür nO Thür, selt. in angrenzenden Gebieten. Mit dem Grundwort wohl auf *Bambus* beruhend und volksetym. umgedeutet.

Rolle f. speziell ‚großes, rundes weitmaschiges Sieb mit Holzrand' (meist zur Getreidereinigung) veraltend NO Thür nöZ Thür n Ilm Thür nwO Thür, auch **Rollsieb** ebd.; hierzu **rollen** sw. V. ‚sieben'.

Roller m. speziell ‚Handwagen' söSO Thür.

rösch Adj. **1a.** ‚hart, ausgetrocknet, rissig' (meist vom Brot und Erdboden) verstr. N Thür W Thür Z Thür; *on dan reebschen Brut komme sech de Zehn üsgebiss.* – **b.** ‚knusprig' (vom Backwerk) verstr. Itzgr. – **2.** ‚sich rauh anfühlend' (vom Stoff, von der Haut) verstr. s W Thür Hennb, sonst selt. – **3.** ‚groß, stark', auch ‚grob, rüpelhaft' vorwieg. s Ilm Thür; *e riewischer Zinken* ‚große Nase'. – Lautf.: *röösch, -üü-, rösch, -ü-; rüebsch, -ie-, -ee-, riewisch, -ee-, rewwesch*. Zu mhd. *rösch*, doch lautlich z. T. wohl beeinflußt von *rauh* (Bed. 2) und *röhisch*.

Röseln Pl. ‚Sommersprossen' söN Thür nöZ Thür nw Ilm Thür.

Röste f. ‚ca. 1,5 m tiefes Wasserloch, in das die Flachsbündel einige Wochen gelegt werden, damit die weichen Stengelteile verrotten' veraltet, doch erhalten in Flur- und Gewässerbezeichnungen. – Lautf.: *Rieste(n), -ää-, -öö-, -ö-, Rest(e); Riese(n), -ee-, Rösse(n), -e-.* Zu mhd. *ræzen* ‚faulen'.

Rotauge n. ‚der Fisch Plötze' verstr. swO Thür söllm Thür SO Thür; *der Gustav hot en holm Amer* (Eimer) *Rutaacheln gefangen.*

Rote Beere f. **1.** ‚Walderdbeere' verstr. s W Thür Hennb Itzgr s SO Thür, selt. nwSO Thür, ob. Schwarza. – **2.** ‚Preiselbeere' um Salzungen, verstr. swZ Thür, selt. SO Thür, übriges W-Thür. – Gebildet im Gegensatz zu → *Schwarze Beere* ‚Heidelbeere'.

Rotkehlchen n. **1.** wie schd. ‚der Vogel Erithacus rubecula (L.)‘ allg., doch **Rotkäthel** n. verstr. n,öSOThür, selt. OThür söNOThür und mit Umstellung → *Kehlrötchen* söWThür wZThür. – **2.** ‚Marienkäfer‘ Rhön, selt. swWThür; wohl aus ebd. belegtem **Rotkälbchen** umgebildet.

Rotsterz m., **Rotsterze** f. ‚Rotschwänzchen‘ veraltend sOThür, SOThür (außer W-Rand), um Jena. Zu → *Sterz* ‚Schwanz‘.

Rotzagel m. dass., veraltend sWThür söZThür sIlmThür, selt. W-Rand SOThür. Zu → *Zagel* ‚Schwanz‘.

Rotzgieke f. ‚herabhängender Nasenschleim‘ neben **Gieke** f. WThür nZThür, verstr. nHennb; *ha zieht de Rotzgieke nuff.* Auch **Rotzglocke** f. verstr. sHennb Itzgr, **Rotzgülke, -gulke** f. verstr. wNThür und **Rotzich** m. verstr. öOThür.

Rotzkober m. **1.** ‚der Fisch Cottus gobio L.‘ verstr. WThür Z-Thür, neben **Rotzer(t), -ö-** m. verstr. sIlmThür öHennb Itzgr, W-Rand SOThür. – **2.** übertr. ‚frecher Junge, Taugenichts‘ ebd.; hierzu die weiter oder anderwärts verbreiteten Bezeichnungen **Rotzjunge, Rotzlöffel, Rotznase, Rotzpopel.**

Rübe → *öbersich(e) Rube.*

Rübenkraut n. ‚Rübenkopf mit Blattwerk‘ (als Viehfutter) verstr. NOThür nOThür; auch **Rübenkräuterich** n. verstr. söNOThür OThür öSOThür, **Rübenkräutig** selt. S-Rand Hennb, W-Rand Itzgr.

Rüböl n. ‚aus Rübsen gewonnenes Öl‘ verstr. und veraltet; wegen seiner minderen Geschmackseigenschaften mußte es als Backöl *erscht gekräischt waar* ‚zum Sieden gebracht werden‘.

Rüde m. f. ‚männl. Hund‘ verstr., doch statt dessen **Rüder** m. wZThür nIlmThür swOThür, **Rüdel** m. SOThür söOThür und meist **Männchen, Männle** Eichsf WThür wHennb Itzgr. – Lautf.: *Rüd, Rüdle, Riede, Reede(n), Redde(n); Reder, -ä-, Redder; Riedel, -äi-.*

rufen st. V. wie schd., doch meist schwach flektiert im IlmThür OThür SOThür, verstr. NThür: *rufte, ruffte, geruft, gerufft.*

Ruft f., selt. m. ‚harte, ausgetrocknete Erdkruste (Brotkruste)‘ verstr. mittl. NThür, ZThür (außer SW), sHennb Itzgr, sonst selt.; *die Gerschte kemmt nich dorch die Rufft.* Auch ‚verharrschter Schnee‘. – Lautf.: *Ruft, Rufft, -o-.*

rüftig Adj. ‚hart, ausgetrocknet' (vom Brot, von der Erdkruste) Hennb Itzgr, ob. Schwarza.

Rühling → *Röhling.*

Rührfaß n. ‚Butterfaß' Itzgr.

Rumpel f. ‚Waschbrett mit Wellblechbeschlag' neben *Wäsche-, Waschrumpel* verstr. öZThür IlmThür wOThür wSOThür Itzgr. Auch **Rumpelbrett** n. verstr. NOThür nOThür, um Sangerhausen. Hierzu **rumpeln** sw. V. ‚mit der Rumpel waschen'.

Rumpuff m. ‚ein Volkstanz der Altenburger Bauern' veraltet öOThür; übertr. ‚ungeschlachter, unbeholfener Mensch; ausgelassenes Mädchen'.

Runge f. ‚beidseitig im → *Rungenschemel* befestigte hölzerne Stützen für die Seitenbretter des Kastenwagens' (im Gegensatz zur → *Leuchse* am Leiterwagen) NThür NOThür WThür nZThür nIlmThür, verstr. OThür nSOThür, sonst selt.

Rungenschemel m. ‚starkes Brett über der Vorderachse des Wagens' (drehbar um einen Bolzen in der Mitte, dem **Rungennagel**) NThür WThür nIlmThür, selt. NOThür OThür. Auch **Rungenstock** m. verstr. ZThür IlmThür wOThür wSOThür.

Runkelkräuterich n. ‚Rübenblätter' vorwieg. SOThür; auch **Runkelkräutig** n. verstr. Itzgr.

Runks m. **1.** ‚großes, unförmig geschnittenes Stück' (von Lebensmitteln wie Brot, Speck, Wurst) verstr. NThür WThür Hennb öOThür nSOThür, sonst seltener. – **2.** ‚Grobian, Flegel, rücksichtslose Person' verstr. außer NOThür; *vun dan Runks kannst de nischt anneres erwarte.* Hierzu **runksen** sw. V. ‚beim Ballspiel unfair sein, rempeln' verstr. außer Itzgr; *dar runkst bei jeden Spiel.*

Runksche f. ‚Runkel, Futterrübe' nwNThür. → *Ranksche.*

Runksen m. dass. wie → *Runks 1,* verstr., doch daneben auch **Runken** m. NThür nZThür sIlmThür Hennb SOThür.

Ruprecht m. ‚männl. Brauchtumsgestalt in der (Vor)- weihnachtszeit' sNOThür IlmThür OThür SOThür, selt. Itzgr. Mit Pelzmütze, langem Mantel und hohen Stiefeln bekleidet, kam *(Knecht) Ruprecht* oder → *Hans Ruprecht* am Andreasabend (30. Nov.), am Nikolaustag (6. Dez.) oder am Weihnachtsabend vor allem zu Kindern, die einen Vers aufsagen mußten und mit kleinen Gaben belohnt, zuweilen als ungehorsam aber auch mit der Rute bestraft wurden. – Lautf.: *Rupprech(t), -o-, Ruppert, -o-, Rupperich, Rupperch.*

Ruschel[1] f. ‚liederliche, leichtfertige weibl. Person' verstr. außer nNThür nNOThür. Hierzu **ruschelig** Adj. ‚liederlich, leichtfertig' verstr. OThür öSOThür. – Lautf.: *Ruschel*, doch meist *Ruuschel* und *ruuschel(i)ch.*

Ruschel[2] f. ‚Rutschbahn auf einer Eisfläche' vorwieg. nwSOThür, um Schleiz. Hierzu **ruscheln** sw. V. ‚auf der Eisfläche gleiten'.

Rußbutte f. ‚ca. 20 cm langes Fäßchen zum Aufbewahren von Kienruß' veraltet OThür SOThür. Vom hausierenden **Rußbuttenmann** vertrieben, da der Kienruß zur Herstellung von Schuh- und Ofenschwärze benötigt wurde.

Rute f. speziell als Maß – **1.** ‚Längenmaß von ca. 4 m' verstr. NOThür nZThür Hennb belegt, doch veraltet. Bei der Landvermessung wurde eine *halbe Rute* verwendet, die mittels einer in der Mitte befestigten Handhabe ständig fortgeschlagen werden konnte. – **2.** ‚ein Flächenmaß von regional wechselnder Größe' (z. B. 14,2 m^2 in preußischen, 32,2 m^2 in altenburgischen Gebieten) veraltet NThür NOThür öOThür, sonst selt. belegt.

Rutscher m. speziell ‚ein Tanz ähnlich der Polka' veraltet öOThür SOThür; als Lied hierzu: *rutsch hie, rutsch her, rutsch nei der Maad* (Magd) *ihr Federbett, …*

Rutz o. G. Kosename für ‚Schwein' oder ‚Ferkel' vorwieg. swWThür, auch Lockruf ebd.

S, s wird im Wort- und Silbenanlaut vor Vokalen stimmhaft arti-
kuliert im NThür, um Mühlhausen und verstr. im nNOThür,
sonst ist es stets stimmlos.

Sabbat → *Schabbes.*

sabbern sw. V. **1a.** ‚Speichel aus dem Mund fließen lassen‘
öNThür NOThür, sonst selt., auch **seibern** sw. V. vorwieg.
mittl. NThür, sonst → *geifern.* Hierzu **Sabber, Seiber** m. ‚Spei-
chel, Geifer‘, auch ‚Rückstand in der Tabakspfeife‘ ebd. – **b.**
‚sich beim Essen bekleckern‘ neben *sich ein-, vollsabbern* verstr.
ebd. – **2.** ‚viel schwatzen, belanglose Reden führen‘ selt.
NOThür OThür.

Sachen n. speziell ‚Kleidung‘ NThür WThür Hennb; *of dar Ker-
mes werd dos baste Sachen oongezuchen.*

sacht(e) Adj. (nur adv.) **1.** ‚langsam, vorsichtig‘ verstr., doch
sachtig sWThür nHennb, **sachtsam** Itzgr; *trink sachtchen!* – **2.**
‚leise, sanft‘ verstr.; *mach sachte, sonst werd de Kleine monner!* –
Lautf.: *sacht(e), -o-,* auch diminuiert *sachtchen, -o-.*

Sack → *Milchsack.*

Sackhans m. ‚Brauchtumsgestalt am Nikolaustag (6. Dez.) oder
am Weihnachtsabend‘ verstr. und veraltend WThür wZThür,
selt. Eichsf Rhön. Wie der → *Nikolaus* brachte er den Kindern
kleine Geschenke in einem Sack.

Sainfoin m. ‚Luzerne‘ sEichsf nWThür. – Lautf.: *Sängfäng,
Sangfang.* Aus frz. *sain foin* ‚gesundes Heu‘.

Salband n. ‚Saum eines Gewebes, Webkante‘ verstr. ob.
Schwarza, sonst selt.; auch **Salende** n. selt. Itzgr, **Salkante** f.

selt., **Salleiste** f. öOThür öSOThür, selt. wSOThür, **Sal-naht** f. verstr. nöItzgr, **Salwand** f. verstr. sNOThür IlmThür wOThür wSOThür, selt. WThür nHennb Itzgr. – Mit mehr-facher Abwandlung zu mhd. *selp-ende* ‚eigenes Ende'. → *Selb-ende*.

sall(e), saller → *selb*.

Salsierchen n. ‚Salznäpfchen für den Gebrauch am Tisch' veral-tend öOThür. Zu mlat. *salsarium* ‚Salzbehälter'.

Salvette f. ‚Serviette, Mundtuch' verstr., doch veraltend. Hierzu **Salvettenhütes, -kloß, -knölle** ‚großer, in einer Serviette ge-sottener Kloß aus Semmeln, Milch und Eiern' vorwieg. Itzgr, ob. Schwarza. – Lautf.: *Salféte(n), -wéten, -fétte(n)*. Zu ital. *Salviet-ta*, mlat. *salvieta* ‚Serviette'.

Salzmeste → *Meste 1*.

Sämetze → *Ameise*.

sammen sw. V. ‚Getreide (vor allem Hafer und Gerste) nach der Mahd zusammenrechen und binden' verstr. sNThür nZThür söSOThür, selt. nIlmThür; auch ‚Heu zu Haufen oder Reihen zusammenrechen' selt. ebd. – Zu mhd. *sam(e)nen* ‚sammeln, zu-sammenbringen'.

Sämte → *Zamte*.

sappen sw. V. ‚schwerfällig gehen, stapfen' verstr. Itzgr, selt. sSOThür; *dar sappt mol widder nein en größten Matsch*. Hierzu **Sapper** m. ‚jmd., der schwerfällig oder stapfend geht' ebd.

Satel f., selt. m. ‚Acker von unbestimmter Länge und Breite' sNThür WThür ZThür IlmThür Hennb; *off'n Häßlich* (FlN) *homme noch ne Sottel Howwer stenn*. – Lautf.: *Satel, -oa-, Sattel, -o-*. Zu mhd. *satel(e)*.

satt Adj. speziell ‚genug, ausreichend' vorwieg. NThür öZThür IlmThür OThür SOThür; *s is satt vull*. Auch ‚sehr' verstr. öOThür; *s wor soot schien*. – Lautf.: *sat, soat, sot, satt, -o-*.

Satte f. ‚flache Tonschüssel' (meist für Milch zur Sahnegewin-nung) verstr. nöNThür NOThür nOThür, sonst selt., nicht Hennb Itzgr. Zu nd. *setten* ‚(sich) setzen'.

Sattel m. f. n. speziell ‚das im Gespann links gehende Tier' verstr. Hennb, sonst selt. neben **Sattelgaul, -pferd, -kuh, -ochse**, auch **Satteliger** m. verstr. öOThür, selt. NOThür SOThür;

paß auf, der Sottelche bißt un schmißt! Bestimmend für den Artikel ist meist das natürliche Geschlecht des Zugtiers.

Sau f. als Gattungsbezeichnung für ‚Schwein' nur Hennb Itzgr SOThür OThür; sonst neben regionalen Syn. ‚weibl. Zuchtschwein'; abweisende RA: *mit dir ho ich noch kenn Säu ghüt.* Hierzu **Säubär** ‚Eber'. → *Bär.*

Saubel f. ‚Pfrieme als Schuhmacherwerkzeug' verstr. Eichsf WThür. – Lautf.: *Subel, -w-, -ü-, -ui-, -au-, -äu-.* Zu mhd. *siuwele, siule,* doch entwikckelt wie ahd. û vor w im Hiatus.

Saubutzen m. ‚Löwenzahn' verstr. Eichsf. Auch **Saudistel** f. verstr. mittl. NThür, selt. NOThür.

Sauer m. ‚Sauerteig' selt. NThür NOThür OThür nöSOThür. – Lautf.: *Sur, Sauer.* → *Säure.*

Sauerampfer m. wie schd., neben **Sauerkraut** n. mittl. NThür, WThür ZThür sIlmThür wRhön sHennb. Hierfür auch **Sauerhamp(f)el, -hämpel** m. öNThür NOThür nIlmThür wOThür nwSOThür, ob. Schwarza, **Sauerhanf** m. öOThür ö,sSOThür, **Sauersense** neben **Saure Sense** f. nHennb (außer wRhön), **Saure Wanze** f. sItzgr sowie kleinräumig weitere Syn. wie z. B. **Sauerblatt** n., **Sauerlaub** n., **Sauerlump(e)** f. m., **Sauerranft** m., **Sauerranzen** m., **Sauerstengel m.** und östl. von Salzungen **Saurer Senf.**

Sauerkohl ‚Sauerkraut' → *Kohl.*

Saug m. ‚mit Zucker und aufgeweichter Brotrinde gefüllter Nukkel aus Stoff' verstr. öOThür, selt. neben **Sauge** f. öSOThür. Jünger in diesen Gebieten ist **Sauger** m.

Sauhacksch m. ‚Eber' → *Hacksch.*

Saukopf m. ‚halbierter Schweinekopf' (zur Speise gekocht für Sülze) verstr. öOThür, selt. nSOThür.

Säure f. speziell ‚Sauerteig' selt. NThür sSOThür. – Lautf.: *Sier(e), Seire, Seier.* → *Sauer.*

Saure Flecke Pl. tant. ‚säuerliches Eintopfgericht aus Innereien von Rind oder Ziege' verstr. söHennb Itzgr SOThür, selt. sWThür OThür. → *Flecke.* Auch **Saures** n. ob. Schwarza, verstr. wSOThür, sonst selt.

Sausack m. ‚Wurst im Schweinemagen' (mit Blutwurst- oder Sülzwurstmasse) verstr. SOThür (außer NW-Rand), Itzgr (außer NW); RA: *Worscht rieber, Sausack nieber* ‚wie du mir, so ich dir'. → *Magenwurst.*

Sausterbe f. **1.** ‚zusammengerechte Getreidereste auf dem Feld' nöNThür. – **2.** ‚der hierfür verwendete große Schlepprechen' ebd.

Sautod m. meist scherzh. ‚Hausschlächter' verstr. öOThür, selt. SOThür.

Sauzagel m. speziell ‚Wirbelwind' WThür wZThür nHennb. Motiviert durch den Ringelschwanz der Schweine, doch **Sauzahn** m. Eichsf. – Lautf.: *-(d)sal, -o-, -ö-, -au-* zu → *Zagel* ‚Schwanz', im nwZThür auch *-fal, -fail, -faul* mit Anlehnung an *Vogel.*

Schabb(e)rich → *Schammrich.*

Schabbes m. ‚Sonnabend, Sabbat' veraltet Hennb, W-Rand Itzgr, auch vereinzelt in Zuss. wie **Schabbesdeckel** m. ‚alter Hut', **Schabbesgoie** f. ‚Dienstmädchen (aus christlichem Haus), das sonnabends die für Juden verbotenen Arbeiten verrichtet. – Lautf.: *Schabbes, -ww-.* Aus dem Jidd. zu hebr. *schabbath* ‚Feiertag, Ruhe'.

Schäbe f. **1a.** meist Pl. ‚holzige Stengelteile des Flachses als Abfall bei der Fasergewinnung' veraltet NThür nWThür nwZThür. Am → *Nisteltag* warf man *Schäben* in die Hausflure; unehrenhaften Mädchen wurden *Schäben* bei der Hochzeit auf den Kirchweg gestreut. – **b.** ‚Abfall beim Getreidedrusch, Spreu' selt. NThür. – **2.** ‚durch Schaben abgeflachte Holzstäbe'. – **a.** ‚die flachen Sprossen der Wagenleiter am Erntewagen' NThür WThür ZThür sIlmThür, selt. nIlmThür. – **b.** ‚die fest verkeilten flachen Sprossen einer Leiter' (im Gegensatz zu den nur lose eingesetzten runden *Sprossen)* selt. NThür ZThür sIlmThür. – Lautf.: *Schemen, -ä-, -a-, -ea-, -iä-.* Zu mnd. *scheve,* verwandt mit *schaben* und *Schiefer.*

schabeien, schabeiten sw. V. ‚auf der Eisbahn gleiten, schlittern' sWThür nHennb. Hierzu **Schabei(t)e** f. für die entsprechende Rutschbahn; *die Keng schaweite jeden Tog uf dar Schaweite rüm.* – Lautf.: *scha-, scho-, schuwei(d)en,* auch *schar-, schorwei(d)en* und verkürzt *schweide* oder mit Umstellung *schameien, schmeiden.* Stets betont auf zweiter Silbe. Etym. unklar. → *Schaube.*

Schaber m. scherzh. ‚Friseur' verstr. NOThür nOThür, sonst
selt.

Schackelster f. ‚Elster' nNOThür, verstr. sNOThür, selt. Ilm-
Thür OThür. – Lautf.: *Schack-, Schäckelster.*

schackern, -ä- sw. V. ‚sich ruckartig bewegen' (bes. bei Fahrten
auf holprigen Wegen) verstr. ö,sSOThür, selt. NOThür OThür,
speziell ‚ein Kind auf dem Knie oder auf dem Arm schaukeln'
ebd.; häufig mit Versbegleitung *schacke(r), schacke(r), Reiter, ...*

Schäfchen n. meist Pl. bei folgenden speziellen Bedeutungen –
1a. ‚männl. Haselnußblüten' N-Rand NThür, nNOThür, ver-
str. sNOThür nWThür nwZThür nOThür, sonst selt. – **b.**
‚Weidenkätzchen' selt. – **2.** ‚Tannen-, Kiefernzapfen' vorwieg.
nWThür. – **3.** ‚mundgerecht geschnittener Bissen (Happen)'
verstr. NThür NOThür ZThür nIlmThür, sonst selt., nicht
Hennb Itzgr.

Schäfer m. speziell ‚Kanker, Weberknecht' neben → *Fauler Schä-
fer* veraltend NThür.

Schaffen m. ‚flache, runde Stielpfanne, Tiegel' (meist verwen-
det zum Braten von Bratkartoffeln und Spiegeleiern oder zum
Backen von Eierkuchen und Kartoffelpuffern) NThür (außer
Eichsf), swNOThür nZThür nIlmThür, verstr. wOThür, ob.
Schwarza, um Saalfeld.

Schaflämmchen n. (meist Pl.) ‚männl. Haselnußblüte' Eichsf,
selt. N-Rand WThür.

Schafmäule n. ‚Rapünzchen' verstr. Itzgr. – Lautf.: nur Dim.
Schof-, Schoufmalle, -mälle. Zu *Maul.*

Schafrippe f. ‚Schafgarbe' W-Rand Eichsf, nwWThür, als Dim.
Schafrippchen sWThür nRhön.

Schale¹ f. **1.** ‚die harte Hülle von Eiern und Nüssen' allg.; RA:
bar'n Karn will, muß die Scholln knack. – **2.** ‚die weiche Außen-
haut von Kartoffeln, Gurken, Zwiebeln, auch Wursthaut' allg.
außer N-Rand NThür, nNOThür und Hennb Itzgr, wo meist
→ *Schelfe, Schelle* gelten. – **3.** ‚Rinde von Bäumen und Sträu-
chern' NThür NOThür, verstr. neben **Rinde** f. WThür ZThür
IlmThür OThür nwRhön. – Lautf.: *Schale(n), -o-, Schoale,
Schaul, Schalle(n), -o-.* Zu mhd. *schale.*

Schale² f. speziell ‚Untertasse' vorwieg. ob. Schwarza, neben

Tassenschale verstr. Eichsf nWThür, als Dim. *Schälchen* verstr. OThür, *Schälle, Schalle* sSOThür nItzgr, hierzu die Wendung *e Schälchen Heeßen trinke* verstr. NOThür nöIlmThür OThür nSOThür. – Lautf.: meist wie → *Schale¹*, doch zu mhd. *schâle*.

Schalei n. ‚Hühnerei ohne Kalkschale, Fließei' NThür nWThür nZThür nIlmThür; auch *Schälchensei* verstr. swWThür nHennb.

Schammrich m. ‚Geliebter, Bräutigam' verstr. söSOThür; auch *Schabb(e)rich* m. verstr. OThür; *was hat'enn die fer enn Schabbrich?* – Wohl rotw. Wort.

Schandarm, Schandeckel → *Gendarm.*

schändieren sw. V. ‚schimpfen, lästern' verstr. öZThür sIlm-Thür öOThür nöSOThür.

Schank m. ‚Schrank' WThür wZThür Hennb Itzgr, ob. Schwarza, verstr. wNThür söZThür; iron. *ha es kraank met de Nosen in Schaank.* – Lautf.: *Schank, Schaank, -oo-, -uu-, Schaak.*

Schanze f. ‚flacher, ovaler Korb mit Grifflöchern' vorwieg. söHennb Itzgr, zuweilen auch auf andere Korbarten übertragen.

Schapel m. **1.** ‚Myrtenkranz der Braut und Brautjungfern sowie der Bauernmädchen bei Festlichkeiten' (mit Blumen, Goldflitter und Bändern versehen) veraltet Hennb, ob. Schwarza, auch ‚Trachtenhaube der Altenburger Bäuerin'. – **2.** ‚alter, abgetragener Hut; Mütze für Männer und Kinder' verstr. NThür, sonst selt. – Lautf.: *Schabel, -o-, -oa-, Schabbel.* Zu mhd. *schap(p)ël* ‚Blumenkranz, Kopfschmuck' und afrz. *chapel* ‚Hut'. → *Schiepel.*

schappen sw. V. refl. ‚sich kratzen, jucken' verstr. und veraltend WThür nwZThür, selt. Hennb.

scharben sw. V. ‚Weißkraut für Sauerkraut schnippeln' verstr. IlmThür OThür, selt. söZThür. Hierzu **Scharbekraut** n. ‚Sauerkraut' selt. ebd.

Scharbich m. ‚Kartoffelpuffer' verstr. ob. Schwarza; auch **Scharberich** m. verstr. söIlmThür, um Saalfeld, selt. sZThür, **Scharbs** m. verstr. S-Rand ZThür, nwItzgr, um Rudolstadt.

scharmutzieren sw. V. ‚(laut) schimpfen, nörgeln' verstr. Hennb Itzgr, selt. NThür WThür; *se schermetzieren ebber's Wat-*

ter, weil's jeden Tog raant. – Lautf.: *scharmezieren, schermezieren.*
Verwandt mit *Scharmützel.*

Scharrplatz, Schärrplatz m. ‚flaches Gebäck aus Resten des
zusammengescharrten Brotteigs' verstr. sNThür. → *Platz.*

Scharteke f. ‚alte, liederliche Frau' verstr. wNThür WThür
nwZThür öOThür, sonst selt.; *de aale Scharteken es noubgierig wie
ne Heppe* (Ziege). Eigentlich ‚altes, zerlesenes Buch', was nur ver-
einzelt im WThür sIlmThür Itzgr belegt ist.

scharwerken sw. V. ‚fleißig und angestrengt arbeiten' verstr.
öNThür sNOThür nöZThür nIlmThür OThür n,öSOThür;
dar scharwercht, bis er imfällt. – Lautf.: *schar-, schor-, scherwérchen,
-wárchen.* Zu mhd. *scharwërc* ‚Frondienst'.

Schaub m. n., **Schaube** f. ‚fest gebundenes und passend ge-
schnittenes kleines Bündel Roggenstroh (zum Dachdecken)'
selt. und veraltet Hennb Itzgr. – Lautf.: *Schaub, -a-,
-o-.* Neutr. und Fem. selt.; zu mhd. *schoup.*

Schaube f. speziell ‚Eisbahn zum Schlittern' swWThür; auch
Schaubel f. nwWThür, **Schauber** f. öWThür, NW-Rand
ZThür. – Lautf.: *Schube(n), -ü-, -w-; Schüwel, -b-, Schuwwel, -ff-;
Schuwver, -ü-, Schuwwer, -ü-, Schuffer, -ü-.* Zu → *schauben* ‚schie-
ben'.

schauben stsw. V. **1.** ‚schieben' NThür nNOThür nWThür
nwZThür; *ich trecke* (ziehe) *un du schauwest!* Hierzu **Schaube-
karre** f., **Schaubekarren** m. ‚Schubkarren (mit Sprossen)'
n,öNThür, NOThür (außer NO-Rand), verstr. nöZThür. – **2.**
speziell ‚auf der Eisbahn schlittern' swWThür; auch **schaubeln**
sw. V. nwWThür, **schaubern** sw. V. öWThür, NW-Rand
ZThür, **schaubelieren** sw. V. um Gotha. – Lautf.: *schauwen,
schaum, schuwen, schum, schüben, -w-; schüweln, -ww-, schuffeln,
-ww-; schuwwern, -ü-, -ww-; schuwwe-, schoweliern, schuff(e)liern.*

Schaubhut m. ‚Strohhut mit breiter Krempe' (als Sonnen-
schutz bei der Ernte getragen) verstr. und veraltet WThür
Hennb SOThür, um Erfurt, sonst selt.; etym. zu → *Schaub.*

Schauer f. m. n. **1a.** ‚offener Schuppen mit Wetterdach' (zum
Unterstellen von Wagen und Geräten) verstr. Eichsf, selt. übri-
ges NThür, NOThür nOThür. – **b.** ‚Schutz bietende Stelle vor
Wind und Regen' verstr. WThür ZThür Hennb, selt. NThür;

henner dere Muwer hat me e wenk Schuwer. – **2.** ‚Garbenhaufen auf dem Feld' verstr. wNOThür. – Lautf.: *Schauer, Schur(e), -ü-, Schuwer, Schurre.* Zu mhd. *schûr* ‚Obdach, Schutzdach', verwandt mit → *Scheuer.*

Schaufel → *Worfschaufel.*

Schauke f. ‚Kinderschaukel' verstr. N-Rand SOThür, selt. mittl. OThür. Hierzu **schauken** sw. V. ‚schaukeln' selt. ebd.

Schaunkel f. ‚Kinderschaukel' verstr. SO-Rand SOThür. Wohl Mischform zwischen *Schaukel* und benachbartem → *Gankel.* Hierzu **schaunkeln** sw. V. ‚schaukeln' ebd.

Scheeks m. ‚junger Bursche, Freund, Liebhaber' von Halle aus vor allem im NOThür verbreitet; *Ische, komm ma runger, dein Scheeks is da.* – Rotw. Wort zu jidd. *schekez* ‚Greuel, Abscheu vor dem Unreinen'. → *Schickse.*

Scheffel m. **1.** ‚größeres hölzernes Gefäß mit zwei Griffen' früher als amtliches Hohlmaß (vorwieg. für Getreide) allg. nördl. des Thür. Waldes gebräuchlich, doch je nach den territorialen Bezirken von unterschiedlicher Größe und schwankend zwischen ca. 40 Liter in den westlichen und ca. 250 Liter in den östlichen Landesteilen, so daß Zusätze wie *Berliner (preußischer), Leipziger (sächsischer), Nordhäuser Scheffel* benötigt wurden; RA: *där leckt känn Scheffel Saalz miehn* ‚stirbt bald'. – **2.** als Flächenmaß ‚ein Ackerstück, das man mit einem Scheffel voll Getreide besäen konnte' verstr. SOThür, selt. sZThür sIlmThür öOThür.

Scheffel(s)drescher m. ‚Drescher, dessen Lohn in freier Kost und einem Ertragsanteil (z. B. 10. Scheffel) besteht' veraltet; RA *er frißt wie ein Scheffelsdrescher* ‚ißt viel (gierig)' öNThür NOThür nöZThür nIlmThür OThür SOThür, sonst selt.

scheib Adj. ‚schief' NThür Mansf WThür nwZThür, selt. und veraltet Hennb öOThür; *es geht alles scheib* ‚alles mißlingt'.

Scheibel m. (meist Dim.) **1.** ‚Wurstscheibe' verstr. Itzgr; je nach Größe *a Scheubela Wörscht – a Trumm Wörscht – a fatzen Trumm Wörscht.* Seltener für Stücke von Brot, Käse oder Obst. – **2.** als Dim. Pl. ‚Bratkartoffeln' verstr. öItzgr. – Lautf.: *Scheubel, Scheubela.* → *Schippel.*

Scheideweck m. **1.** ‚Abschiedsessen in der → *Spinnstube* bei Gesindewechsel' veraltet Hennb, ob. Schwarza. – **2.** ‚Feier bei

Beendigung der winterlichen Spinnstube' wSOThür, ob.
Schwarza; auch übertr. auf andere Spinnstubenfeiern. – Zu →
Weck ‚Brötchen', doch auch Bezug zu *weg* ‚fort' und infolgedessen zuweilen scherzh. Umdeutung zu **Scherdichweg.**

Scheißbeere f. Bezeichnung für verschiedene ungenießbare,
übelriechende oder abführend wirkende Sträucher und deren
Beeren, insbes. für Faulbaum und Traubenholunder und deren
Beeren.

Scheitchen n. ‚Stollen als Weihnachtsgebäck' sNThür ZThür
IlmThür, verstr. wNThür, neben **Christscheit, Eierscheit-
(chen)** verstr. öWThür nöHennb. – Lautf.: *Schittchen*, selt.
Schittel, Schietche(n), -ei-, Schietle. Wohl zu *(Holz)scheit* nach Lautung und länglicher Form, doch volksetym. auch an *(Stroh)-
schütte, Schüttchen* angelehnt.

Schelfe f. **1.** ‚die harte Schale von Eiern und Nüssen', seltener
‚Hülse von Bohnen und Erbsen' verstr. um Sonneberg. – **2.**
‚Schale von Kartoffeln und Obst' Itzgr ö,sHennb, selt. sZThür.
Auch **Schelze** um Sonneberg. – **3.** ‚Rinde von Bäumen und
Sträuchern' ö,sHennb, selt. sZThür, W-Rand Itzgr.

Schelle¹ f. **1.** ‚Eierschale' verstr. nwHennb. – **2.** ‚Kartoffelschale'
nNOThür, N-Rand NThür sowie nwHennb. – **3.** ‚Rinde von
Bäumen und Sträuchern' nwHennb. – Lautf.: *Schelle(n), Schille.*
Nebenform zu → *Schale¹.*

Schelle² f. ‚Rückentragekorb' verstr. und veraltend NOThür.
Etym. wohl zu → *Schale².*

Schelle³ f. **1.** ‚kleine tönende Glocke' verstr., doch selt. nNOThür
nIlmThür OThür; speziell – **a.** ‚Glöckchen am Schellengeläute
des Geschirrs bei Spazier- und Schlittenfahrten', auch ‚Glöckchen am Hals von Weidetieren' verstr. – **b.** ‚Handglocke des Gemeindedieners, mit der er Bekanntmachungen ankündigt' verstr. n,öWThür, auch **Scheller** f. m. wWThür; hierzu **schellen,
schellern** sw. V. ‚mit der Schelle eine Bekanntmachung ankündigen' ebd. – **c.** ‚Klingel oder Glocke an der Haustür' vorwieg.
NThür, um Erfurt. – **2.** ‚glockenförmiges Gerät zum Abschaben der Borsten am gebrühten Schlachtschwein' wNThür W-
Thür wZThür Hennb wItzgr, verstr. öNThür öZThür Ilm-
Thür nwSOThür, sonst selt. – **3.** ‚Ohrfeige' IlmThür OThür

SOThür, verstr. öNThür öZThür Itzgr, → *Maulschelle;* iron. beim Kartenspiel mit der Spielkarte Schellen: *mit Schellen hatte ich schon in der Schule das meiste Glück.* – Lautf.: *Schelle(n), -a-.* Zu mhd. *schëlle* ,Glöckchen'.

schellig Adj. ,uneins, verfeindet' verstr. Itzgr, selt. sHennb; *die is mit ihren Schwouger schellich worrn.* Zu mhd. *schëllec* ,lärmend, streitend, wild'.

Schelze → *Schelfe.*

Schenke f. ,Wirtshaus' NThür (außer Eichsf), ZThür IlmThür OThür nSOThür, verstr. w,sNOThür.

Scherbalken m. (meist Pl.) ,oberster Querbalken im Dachgiebel' und in Verbindung mit Präp. *auf'n (über'n, im) Scherbalken* ,Dachraum über dem Scherbalken' n,öWThür nwZThür. Auch **Scherbänder** verstr. swWThür sZThür sIlmThür; *das Heu werd in die Schierbänger gepackt.* – Lautf.: *Schier-, Scherbalken; Schier-, Scherbänger, -banger.*

Scherben m. n. ,Scherbe als Bruchstück von Glas, Ton oder Porzellan' SOThür, selt. Itzgr, ob. Schwarza. Auch **Scherbel** m. f. NOThür nIlmThür OThür, verstr. nöZThür, selt. söIlmThür wSOThür; *ich hawe mir ä Schärwel einjezoochen.*

Scherdichweg → *Scheideweck.*

Schere f. speziell ,Gabeldeichsel für Einspänner' NThür NOThür WThür wHennb, verstr. ZThür IlmThür nwOThür, sonst selt.; daneben auch **Scherenbaum, -deichsel, -geischel, -stange.**

schergen, scherchen → *schürgen.*

scherzen sw.V. speziell ,die Arbeitsstelle wechseln' (vom Gesinde) veraltet S-Rand WThür, Hennb; *uns Mööd* (Magd) *is vür verzen Tünn* (Tagen) *geschärzt.* Hierzu **Scherztag** m. ,Tag des Gesindewechsels' ebd.

Scheuer f. ,Scheune' swWThür nHennb. – Lautf.: *Scherrn, -i-, -ü-, -ö-.* Zu mhd. *schiure.*

Scheuergras n. ,Schachtelhalm' (zum Reinigen von Zinn- und Blechgeschirr verwendet) öOThür SOThür (außer W-Rand), verstr. swOThür. Auch **Scheuerkraut** n. IlmThür söZThür, W-Rand OThür, W-Rand SOThür, Itzgr, **Scheuerkräutig** n. ob. Schwarza.

Scheunenrechen m. ‚weitzinkiger Rechen zum Wenden des Getreides beim Flegeldrusch und zum Abrechen von Strohresten‘ verstr. und veraltet wZThür, selt. sNThür nWThür nIlm-Thür nOThür. Hierfür **Scheunenharken** m. verstr. NThür (außer Eichsf), selt. nOThür.

Scheusal f. speziell ‚Vogelscheuche‘ verstr. sWThür; übertr. ‚alte, liederlich gekleidete Frau‘. – Lautf.: *Scheusel, -ou-*. Spätmhd. *schiusel* ‚Vogelscheuche‘.

Schibbe f. ‚Mutterschaf‘ verstr. NOThür, seltener ‚weibl. Lamm‘ und ‚Ziegenlamm‘ ebd.; → *Zibbe*.

Schibbicke f. ‚Holunder‘, im Pl. ‚Holunderbeeren‘ verstr. Mansf sNOThür, selt. nNOThür OThür. – Lautf.: *Schiwicke*, selt. *Schíe-, Tschíbicke, Schí-, Schiewichen*. Wohl zu osorb. *dźiwi bóz* ‚wilder Holunder‘, doch auch etym. Bezug auf lat. *sa(m)bucus* denkbar.

schicken sw. V. **1.** refl. ‚sich beeilen‘ öItzgr sSOThür, verstr. nSOThür, selt. wItzgr sHennb; *schick dich, dar Bus kimmt! –* **2.** ‚genügen, ausreichen‘ selt. NThür WThür nHennb; *dos Steck Botter moß de ganze Wochen scheck.* – **3.** in der Wendung *zu schikken haben* ‚zu tun haben‘ verstr. sWThür sZThür sIlmThür öHennb; *ech honn noch en ganzen Tog ze schecken* ‚zu arbeiten‘, *met dan Lump well ech nüscht ze schecken hoo.*

Schickse f., **Schicksel** f. n. ‚(jüdisches) Mädchen‘ selt., doch meist abwertend für ‚liederliches, sittlich leichtfertiges Mädchen‘. Rotw. Wort. Zu jidd. *schickzo, schickzel* ‚nichtjüdisches Mädchen‘. → *Scheeks*.

Schieb(e)bock m. ‚Schubkarren (mit Sprossen)‘ öOThür, selt. wOThür SOThür. Hierzu **Schiebbocker** m. ‚Butterbrot und Handkäse‘ (als Frühstück der hausierenden Kleinhändler, die ihre Waren auf dem Schiebebock transportierten) vorwieg. öOThür. – Lautf.: *Schie(we)bock, -buck; Schiewecker*.

schieben → *schauben*.

Schiebesack m. ‚Hosentasche‘ auch ‚große Tasche im Frauenrock‘ veraltet öOThür n,öSOThür; *immer hot er de Pfuten in Schiewesocke.*

Schiefer m. speziell ‚Splitter in der Haut‘ swWThür Hennb, verstr. öOThür; scherzh. Gutenachtgruß *schloff wohl, stuß de* *kän Schiefer in Orsch!* – Lautf.: *Schiewer, -f-, Schiwwer, -e-, -ff-, -bb-.*

Schieferkasten m. ‚Kästchen mit Schiebedeckel zur Aufbewahrung der Griffel' veraltet söNThür NOThür ZThür nIlm-Thür wOThür, verstr. mittl. NThür, nSOThür; zusammen mit der **Schiefertafel** häufig als Geschenk der Paten zur Schuleinführung.

schiegeln sw. V. ‚schielen' verstr. söOThür ö,sSOThür Itzgr; *ar schiegelt uf enn Aage.* Auch **schiegen** sw. V. söHennb nwItzgr. – Lautf.: *schiegeln, -äi-, schiggeln; schiggen.*

Schiepchen n. ‚Küken' NOThür, verstr. öNThür nOThür. – Lautf.: *Schiepchen, Schippchen.* Wohl zum ebd. geltenden Lockruf *schiep!*

Schiepel m. ‚schäbiger, altmodischer Hut' verstr. w,sNOThür nöZThür nIlmThür OThür; *was hat'n die nur fär e Schiepel off!* – Lautf.: *Schiebel, -w-.* → *Schapel.*

Schießechse f. ‚Eidechse' verstr. n,öSOThür, auch **Schießdechse** f. söSOThür und zuweilen umgedeutet zu **Schießengel, Schießhexe.**

Schießer m. speziell ‚Murmel, Spielkugel' verstr. S-Rand W-Thür, Hennb; auch **Hullerschießer.** – Lautf.: *Schisser, -e-.*

schiffeln sw. V. **1.** ‚flache Steine so über eine Wasserfläche werfen, daß sie hüpfen' verstr. S-Rand SOThür, auch *Schiffle werfen.* – **2.** ‚auf einer Eisbahn schlittern' ebd.

Schilbe f. ‚Kuh, die noch nicht gekalbt hat' verstr. neben jüngerem **Färse** sNOThür, N-Rand OThür.

Schindaas n. derbes Schimpfwort, verstr. Eichsf sWThür Hennb Itzgr.

Schinder m. speziell ‚Abdecker' verstr. und veraltet; RA: *Metzger, Garber, Schenner sen Geschwisterkenner,* als Verwünschung *do sall dich dach gleich der Schinger ploge (lange)!*

schindern sw. V. **1.** refl. ‚sich schinden, schwer arbeiten' verstr. öOThür wSOThür; *dar schindert sich ze Tude.* – **2.** ‚auf einer Eisbahn schlittern' verstr. SO-Rand SOThür. – Lautf.: *schindern, schinnern.* Zu mhd. *schindern* ‚polternd schleppen, schleifen'.

Schindleich n. **1.** ‚Schindanger' selt. NThür ZThür; *breng de tote Katz uf's Schingleich!* Auch als FlN. – **2.** ‚Kadaver' ebd. – **3.** derbes Schimpfwort, verstr. wNThür nZThür, selt. WThür; *das Schingeleich kämmt wärre nich heime.*

Schipfe, Schippe f. **1a.** ‚Schaufel' Eichsf wWThür und NOThür, N-Rand OThür; RA: *se hot'n de Schippe gegaam* ‚den Laufpaß gegeben' öOThür, verbreiteter *jmd. auf die Schippe nehmen* ‚veralbern'. – **b.** ‚Holzschaufel zum Reinigen des Getreides, Worfschaufel' veraltet öOThür. – **2.** ‚trotzig oder weinerlich verzogener Mund' verstr. Eichsf nöNThür NOThür nIlm-Thür OThür; *är hänget ne Schippe hin.* – Lautf.: *Schepfe(n), Schepf(e), -i-, Schippe(n), -e-.*

Schippel Pl. speziell für Speisen – **1.** ‚Kartoffelsuppe mit Kartoffelstückchen' vorwieg. ob. Schwarza; spöttisch *Schippel, Soppe, Breu es mi'r Motter ehre Kochereu.* Auch **Schipper** Pl. verstr. söZThür, um Weimar; → *Schnippel.* – **2.** ‚Bratkartoffeln' verstr. SW-Rand ZThür, um Suhl. – **3.** ‚Kartoffelsalat' selt. öHennb.

Schippspeck m. ‚Wellfleisch' verstr. sSOThür. Auch **Schippsuppe** f. ‚Wurstsuppe beim Schlachtfest' verstr. söSOThür. – Lautf.: *Schippspeck,* selt. *Schipf-, Schiff(s)speck.*

schlabbern sw. V. **1.** ‚viel schwatzen, Belangloses langatmig erzählen, gemütlich plaudern' verstr. NThür NOThür ZThür IlmThür OThür, sonst selt.; hierzu **Schlabber** m. ‚Schwätzer(in)' vorwieg. nNOThür. – **2.** ‚Speichel aus dem Mund fließen lassen, geifern' NOThür. → sabbern. – Lautf.: *schlawwern, -o-.*

Schlachter m. ‚Metzger' wNThür, W-Rand Rhön, verstr. öOThür.

Schlachtschüssel f. **1.** ‚Kostprobe, die Verwandte und Bekannte, früher auch Lehrer und Pfarrer, vom Schlachtfest erhalten' Hennb Itzgr, ob. Schwarza, sonst selt. – **2.** übertr. ‚Schlachtfest' verstr. ob. Schwarza, swSOThür Itzgr; auch **Schlachtsuppe** f. verstr. S-Rand SOThür.

Schlacker-, Schläckermilch f. ‚Sauermilch' verstr. nSOThür, selt. OThür söSOThür. Auch **Schlickermilch** f. OThür (außer W-Rand und öOThür) selt. SOThür.

Schlackwurst f. ‚große Räucherwurst aus rohem Hackfleisch' verstr. n,öNThür NOThür. Zu **Schlacke** f. ‚Mastdarm, Schlackwurst' selt. ebd.

Schlafittich m. **1.** ‚Rockzipfel' selt. und veraltend. – **2.** in der

Wendung *jmd. beim Schlafittich (Schlafittchen) kriegen (nehmen, packen, haben)* ,jmd. am Kragen packen und bedrängen' verstr. – Lautf.: *Schlafitt(i)ch,* Dim. *Schlafittchen,* selt. *-w-*. Eigentlich *Schlagfittich* (der Gans).

Schlafrose f. ,Auswuchs an Heckenrosen' (verursacht durch Stich der Rosengallwespe) verstr. nIlmThür swOThür SO-Thür, sonst selt., dafür meist **Schlafapfel** m., doch **Schlafkopf** m. verstr. NThür, **Schlafmütze** f. verstr. söSOThür, **Schlafratz** m. verstr. um Rudolstadt-Saalfeld, selt. sZThür und vereinzelt **Schlafkatze** f., **Schlafkauz** m., **Schlafkissen** n. sowie weitere Syn.; man glaubte an heilsame Wirkung bei Kopfschmerzen und anderen Krankheiten, verwendete sie als Mittel zum Einschlafen und zur Abwehr von Hexerei.

Schlamassel m. ,Durcheinander, Unordnung, Pech, Unglück' verstr. NThür NOThür WThür Hennb Itzgr. Wohl aus *schlimm* und rotw. *Massel* ,Glück' (zu hebr. *masol* ,Schicksal') gebildet.

Schlampe f. ,liederliche, sittlich leichtfertige Frau' verstr., auch **Schlampampe** f. verstr. Eichsf. → *Schlumpe.*

Schlamper m. ,liederlicher, schmutziger Mensch' verstr. W-Thür sZThür wHennb, seltener **Schlamperich** m., **Schlampampel** m., **Schlamperjan** m. – Wie *Schlampe* zu *schlumpig* ,liederlich, nachlässig'.

Schlappe[1] f. ,liederliche Frau, Schlampe' verstr. Itzgr, sonst selt.; hierzu **Schlapper** m. ,liederlicher, nachlässiger Mensch' verstr. Hennb, selt. sWThür.

Schlappe[2] f., **Schlappen** m. (meist Pl.) ,Hausschuhe, Pantoffeln' verstr. S-Rand WThür, nHennb, sonst selt.; → *Schluppen.*

Schläpper-, Schlappermilch f. ,Sauermilch' söIlmThür swO-Thür nwSOThür, neben **Schluppermilch** f. selt. ob. Schwarza. → *Schlippermilch.*

Schlappgusche f. ,Mund mit herabhängender Unterlippe', auch ,trotzig verzogener Mund' verstr. sHennb nItzgr, ebs. **Schlappmaul** n. verstr. sWThür Hennb.

Schlaps m. **1a.** ,großer, plumper Mensch, Grobian' verstr. N-Thür NOThür WThür nZThür IlmThür OThür. – **b.** ,liederlicher Mensch' verstr. Hennb. – **2.** ,großes, fettes Tier' selt. N-

Thür nZThür IlmThür nwSOThür; *su ä Schlaps von Hund freßt ja merre wie enne Kuh!*

Schlätte f. abwertend ‚Mund', auch ‚trotzig verzogener Mund' verstr. Eichsf,selt. WThür nHennb; *hall dinne Schlätten!* ‚sei still!' – Lautf.: *Schlätte(n), -a-*.

Schlatter m. ‚Schlamm' verstr. nIlmThür nöZThür swNOThür; *s äs e richtcher Schlatter uff alln Wachen* (Wegen). Auch **Schlatterich** m. verstr. wOThür, selt. söNOThür Ilm-Thür. – Lautf.: *Schlatter, -o-*,selt. *Schlätter, Schlaater, -oo-*.

schlättern sw. V. ‚gierig trinken, schlürfen' verstr. öZThür Ilm-Thür wOThür, selt. söNThür sNOThür nwSOThür. – Lautf.: *schlättern, -a-*,selt. *schläätern, -aa-*.

Schlauche f. ‚Zwiebelschlotte' verstr. öSOThür.

Schlauchfaß n. ‚Wetzfaß' SW-Rand ZThür, östl. Schmalkalden. – Lautf.: *Schluch-, Schluuchfaß*.

Schlaufe f. speziell ‚die Reihe von zusammengerechtem Heu' söWThür, SW-Rand ZThür, selt. swWThür nHennb IlmThür und übriges ZThür. Hierzu **schlaufen** sw. V. ‚Heu zu Reihen zusammenrechen'. – Lautf.: *Schlaufe, -ou-, -aa-, -oo-*. Altes Wort für *Schleife*.

Schlaz, -ä- m. ‚Riß in Textilien oder Papier' verstr. öOThür, selt. sNOThür SOThür. Hierzu **schlazen** sw. V. ‚geräuschvoll etw. zerreißen' selt. öOThür. – Lautf.: *Schlaaz, -oo-*.

Schlehe → *Heckenschlehe*.

Schleife f. speziell ‚ringförmige Wurst aus Hackfleisch' verstr.WThür, selt. NThür nwZThür; beim Schlachtfest bekommen Kinder *en Schläifchen oongemassen* ‚einen Blutstrich auf die Backe als Zeichen, daß sie eine Wurst beanspruchen dürfen'.

Schleiße f. ‚Holzspan zum Feueranzünden' sIlmThür SOThür Itzgr, selt. öZThür OThür Hennb; früher als Kienspan auch zur Beleuchtung verwendet.

schleißen sw. V. ‚die Federn vom Kiel abreißen' allg. außer NOThür, wo **rupfen** gilt; *Fadern schließ'mer nor eemol in Johre.* Das mühsame Federnschleißen wurde an Winterabenden meist im geselligen Beisammensein der Nachbarfrauen verrichtet. – Lautf.: *schleißen, -ie-, -iä-, schlissen, -e-*.

Schlenker m. speziell ‚lustige Geschichte, (dummer) Streich' vorwieg. öZThür, mittl. IlmThür; *e lostchen Schlenker hiert mer immer gerne.*

schlenkern sw. V. **1.** ,(nachlässig) etw. hin und her bewegen' verstr.; *dar schlenkert eegal mit'n Beinen.* – **2.** ,etw. fortschleudern' verstr.; *er schlenkert de Pantuffel ungers Kanepee.* Hierzu **Schlenker** m. ,heftiger Stoß' *ar gab'n e Schlenker, daß'e in de Ecke flog;* auch **Schlenkerich** m. selt. sNOThür OThür SOThür. – **3.** ,gemütlich gehen, schlendern' Eichsf, sonst selt.; hierzu **Schlenker** m. ,Spaziergang, Umweg' verstr.; *se machten e Schlenker dorch'n Wald.*

Schlenkerwurst f. ,kleine ringförmige Leber- oder Blutwurst' (beim Schlachtfest besonders für Kinder gefertigt) vorwieg. sNThür ZThür nIlmThür nwSOThür.

Schleppe f. **1a.** ,zusammengerechte Getreide- oder Heureste' swNOThür nIlmThür, selt. W-Rand OThür. Auch **Schleppich** n. verstr. SOThür (außer W-Rand). – **b.** ,(zum Einfahren) zusammengerechte Heureihe' verstr. swSOThür Itzgr, ob. Schwarza. – **2.** ,Schlepprechen für Getreide- und Heureste auf dem Feld' verstr. öNThür NOThür, selt. in benachbarten Gebieten.

Schlepprechen m. ,großer Rechen zum Zusammenrechen der Getreide- oder Heureste (oft mit Doppelstiel)' verstr. öZThür, mittl. IlmThür, swOThür SOThür, sonst selt.; hierfür **Schleppharke(n)** f. m. im Gebiet von → *Harken* und → *Schleppe 2.*

Schleuder f. speziell ,Uhrpendel, Perpendikel' veraltend OThür nöSOThür. – Lautf.: *Schleider.*

schlichten sw. V. speziell **1.** ,eggen' SOThür; *host'e denn dei Fald schon geschlicht?* – **2.** ,übereinanderstapeln, schichten' (z. B. Holzscheite, Kohlen, Eier, Äpfel) verstr. S-Rand SOThür, selt. Itzgr. – **3.** in der Fügung *geschlichtet voll* ,gestrichen voll' (von Gefäßen und Säcken) selt. sNOThür OThür.

schlickern[1] sw. V. ,gerinnen (von der Milch)' verstr. OThür, selt. SOThür. Hierzu **Schlicker** m. neben **Schlickermilch** f. ,Sauermilch' ebd.

schlickern[2] sw. V. ,auf der Eisbahn schlittern' nöNThür nNOThür. Hierzu **Schlickerbahn** f. ebd.

Schliefer m. ‚Splitter in der Haut' S-Rand OThür, N-Rand SOThür; auch **Schlaufer** m. swOThür. – Lautf.: *Schliefer, Schliffer*. Wohl Mischform zwischen benachbarten → *Schiefer* und *Schlitter* sowie schd. *Splitter*.

Schlink m., **Schlinke** f. ‚Öse an Kleidungsstücken' verstr. nIlm-Thür wOThür, selt. öNThür Mansf.

Schlippe[1] f. **1.** ‚Rock- oder Hosentasche' swWThür; RA: *grosse Frassen on nüscht in dar Schleppen.* – **2.** ‚Schoß', auch ‚das den Schoß bedeckende Kleidungsstück, Schürze' nEichsf. – Wohl zu nd. *slippe* ‚Rockschoß, Rockzipfel'.

Schlippe[2] f. ‚enger Zwischenraum oder Durchgang zwischen Gebäuden' O-Rand NThür, NOThür. Wohl zu *schlüpfen*.

Schlippermilch f. ‚Sauermilch' öZThür IlmThür (außer SO). Zu **schlippern** sw. V. ‚gerinnen (von der Milch)' ebd.; *Schleppermellich met Zocker on Zemmt aß'ch fer mich Laadch* (mein Lebetag) *gern.* → *Schläppermilch*.

Schlitter m. **1.** ‚Splitter in der Haut' neben jüngerem *Splitter* verstr. NThür (außer Eichsf), wNOThür nWThür ZThür (außer SW-Rand), nIlmThür; *ich hann mech en Schlitter unger den Nail gerunn.* – **2a.** ‚Holzspan zum Feueranzünden' vorwieg. NThür. – **b.** ‚gespaltenes Brennholz, Scheit' nwNThür, selt. übriges NThür.

schlittern[1] sw. V. ‚splittern' verstr. öWThür IlmThür wOThür, selt. NThür NOThür ZThür.

schlittern[2] sw. V. ‚mit den Füßen auf einer Eisbahn gleiten' verstr. N-Rand NOThür, selt. sNOThür nOThür. Hierzu **Schlitterbahn** f. ebd. – Zu mhd. *sliten* ‚gleiten'.

Schlitzohr n. speziell ‚Ohrwurm' neben **Ohr(en)schlitzer** sw-Hennb. – Lautf.: meist Dim. *Schlitzührle*, Pl. *-ührlich*.

Schloße f. ‚Hagelkorn' verstr. außer Hennb Itzgr; hierzu **schloßen** sw. V. ‚hageln' ebd.

Schlot m. ‚Schornstein, Rauchfang' WThür wZThür, ob. Schwarza, Hennb Itzgr; *anner Leutena fällt's Gald zum Schlot nei.* Hierzu **Schlotfeger** m. ebd.; *vör die Schlotfäher mösse sich die Weiwer in ocht nahm;* auch **Schlotkratzer** m. um Schmalkalden. – Lautf.: *Schlot, -u(e)-* und lautgerecht zu mhd. *slât* im südl. Thür *Schlat, -oä-, -oi-, -ou-*.

Schlotterfaß n. ‚das am Hosengürtel des Mähers hängende Wetzfaß' (früher häufig ein Kuhhorn) WThür nwZThür nw-Hennb. Wohl zu *schlottern* ‚hin- und herschwanken'.

Schlucken m. ‚der Schluckauf' NThür (außer NW), NOThür WThür Hennb, verstr. wItzgr, N-Rand ZThür, N-Rand OThür. Auch **Schluck** m. nwNThür, **Schlucke** f. söSOThür, **Schlucker** m. verstr. wItzgr, **Schlucksen** m. ZThür IlmThür OThür wSOThür.

Schlufter, -ü- m. ‚Schlucht, Hohlweg' verstr. nZThür, selt. sNThür nIlmThür. Auch **Schluft** f. selt. nNThür Mansf. – Lautf.: *Schlufter, Schlifter, -e-*.

Schlumpe f. ‚liederliche Frau' verstr. WThür Hennb sZThür sIlmThür OThür nSOThür; → *Schlampe*.

Schlump(en) m. ‚Hausschuh, (Holz)pantoffel' verstr. sNThür nöZThür, mittl. IlmThür, zuweilen auch ‚alter, ausgetretener Schuh' ebd.; RA: *die beeden passen zesomm wie Schlump un Lotsch.*

Schlumper m. ‚liederliche Person' verstr. Hennb nwItzgr, selt. sZThür sIlmThür öOThür nSOThür Itzgr. Auch **Schlumpe-rich** m. verstr. ZThür IlmThür, selt. OThür nSOThür Hennb, **Schlumperjan** m. selt. WThür nHennb wZThür sOThür sw-SOThür, **Schlumps, Schlumpes** m. selt. WThür ZThür sIlmThür SOThür öItzgr; *du latscht rem wie su e Schlomps.*

Schlumperlied n. ‚vierzeiliges Volkslied mit scherzhaften, ironischen und zuweilen obszönen Aussagen über Alltäglichkeiten' verstr. Itzgr w,sSOThür, ob. Schwarza, z. B.

> *Dou albrer Dingerts, wos willste vun mir,*
> *host Aang wäi'n Zäingbock un'n Kopf wäi e Stier.*

schlumpern sw. V. ‚schlendern, bummeln' verstr. OThür, selt. NThür ZThür IlmThür; *se schlumpern vo einer Kneipe in de anne-re.* Auch ‚faulenzen, liederlich sein' verstr. SOThür.

schlunzen sw. V. ‚nachlässig, liederlich sein' verstr. Eichsf, selt. öNThür NOThür nöZThür. Hierzu **Schlunze** f. ‚liederliche Frau, Schlampe' ebd., **schlunzig** Adj. ‚liederlich' verstr. Eichsf, selt. öWThür.

Schluppen m. ‚(Holz)pantoffel' WThür; *ech honn de Stobben gro-de gewischt, zieh de drackichen Schloppen üs!* Auch **Schluppe** f. selt. Eichsf nWThür.

schmäcksen sw. V. ‚beim Essen schmatzen, schlürfen' verstr.
IlmThür swOThür, selt. söZThür. Zu mhd. *smackezen* als Intensivum zu mhd. *smacken, smecken.*

Schmadder m. ‚Straßenschlamm, Matsch' verstr. NOThür sw-
WThür, selt. NThür OThür Rhön. Auch **Schmadderich** m.
verstr. OThür, selt. sNOThür.

Schmaden m. ‚Reihe von gemähtem Getreide oder Gras' nW-
Thür, S-Rand ZThür, S-Rand IlmThür, sSOThür (außer S-
Rand); auch ‚zu einer Reihe zusammengerechtes Heu' ebd. –
Lautf.: *Schmoden, -oa-.* Wohl Mischform zwischen →
Schwad(en) im Norden und → *Mahde(n)* im Süden.

Schmant m. **1a.** ‚Sahne als Fettschicht auf der ungekochten
Milch' Eichsf, NW-Rand Rhön. Hierzu **Schmantkuchen** m.
‚Kuchen mit Sahnebelag' ebd. – **b.** ‚Milchhaut auf der gekochten
Milch' ebd. – **2.** übertr. ‚breiige Masse, klebriger Schmutz, Stra-
ßenschlamm' selt., doch nicht Hennb Itzgr. – Lautf.: *Schmant,
-aa-.* Zu mhd. *smant* ‚Milchrahm'.

schmanzen sw. V. **1.** ‚beim Essen schmatzen, schlürfen' öItzgr,
selt. wItzgr. – **2.** ‚albern reden, schwatzen, schmeicheln' um Son-
neberg; hierzu **Schmanzer** m. ‚Schwätzer, Schmeichler' ebd.

Schmarre f. **1.** ‚klaffende Wunde, Narbe' verstr. öOThür
öSOThür, sonst selt., nicht Hennb Itzgr, als ‚Narbe' auch häufig
NOThür sZThür wOThür Hennb; zuweilen **Schmarren** m. –
2. ‚Kratzer auf Möbeln' verstr. Eichsf nNOThür, sonst selt.

Schmauch m. **1.** ‚Rauch, Qualm' verstr. nNOThür. – **2.** ‚Säge-
späne (zum Räuchern von Würsten und Speck)' verstr.
NOThür, selt. öNThür. – Lautf.: *Schmauch, -oo-.* Zu nd. *smōk*
‚Rauch'.

Schmauche Pl. tant. ‚Prügel' verstr. öNThür, selt. wNThür
sNOThür nöZThür; *wenn de nich spurschst, jibt's Schmooche.* Zu
→ *schmauchen².*

schmauchen¹ sw. V. ‚heftig rauchen, qualmen' verstr. NOThür.
Hierzu als Faktitivum **schmäuchen, -au-** sw. V. ‚Tabak rau-
chen' verstr. NThür NOThür. – Lautf.: *schmoochen, -au-,* selt.
schmoken; mit Umlaut *schmöken, -e-.*

schmauchen² sw. V. ‚zu Boden werfen, prügeln' verstr. NThür
(außer Eichsf), Mansf. → *Schmauche.*

schmecken sw. V. speziell ‚einen Duft verbreiten oder wahrneh-
men, riechen' selt. Itzgr; *Veichela schmecken schö* ‚riechen gut';
übertr. *ar hot wos gschmeckt* ‚gemerkt'.

Schmeichfliege f. ‚Schmeißfliege' neben **Schmeicher** m. ver-
str. NO Thür. Hierzu **Schmeich** m. ‚Gelege der Schmeißfliege'
ebd.

Schmeiße f. ‚Schmeißfliege' verstr. Eichsf Z Thür O Thür
SO Thür w Itzgr Hennb, sonst selt.; auch **Schmeißer** m. vor-
wieg. sö NO Thür nO Thür. – Lautf.: *Schmeiße(n), Schmeeße,
-ää-; Schmeeßer(t).*

Schmiege f. speziell ‚Zollstock' selt. O Thür SO Thür.

Schmiele f. speziell ‚Schwiele, Beule' verstr. NO Thür nö Ilm-
Thür O Thür n SO Thür. – Lautf.: *Schmiele, -ee-, -ää-.*

Schmieren m. ‚Brotschnitte mit Aufstrich' verstr. s W Thür
n Hennb. – Lautf.: *Schmeern, -ie-, Schmerrn, -i-.*

Schmierkäse m. **1.** ‚Kochkäse' verstr. w,s Hennb. – **2.** ‚Quark'
verstr. mittl. N Thür, s Ilm Thür, W-Rand Itzgr.

Schmießchen → *Chemisett(chen).*

Schmilme f. ‚langstengeliges Gras, Schmiele' W Thür SW-Rand
Z Thür, Hennb w Itzgr. Als Ackerunkraut unerwünscht, in
Waldgebieten meist ‚Waldschmiele', die im nö Itzgr und im
Westzipfel des SO Thür **Schmelme** f. genannt wird. – Lautf.:
Schmilme(n), -e-, -ö- bzw. *Schmälm, -a-.* → *Schmulme.*

Schminkel(e) ‚eine Kleinigkeit, nur ein bißchen' selt. SO Thür
Itzgr; *ich hob kee Schminkel Fleesch in Hause.*

Schmiß m. ‚Schlag, Hieb, Stoß, Fall, Sturz' verstr. außer N Thür
NO Thür, im Pl. ‚Prügel'; *der Hirscheklas (Nikolaus) brengt Ness on
Schmess.*

Schmitz m., **Schmitze** f. **1.** ‚leichter Schlag mit der Peitsche
oder Rute' verstr. Hennb, sonst selt., früher als Schulstrafe
‚Schlag auf die Handfläche'. Auch **Schmitzer** m. verstr. Itzgr. –
2. ‚(spitz auslaufender) Strich' (z. B. als Merkzeichen beim Säk-
kezählen oder beim Kegelspiel) verstr., auch ‚Komma im
Schreibheft' selt. und veraltet. – **3.** ‚dünne, geflochtene Hanf-
schnur am Ende des Peitschenriemens' verstr.; *met dan neuen
Schmetz konn ech vill basser geknall.* – **4.** meist als Dim. ‚kleines
Stück, ein bißchen' verstr. ö O Thür, sonst selt. – Lautf.: *Schmitz,*

-e-, -ie-, Schmitze(n), -e-; Schmitzchen, -el, Schmietzchen (öOThür). Zu mhd. *smitze* ‚Hieb'.

Schmulme f. ‚langstengeliges Gras, Schmiele' NThür nöW-Thür, ZThür (außer SW), selt. ob. Schwarza; Bauernregel: *Schmulmen un Brand brängen dan Buurn uff'n Rand.* Auch **Schmule** f. verstr. söZThür sIlmThür. – Lautf.: *Schmulme(n), -o-; Schmule, -o-, Schmulle, -o-.* → *Schmilme.*

Schmurze Pl. tant. ‚Prügel' verstr. O-Rand NThür, NOThür, selt. nwOThür. Zu → *schmurzen* wie → *Schmauche* zu *schmauchen.*

schmurzen sw. V. ‚Tabak rauchen' verstr. NOThür.

Schmutz m. speziell ‚Kuß' S-Rand Hennb, W-Rand Itzgr. – Lautf.: *Schmuuz,* Dim. *Schmützla.* Nebenform von sonst in Thüringen gebräuchlichem **Schmatz** m.

schmutzen sw. V. ‚wählerisch sein beim Essen' vorwieg. nöZ-Thür nIlmThür. Hierzu **Schmutzer** m. ‚beim Essen wählerische Person' NOThür ZThür nIlmThür; auch von wählerischen Tieren gesagt.

Schnake[1] f. **1.** ‚Mücke' (Sammelbezeichnung für alle Arten der Unterordnung Nematocera) söNThür sNOThür öZThür Ilm-Thür söHennb Itzgr; Bauernregel: *wenn de Schnoken spälen in Horn* (Februar), *es der Winter noch vorn.* – **2.** ‚langbeinige Mücke, Stechmücke' verstr. außerhalb des Gebietes von Bed. 1; *ech konn net geschloff, mech piesackt ne Schnoken.*

Schnake[2] f. ‚lustige Erzählung, Witz' verstr. Itzgr, sonst selt. und veraltend. Hierzu **schnakisch, -ä-** Adj. ‚lustig, drollig, närrisch, seltsam'. – Lautf.: *Schnak(e), -o-, -ou-, Schnacke, -o-.*

schnaken sw. V. ‚erzählen, gemütlich plaudern' selt. NThür NOThür ZThür, auch ‚albern reden, prahlen'. – Lautf.: *schnaken,* selt. *schnacken.* Ein vorwieg. nd. Wort.

schnarksen sw. V. ‚schnarchen' verstr. nwZThür, selt. NThür und übriges ZThür.

Schnärz m., **Schnärzchen** n. ‚Scherz, Spaß, lustiger Streich' verstr. Mansf IlmThür, als Dim. vor allem ‚lustige Geschichte, Anekdote'; *in der Spinnstuvve wärn de schinnsten Schnärzchen erzehlt.* Den Titel *Schnärzchen* tragen auch zahlreiche Hefte des Mundartdichters August Ludwig (1867–1951).

Schnauben m. ‚Schnupfen‘ wNThür, N-Rand WThür sowie söHennb nwItzgr; *mich het dar Schnuum gepacket.* – Lautf.: *Schnuben, -w-, Schnüben, -w-, Schnuum, Schnaube(n).*

schnauben sw. V. speziell ‚sich schneuzen, die Nase putzen‘ söNOThür öOThür, sonst selt.; *ar schnaubt sich die Nose mit der Hand.* Zu mhd. *snûben.*

Schnauden m. ‚Schnupfen‘ mittl. NThür (außer N-Rand), nZThür; *onse Kinner hunn'n Schnuden.* – Lautf.: *Schnuden.* Wohl zu mhd. *snûde* ‚Katarrh‘. → *schnudeln.*

Schnäupfel m. **1.** ‚Ausgußnase an Topf oder Kanne‘ SO-Rand SOThür. – **2.** ‚Wurstzipfel‘ selt. ebd. – Lautf.: *Schneipfel.* Zu obd. *Schnaupe,* Schnauze, Schnabel‘. → *Schnäuzel, Schnürpfel.*

Schnauße f., **Schnaußen** m. ‚Schnauze‘ (vom Hund, vom Rüssel des Schweins, derb auch vom Mund des Menschen) NThür (außer O-Rand), N-Rand WThür, nZThür, sonst selt.; *ha het de Schnußen off'n rechtchen Fläcke.* – Lautf.: *Schnuuße(n), -üü-, Schnuusten, -üü-.* → *schneußen.*

Schnäuzel m. f. n. **1.** ‚Ausgußnase an Topf oder Kanne‘ selt. öOThür öSOThür. – **2.** ‚Wurstzipfel, Sackzipfel‘ verstr. ebd. – Lautf.: *Schneizel.* → *Schnäupfel.*

Schneegäke, -gake f. meist Pl. ‚Vögel, die im Herbst in Scharen nach Süden ziehen und somit baldigen Schnee ankündigen‘ (zumeist Saatgänse oder Krähen) verstr. NOThür nöZThür nIlm-Thür, selt. öNThür nOThür; übertr. auch ‚alberne, schwatzhafte Frau‘.

Schneider m. speziell als Tierbezeichnungen – **1.** ‚kleiner Weißfisch von etwa 10 cm Länge‘, auch ‚der Fisch Ukelei‘, bezeugt an Saale und Elster. – **2.** ‚Libelle‘ verstr. swWThür Itzgr, sonst selt. – **3.** ‚Kanker, Weberknecht‘ selt. neben **Haberschneider** m. sHennb Itzgr. – **4.** ‚Heuschrecke‘ → *Häckschneider.*

Schneidernte f. ‚Getreideernte‘ verstr. WThür Hennb, S-Rand ZThür, ob. Schwarza; Bauernregel: *bie der arscht, der zweit on der drett Christog, so die Höö-, Schneid- on Grommetsaarn.* Auch **Schnitternte** f. Itzgr, verstr. sHennb.

schneieln sw. V. ‚fein schneien‘ neben **schneiern** sw. V. vorwieg. ob. Schwarza. – Lautf.: *schnichcheln, -ck-, schnichchern, -ck-* jeweils mit hiatusfüllenden Konsonanten.

Schneitel m. f. n. ‚grünes Fichten- oder Kiefernreisig' (als Deck-
reisig, Fußmatten, Stallstreu und gedörrt als Feuerholz verwen-
det) nwSO Thür, selt. söSO Thür. – Lautf.: *Schnettel.*
Schnelle f. ‚Durchfall, Diarrhöe' verstr. sO Thür wSO Thür.
Auch **Schnelle Katharina** f. verstr. außer W Thür wZ-
Thür O Thür und **Schnelle Machefixe** f. verstr. öN Thür
O Thür.
Schneller m. f. **1.** ‚Murmel als Spielkugel' neben **Schneller-
kaule** f. verstr. öO Thür öSO Thür, **Schnellerkugel** f. verstr.
öSO Thür. – **2.** ‚die grünen Früchte der Kartoffelstaude' (von
Kindern gerne aufgespießt und fortgeschnellt) selt. öO Thür nö-
SO Thür.
Schnelzer m. ‚plötzliche, ruckartige Bewegung, Sprung' verstr.
Itzgr SO Thür; *der Koter macht en Schnelzer nauf de Kommode un
haut de Stiehlompe im.* Hierzu **schnelzen** sw. V. ‚eine schnelle
ruckartige Bewegung machen' ebd. – Etym. zu *schnellen.*
Schneppe f. ‚Ausgußnase an Topf oder Kanne' N Thür (außer
wEichsf), NO Thür, Z Thür (außer SW), Ilm Thür O Thür
SO Thür. – Lautf.: *Schneppe, -a-, Schnepf(e), -a-.* Verwandt mit
Schnabel. → *Schnipf.*
Schnettel → *Schneitel.*
schneußen stsw. V. refl. ‚sich die Nase schneuzen' wN Thür
nW Thür n,wZ Thür; *schniss dech mol, ehr de Rotzgicken ins Muul
leift.* – Lautf.: *schnissen, -ü-, schnießen, -üü-,* im Eichsf *schnießten.*
Wie → *Schnauße* im Konsonantismus entwickelt.
Schnipf m., **Schnipfe** f. ‚Ausgußnase an Topf oder Kanne' um
Ilmenau, selt. ob. Schwarza im Grenzgebiet zwischen →
Schneppe und → Zipf. – Lautf.: *Schniepf, Schniepfe(n), Schnipfe.*
Schnippel Pl. speziell für Speisen – **1.** ‚Kartoffelsuppe mit Kar-
toffelstückchen' verstr. nItzgr, ob. Schwarza, auch **Schnippel-
suppe** f. ebd. und söHennb. → *Schippel.* – **2.** nur als Dim.
Schnippela ‚Bratkartoffeln' verstr. nItzgr, selt. sHennb sItzgr, ob.
Schwarza. – **3.** ‚Suppe mit kleingeschnittenen eßbaren Innerei-
en' um Schmalkalden.
schnippeln sw. V. speziell ‚eilig gehen, springen' verstr.
n,öO Thür, selt. nSO Thür; *wenn de Fische schnippeln, gibt's Rää-
chen.*

schnippig Adj. ‚wählerisch beim Essen' verstr. sWThür Rhön, selt. übriges Hennb; auch **schnippisch** Adj. verstr. sWThür, selt. nöHennb Itzgr. → *schnuppig.*

Schnitt m. speziell ‚kleines Bierglas für ca. ¼ Liter', auch ‚die entsprechende Biermenge' verstr. sNOThür nIlmThür OThür nSOThür, selt. NThür nNOThür. Häufig Dim. *Schnittchen.*

Schnittle Pl. ‚Kartoffelsuppe mit Kartoffelstückchen' verstr. öItzgr. auch *nassa (gekochta) Schnietla* gegenüber *trockna Schnietla* ‚Bratkartoffeln'.

Schnittling m. ‚Schnittlauch' S-Rand SOThür. – Lautf.: *Schniet-, Schnäitling.*

Schnitz m. im Pl. speziell ‚lustige Streiche, Dummheiten' verstr. Hennb Itzgr; *mach kenna Schnitz!* Als Dim. *Schnitzchen* ‚lustige Streiche, spaßige Geschichten' auch verstr. n‚öZThür, selt. sNThür.

Schnitzer m. speziell ‚kleines Küchenmesser' ZThür sIlmThür öHennb Itzgr, verstr. sNThür wSOThür, um Weimar.

Schnitzfleisch n. ‚Wellfleisch' öWThür ZThür swIlmThür öHennb.

Schnonks m. ‚Bonbon' NOThür, selt. N-Rand OThür.

schnorren → *schnurren.*

Schnozel f. ‚lustige Geschichte, Anekdote, Witz' swNThür, um Erfurt, selt. Eichsf; *bi'n Fädderschließen wärn au Schnozeln erzählt.*

Schnuckel, -ü- m. ‚Nuckel' nwItzgr, neben **Schnück** m. verstr. mittl. Hennb. – Lautf.: *Schnuckel, -ü-, -ö-.*

schnuckeln, -ü- sw. V. ‚(Süßigkeiten) naschen' ö‚sWThür, SW-Rand ZThür; *war het'ann minne Tüten Zockerstein geschnükkelt?* Auch **schnucken, -ü-** sw. V. nwWThür.

schnudeln sw. V. **1.** ‚geräuschvoll durch die Nase atmen, schnüffeln' selt. öOThür SOThür, ob. Schwarza; *der alle Kanter schnuppte veel un schnudelte monchmol mit der Nase.* Auch **schnudern** sw. V. verstr. öSOThür. – **2.** ‚durch die Nase sprechen, näseln' selt. Mansf OThür Hennb. → *Schnauden.*

Schnupfe f. ‚Schnupfen' öSOThür; *ar hot de Schnupp.*

Schnupftuch n. ‚Taschentuch' früher wohl allg.; *bind der en Knuten ins Schnupptuch!* (als Gedächtnisstütze).

schnuppen sw. V. ‚(Süßigkeiten) naschen' swWThür wRhön.

schnuppig, -ü- Adj. ‚wählerisch beim Essen' swWThür w-Rhön; auch **schnuppisch, -ü-** Adj. verstr. sWThür nHennb. Hierzu **Schnupper, -ü-** m., **Schnuppgusche** f., **Schnuppmaul** n., **Schnupprüssel** m. ‚wählerischer Esser, Feinschmekker' verstr. swWThür wHennb. – Lautf.: *schnuppich, -ü-, -i-, schnuppisch, -ü-, -i-.* Bei Entrundung nicht sicher von → *schnippig, schnippisch* zu trennen.

Schnur f. ‚Schwiegertochter' n,söWThür Hennb, ob. Schwarza, verstr. Itzgr, sonst selt. und überall veraltet; RA: *zwösche Schwiecher (Schwiegermutter) un Schnur gehört a iser Tur (un a tüchticher Riechel dervur).* – Lautf.: *Schnur, -ü-, -o-, Schnure, -o-.* Zu mhd. *snuor, snur* ‚Schwiegertochter'.

Schnürpfel m. **1.** ‚das abgebundene Endstück einer Wurst' neben **Wurstschnürpfel** m. sNThür swNOThür WThür Z-Thür sIlmThür nöHennb Itzgr, SW-Rand SOThür. – **2.** ‚die zugebundene Sacköffnung' ebd.; *du mußt dan Sack on Schnärpfel oonpack!* – Lautf.: *Schnürpfel, -ö-, -e-, -i-, -a-, Schnerpel, -a-.*

Schnurps m. ‚das Kartenspiel Sechsundsechzig' vorwieg. Z-Thür IlmThür OThür SOThür; *Schnorps spiel mer zewanner (zu zweit), ze dritt un ze viert.* – Lautf.: *Schnurps, -o-, -a-.*

Schnürps m. ‚Kerngehäuse von Äpfeln und Birnen' söZThür, selt. sIlmThür; übertr. auch ‚kleiner Apfel' und ‚kleine Person, Knirps'. – Lautf.: *Schnerps, -i-, Schnerpes, -rw-.* Wohl zu *schnurpsen* ‚mit Geräusch behaglich essen'.

Schnürpsel m. dass. wie → *Schnürpfel 1* im nIlmThür.

Schnurre f. **1.** ‚Granne der Getreideähre' verstr. öItzgr, selt. w,sSOThür und übriges Itzgr. – **2.** meist Pl. ‚Barthaare, Schnurrbart' verstr. sItzgr; *dar Jung hot schö* (schon) *a poor Schnorrn.* – **3.** ‚lustige Geschichte, Anekdote' verstr. NThür Mansf WThür ZThür IlmThür, sonst selt. – Lautf.: *Schnurre(n), -o-, -ö-, -a-.*

schnurren sw. V. speziell ‚betteln' verstr.; *Gustav het sech wedder mol ne Zigarrn geschnarrt.*

Schnurrer m. ‚Kreisel als Kinderspielzeug' verstr. öItzgr. Hierfür **Schnurrgacks, -gecks, -gicks** m. verstr. S-Rand Hennb, wItzgr, **Schnurrgans** m. swHennb (zu *Gans* ‚Gänserich' ebd.), **Schnurrgäukel** m. verstr. söSOThür, **Schnurrkauz** m. vorwieg. WThür nHennb, **Schnurrkopf** m. verstr. sEichsf und kleinräumig weitere Syn. mit *Schnurr-*.

Schnute f. derb ‚Mund' sowie ‚trotzig verzogener Mund' vereinzelt und wohl euphemistisch gegenüber *Schnauze* im Gesamtgebiet. Eigentlich nd. Lautform.

Schober, -ö- m. **1.** ‚der im Freien aufgestapelte große Strohoder Getreidehaufen' neben **Strohschober** m. ZThür, mittl. IlmThür. – **2.** ‚Heuhaufen' vorwieg. Itzgr SOThür, ob. Schwarza; *de Schewer wärrn zermacht* (auseinandergeworfen). Hierzu **schöbern** sw. V. neben **aufschöbern** ‚Heuhaufen setzen'. – Lautf.: *Schower, -u-, -ue-*, selt. *Schowwer*, doch meist mit Umlaut in Bed. 2 (wohl aus dem Pl.) *Schöwer, -ü-, -üe-, -e-, -ä-, -ie-*, selt. *Schewwer*.

schocken sw. V. speziell ‚werfen' Itzgr, verstr. sHennb, selt. sIlmThür; *schock amal dan Bool har!* Hierzu **Schockball(en)** m., **Schockboller** m. ‚Gummiball zum Spielen'.

schöllen sw. V. ‚Wäsche spülen' Eichsf söWThür sIlmThür (außer ob. Schwarza), sonst selt.; *me mussen noch den Weich* (die Naßwäsche) *schöll;* auch **schölchen** sw. V. sZThür. Hierzu **Schölle** f. ‚Stelle in Gewässern, wo Pferde baden können' verstr. mittl. NThür; *de Faare sin in dar Schelle gewast.* – Lautf.: *schöllen, -ü-, -i-, -e-, schelchen*, selt. *schölen, -e-*. Ein vorwieg. nd. Wort.

schönmachen sw. V. speziell ‚die Nachgeburt abstoßen' (refl. von der Kuh) verstr. Itzgr.

Schönmehl n. ‚feines Weizenmehl' verstr. und veraltend Hennb; *zur Christsamel nimmt me Schüemahl.*

Schöps m. ‚verschnittener Schafbock, Hammel' verstr. söNThür sNOThür n, öZThür nIlmThür OThür SOThür öItzgr, selt. nNThür wItzgr sHennb, auch Schimpfwort für Personen. Hierzu **Schöpsdrehe** f. ‚Drehkrankheit der Schafe' selt. öOThür, übertr. auf Personen in der Wendung *er hat die Schepsdrehe* ‚er taumelt, er ist nicht bei Sinnen' selt. öOThür öSOThür. Zu slaw. *skopec* ‚Hammel'.

Schormaus f. ‚Wühlmaus' verstr. öSOThür, selt. öOThür. – Lautf.: *Schurmaus.*

Schorn m. ‚Weihnachtsstollen' WThür (außer NO-Rand), nw-

Hennb; Aberglaube: *bann die Schurrn bäin Backe der Läng nach zerrisse, das zeicht n Tod uu.* – Lautf.: *Schorrn, -u-, -a-, -ö-, -ü-.*

Schoßkelle f. ‚schalenförmiger Kutschersitz, aufhängbar zwischen Deichsel und Wagenaufbau‘ früher allg. außer sWThür nwHennb; auch **Schoßkiepe** f. verstr. Mansf, selt. übriges NOThür; umgedeutet zu **Schutzkelle** f. verstr. nHennb, selt. ob. Schwarza.

Schottisch m. **1.** ‚ein polkaähnlicher Tanz‘ veraltet. – **2.** in der Wendung *kee Schottsch mache* ‚keine Umstände machen‘ selt. sNOThür OThür. – Lautf.: *Schottisch, Schottsch, -u-, Tschuttsch.*

Schragen m. **1a.** ‚tischähnliches Gestell mit schrägstehenden oder gekreuzten Beinen‘ verstr. und veraltet Hennb, – **b.** ‚Lattengestell, auf dem das geschlachtete Schwein gebrüht und enthaart wird‘ verstr. WThür ZThür Hennb Itzgr; *das Schwien geng bäinoh net of den Schrujen.* – **c.** ‚Totenbahre‘ selt. nöHennb, um Sonneberg. – **2.** ‚leiterartiges Lattengestell zum Ablegen und Aufbewahren von großen flachen Kuchen‘ verstr. ZThür Ilm-Thür sOThür SOThür, selt. NOThür. – Lautf.: *Schrachen, -o-, -u-, -ou-, Schroong, Schraan, -oa-, -au-, -ee-, -ei-, Schröö(n), -üü-, Schroo(e).* Zu mhd. *schrage* m.; etym. zu *schräg.*

schrah → *schrau.*

Schramme f. **1.** ‚Hautverletzung, Narbe‘ verstr., doch selt. N-Thür NOThür OThür; *me bruchen kein Dokter, es is nur ne Schramme.* – **2.** ‚Kratzer auf Möbeln und blanken Gegenständen‘ verstr. söNThür sNOThür ZThür IlmThür OThür, sonst selt.

Schrank → *Schank.*

schrapen, schrappen, schrapfen sw. V. ‚kratzen, schaben, (zusammen)scharren‘ (z. B. Teigreste im Backtrog, die Borsten des Schlachtschweins entfernen, Pferde striegeln, mit der Hacke Unkraut beseitigen oder die Kartoffelstauden anhäufeln) verstr. NThür, selt. Mansf WThür Hennb ZThür IlmThür OThür, zuweilen auch **schrapeln. -ä-;** *minn Grußvoter moß de Äpfel schrapf, weil ar keine Zeh mehn het.* – Lautf.: *schrapen, -o-, schrappen, schrapfen; schrapeln, -o-, -ä-.* Zu nd. *schrapen* mit Geminierung sowie p > *pf* in den südlichen Verbreitungsgebieten.

schrau Adj. **1.** ‚mager, schlecht genährt‘ verstr. NThür WThür nwZThür Hennb; RA: *je schroher der Hund, je mahr Flehe.* – **2.**

‚minderwertig, karg, dürftig, ärmlich' (von Dingen und Lebens-
weisen) verstr. WThür Hennb, selt. NThür; *schraher Bode; ha*
fiehrt en schrohes Laabm.–**3.** ‚böse, häßlich' s WThür n Hennb; als
Schelte *du schrawer Hoind!* – **4.** ‚rauh, naßkalt, widrig' (von der
Witterung) verstr. ZThür (außer W- und O-Rand), selt. N-
Thür; *schraues Wetter un schrauer Wind.* – Lautf.: *schrah, schroh,*
schruh, schrau. Zu mhd. *schrâch, schrôch* ‚mager, dürr, rauh, grob'
und lautlich wie mhd. *blâ* ‚blau' entwickelt.

Schraube f. speziell ‚die Bremsvorrichtung am Ackerwagen'
Eichsf WThür Hennb sw Itzgr.

Schreiner m. ‚Tischler' Eichsf WThür, SW-Rand ZThür,
Hennb Itzgr, S-Rand SOThür, verstr. s IlmThür und übriges
ZThür; RA: *wie'es Warkzeug, su der Schreiner.* – Lautf.: *Schriener,*
-ei-.

schriezen sw. V. ‚spritzen' verstr. n,öOThür, selt. öSOThür.
Hierzu **Schriezbüchse** f. ‚Wasserspritze als Spritzgerät der
Kinder' ebd.; → *Spritzbüchse.*

Schrittschuh m. ‚Schlittschuh' söNThür s NOThür nöZThür
n IlmThür n OThür, verstr. mittl. IlmThür, s OThür n SOThür,
doch überall veraltend.

Schrock m. **1.** ‚das Erschrecken' selt. mittl. IlmThür; *var Schrock*
luß ar seine Feife falle. – **2.** ‚Sprung, Riß an irdenen und gläsernen
Gefäßen' verstr. OThür n,öSOThür; *der große Tupp hot en*
Schruck; übertr. ‚geistige Verwirrtheit' selt. ebd.

schroh → *schrau.*

Schrolle f. ‚harte Erdscholle' verstr. Itzgr SOThür.

Schropf m. ‚Schopf, Haarbüschel' söSOThür.

schrumpelig Adj. ‚runzelig, faltig, welk' (von Früchten und
Haut) verstr. außer Hennb. Hierzu **schrumpeln** sw. V. neben
zusammenschrumpeln sw. V. ‚schrumpfen, runzelig werden'. –
Lautf.: *schrump(f)lich, -o-; schrump(f)eln, -o-, schrumfeln, -o-.*

Schruz m. ‚wertloses Zeug, schlechte Ware' verstr. OThür, sonst
selt.

schuben → *schauben.*

Schubkarre f., **Schubkarren** m. ‚einrädriger Handkarren mit
leiterartigem Aufbau' (zum Transport kleinerer Lasten) sw N-
Thür WThür ZThür w IlmThür Hennb Itzgr, S-Rand SO-

Thür; RA: *ha sprecht halb Schubkarrn on halb Chaise* ‚wechselt ständig zwischen Mundart und vornehmer Sprechweise, d. h. Hochdeutsch'. → *Schaubekarre.* – Lautf.: *Schubb-, Schübb-* und häufig assimiliert zu *Schuckkarrn, -ü-, Schuukarrn.*

schuchen sw. V. ‚übermütig jauchzen, laut lachen' verstr. Eichsf nWThür, um Mühlhausen; seltener ‚laut weinen', ‚blöken' (von der Kuh), ‚wiehern' (vom Pferd). – Lautf.: *schuuchen, -üü-.* Etym. verwandt mit *jauchzen.*

Schuchert m. ‚Schuhmacher' selt. SW-Rand ZThür, söWThür nöHennb, sonst überall **Schuster** m. – Zu mhd. *schuoch-würhte, -worhte* ‚Schuhmacher' gegenüber mhd. *schuochsutære* ‚Schuster'.

Schuckel f. **1.** ‚die hängende Schaukel' mittl. NThür, WThür (außer SW-Rand), wZThür Hennb. Hierzu **Schuckelpferd** ‚Schaukelpferd'. – **2.** ‚Wiege' verstr. nöHennb, sonst selt. und überall veraltet, früher auch ‚ein mit Bändern an der Zimmerdecke befestigtes oder auf dem Feld an gespreizten Stäben hängendes Schaukeltuch als Ersatz für die Wiege' nöHennb. – Lautf.: *Schuckel, -ü-, -o-.*

schuckeln sw. V. ‚schaukeln, hin- und herschwingen' im Gebiet von → *Schuckel 1,* seltener ‚wiegen' oder ‚rütteln, wackeln' ebd.; *schückel net on Tesch, ech well schrieb.*

schuckern sw. V. ‚rumpeln, holpernd fahren, erbeben (durch Stöße)' verstr. sNThür NOThür OThür Itzgr, selt. mittl. Ilm-Thür; *s ganze Haus schuckerte, wenn dar Zug varbeifuhr.* Auch ‚vor Kälte schaudern, zittern' verstr. Itzgr.

Schuhbendel m. ‚Schnürsenkel' sWThür, Hennb (außer NO), wItzgr. – Lautf.: *-bengel, -a-, -bennel, -a-, -bendel.* Zu mhd. *bendel* m. ‚Schnur, Schnürsenkel'.

Schulblume f. ‚Blüte der Herbstzeitlose' (zeigt den Schulbeginn nach den Sommerferien an) verstr. swHennb Itzgr, sonst selt.

schüllen → *schöllen.*

schullern sw. V. ‚auf einer Eisfläche schlittern' neben → *schurren, schurreln, schusseln* verstr. sNOThür.

Schulmeister m. **1.** ‚Lehrer' veraltet WThür wZThür Hennb Itzgr SOThür öOThür; RA: *das kann Pfarr un Scholmeister gemach, mäi honn kenne Ziet derzo.* – **2.** ‚der Pilz Hallimasch' öItzgr. – Lautf.: *Schul-, Scholmeister, -meester,* doch häufig mit l-Ausfall *Schu-, Schomeister, -mester.*

Schulter → *Achsel.*

Schulze m. ‚Bürgermeister' verstr., doch veraltend. – Lautf.: *Schulz(e), -o-, Schoolz, -uu-, -ui-,* im nöHennb *Scholles.*

Schumpel f. **1.** ‚Schaukel' SO-Rand ZThür, IlmThür (außer N-Rand), W-Rand OThür, nwSOThür. Hierzu **schumpeln** sw. V. ‚schaukeln' und **Schumpelpferd** n. ‚Schaukelpferd'. – **2.** ‚Wiege' selt. IlmThür nwSOThür.

Schümpfer m. ‚Bräutigam, Geliebter' veraltet söWThür nöHennb. Auch **Schümpferin** f. ‚Braut, Geliebte' ebd.; *hägett mit sänner Schömpfere gern in Waald.* – Lautf.: *Schüm(p)fer, -ö-, -öö-, -eu-.* Zu mhd. *schumpfe* ‚Buhlerin'.

Schunkel f. **1.** ‚Schaukel' öNThür NOThür, O-Rand ZThür, N-Rand IlmThür, nOThür, ob. Schwarza. Hierzu **schunkeln** sw. V. ‚schaukeln' und **Schunkelpferd** n. ‚Schaukelpferd' ebd. – **2.** ‚Wiege' selt. ebd.

Schunken m. ‚Schinken' swHennb, W-Rand Itzgr, selt. nRhön. Nebenform von *Schinken.*

Schupp m. ‚Stoß, Ruck' verstr. außer Hennb Itzgr; auch **Schups** m. verstr. wNThür. Hierzu **schuppen, schupsen** sw. V. ‚stoßen, rempeln'; *ha het mech in Drack geschuppt.* Intensivum zu mhd. *schûben* ‚schieben'.

Schuppen m. wie schd., doch **Schuppe** f. sNOThür, ZThür (außer N- und W-Rand), IlmThür wOThür, SOThür (außer S-Rand); *im Wäinter stecken die Scheef in Schopfen.* – Lautf.: *Schuppe(n), -o-, Schupfe(n), -o-, Schupf, -o-.*

Schur[1] m. f. in der Wendung *jmd. etw. zum (zur) Schur tun (machen* ‚jmd. durch boshaftes Handeln ärgern' verstr. – Lautf.: *Schur, -ü-, -o-, -ö-.* Zu mhd. *schuor.*

Schur[2] → *Jour.*

schüren → *anschüren.*

schürgen sw. V. **1a.** ‚schieben' vorwieg. WThür (außer N-Rand), nHennb, verstr. sIlmThür. – **b.** ‚Heu zu Reihen zusammenrechen (zum Einfahren)' verstr. öOThür; hierzu **Schürge** f. ‚das zur Reihe zusammengeschobene Heu' ebd. – **2.** übertr. ‚schwer arbeiten, sich plagen' verstr. nZThür OThür öSOThür

Itzgr, häufig in der Wendung *wärche un schärche*. – Lautf.: *schär-chen, -e-, -i-, -ü-, -ö-*.

Schurre f. **1.** ,Rutsche zum Abladen von Schüttgut (z. B. Kies oder Feldfrüchte) oder Säcken' NThür NOThür nZThür wO-Thür. – **2.** ,Eisbahn zum Schlittern' verstr. NThür swNOThür; hierzu **schurren** sw. V. ,schlittern'.

Schürzel f. ,Schürze' wNThür, WThür (außer SO), sonst **Schürze** f., doch **Schürzlappen** m. sHennb, **Schürztuch** n. nHennb (außer nRhön); ein Kleinkind *hängt sinner Mutter immer an der Schärzel*. – Lautf.: *Scherzel, -i-, -a-*.

Schußechse f. ,Eidechse' neben **Schußdechse, Schußengel, Schußhexe** S-Rand SOThür. → *Schießechse.*

Schussel f. ,Eisbahn zum Schlittern' neben **Schusselbahn** f. söNOThür nOThür, selt. öOThür; hierzu **schusseln** sw. V. ,schlittern', zuweilen auch *schuscheln* als Mischform mit benachbartem → *huscheln* und → *zuscheln*.

Schußkaule f. ,Murmel als Spielkugel' neben **Schußkugel** f., **Schußkuller** f. verstr. nIlmThür wOThür, selt. öNThür, N-Rand SOThür. → *Kaule 2, Kuller.*

Schuster m. ,Schuhmacher' allg., veraltend → *Schuchert.*

Schüttel m., selt. n., **Schütt(e)ling** m., selt. n. ,Strohschütte, Strohbündel' verstr. WThür (außer NO), nHennb, doch **Schütt** n. m. verstr. Itzgr ö,sHennb, **Schütten** m. verstr. öWThür, sonst meist **Strohbund, Strohbündel, Strohbüschel.**

schütten sw. V. speziell refl. ,beim Kochen gerinnen' (von der Milch) verstr. öNThür Mansf ZThür nIlmThür; auch ,sich beim Buttern nicht zusammenfügen' (von Rahm) verstr. söNThür Mansf nIlmThür.

Schuttkarre f., **Schuttkarren** m. ,einrädrige Schiebekarre mit kastenartigem Aufsatz' NThür (außer Eichsf), wNOThür nZThür; auch *Schuttekarre(n)* verstr. mittl. NOThür, *Schüttkarren* m. um Mühlhausen. – Lautf.: *Schutt-, -o-, Schoot-, Schutte-* sowie *Scheet-* um Mühlhausen.

Schutz m. speziell **1a.** ,Seitenraum in der Scheune' NThür (außer w,sEichsf), wNOThür; RA: *den Schutz spülen* ,den Flegeldrusch mit einem Trunk, der **Schutzspüle**, abschließen'. – **b.**

‚niedrige Trennwand zwischen Tenne und Seitenräumen' neben **Schutzbleiche** f. verstr. n,öNThür swNOThür. – **2.** ‚einsetzbarer Bretterverschluß am Vorder- und Hinterende des Kastenwagens' verstr. wEichsf nNThür nNOThür. – **3.** ‚kleiner Damm zum Wasserstauen' (bes. von Kindern im Spiel errichtet) verstr. swWThür Hennb Itzgr.

Schütze m. speziell ‚Flurschütz, Ortspolizist, Gemeindediener' veraltet sNThür nWThür ZThür; als Drohung zu Kindern: *der Schitze holt dich!*

Schutzkelle → *Schoßkelle.*

Schwabe f. m. ‚Küchenschabe' verstr. sZThür sIlmThür söOThür SOThür Itzgr Hennb; *bis in de Schlofstomm sin de Schwoom gekommen.*

Schwad n. f. m. ‚Reihe von gemähtem Getreide oder Gras' NThür NOThür OThür; auch **Schwaden** m. (seltener **Schwade** f.) ZThür, mittl. IlmThür, swOThür nSOThür. → *Mahd(en), Schmaden.* – Lautf.: *Schwad(en), -o-, -oa-.*

schwafeln sw. V. ‚viel und unüberlegt schwatzen, sinnloses oder unwahres Zeug reden' verstr.

Schwäher m. ‚Schwiegervater' veraltend sNThür wZThür Hennb, W-Rand Itzgr, ob. Schwarza; auch **Schwähervater** m. verstr. und veraltend nWThür nwZThür. – Lautf.: *Schwäher, -eh-, -ieh-.* Zu mhd. *swæher, sweher.*

Schwalch m. **1.** ‚Dunst, Wasserdampf' sEichsf nWThür. – **2.** ‚große Menge' selt. nöZThür sIlmThür OThür; *ar hat ä Schwalch Biecher un guckt nich nein.* Zu mhd. *swalch, swalc* m. ‚Schlund, Flut, Woge'.

Schwamm m. speziell ‚Pilz' WThür Hennb sZThür sIlmThür sSOThür, verstr. nZThür, mittl. IlmThür; *wenn's geraant het, gemme* (gehen wir) *in de Schwämm.* Als ablautende Nebenform *Schwumm* verstr. wNThür, N-Rand WThür, nZThür. Meist eingeschränkt auf ‚Pfifferling' (vorwieg. Dim.) verstr. OThür nSOThür. – Lautf.: *Schwamm(b), -o-, -aa-, -uu-.* Zu mhd. *swam(p).*

Schwanzgeld n. ‚kleine Zugabe zum Kaufpreis beim Viehhandel für den Pfleger des Tieres' verstr. und veraltet NThür NOThür nöZThür nIlmThür OThür öSOThür.

schwäppern sw. V. **1a.** ‚stoßweise überlaufen' (von Flüssigkeiten) selt. neben **schwappeln** und **schwappen** sowie *überschwappen*. Hierzu *geschwäppert voll* neben *geschwappelt(e) voll, schwappelvoll, geschwappte voll, schwapp(e)voll* ‚randvoll bis zum Überlaufen'. – **b.** ‚(Flüssigkeit) verschütten' verstr. öOThür öSOThür, selt. nOThür wSOThür; *ar schleppte dos Wosser un schwäpperte keen Tropfen*. – **2.** übertr. in der Wendung *eens (een) schwäppern* ‚Alkohol trinken' öOThür nöSOThür.

Schwarte → *Suade*.

Schwartenwurst f. ‚Sülzwurst mit viel Schwartenanteil' verstr. nNThür nIlmThür OThür, sonst selt.

Schwarze Beere f. ‚Heidelbeere' sWThür Hennb Itzgr, ob. Schwarza, verstr. SOThür, selt. sZThür; *me genn in de Schwarze Beer* ‚wollen Heidelbeeren pflücken'. Zuweilen auch **Schwarzbeere** ebd.

Schwarzer m. **1.** ‚fiktive Gestalt, vor der man Kinder warnt' neben **Schwarzer Mann** verstr.; vereinzelt auch ‚Schornsteinfeger'. – **2.** ‚Teufel' verstr. öOThür wSOThür.

Schwarzsauer n. ‚Gericht von Gänseblut und Gänseklein' vorwieg. NOThür. auch **Schwarzsaures** n. verstr. öOThür nöSOThür, selt. sNOThür; *s Blut werd uffgefangen un Schwarzsauer dervun gekocht*.

Schwatzei n. ‚Ei, das dem Kleinkind beim ersten Besuch geschenkt wird' (es soll das Sprechenlernen fördern) verstr. Hennb (außer nwRhön), selt. WThür. → *Plapperei*.

schwatzen sw. V. **1a.** ‚sprechen, reden' verstr. außer sIlmThür SOThür Itzgr; *he kann geschwatze wie än Uffgate* (Advokat); *dar schwatzt immer Platt* ‚spricht stets im Dialekt'. – **b.** ‚unerlaubterweise während des Unterrichts sprechen' verstr., doch mehr umgsprl. – **2a.** ‚gemütlich plaudern, erzählen' NOThür, sonst selt. – **b.** ‚weitschweifig, albern reden' selt. neben zahlreichen regionalen Syn.

Schwefelholz n. ‚Streichholz' veraltend Eichsf WThür Hennb Itzgr, sonst selt.

schweifen sw. V. ‚Wäsche spülen' selt. sNOThür OThür. – Lautf.: *schweefen*.

schweimeln → *schwiemeln.*

Schweinematz m. ‚schmutziger, auch unanständiger Mensch‘ verstr. sNThür WThür ZThür IlmThür; → *Matz²*. Hierfür **Schweinepriester** m. vorwieg. NOThür OThür, **Schweineigel** m. verstr., doch selt. Hennb Itzgr sSOThür. Meist als Schimpfwort verwendet werden **Schweinsjunge** m. verstr. nWThür nZThür, **Schweinskerl** m. vorwieg. sN-Thür ZThür, **Schweinspelz** m. verstr. NThür öZThür sIlm-Thür, selt. NOThür OThür.

schweinsen sw. V. **1.** ‚Schmutz machen, liederlich arbeiten, Futter vergeuden (von Tieren)‘ verstr. WThür, selt. ZThür IlmThür. – **2.** ‚leicht regnen‘, auch ‚regnen und zugleich etwas schneien‘ verstr. ZThür, selt. WThür sNThür sIlmThür; hierfür auch **Schweinswetter** n. ebd. – Lautf.: *schweinsen, schwinnsen*. → *verschweinsen.*

Schweiß m. speziell ‚Blut (von Tieren)‘ nwSOThür, sonst selt., nicht NOThür OThür Itzgr; *einer fängt dan Schweiß* (beim Schlachten). Hierzu **Schweißkuchen** m. ‚Pfannengericht aus Blut, Fleisch sowie Mehl oder Semmeln‘ veraltend Hennb, **Schweißwurst** f. ‚Blutwurst‘ verstr. nwSOThür, selt. öOThür.

Schwelle m. ‚Fußbalken in der Türöffnung‘ neben *Türschwelle* allg., doch **Schwell(en)** m. verstr. N-Rand NThür.

Schwengel m. speziell **1a.** ‚Querholz zur Befestigung der Seile von Zugtieren am Waagebalken‘ NThür nNOThür nöZThür. – **b.** ‚der Waagebalken am Wagen mit den beiden Querhölzern‘ verstr. ob. Schwarza. – **2.** ‚Uhrpendel‘ verstr. söSOThür.

Schwenker m. ‚Gehrock‘ verstr. und veraltet.

Schwieger f. ‚Schwiegermutter‘ veraltend sWThür, Hennb (außer W-Rand Rhön), Itzgr, ob. Schwarza, sonst selt. belegt. Auch **Schwiegerin** f. verstr. SW-Rand ZThür, selt. sIlmThür wSOThür Itzgr, **Schwiegersche** f. verstr. öWThür, selt. W-Rand ZThür. – Lautf.: *Schwiecher, -ee-, -ää-, -ea-, Schwier, -ää-*. Zu mhd. *swiger.*

schwiemeln sw. V. **1.** ‚schwanken, taumelnd gehen‘ verstr. N-Thür (außer Eichsf.) Hierzu **schwiemelig** Adj. ‚schwindlig‘ verstr. NThür NOThür OThür; *mir ward's schweimelcht, wenn* *ich Walzer tanze.* Auch *schwiemelning* verstr. NThür Mansf nWThür nwZThür. – **2.** ‚bummeln, liederlich leben, sich herumtreiben' verstr. NThür NOThür ZThür IlmThür OThür nSOThür. – Lautf.: *schwiemeln, -ei-; schwiemelich, schweim(e)lich, schweimelch(t), schwiemelning, -ei-.* Zu mhd. *swîmen* ‚schwanken', doch häufig undiphthongiert im östl. Thüringischen.

Schwinde f. ‚ein trockener Hautausschlag, Hautflechte' veraltet SOThür; *sei Gesicht is voller Schwinden.* Auch **Schwind** m. veraltet NThür NOThür öOThür.

schwinde Adj. **1.** ‚schnell' verstr. NThür Mansf; *das Johr is schwinge rimgeginn.* – **2.** ‚stark, heftig' verstr. sHennb; *schwenne Schmerze.* – **3.** als Partikel ‚sehr' verstr. sHennb, W-Rand Itzgr; *das is e schwenn hüsch Mädle.* – Lautf.: *schwinge, schwinn, -e-.* Zu mhd. *swinde* ‚gewaltig, stark, schnell'.

Schwinge f. **1.** ‚flacher, ovaler henkelloser Weidenkorb (meist mit Grifflöchern)' neben **Futterschwinge** f. öNThür NOThür nIlmThür, verstr. N-Rand ZThür wOThür öSOThür. Meist zum Füttern von Großvieh verwendet, doch auch zum Kartoffel- und Steinelesen oder zum Sammeln von Waldstreu. Zuweilen auch übertr. auf andere Korbarten, z. B. auf den Spankorb zum Transport von Obst und Gemüse (verstr. öOThür). – **2a.** ‚flache, fest in den Holmen verkeilte Leitersprosse' selt. söHennb Itzgr, S-Rand SOThür. – **b.** ‚Sprosse der Wagenleiter am Erntewagen' verstr. wSOThür. – **3.** ‚hölzernes schwertartiges Schlaggerät, mit dem die letzten gröberen Bestandteile des gebrechten Flachses entfernt werden' veraltet Eichsf WThür ZThür; hierfür auch **Schwingmesser** n. veraltet ZThür.

schwingen st. V. speziell ‚den Flachs mit der → *Schwinge* auf dem → *Schwingstock* bearbeiten' veraltet sNThür WThür Z-Thür Hennb Itzgr, ob. Schwarza.

Schwing(e)stock m. ‚senkrecht stehendes Brett mit einem Ausschnitt, in den das Flachsbündel beim → *Schwingen* gehängt wird' veraltet NThür WThür ZThür Hennb.

Schwippe f. ‚Peitsche' selt. NThür nWThür ZThür, auch ‚Peitschenriemen' verstr. S-Rand NOThür, nöSOThür, selt. OThür, auch ‚Gerte, dünne Rute' selt. NThür NOThür OThür. Zu mhd. *swippe, -e-* ‚Peitsche'.

Schwitte → *Suite.*

Schwitzer m. ‚Pullover' verstr. und veraltend NOThür Ilm-Thür OThür SOThür Itzgr. Zum Fremdwort *Sweater* mit Anlehnung an *schwitzen.*

schwofen sw. V. salopp ‚tanzen' verstr. NOThür öOThür, sonst seltener und mehr umgsprl.; hierzu **Schwof** m. ‚Tanzveranstaltung' ebd. – Verwandt mit *schweifen.*

Schwucht f. ‚Vielzahl, größere Menge' verstr. NThür, selt. NOThür nZThür; *mir hatten diesjohr änne schäne Schwucht Äppel.*

Schwucke f. ‚Gerte, dünne Rute' verstr. nWThür, selt. Eichsf sWThür. – Lautf.: *Schwucke(n), -ü-.*

Schwulch m. ‚Dunst, Wasserdampf' verstr. Eichsf. Nebenform zu → *Schwalch.*

Schwumm → *Schwamm.*

Schwumse Pl. ‚Prügel, Hiebe' verstr. öOThür, selt. neben **Schwamse** öSOThür.

schwürig Adj. ‚eiterig, schwärend' verstr. sWThür Hennb Itzgr; *e schwiericher Fenger tutt verdammt weh.*

Sech n., selt. m. ‚messerförmiges, am Pfluggrindel befestigtes Eisen, das vor der Pflugschar den Boden senkrecht aufreißt' früher allg., doch veraltet infolge verbesserter Schar-Konstruktion; umgedeutet zu **Säge** f. söHennb Itzgr sSOThür. – Lautf.: *Sech, -a-, Seech, -ää-, -aa-,* auch mit Anlaut *Z-.* Lehnwort aus dem Romanischen wie *Sichel* zu lat. *secare* ‚schneiden'. Schon mhd. als *sëch.*

sech → *solch.*

Sedanfeuer n. ‚Höhenfeuer am **Sedantag** (2. Sept.) zum Gedenken an den Sieg im Jahre 1870 bei Sedan' mit Feierlichkeiten üblich bis zum 1. Weltkrieg.

Segen m. speziell ‚Zauberspruch, um Krankheiten von Mensch und Vieh fernzuhalten oder zu heilen' veraltet Itzgr sIlmThür wSOThür; *die hot ihr Sää gschpruchen, nocher mußt sei Voter dreimol iwersch Kreiz spetz* (spucken) *un derzu soog „Krumpf* (Krampf) *ewack!".* Hierzu die Verben **segnen, versegnen.**

sehen st. V. speziell ‚aussehen' OThür SOThür, verstr. Itzgr, selt. söNOThür IlmThür; RA: *be Nocht sahn olle Kotzen groo* (grau).

sehnerlich Adj. ,begierig auf Speise und Trank' neben **sehnig** Adj. öSOThür, selt. OThür.

sehr Partikel, Adv. **1.** wie schd., allg., doch daneben regionale Syn. wie → *arg, heiden* u. a. m. – **2a.** in Verbindung mit Verben der Bewegung ,schnell' verstr. sWThür Hennb Itzgr, sonst selt.; *gäh ä wenk serner!;* auch ,hastig' *trink net su sähr!* – **b.** in Verbindung mit Verben der Lautäußerung ,laut' verstr. nHennb, selt. WThür wNThür Mansf; *ar singt siehre un aa sachte* ,laut und leise'. – Lautf.: *sehr(e), -äh-, -ieh-.* Auch Komp. und Sup. möglich

Seiber, seibern → *Sabber, sabbern.*

Seichameise → *Ameise.*

seichen sw. V. ,urinieren' allg. neben zahlreichen Syn., doch in bezug auf Menschen als derb empfunden. Hierzu **Bettseicher** m. ,Bettnässer', **Seichhafen, -topf, -tüpfen** ,Nachttopf'.

Seiger[1] m. ,Uhr', bes. ,Turmuhr' und ,Wanduhr mit Gewichten' allg. außer nwEichsf sWThür Hennb Itzgr sSOThür; *bleiwet der Seier stiehnich, su sterbt eens.* – Lautf.: *Seicher, -ee-, -ää-, -aa-, -eu-, Sechcher, -i-, Seier, -äi-, -ee-, -ää-,* auch mit Anlaut *Z-* verstr. nWThür, W-Rand ZThür. Zu mhd. *seigen* ,sinken machen' mit Bezug auf die Uhrgewichte und wohl auch auf die alten Sanduhren.

Seiger[2], **Seiher** m. **1.** ,feinmaschiges Sieb für Kaffee, Tee, Milch' verstr., doch **Seige** f., **Seihe** f. verstr. öZThür IlmThür SOThür, selt. öNThür. Hierzu **Seihlappen** m., **Seihtuch** n. ,Tuch zum Seihen der Milch'. – **2.** ,Brause an der Gießkanne' Hennb Itzgr w,sSOThür. – Zu mhd. *sigen, sihen* ,sinken, tropfend fallen'.

Seime f. ,Strick, Leine, Seil' verstr. NThür (außer Eichsf), Z-Thür sIlmThür, als Simplex und in Zuss. mit *Wasch-, Wäsche-, Zeug-* speziell ,Wäscheleine', in Zuss. mit *Acker-, Leit-, Lenk-, Zuck-* speziell ,Seil zum Lenken der Zugtiere'. Als ,schwächere Schnur, Bindfaden' nur selt. im genannten Gebiet, doch häufig im Eichsf WThür; *en Mässer on en Siemchen moß dar Büür immer bäi sech hoo.* – Lautf.: *Sieme(n),* selt. *Siäme, -ei-, Simme.*

seimern sw. V. ,wimmern, jammern, kränkeln' verstr. Itzgr, selt.

Hennb, ob. Schwarza, w,sSOThür; *dös Kindla hot blueß noch a weng gesemmert.* – Lautf.: *semern, -ä-, -a-, semmern, -i-.* Etym. unklar; vielleicht zum Adj. mhd. *seine* ‚langsam, träge, erschöpft'.

selb Pron. als *selber, selbe, selb* ‚jener, jene, jenes' Itzgr, verstr. Hennb, selt. SO-Rand WThür, S-Rand SOThür; *salle Fraa wor aa dort; dös un sall* ‚dies und jenes' → *selbt.* Hierzu **selbemal(s)** Adv. ‚zu jener Zeit, damals' WThür, verstr. Hennb Itzgr, selt. S-Rand SOThür, um Erfurt; *sallmols kost en Glos Bier femf Pfannich.* – Lautf.: *saller, sall(e), -e-; sall(e)mol(s), sell(e)-,* verstr. im W-Thür auch mit Anlaut *z-* und umgedeutet zu ‚zehn': *zahnmo(l), zahmo(l).* Zu mhd. *sëlp* ‚selbst'.

selbander Adv. ‚gemeinsam zu zweien' verstr. und veraltend wNThür WThür ZThür Hennb öSOThür, selt. söOThür, Coburg; *me draschen salbanderte; se gengen zumbanner off die Kermes.* Weniger häufig **selbdritt, selbviert** usw. ‚zu dritt (viert)'. – Lautf.: *sall(e)-, zall(e)wanner* und umgebildet zu *zebanner, zewanner, zumbanner* und weiteren Varianten. Zu mhd. *sëlp* und *ander* ‚der zweite'.

Selbende n. ‚Saum eines Gewebes, Webkante' NThür nöZThür, sonst selt. und vielfach umgedeutet; → *Salband.* – Lautf.: *Salbeng(e) Salweng(e), -wend(e), Silwenge* und weitere Varianten. Zu mhd. *sëlp-ende* ‚eigenes Ende'.

selbt Adv. **1.** ‚dort' OThür nwSOThür sIlmThür, sonst selt.; *salt reden se annersch wie hie bei uns.* Hierzu mit anderen Orts- und Richtungsadverbien als Zusammenrückungen *selbtdroben, -drüben, -herum, -hie(r), -hin, -hinten, -hinunter, -oben, -unten* ebd., doch meist veraltend; *s liecht nuch a Huffen Loob saltrim; was machst'enn du sälthier?; saltuum is a Vuchelnast.* – **2.** ‚zu jener Zeit, früher, damals' selt. sOThür n,öSOThür; *wos mer nor heite for Zeiten humm, salt worsch schinner.* – Lautf.: *salt, -e-,* selt. *salte.* Zu mhd. *sëlp* mit Dentalantritt. → *selb.*

sell(e), seller → *selb.*

Semmel f. m. **1.** ‚kleines, mit Wasser und Hefe bereitetes Gebäck aus Weizenmehl, Brötchen' (häufig mehrteilig) IlmThür OThür SOThür öItzgr, verstr. NOThür ö,sWThür ZThür, selt. NThür; *de Rieh Saamel hät sass* (sechs) *Knoppen;* RA: *framd Brut äs dan Kingern Sammel.* – **2.** ‚Weihnachtsstollen' verstr.

söHennb, W-Rand Itzgr; → *Christsemmel*. – **3.** ‚Pferdekot' selt.
NOThür öOThür; → *Pferdeapfel, -semmel.*– Lautf.: *Sammel, -e-,
Saamel, -ää-.* Mask. verstr. sHennb, W-Rand Itzgr.

Semmelmilch f. ‚gezuckerte Speise aus Milch und Semmel-
stücken' (häufig als Festspeise) neben *Semmel und Milch* verstr.
OThür SOThür öItzgr, ähnlich auch **Semmelgeräusch** n.
verstr. söSOThür.

Semse f. ‚Binse' verstr. NThür WThür ZThür, selt. nIlmThür
OThür nöHennb, ob. Schwarza. – Lautf.: *Semse(n), -a-, Sem-
sten, -a-.* Weiterbildungen zu mhd. *sem(e)de* auch *Sémm-, Sám-
metzen, -matzen, -mitzen, Zwemse(n), Zwemste, Senften, -a-.*

Senge Pl. tant. ‚Prügel' verstr. NOThür nZThür nIlmThür
OThür nSOThür, sonst selt., auch **Senger** verstr. Itzgr. Wohl
zu **sengen** sw. V. ‚die Oberfläche von etw. verbrennen'.

Sensenbaum m. ‚Sensenstiel' allg. außer Hennb Itzgr und den
S-Rändern vom WThür ZThür IlmThür SOThür, wo zu-
meist **Sensenwurf** m. gilt.

Serbe → *Huhnserbe.*

Serviette → *Salvette.*

sich → *solch.*

Sicke f. ‚weibl. Kaninchen' sNThür nWThür ZThür, IlmThür
(außer SO), swOThür. Zuweilen im gleichen Gebiet auch für
andere weibl. Tiere wie Hündin, Schaf, Katze, Hamster, häufi-
ger für ein Vogelweibchen; *mei Hämfling is anne Sicke.*

Sie f. **1.** ‚weibl. Kaninchen' Eichsf öNOThür, um Salzungen,
sonst selt., vereinzelt auch ‚Hündin' und ‚Vogelweibchen'. – **2.**
‚Frau, Gattin' verstr. und veraltet Eichsf Mansf; *minne Sie äs
krank geworn.*

Siede f. **1.** ‚überbrühtes Gemenge von Spreu, Häcksel, Runkel-
schnitzeln und Schrot als Kraftfutter für das Vieh' verstr. nW-
Thür nIlmThür, sonst selt., nicht NThür NOThür. – **2.** ‚Spreu
als Dreschabfall' sIlmThür sOThür SOThür öItzgr; *in'n Eier-
kurb kom ongennei e bißel Siede.* Hierzu **Siedekorb** m. ‚Spreu-
korb' sOThür SOThür, selt. sIlmThür Itzgr.

Siedel f. ‚kastenartige Sitzbank mit hochklappbarem Sitzbrett'
verstr. und veraltend Eichsf WThür, W-Rand ZThür, selt.
Hennb Itzgr und übriges NThür ZThür. In der *Siedel* wurden

Lumpen, Strick- und Flickzeug, auch Strümpfe und Wäsche verwahrt. – Lautf.: *Siedel, -ee-, Siddel, -e-*. Zu mhd. *sidel(e)*.

siefern sw. V. ‚fein regnen, nieseln' verstr. söNThür OThür öSOThür, selt. sNOThür IlmThür; *s siefert schunne de ganze Woche.* – Lautf.: *siefern, -äi-, siebern, -w-, siwwern, -e-*.

Sielscheit n. ‚Querholz am Waagebalken zur Befestigung der Seile für Zugtiere' sEichsf WThür nwZThür n,wHennb, verstr. Itzgr, selt. NThür. – Lautf.: *Sell-, Sillschiet*, doch häufig kontrahiert oder mit *Z-* und *Sch*-Anlaut: *Schellscht, Zellschiet, Zellscht, Schell(d)-, Schill(d)schiet, -scheit*.

Sieme → *Seime*.

Sießchen n. ‚Siedewürstchen' verstr. und veraltet söNOThür öOThür, selt. NThür öSOThür; vor allem auf Jahrmärkten angeboten. Mit Anlehnung an *süß* zu frz. *saucisse* ‚Wurst'.

Silberblüte f. (meist Pl.) ‚Flieder' söWThür w,sZThür, verstr. sIlmThür, selt. öZThür söHennb, zuweilen jedoch der ‚Chinesische Flieder (Syringa chinensis L.)' im Gegensatz zu ‚Syringa vulgaris'. Auch **Silbergeblüte** n. verstr. nwZThür.

simbelieren → *simulieren*.

simpeln sw. V. ‚grübeln' selt. sIlmThür, um Erfurt; *ar simpelte lange hin un har, dann hat er doch ongerschremm.* → *simulieren*.

simulieren sw. V. ‚nachdenken, grübeln' verstr.; *ha kunnt net geschloff, weil ar de ganze Nocht ebber sinne Arbeit simbliert het.* – Lautf.: *simm(e)liern*, doch meist mit *b-* Einschub *simb(e)liern*. Zu lat. *simulare* ‚nachahmen' und lautlich wohl von *simpel* ‚einfach, einfältig' beeinflußt. → *simpeln*.

Skanter, Skanzcher, Skazch, Skazcher m. ‚Sperling' selt. söNOThür, um Altenburg; auch **Skerz, Skerzch, Skerzer, Skerzcher** m. verstr. söNOThür, N-Rand OThür, **Skoz, Skozch, Skozer, Skozcher** m. nöOThür, selt. nNOThür, **Skunzcher** m. selt. nöOThür. – Der im Deutschen ungewöhnliche Anlaut *Schk-* sowie die Verbreitung in ursprünglich slaw. Gebieten lassen auf slaw. Herkunft der mannigfachen Spielformen schließen, vgl. osorb. *skočić* ‚hüpfen', *skoćk* ‚Grashüpfer'. → *Spanter, Spatzcher, Spunzch(er)*.

Socke f., **Sock(en)** m. speziell ‚warmer Hausschuh aus Filz oder

Tuch' verstr. NThür (außer wEichsf), wNOThür söWThür sZThür sIlmThür wSOThür Itzgr, sonst selt.; als Mask. auch ,Überziehstrumpf mit kurzem Wadenteil, → *Füßling'* verstr. söWThür, selt. nHennb. Übertr. ,Dummkopf, Tölpel, Luftikus'. – Vorwieg. als Fem. im NOThür nIlmThür OThür n,wSOThür.

Sohle f. speziell ,liederliche, leichtfertige Frau' verstr. Itzgr; *a alta Sulln.*

Sohnsfrau f. ,Schwiegertochter' veraltet sNThür nöZThür, mittl. IlmThür, W-Rand OThür.

Solaröl n. ,Petroleum für Lampen' verstr., doch veraltet.

solch Dem.-Pron. wie schd., doch abweichend häufig zweisilbig und mit Umlautung: *sel(i)ch, sil(i)ch* söNThür öZThür, IlmThür (außer SO), öOThür, mit l-Schwund *sech, -i-* verstr. söIlmThür sOThür nwSOThür, selt. söZThür; *silch schiener Summer is rar; sieche dumme Geschichten machst'e nich wedder!* → *sotan.*

Sommerflecke(n) Pl. ,Sommersprossen' NThür (außer S-Rand), w,sWThür sZThür, SW-Rand IlmThür, Hennb Itzgr; RA: *Sommerflecken un rute Haare, das is keene gute Ware.* Auch **Sommerspreckeln** n,öSOThür **Sommersprinzeln** südöstl. von Saalfeld, **Sommertürchen** (oder **-tierchen**) swN-Thür, **Sommervögel** O-Rand WThür, nwZThür und SW-Ecke SOThür.

Sommerhaufen m. ,fröhliches Zusammensein der Dorfjugend an Sommerabenden' verstr. w,sSOThür; *mir giehn uff'n Summerhuffen.*

Sommermaschine f. ,ein im Sommer benutzter und gewöhnlich außerhalb der Wohnräume befindlicher Herd' veraltend sOThür nwSOThür.

Sommermätzel n. ,Marienkäfer' verstr. öSOThür; Kinderreim: *Summermatzel, flieg aus, flieg ins Hartenhaus!* Auch **Sommervogel** (meist Dim.) verstr. sSOThür swWThür, selt. nwSOThür.

sömmern sw. V. ,Betten (Kissen, Winterbekleidung) im Freien auslüften' verstr. OThür SOThür; refl. ,sich sonnen, sich ins Freie begeben' selt. ob. Schwarza, um Ilmenau. – Lautf.: *semmern, -i-.*

Sommerweg m. ‚unbefestigter Wegrand' verstr. NThür (außer wEichsf), NOThür, N-Rand ZThür, OThür SOThür, sonst selt.

Sonnenflecke Pl. ‚Sommersprossen' verstr. nwItzgr, selt. öHennb.

Sonnenkäfer m. ‚Marienkäfer' selt. NThür OThür. Auch **Sonnenkälbchen** n. selt. nNOThür.

Sor m. f. ‚Jauche' S-Rand SOThür. – Lautf.: *Sor, Sur.* Etym. unklar, vermutet wird slaw. Herkunft.

Sorge(n)stuhl m. ‚Lehnstuhl aus Korbweiden oder gepolstert' (meist für Kranke und Alte) verstr. Eichsf nWThür nZThür IlmThür wOThür.

sotan Pron. ‚solch, so beschaffen (geartet)' Itzgr sSOThür, verstr. öOThür, ob. Schwarza; *sötta Kinner machen enn Spouß,* iron. *es gibt sette un siche;* auch ‚viel' *der verdient sötte Gääld.* Mit Suffix **sotanig** verstr. söZThür sIlmThür, selt. OThür SOThür; *settches Hoalz womme* (wollen wir) *nech.* – Lautf.: *sitte(r), sittes, -e-, -ö-,* selt. *-o-, -u-; sittche(r), sittches, -e-,* selt. *-o-, -u-.* Zu mhd. *sô-tân* (< *sô-getân*) und beeinflußt wohl vom Umlaut in → *solch.*

Spale f. ‚Leitersprosse' NThür, W-Rand NOThür, nWThür nZThür. – Lautf.: *Spale(n), -o-, -oa-, Spalln, -o-.* → *Sprale.*

Spalten Pl. speziell ‚Eintopfsuppe mit Kartoffelstückchen' verstr. söSOThür; *ze Mittog kocht se eegal Spalken.* Hierzu **Spaltenkraut** n. ‚Kohlsuppe' ebd. – Lautf.: *Spalken.*

spälten sw. V. wie schd. ‚spalten' NThür NOThür nWThür ZThür IlmThür OThür, verstr. neben **spalten** Itzgr; *gesääntes un gespälltes Holz hammer satt* (genug). – Lautf.: *spellen, spelten.* Nebenform von *spalten.*

Späne Pl. ‚Zitzen der Sau' NThür nWThür nZThür nIlmThür; *onse Suiwe hät zwellef Späne.* – Lautf.: *Spän(e), -e-, -i(e)-.* Zu mhd. *spen* f. ‚Mutterbrust, -milch'. Noch in *Spanferkel* erhalten. → *Spünne.*

Spanisches Rohr n. ‚Rohrstock' verstr. außer NOThür; *in der Schule worde frieher ä Linßchen mät'n spanschen Riehrchen nachgeholfen.*

Spanischlauch m. n. ‚Porree' verstr. Eichsf, seltener hier auch

‚Schnittlauch'. Abweichend **Spanischlaub** n. verstr. nö-
Hennb.

Spanskittel m. ‚langer (blauer) Männerrock' früher sNThür
nWThür nZThür. Gekürzt aus *Spanischer Kittel.*

Spanter m. ‚Sperling' neben **Spanterich** m. selt. öOThür;
→ *Skanter, Spatzcher.*

Spat m. ‚Fußlähmung bei Pferden' verstr. NThür NOThür, selt.
OThür SOThür. – Lautf.: *Spat, -o-.* Zu mhd. *spat.*

Spatei n. ‚zu kleines Hühnerei' verstr. söZThür, mittl. IlmThür,
selt. sIlmThür. Es soll ein Unglück ankündigen. – Lautf.: *Spat-,
-o-, -oa-,* auch *Spott-* mit Anlehnung an schd. *Spott.* Etym. unklar.

Spatzcher m. ‚Sperling' verstr. n,öOThür. → *Spanter.*

Spätzle Dim. Pl. ‚kleine Klößchen aus Mehl und Eiern' (als Bei-
lage zu Gemüse oder zur Suppe) verstr. Itzgr, selt. sHennb.

Speckkuchen m. ‚flacher Kuchen mit Speckbelag' verstr.
söNOThür nIlmThür OThür nSOThür, sonst selt.

Speckwurst f. **1.** ‚Blutwurst mit reichlich Speckstückchen'
sSOThür. – **2.** ‚Wurst aus reiner Speckmasse' selt. wNThür
nWThür als neuere Wurstsorte beim Hausschlachten, um an-
dere Würste fettärmer machen zu können.

Speicher m. ‚Stellmacher' verstr. und veraltet nOThür, selt.
öOThür, O-Rand NOThür. Von der Radspeiche abgeleitet.

speien stsw. V. **1a.** ‚sich übergeben, erbrechen' sOThür
SOThür n,öItzgr, verstr. WThür ZThür IlmThür; RA: *ar spiet
wie a Gerwerschhund.* Hierzu **Speikind** in der RA *Speikenner sin
Gedeihkenner.* – **b.** ‚spucken' selt. ebd.; *ar speit in de Hände.* – **2.**
‚fauchen' (von der Katze) selt. öOThür öSOThür. – Lautf.:
speien, -äi-, -ie-; stark flektiertes Pt. Prät. *gespeechen* öOThür.

Speil m., **Speile** f. ‚Holzstäbchen zum Verschließen von Wurst-
enden' verstr. NThür Mansf, sonst selt., nicht üblich im W-
Thür wZThür Hennb Itzgr. Auch **Speiler** m. verstr.
sNOThür nIlmThür OThür, selt. sNThür sIlmThür n,wSO-
Thür. – Lautf.: *Spiel, Spiele(n), -ei-, Spille.*

spellen[1] sw. V. ‚Besuche machen, um zu plaudern' neben der
Zuss. *spellegehen* verstr. NThür WThür nZThür Hennb, ob.
Schwarza; *frieher simme vele mieh spelle geginn.* Hierzu **Speller,
Spellgast** m. ‚Besucher, Gast', **Spellstube** f. ‚Zusammen-

kunft an Winterabenden, Spinnstube'. – Lautf.: *spellen, -i-.* Zu
mhd. *spëllen* ‚erzählen' und mhd. *spil(e)n* ‚Scherz treiben'.

spellen² → *spälten.*

Spendel, Spennel m. ‚Stecknadel' verstr. und veraltend NThür
nZThür, selt. WThür Rhön. – Lautf.: *Spennel, -a-, Spendel, -a-,
Spengel, -a-.* Zu mhd. *spënel, spëndel.*

speng Adj. ‚selten, knapp' Itzgr, selt. WThür ZThür sIlmThür
SOThür; *bei uns is es Gald speng.* Auch **spengel** verstr. Hennb.

Spengler m. ‚Klempner' swRhön, selt. nöHennb sZThür.

Sperenzien Pl. **1.** ‚Ausflüchte, Umstände, Schwierigkeiten' ver-
str. außer Eichsf. – **2.** ‚Späße, Dummheiten' *mach keine Sperenz-
chen!* – Lautf.: *Sperénzchen, Sperénzle,* selt. *Sperénzen, -rinzen,
Sperénzerchen.* – Zu mlat. *sperantia* ‚Hoffnung' mit Anlehnung
an *sperren,* doch wie Dim. mit *-chen* oder *-le, -la* gebildet.

Sperk m. ‚Sperling' Itzgr sSOThür, verstr. Hennb söWThür;
RA: *dos senge de Sperke von den Dächern.* Auch **Sperkch, Sper-
kel** m. selt. ob. Schwarza, **Spurk** m. verstr. söWThür nö-
Hennb, **Spernzch, Spernzcher** m. selt. wOThür, **Sperzch,
Sperzcher** m. verstr. nöOThür.

Speuze f., **Speuzen** m. ‚Spucke' wNThür WThür Hennb, selt.
ZThür, mittl. IlmThür; *mach Spitzen droff, dann heilt's!* Hierzu
speuzen sw. V. ‚spucken' ebd.; *solange wie me noch äwwern
Wanst gespitze kann, äs me noch nech su decke.* – Lautf.: *Spitze(n),
-e-, Spütz(e).*

Spieß m. ‚langstielige zweizinkige Gabel, mit der man Garben
oder anderes Erntegut auf Wagen oder Böden reicht' neben
Spießgabel f. S-Rand SOThür.

Spießrecken m. ‚der Volksbrauch, beim Schlachtfest Würste
zu heischen, indem man eine Stange (mit Korb) durch das Fen-
ster reicht' veraltend sSOThür.

Spilling m. ‚kleine gelbe Pflaume' (auch Wildfrucht) verstr. au-
ßer sWThür Rhön; auch **Spindling** m. verstr. söSOThür. –
Lautf.: *Spilling, -e-, Spill(i)ch, Spill(i)chen; Spindlich.*

Spinn(e)kanke f. ‚Gespinst der Spinne' sEichsf nWThür, auch
Spinnekankel verstr. öEichsf, **Spinnekanker(t)** m. nö-
NOThür sSOThür, sonst selt., **Spinnlappen** m. söWThür,
selt. nHennb.

Spinn(e)kanker m. ‚Spinne, insbes. Weberknecht' nöWThür, verstr. sSOThür, sonst selt.; auch **Spinnebock** m. S-Rand SOThür. → *Kanker.*

Spinnstube f. ‚regelmäßige, reihum stattfindende Zusammenkunft einer festen Gesellschaft von Mädchen oder Frauen, um mit Spinnen, Stricken und anderen Handarbeiten die Winterabende zu verbringen' (zu späterer Stunde finden sich auch die Burschen und Männer ein, was zu geselligem Treiben überleitet) verstr. NThür WThür nHennb ZThür IlmThür nwSOThür, sonst selt., doch nach dem 2. Weltkrieg überall veraltend. Hierfür auch **Spinnde** f. verstr. nöZThür nIlmThür, um Sondershausen, selt. sIlmThür; *zu unser Spinnde geheerten sachs Maichen.* → *Strickstube.*

Spint m. n. **1.** ‚Wellfleisch (zur Wurstbereitung)' ö,sItzgr, selt. n,wItzgr; hierzu **Spintbrühe** f., **Spintsuppe** f. ‚Fleischbrühe' – **2.** ‚nicht ausgebackene Stelle im Brot oder Kuchen' verstr. ebd.; hierzu **spintig** Adj. ‚nicht ausgebacken, noch teigig' verstr. Itzgr.

Spittel m. **1.** ‚Altersheim, Spital' früher NThür ZThür OThür nöSOThür Hennb, sonst selt.; *war arm es, kimmt in Spettel. –* **2.** ‚Plunder, wertloses Zeug, geringer Besitz' vorwieg. öOThür öSOThür; *bild eich nar nischt ei uf eier bißchen Spittel!;* auch ‚Unordnung, liederliche Wirtschaft, Ärger' ebd., speziell ‚(alter) Tragkorb' verstr. nIlmThür wOThür.

Spitzboden m. ‚der oberste Raum im Dachstuhl' verstr. sNOThür öOThür SOThür, sonst selt.; *verfluchter Gunge, ich sparr dich off'n Spitzbuden!*

Spitze(n) → *Speuze(n).*

spitzig Adj. ‚spitz' WThür sZThür Hennb Itzgr sSOThür, sonst verstr. neben **spitz,** doch nicht nwNThür nNOThür; *mach mol dan Pfohl spetzich!*

sprähen, spräheln sw. V. ‚sprühen, fein regnen' verstr. wNThür WThür Hennb, W-Rand Itzgr. → *sprühem.* Hierzu **Spräher** m., **Spräheler** m., **Sprähregen** m. ‚Regenschauer, Sprühregen'. – Lautf.: meist unpersönlich *es sprebt, -iä-, spreht, -äh-, -ah-; sprehld, -äh-, sprehwelt, -äh-, -ah-, -eä-, -iä-.* Zu mhd. *spræjen, spræwen.*

Sprale f. ‚Leitersprosse‘ verstr. nIlmThür OThür, selt. nZThür;
paß uff, es fahlt ene Sprole!; → *Spale.*

Spreckeln Pl. ‚Sommersprossen‘ wOThür; → *Sommerspreckeln.*
Auch **Sprickeln** südl. von Jena, selt. wOThür. → *Sprenkeln.*

Spreil m. **1.** ‚(Holz)splitter, den man sich eingestochen hat‘ ver-
str. mittl. SOThür. – **2.** ‚Holzstäbchen zum Verschließen einer
Wurst‘ verstr. nwSOThür, selt. swSOThür, auch **Spreiler** m.
verstr. nöOThür, selt. n‚öSOThür. Zu → *Speil(e)* mit r-Ein-
schub aus benachbartem → *Spreißel.*

Spreißel m. dass. wie → *Spreil 1,* sIlmThür wOThür Itzgr, S-
Rand SOThür; *iech hou mer an fatzen Spreißel neigerissen.* –
Lautf.: *Spreißel, -äu-, -ää-, Sprissel, -e-.* Zu mhd. *sprîzel* ‚Splitter‘.

Spreißelbeere f. ‚Preiselbeere‘ verstr. mittl. IlmThür, wOThür
nSOThür, selt. übriges OThür SOThür.

sprengen sw. V. speziell ‚(Gartenbeete) gießen‘ verstr. OThür
SOThür, sonst selt., auch ‚Wäsche auf der Bleiche, die Straße
vor dem Fegen mit Wasser besprühen‘ verstr., doch selt. sW-
Thür Hennb Itzgr. Hierzu **Sprenger** m. ‚Gießkanne‘ neben
Sprengkanne(l), Sprengstütze f. S-Rand SOThür; auch
‚Tülle an der Gießkanne‘ ebd.

Sprenkel m. f. ‚Vogelfalle‘ (bestehend aus einer gebogenen Wei-
den- oder Haselnußrute mit einem Sitzstäbchen, um das eine
Roßhaarschlinge befestigt ist, die sich um die Füße des Vogels
zusammenzieht, wenn sein Gewicht die Rute emporschnellen
läßt) verstr. NThür nWThür, ob. Schwarza, sonst selt. belegt,
doch überall veraltet. → *Sprinzel, Sprügel.*

Sprenkeln Pl. ‚Sommersprossen‘ öOThür. Hierzu ebd. **Spren-
kelblume** f. ‚Buschwindröschen‘, weil nach der Volksmeinung
Sommersprossen bekommt, wer daran riecht.

Spreurose f. ‚Pfingstrose‘ nöOThür.

sprickelig Adj. ‚kleingefleckt, gesprenkelt‘ neben *gesprickelt* vor-
wieg. NThür WThür ZThür; *zieh doch dos gesprickelte Hemd
oon!* → *Spreckeln.*

Spriegel → *Sprügel.*

Sprießlauch m. ‚Schnittlauch‘ verstr. N-Rand SOThür, selt.
swOThür; hierzu als Rückbildung **Sprießel** m. ebd. – Lautf.:
Sprießlich, Sprisslich, -e-; Sprießel, Sprissel, -e-. → *Frieß(e)rich.*

springen st. V. speziell ‚schnell laufen, rennen' vorwieg. Hennb Itzgr sSOThür, ob. Schwarza, verstr. WThür sZThür nSOThür OThür; *spring fix amoul nei's Duerf!*

Sprinzel f., selt. m. ‚Vogelfalle' verstr. Hennb Itzgr, neben → *Sprenkel* ob. Schwarza.

Spritzbüchse f. ‚ausgehöhlter Holunderstab mit Wasserfüllung, die durch einen Stößel verdichtet und durch ein Loch im Stöpsel am anderen Ende verspritzt wird' verstr. WThür ZThür, selt. wNThür Hennb. → *Platz-, Strenz-, Striezbüchse.*

Spritzenhaus n. ‚Gerätehaus der örtlichen Feuerwehr' früher allg., auch als provisorisches Gefängnis dienend.

Sprossel f. ‚Leitersprosse' söZThür söHennb, W-Rand Itzgr, sIlmThür, S-Rand OThür, SOThür; hierfür **Sprüssel** m. f. öItzgr, S-Rand SOThür. – Lautf.: *Sprossel, -a-, -u-, -ö-, -ü-, -i-, -e-, Sprostel.*

Sprügel m. ‚gebogene Holzleiste oder Rute, Bügel' (z. B. an Körben, am Sensenkorb der Getreidesense, an der Handsäge, als Rechenbügel, als Kranzreifen, auch → *Sprenkel* als Vogelfalle) regional verstr. – Lautf.: *Sprüüchel, -ie-, -ee-, Sprei(e)l, Spriel, -ee-, -ää-.*

Sprüher m. **1.** ‚Tülle an der Gießkanne' verstr. wSOThür. – **2.** ‚Gießkanne' neben **Sprühkanne(l)** f. verstr. ebd. – Lautf.: *Sprieher, Spriewer(t).*

sprühern sw. V. ‚fein regnen' verstr. ZThür, mittl. IlmThür; *es spriewert schonne wedder.* → *sprähen,* zu dem es lautlich ebenfalls gehören könnte.

Sprutz m. ‚kleine Zugabe einer Flüssigkeit, Spritzer, kurzer Regenschauer' veraltet S-Rand WThür, Hennb Itzgr; *mach a Spruz Essig nei's Assen!* – Lautf.: *Sprutz, Spruuz.*

Spükeding n. ‚Gespenst' NThür nNOThür; auch ‚fiktive Schreckgestalt (in Drohungen)', *wenn du nich artig bäst, kämmet dos Speekeding.* – Lautf.: *Spieke-, Spekeding,* selt. *Spukeding.* Zu schd. *spuken,* das im NThür NOThür ZThür Umlautung aufweist.

spuken sw. V. speziell ‚zanken, schimpfen, lärmen' verstr. SOThür.

Spulei n. ‚zu kleines Hühnerei' (gilt als Unglücksei) öOThür,

NO-Rand SOThür. Auch **Spurei** n. verstr. O-Rand NO-Thür.

Spünne f. (meist Pl.) ‚Zitze der Sau‘ nwRhön. Auch **Spule** f. im benachbarten sWThür. – Lautf.: Pl. *Spünn, -ö-; Spule(n), Spulle, -o-*. Zu mhd. *spünne* ‚Mutterbrust‘. → *Späne*.

Spunt m. ‚Wellfleisch, Kesselfleisch‘ neben **Spuntfleisch** n. verstr. swSOThür. Hierzu **Spuntsuppe** f. ‚Fleischbrühe‘ ebd.

Spunzch, Spunzer, Spunzcher m. ‚Sperling‘ verstr. nwO-Thür, selt. öOThür. → *Spanter, Skanter, Spatzcher*.

Spurk → *Sperk*.

Stäbel m. f. **1a.** ‚Stange (mit Astgabel) als Stütze unter hängenden Lasten‘ (z. B. unter Obstästen, unter der Wäscheleine) vorwieg. NThür Mansf, verstr. nWThür ZThür, sonst selt., nicht IlmThür OThür SOThür; → *Steiper*. – **b.** ‚Pfahl, Stange als Stütze‘ (z. B. Baumpfahl, Bohnenstange) verstr. NThür NOThür, selt. ZThür Hennb Itzgr wSOThür. – **2a.** ‚Astgabel‘ verstr. söNThür, selt. swNOThür. – **b.** übertr. ‚Rechengabel als gabelig gespaltenes Ende des Rechenstiels‘ NThür (außer Eichsf), swNOThür, verstr. N-Rand ZThür. – Lautf.: *Stawel, -f-, -b-, Stäwel, -f-, Stiewel, -f-, -b-, Stäifel, Stawwel, -ä-, Staffel, -ä-, -i-*. Wohl Ableitung zu *Stab* in Mischung mit mnd. *stapel* ‚dünne Stange als Stütze von Rankgewächsen‘. Vorwieg. Fem. im NThür NOThür.

stäbeln sw. V. **1.** ‚etw. abstützen‘ (z. B. Äste von Obstbäumen) verstr. NThür Mansf WThür nZThür. – **2a.** ‚etw. steif hervorstrecken, sich gegen etw. stemmen, breitbeinig dastehen‘ verstr. NThür NOThür WThür, selt. nZThür; *dar Güül stabbelt’en Schwaanz in de Loft; a stäwwelt sich breit in de Teere*. – **b.** ‚sich wehren, sich sträuben‘ ebd.; *ha stippert on stabbelt sech*, widersetzt sich mit allen Kräften‘. – Lautf.: ähnl. → *Stäbel*.

Stachelesel m. ‚fiktiver, mit Stacheln versehener Esel, auf dem ungezogene Schulkinder reiten müssen‘ (angeblich im Schulkeller stehend) verstr. söZThür, mittl. IlmThür.

Stacheligel m. **1.** ‚Igel‘ öNThür NOThür, verstr. nöZThür nwOThür, sonst selt. – **2.** dass. wie → *Stachelesel*, verstr. mittl. IlmThür; *wänn de in de Schule kämmest, mußt’e off’n Stacheleechel riete*.

Stadel m. ,Scheune' söHennb Itzgr; RA: *a kümmt vun Stodel nei'n Kühstall un von Kühstall nei'n Stodel* ,jmd. kommt nie aus dem Ort heraus'.

Stadtkorb m. ,besserer Tragkorb für Gänge in die Stadt' verstr. und veraltet ZThür sIlmThür wSOThür nwItzgr.

Staffel f. ,Treppenstufe, niedrige Treppe vor der Haustür' veraltend nöItzgr, S-Rand SOThür.

Staket n., **Stakete** f. **1.** ,Lattenzaun' NOThür, verstr. nöZThür n,öOThür, sonst meist **Staketenzaun** m. – **2.** ,die einzelne Zaunslatte' verstr. wNThür WThür wZThür nHennb, sonst selt.; *on Züün fahlt ne Stacheeten, do machen de Henner derch.* – Lautf.: *Stachét, -g-, Stachéte, Stagéte(n).* Neutr. in Bed. 1.

Stampf m. speziell ,steifer, meist mit Milch angerührter Kartoffelbrei aus gestampften Salzkartoffeln' verstr. sHennb Itzgr sZThür w,sSOThür; *in der Quatschtezeit eßt me bei uns Stampf un Quatschtebrieh.* Hierfür **Stampfes** m. verstr. nwRhön, selt. sWThür und unverschoben **Stamps** m. verstr. NThür NOThür nöZThür. Auch ,breiige Speise' schlechthin und dann häufig abwertend; *su a Stamps!*

Ständchen n. ,musikalische Ehrung vor dem Wohnhaus anläßlich persönlicher Feiern (Geburtstag, Hochzeit usw.) oder als Brauch bei Jahresfesten (Neujahr, Kirmes), wo besonders ledige Mädchen und Standespersonen bedacht werden und dafür etwas spendieren müssen' verstr. – Lautf.: *Ständchen, Stännchen, -a-, Stänn(d)le, -a-;* im Itzgr meist *Standerla, -ä-.*

Stange f. speziell ,einarmige Wagendeichsel' neben **Wagenstange** f. NThür (außer W-Rand), nNOThür nwZThür.

Stangel f. ,Stange' vorwieg. sNOThür, O-Rand ZThür, IlmThür OThür, speziell ,Deichsel' neben **Wagenstangel** f. sNOThür nöZThür, selt. nIlmThür nOThür.

stängeln sw. V. speziell ,ein Kleinkind auf dem Arm tragen und wiegen' selt. söSOThür; *dar Kleene will eechal gestangelt senn.*

Stänker m. speziell **1.** ,Iltis' nIlmThür wOThür nSOThür, selt. NOThür ZThür öOThür, auch **Stänkermard** m. n. selt. NOThür n,öOThür. Zuweilen auch übertr. auf ,Marder' und ,Wiesel'. – **2.** ,Ziegenbock' selt. NOThür. Hierfür **Stänkerbock** m. verstr. öOThür.

Stär m. ‚Schafbock' verstr. und veraltend söHennb Itzgr SOThür öOThür; *ar is stark wie e Star*. Auch **Stärbock** m. selt. w,sSOThür. Lautf.: *Star, -ä-, -e-*. Zu mhd. *stër* ‚Widder'.

Star(en)kübel m. ‚Starkasten' neben **Star(en)hohl** n. SO-Rand SOThür; *ich hob en Storkiewel aafgemacht* (aufgehängt).

Stärke(n)kloß m. ‚Kloß aus geriebenen gekochten Kartoffeln und Stärkemehl' verstr. sIlmThür SOThür, selt. sZThür nItzgr; zuweilen auch **Stärkemehlskloß** m. ebd.

starzen → *sterzen*.

State f. ‚die mit der Leine geführte, links im Gespann gehende Kuh' neben **Statenkuh** und **Statel** f. swWThür. – Lautf.: *Stoten(kuh), Stoo(kuh); Stool*.

stäte, -a- Adv. ‚langsam, bedächtig' verstr. Itzgr, ob. Schwarza, SOThür öOThür; *laaf state, sunst kumm ich nich miet!;* auch ‚still, ruhig' selt. ebd.; *s'is ölles stat*. – *Lautf.:* *stat(e), -ä-, -e-*. Zu mhd. *stæte*.

Stätte f. ‚Platz, Stelle' verstr. wNThür, selt. öNThür Mansf Z-Thür Hennb; *ha guckte immer uf enne Steede*. Spezieller ‚Wohn-, Aufenthaltsort, Sitzplatz' ebd.; *me kimmt nich us der Steadn; nimm ne Steede un sitze dich!–* Lautf.: *Stet(e). -ä-, -ea-*, selt. *Stätte*.

statts Präp. Konjunkt. wie schd. ‚statt' vorwieg. neben selteneren s-losen Formen; *statts ze arweiten, feiert ar kraank*.

Stäubekanne f. ‚Mahlzeit zum Abschluß des Flegeldruschs' neben **Stäuberkanne** f. und **Staubkanne** f. verstr. und veraltet öNThür NOThür, N-Rand OThür. Zu *stäuben* und *Staub*, weil die alkoholischen Getränke auch zum Hinabspülen des Dreschstaubes dienlich waren. – Lautf.: *Steiwe(r)-, -ä-, -e-, Stob-*.

stäubern sw. V. **1.** ‚Staub aufwirbeln' vorwieg. NThür. – **2.** ‚heftig schneien, stöbern' verstr. NThür NOThür WThür, ob. Schwarza, sonst selt.; hierzu **Stäuberwetter** n. ‚Schneetreiben (mit Regen untermischt)'. – Lautf.: *steibern, -w-, -äi-, -ä-, -e-*.

Staubkamm m. ‚Kamm zum Auskämmen von Staub und Läuseeiern' (beidseitig mit enger Zinkenstellung) früher allg.

Stauche f. speziell ‚zu einem Haufen zusammengestellte Getreidegarben' vorwieg. O-Rand NThür NOThür nöZThür nIlm-Thür nwOThür. Hierzu **stauchen** sw. V. ‚Garben zu Haufen aufstellen' ebd.; *vier Mann stauchen, eener hält die Richtpuppe*

(Mittelgarbe), *die annern lehn an.* – Lautf.: *Stauche, -uu-,* im nöNThür nNOThür *Stauke, -uu-, Stucke.*

Staude f. **1.** ‚Busch, Strauch, Hecke' nur verstr. Itzgr, S-Rand SOThür; RA: *er schlägt nei die Staud* ‚er versucht auszuhorchen'. – **2.** ‚krautige Pflanze' (z. B. Mais, Salat) verstr. sOThür n,öSOThür, selt. nöItzgr; auch **Staudensalat** m. ‚Kopfsalat' ebd.

Staupe f. **1.** ‚eine Hundekrankheit' verstr. NThür öZThür, selt. NOThür nIlmThür OThür. – **2.** übertr. ‚leichte Erkältung, Grippe' selt. NThür NOThür OThür, auch ‚Ärger, schlechte Laune'. – **3.** ‚kurzer Regenschauer' verstr. söNThür ZThür nIlmThür OThür SOThür.

Stearin(s)licht n. ‚Kerze (aus Stearin)' neben **Stearin(s)-kerze** f. veraltend NThür sNOThür ZThür IlmThür wO-Thür, sonst selt.

Stechbrett n. ‚Spaten' verstr. nwItzgr, selt. nItzgr Hennb. Auch **Stecheisen** n. verstr. nwHennb, N-Rand Eichsf, **Stechscheit** n. verstr. söItzgr, selt. wHennb, SW-Rand SOThür.

Stecher m. speziell ‚Ahle als Schuhmacherwerkzeug, Pfrieme' verstr. öItzgr.

Stechvogel m. ‚ein von Kindern nach einem Adler oder Stern geworfenes eisernes Wurfgerät, das an einer Leine hängt' (mit geschärftem Schnabel ähnelt es einem Vogel) früher bei Volksfesten verstr. OThür SOThür, selt. sNOThür, um Jena.

Stecken m. ‚Stock' allg. außer NThür NOThür, wo **Stock** m. gilt; neben **Spazierstecken** auch ‚Spazierstock'. Speziell ‚Leseholz' (meist Dim. Pl.) verstr. Itzgr, S-Rand SOThür, sonst selt.; *die Idd* (Ida) *holt sich e Köötz vull Stäckele.*

stecken als intr. stsw. V. ‚sich (irgendwo) befinden' und trans. sw. V. ‚etw. haften machen, etw. irgendwo hintun' wie die etym. Vorstufen lautlich zumeist geschieden; *ech steck in Stall on stack dan Kehen Fotter off.* Im nNOThür von *stechen* vertreten: *stich's in'e Ficke!* ‚stecke es in die Tasche!', *Kartoffeln stechen* ‚Kartoffeln stecken (legen)'.

Stecker m. speziell ‚Achsnagel, Bolzen zum Befestigen des Wagenrades' söNOThür OThür nSOThür, verstr. söSOThür, sonst selt.

Stehkragen m. speziell ‚Schaum(rand) im Bierglas' verstr. außer s WThür s ZThür s IlmThür Hennb Itzgr.

Stehwurzel f. ‚Sellerie' (als potenzstärkendes Gemüse) verstr. öOThür nSOThür, sonst selt.

Steifmatz, Steifmutz → *Matz[l]*.

Steig m. ‚Pfad in Feld und Wald, Bergpfad' verstr. w,sNThür ZThür IlmThür SOThür, sonst selt.; hierzu **Rennsteig** m. als Kammweg des Thür. Waldes. – Lautf.: *Steig, -ch, Stieg, -ch*, im Eichsf *Stick*.

Steiner(t) m. ‚Murmel im Kinderspiel' (aus Stein oder gebranntem Ton) verstr. öZThür nIlmThür, N-Rand OThür, sonst selt. – Lautf.: *Stenner(t), -a-, -i-*.

Steinkorb m. ‚Lesekorb' (bes. für Steine und Kartoffeln) als runder, ca. 50 cm hoher Weidenkorb mit ebenem Boden und zwei Handgriffen im nWThür wZThür, als flacher, ovaler Korb mit gewölbtem Boden und Grifflöchern verstr. swOThür nwSOThür, sonst selt.

Steinmetz m. ‚Maurer' sHennb, selt. nHennb sZThür; RA: *in Wäinter hängt me de Steimetze on die Zömmerlüüt vür die Bodelöcher* (weil sie dann überflüssig sind).

Steinöl n. ‚Petroleum' verstr. und veraltet NThür NOThür Z-Thür, sonst selt.

Steinrütsche f. ‚meist länglicher Haufen von Lesesteinen an Feldrändern' verstr. Eichsf, IlmThür (außer N-Rand), sw-SOThür, selt. WThür ZThür, seltener **Steinrücke** f. im Hennb swSOThür. Beide in FlN weiter verbreitet.

Steintopf m. ‚irdener Topf' (häufig zur Aufbewahrung von Pökelfleisch, Fett oder Mus) verstr. außer Eichsf WThür Hennb Itzgr, wo **Steintüpfen** n. gilt.

Steiper m. ‚Stange, Pfosten als lasttragende Stütze' (z. B. unter Obstästen, Wäscheleinen, horizontalen Gebäudeteilen) verstr. sWThür Hennb, neben **Steiperer** m. Itzgr. Hierzu **steipern** sw. V. ‚etw. mit einem *Steiper* abstützen' ebd.; *de Neest* (Äste) *hängen brächvoll on mossen gestippert waar;* übertr. ‚sich wehren, sträuben' ebd. – Lautf.: *Steiper, -eu-, Stipper, -ü-, Steuwerer*. Zu mhd. *stîper* ‚Stützholz', *stîpern* ‚stützen'. → *Stäbel*.

Steiz m. ‚kleiner Stall, Verschlag' (z. B. für Jungtiere, Gänse oder

Gerümpel) verstr. NThür WThür, ZThür (außer SO), nHennb, häufig in Zuss. wie *Gänse-, Lämmer-, Holzsteiz*. Abwertend auch ,kleiner, ärmlicher Wohnraum'; *dos es je nur so'n Stitz!* – Lautf.: *Stitz, Stiez*.

Stellage f. **1.** ,Gestell, Regal, Ständer' verstr. außer NThür nWThür nwZThür. – **2.** ,ungewöhnliche Körperhaltung' verstr. WThür ZThür Hennb Itzgr, sonst selt.; *dar macht ne Stellasche bi'n Tanz, do moß me lach*.

Stellmacher m. ,Handwerker, der Wagen baut' NThür NOThür nöZThür nIlmThür nOThür öSOThür, sonst selt.

Stellung f. speziell in der Wendung *in Stellung sein (gehen)* ,als Dienstmädchen tätig sein' früher auch bei Bauernmädchen üblich, um Haushaltsführung und städtische Umgangsformen zu erlernen.

Stemmleuchse → *Leuchse*.

Stengelpeter m. ,flaschenförmiges, ca. $\frac{1}{8}$ l fassendes Schnapsglas' verstr. Eichsf.

Steppchen n. ,koboldartiges Wesen, Spukgestalt, Gespenst, Teufel' verstr. NThür nZThür, selt. nIlmThür. In der Gestalt eines feurigen → *Drachen¹* gelangt *Steppchen* durch den Schornstein ins Haus und hilft oder schädigt die Bewohner als guter oder böser Hausgeist. Auch bei unerklärlichem Rumoren im Haus oder in Irrlichtern und im Wirbelwind wird *Steppchen* vermutet. Auch als Kinderschreck in Drohungen: *Stäppchen langet dich!* – Lautf.: *Steppchen, -a-*, selt. *Steffchen, -a-* in Anlehnung an *Christoph* oder *Stephan*. Etym. unklar.

steren, sterlen → *stören, störlen*.

Sterke f., **Sterken** f. n. m. ,junge Kuh, die noch nicht gekalbt hat' vorwieg. NThür swNOThür.

Sternschießen n. ,Kinderspiel zu Volksfesten, bei dem mit dem → *Stechvogel* nach einer sternförmigen Figur geworfen wird' veraltet sNOThür nOThür, N-Rand IlmThür.

Sterz m. **1.** in ursprl. Bed. ,Schwanz' nur selt. öNThür NOThür ZThür N-Rand IlmThür, W-Rand OThür; → *Bein-, Rotsterz(e)*. – **2.** ,die zweiarmige Handhabe am Pflug, Riester' (zumeist Pl. *Sterzen*) neben **Pflugsterz(en)** sWThür Hennb Itzgr, O-Rand NOThür, söOThür, sonst selt. – Zu mhd. *stërz* ,Schwanz'.

sterzen sw. V. **1a.** intrans. ‚starr emporragen, abstehen' (bes. von Körperteilen und Kleidungsstücken) verstr. Hennb (außer Rhön), Itzgr; *die Wesch is so gefrorn, daß sa stärzt* (an der Wäscheleine). – **b.** trans. ‚etw. starr emporrecken oder ausstrecken' (bes. vom Schwanz der Tiere) verstr. ebd. und SOThür, selt. IlmThür wOThür sNOThür; *stärz dei Bää* (Bein) *niät asu har!* – **2.** ‚den Hinterwagen beim Langholzfahren mittels Stange, Seil oder Kette in der Spur halten' (was ein zweiter Fuhrmann als **Sterzer** tun muß) verstr. Hennb Itzgr sZThür sIlmThür söOThür SOThür; *dar Sterzer muß fix sei un Kraft hoo.*

Steuper → *Steiper.*

Stickel m. ‚Pfahl, Stock, Stange' (z. B. Baum-, Weide-, Zaunspfahl, Stütze für Wäscheleine) verstr. Hennb Itzgr.

stickel Adj. ‚steil' wNThür, verstr. neben **steil** Hennb, S-Rand WThür; *stell de Lätter nich su stickel!*

Stickelhölzer Pl. ‚Stäbe und Ruten zur Arretierung der Lehmfüllung im Fachwerk' neben **Stickelstecken** verstr. söZThür sIlmThür, neben **Stickhölzer** verstr. Hennb, W-Rand Itzgr.

Stiege f. ‚Holztreppe' verstr. Itzgr, sonst selt.

Stier[1] m. **1.** – ‚männl. Rind' als Oberbegriff verstr. – **2a.** ‚verschnittenes männl. Rind, Ochse' verstr. außer NThür. – **b.** ‚männl. Zuchtrind, Bulle' vorwieg. n,wItzgr, sonst selt., als ‚Jungbulle' verbreiteter.

Stier[2] n., selt. m., **Stierchen** n. ‚junge Kuh, die noch nicht gekalbt hat' nIlmThür, um Erfurt. Vielleicht Bed.-Entwicklung unter Einfluß des nördl. benachbarten → *Sterke.*

Stiezel m. ‚einfacher Hefekuchen' (auf dem Blech oder in der Bratenpfanne gebacken, von länglicher Gestalt wie ein Weihnachtsstollen, häufig gekerbt für Portionen) verstr. NThür nNOThür, N-Rand ZThür. → *Striezel 1a.*

Stifte(r)kasten m. ‚Kästchen für Schieferstifte' veraltet wNThür nWThür nwZThür.

Stinköl n. ‚Petroleum' veraltet NThür nWThür ZThür.

stippen sw. V. **1.** ‚tunken, eintauchen' selt. NThür NOThür nWThür nöZThür. – **2.** ‚werfen' verstr. mittl. NThür, nZThür nwIlmThür, um Eisenach; *ar kann bluß link gestippe.*

Stirnblatt n. ‚Stirnjoch des Zugtiers' sZThür sIlmThür nw-

SOThür, verstr. sHennb, W-Rand Itzgr. Hierfür **Stirnbrett** n. verstr. Hennb (außer nwRhön), W-Rand Itzgr, **Stirnholz** n. S-Rand SOThür.

Stitz → *Steiz.*

Stock m. speziell **1.** ‚Baumstumpf mit Wurzeln' verstr. außer nNThür NOThür nIlmThür. Hierzu **Stockhacke** f. ‚Rodehacke' swSOThür, aber auch ‚große Axt zum Spalten von Wurzelstöcken' söSOThür, **Stockholz** n. ‚Brennholz aus Baumstümpfen' verstr. Itzgr SOThür. – **2.** ‚Zaunspfahl' verstr. Hennb; *die Stöck für'n Zaun sin gemäuert.* – **3.** ‚harte Erdscholle auf gepflügtem Feld' (meist Pl.) nöWThür nwZThür; RA: *än Stock äs dan Wäinterfaile* (Winterfeld) *sinn Rock.*

stöckisch Adj. ‚widerspenstig, störrisch (vom Pferd)' verstr. ZThür IlmThür, sonst selt., auch ‚verschlossen' (von Menschen).

Stockzahn m. ‚Backenzahn' ö,sItzgr.

Stoffel m. als Schimpfwort ‚einfältige, täppische, unhöfliche Person' vorwieg. wNThür WThür nHennb, selt. w,sZThür; *dar Stoffel konn noch net mol „guten Tach!" gespräch.*

Stollen m. **1.** ‚längliches Weihnachtsgebäck aus Weizenmehl mit Rosinen, Mandeln und Zitronat' OThür SOThür, verstr. sItzgr. → *Christstollen.* Auch **Stolle** f. söNOThür. Bereits 1329 in einer Urkunde aus Naumburg erwähnt. – **2.** ‚länglich zusammengerolltes Stück Schmer' verstr. ö,sOThür SOThür.

Stöpfel m. **1.** ‚Korken als Flaschenverschluß' vorwieg. WThür ZThür sIlmThür Hennb Itzgr sSOThür, verstr. nNThür nSOThür. Als **Stöpfels** m. mittl. NThür, **Stopfen** m. wEichsf, W-Rand Rhön, **Stopfer** m. verstr. öItzgr, **Stöpsel** m. verstr. öNThür NOThür öZThür IlmThür OThür nSOThür, sonst selt.; RA: *jedes Fläschchen braucht en Stäpfelchen* ‚jedes Mädchen will einen Mann'. – **2.** ‚(Gummi)nuckel' verstr. nNThür sEichsf nwWThür öZThür nHennb, ob. Schwarza, selt. wSOThür. Als **Stöpfels** und **Stopfen** verstr. Eichsf. – **3.** übertr. ‚kleiner, stämmiger Junge' verstr. WThür ZThür, sonst selt.; auch **Stöpsel** verstr. mittl. IlmThür, OThür, sonst selt. – Lautf.: *Stöpfel, -ü-, -e-, -i-, Steppel, -i-.*

stoppeln sw. V. **1.** ‚Nachlese halten auf abgeernteten Feldern'
(vor allem bei Hackfrüchten, seltener bei Getreide) verstr. außer
Eichsf WThür nRhön; *se stuppelten näämbei acht Zentner Kartuf-
fel* – **2.** ‚das Stoppelfeld flach pflügen' verstr. öNThür
NOThür. – Lautf.: *stoppeln, -u-, stopfeln, -u-*.

storchen sw. V. ‚sich unterhalten, erzählen, sprechen' verstr.
wNThür, N-Rand WThür, selt. nNOThür, übriges WThür;
minne Großmutter kann noch richtch plattditsch gestorche. Hierzu
Storche f. ‚Erzählung, Geschwätz' verstr. Eichsf. – Wohl zu
lat. *historia* mit Einfluß von *Storch*.

Storch(en)mutter f. ‚Hebamme' verstr. ö,sIlmThür
wSOThür. Hierfür **Storch(en)tante** f. verstr. mittl. NThür,
nZThür SOThür.

stören sw. V. ‚stochern, in etw. herumrühren' (z. B. mit einem
Stock in der Glut) verstr. sHennb Itzgr SOThür, sonst selt.; RA:
wemme in Drack stüert, stinkt's; speziell ‚wählerisch im Essen her-
umstochern' verstr. swOThür, ‚neugierig herumstöbern' verstr.
Itzgr. – Lautf.: *stüren, -üe-, -ie-, -ä-, -e-*. Eigentlich zu mhd. *stürn*
‚stochern'.

störlen sw. V. dass. wie → *stören*, neben *herumstörlen* verstr. N-
Thür (außer Eichsf), NOThür OThür SOThür; *starl nich in e
Wespennast!* – Lautf.: *sterrlen, -a-, sterr(e)ln, -a-*.

Stößer(t), -o- m. ‚Raubvogel' (ohne genaue Charakterisierung,
doch meist ‚Sperber' oder ‚Habicht') verstr. NThür NOThür
nWThür nZThür nIlmThür OThür SOThür; *poßt uff de klenn
Hinner uff, e Stießer is in der Luft.* → *Taubenstößer(t).* Auch **Stoß-
vogel** m. verstr. wNThür nwZThür, sonst selt. – Lautf.:
Stießer(t), -e-, Stesser, -ö-, ohne Umlaut *Stoßer(t), -u(e)-, Stosser(t),
-u-* vorwieg. söNThür NOThür nöZThür.

straff Adj. speziell ‚stark, kräftig, heftig' verstr. SOThür, sonst
selt.; *mer hum en stroffen Wind.*

Sträußel(s)beere f. ‚Preiselbeere' verstr. S-Rand OThür, N-
Rand SOThür. → *Spreißelbeere.*

streichen[1] st. V. in der Wendung *Aabern streiche* ‚Kartoffeln an-
häufeln' öOThür. Hierzu **Streichpflug** m. ‚spezieller Pflug
zum Kartoffelanhäufeln' öOThür n,öSOThür.

streichen[2] sw. V. ‚lügen, prahlen' verstr. NOThür; *er streecht enn* *de Hucke vull.* Hierzu **Streicher** m. ‚Lügner, Angeber, Schwätzer' ebd.

strenzen sw. V. **1.** ‚spritzen' veraltend nNThür; hierzu **Strenzbüchse** f. ‚Spritzbüchse, Wasserspritze' ebd. – **2.** ‚vagabundieren, herumstreifen' selt. NThür NOThür; hierzu **Strenzer** m. ‚Vagabund, Taugenichts' ebd.

Streuhacker, -häcker m. ‚Hackmesser, Hacke zur Gewinnung und Zerkleinerung von Streumaterial im Wald' w,sSOThür; auch **Streupecker(t)** m. selt. ebd.

Strich m. speziell **1.** ‚Zitze am Euter von Kuh oder Ziege' verstr. NThür NOThür nIlmThür nOThür Hennb, hierfür auch **Strichel** m. verstr. nIlmThür ö,sOThür, **Strichen** m. WThür Itzgr SOThür, verstr. sZThür sIlmThür; *onse Kuh het en kraaken Strichen.* – **2.** ‚Zitze der Muttersau' verstr. OThür, sonst selt., auch **Strichel** m. selt. sOThür, **Strichen** m. verstr. SOThür, sonst selt.

stricken sw. V. speziell ‚flechten' (z. B. Strohseile zum Garbenbinden, Körbe aus Weidenruten) Hennb, verstr. Itzgr; *der Körbstricker hot an Kuerb gestrickt.*

Strickstock m. ‚Stricknadel' vorwieg. sEichsf WThür Hennb.

Strickstube f. dass. wie → *Spinnstube,* verstr. nwRhön, selt. nZThür.

Striegel m. speziell ‚schmales Ackerstück' (etwa 6 Schritt breit oder die Hälfte einer → *Satel)* verstr. ZThür (außer S-Rand), N-Rand WThür.

Striezel m. **1a.** ‚einfacher Hefekuchen' (meist in der Bratenpfanne gebacken mit Kerben für Portionen, doch auch auf dem Kuchenblech in Form eines Stollens) söZThür sIlmThür OThür SOThür, N-Rand Itzgr; *e Striezel reecht fer de Woch.* → *Stiezel.* – **b.** ‚in der → *Näpflespfanne* gebackene Kuchenstücke aus Eierkuchenteig' W-Ecke SOThür. – **c.** ‚Napfkuchen, Aschkuchen' verstr. swSOThür. – **2.** scherzh. ‚Bäcker' neben *Stiezel* verstr. öNThür wNOThür.

striezen[1] sw. V. **1.** ‚drangsalieren, quälen' verstr. und mehr umgsprl., doch selt. Hennb sSOThür. – **2.** ‚stehlen' neben **stripsen** sw. V. verstr. NThür Mansf, sonst selt. in benachbarten Gebieten. → *triezen.*

striezen² sw. V. ‚spritzen' verstr. NThür (außer Eichsf), NOThür, selt. nZThür. Hierzu **Striezbüchse** f. ‚Wasserspritze für Kinder' öNThür nöZThür, selt. NOThür. → *Spritzbüchse.*

Strohband n. ‚Strohseil zum Garbenbinden' sIlmThür ö,sOThür SOThür Itzgr, sonst **Strohseil** n.; *itze mochen de Bauern keene Struhbänner mehr.*

Strohbär m. ‚mit Stroh (häufig Erbsstroh) umkleidete Brauchtumsgestalt' besonders bei Fastnachtsumzügen in einigen Orten des WThür ZThür IlmThür OThür üblich. Auch **Strohmann** m. ebd., **Strohwickel** m. S-Rand SOThür.

Strosse f., **Strotte(l)** f. ‚Kehlkopf, Gurgel' verstr. Eichsf, selt. WThür nöHennb. Vgl. mhd. *strozze* mit gleicher Bed.

Strotze f. ‚Jauche' neben **Miststrotze** f. öHennb, NW-Rand Itzgr; → *Trotze.*

strubeln → *struppeln.*

Strunks m. ‚Stengelteil des Krautes' neben **Strunk** m. verstr. NOThür, selt. öNThür IlmThür.

Strunze f. ‚liederliche, faule weibl. Person' verstr. NThür nWThür ZThür, sonst selt., hierfür **Strunzel** f. verstr. Hennb. Zuweilen auch ‚großes, kräftiges, aber faules Mädchen'; *de Strunze is ze nischt nitze.*

Strüpfe f. ‚Schlaufe am Stiefelschaft, Lederschlinge' verstr. sWThür sZThür, selt. Hennb Itzgr.

strüpfeln sw. V. **1.** ‚Ärmel, Hosenbein umkrempeln oder hochstreifen' verstr. sWThür Hennb, selt. Itzgr. – **2.** ‚streifeln, abstreifen' neben **(ab)strüpfen** sw. V. verstr. sWThür, selt. ZThür Hennb Itzgr; *me honn Klee gestrepft* ‚den Kleesamen von der Pflanze abgestreift für Saatgut'. – Lautf.: *strüpfe(l)n, -ö-, -e-.*

Struppel m. **1.** ‚Zank, Streit' neben **Struppelei** f. selt. NThür WThür Hennb. – **2.** ‚Regenschauer' söOThür swSOThür. – Lautf.: *Strubbel, -ww-.*

struppeln, -ü- sw. V. ‚sich zanken, streiten (jedoch nicht sehr ernsthaft)' verstr. NThür NOThür nOThür, sonst selt., nicht Itzgr SOThür; *se struppeln sich un sin au wedder gut metnanner.* – Lautf.: *strubbeln, -ü-, -i-, -e-, -ww-,* doch *strubeln, -w-* vorwieg. nNThür NOThür. Wohl iterativ zu mhd. *strûben* ‚sich sträuben'.

Stücht m. n. ‚Gefäß zum Einlegen von Kraut oder Fleisch, Pökelfaß' Itzgr, S-Rand SO Thür. – Lautf.: *Stücht, -i-*, selt. *Stüch, -i-*.

stuffen sw. V. ‚stoßen, knuffen' (z. B. mit Ellenbogen oder Fuß) verstr. Hennb.

Stumpf m. speziell ‚Strumpf' Hennb (außer Rhön), NW-Rand Itzgr; Drohung: *ich well di* (dir) *off die Stöpf hellef!* ‚beeile dich!'; hierzu **stümpfig** Adj. ‚in Strümpfen ohne Schuhe' ebd.; *är gett stöumpfig.* – Lautf.: *Stumpf, -o-, -ou-, -au-; Stoupf, -au-, -oo-*.

Stunz m., **Stunze, -ü-** f., **Stunzen** m. ‚Holzgefäß von unterschiedlicher Größe und Gestalt'. – **1.** ‚kleineres, rundes Gefäß mit einer verlängerten Daube als Handgriff' als Schöpfgefäß (z. B. im Waschhaus) verstr. nNO Thür, selt. N Thür Ilm Thür SO Thür, neben **Melk-, Milchstunz(e), -stunzen** als Melkeimer verstr. nNO Thür, selt. N Thür, auch Tränk- und Futtereimer im nSO Thür. – **2.** ‚hohes, faßähnliches Gefäß mit zwei gegenständig verlängerten Holzdauben als Handgriffe' (dient als Wasserbehälter, auch Wasch- oder Pökelfaß) verstr. mittl. Ilm Thür, selt. N Thür O Thür ö,s SO Thür. – **3.** ‚flaches, ovales oder kreisrundes Gefäß, meist mit zwei verlängerten Dauben als Handgriffe' (dient als Waschwanne oder Aufwaschschüssel, zuweilen auch als Waschbecken oder Futtertrog) verstr. söIlm-Thür SO Thür, selt. wO Thür. – Lautf.: *Stunz, -i-, Stunze, -o-, -i-, Stunzen,* als Mask. vorwieg. wN Thür. → *Stutz.*

stür(l)en → *stör(l)en.*

Sturz m. speziell ‚das untere Garbenende' verstr. N Thür (außer SO) nwNO Thür n,wW Thür nwZ Thür; *de Garm wärn met'n Sterzen ufgestuct, wemme Houfen macht.* → *Sturzel.* – Lautf.: *Storz, -u-*, doch meist Pl. *Sturzen, -o-, -e-, -a-, -ö-*.

Stürze f. ‚Topfdeckel' Z Thür (außer W-Rand), Ilm Thür O Thür SO Thür Itzgr, Hennb (außer nwRhön); Scherzrätsel vom Abort: *a hülzera Houfen* (Hafen, Topf), *a fleäschera Störz?;* hierzu **Stürzenhalter** m. ‚an der Wand befestigtes Gestell für Topfdeckel' ebd.

Sturzel, -ü- m., selt. f. **1.** dass. wie → *Sturz,* verstr. söN Thür sNO Thür nöZ Thür nIlm Thür O Thür, selt. n,wSO Thür; *bein Mandeln* (Garbenlegen) *kamen die Storzeln nach'n Aamd* (Westen) *zu.* – **2.** im Pl. ‚Stoppeln auf dem Getreidefeld' selt. nIlm-

Thür swOThür Itzgr. – **3.** ‚Krautstrunk' (in der Erde steckend) verstr. NOThür OThür SOThür Itzgr söHennb, selt. ZThür sIlmThür; *de Storzel loß mer stinne.* – **4.** ‚Kartoffelkräutich' selt. söHennb Itzgr, ob. Schwarza; *mi verbrünne die Storzel un brate uns Ardäpfel.* – **5.** ‚Baumstumpf (mit Wurzeln)' verstr. nöIlmThür wOThür, sonst selt. – **6.** ‚Aststummel' selt. sNOThür OThür, um Gera. – **7.** übertr. – **a.** ‚Zahnstummel' selt. sö-SOThür; *dar hat känn änzing Storzel meh in Maul.* – **b.** ‚kleiner, widerspenstiger Junge' selt. sNOThür OThür. – Lautf.: *Storzel, -u-, -a-,* mit Umlaut *Störzel, -e-, -i-.*

Sturzelbaum m. ‚Purzelbaum' verstr. swSOThür.

Stutz m. ‚Holzgefäß von unterschiedlicher Größe und Gestalt'. – **1.** ‚kleineres, rundes Gefäß mit einer verlängerten Daube als Handgriff' als Schöpfgefäß (im Waschhaus) neben **Schöpf-stutz** oder als Melkgefäß neben **Melk-, Milchstutz** selt. W-Thür ZThür IlmThür Hennb. – **2.** ‚hölzerner Eimer, Kübel, Zuber mit unterschiedlicher Verwendung' (z. B. als Pökelfaß, früher auch Hohlmaß) verstr. nWThür ZThür, selt. IlmThür OThür SOThür Hennb. – **3.** ‚flaches, ovales oder rundes Ge-fäß mit zwei verlängerten Dauben als Handgriffe' in kleinerer Ausführung als Aufwaschschüssel oder Waschbecken verstr. öOThür, selt. sEichsf nZThür nIlmThür öSOThür, in größe-rer Ausführung (auch ohne Handgriffe) als Waschwanne oder Brühtrog beim Schweineschlachten neben **Wasch-, Wä-sche-, Brühstutz** verstr. nZThür nIlmThür OThür. – Lautf.: *Stutz-, -o-, Stuuz, -ui-.* → *Stunz(e).*

Stütze, -u- f. speziell ‚hölzerne Kanne für Wasser oder Bier' (mehrere Liter fassend und mit seitlichem Handgriff, oft auch mit aufklappbarem Deckel versehen) Itzgr, verstr. ö,sHennb, selt. sZThür, S-Rand SOThür. – Lautf.: *Stütze, -ö-, Stützen, Stitz(e), -e-,* ohne Umlaut *Stutz(e), Stutzen* häufig W-Rand Itzgr.

Stutzebock m. in der Wendung *Stutzebock* (bzw. *Stutzeböckchen) machen* ‚Stirn an Stirn stoßen' (spielerisch mit Kleinkindern) verstr. WThür, sonst selt.; → *stutzen.*

Stützel m. **1.** ‚Stange oder Stab als Stütze' (z. B. unter Obstästen oder Wäscheleinen) verstr. wNThür WThür; hierzu **stützeln** sw. V. ‚etw. abstützen' ebd. – **2.** ‚(starker) Pfahl' (z. B. Baum-,

Zaunspfahl, Pfahl als Stütze an Holzstapeln) s W Thür nö Hennb, sonst selt. – Lautf.: *Stützel, -i-, Stüützel, -ie-, -ee-*. Zu *stützen*.

stutzen sw. V. speziell ‚stoßen‘, auch reziprok ‚einander mit den Köpfen oder Hörnern stoßen‘ (vom Vieh) verstr. N Thür Mansf W Thür, sonst selt.; RA: *wann sech de Scheef stutzen, gitt's Raan.* → *Stutzebock*. – Lautf.: *stutzen, -o-, -uu-, -ui-*.

Suade f. ‚Redegewandtheit, Schwatzhaftigkeit‘ verstr. Mansf, mittl. Ilm Thür, n,öO Thür, sonst selt.; *dar kunnt mät seiner Schwarte ä Menschen besoffen mache.* – Lautf.: *Schwade,* doch meist *Schwarde, -o-, -oa-* wie schd. *Schwarte.* Zu lat. *suadere* ‚überreden‘.

Sücheles n. ‚das Versteckspiel‘ verstr. sö Hennb nw Itzgr; auch **Süchelings, Süchenings, Suchens** verstr. S-Rand W Thür, n Rhön.

süchtig Adj. speziell **1.** ‚entzündet, eitrig‘ verstr. öO Thür nö-SO Thür, sonst selt.; *moch kolte Imschläche, doß dar Finger nich sichtch ward!* – **2.** ‚persönlich besonders empfänglich für Entzündungen‘ verstr. Itzgr, veraltet Hennb. – **3.** ‚eitrige Entzündungen verursachend‘ (z. B. Schere, Nadel) veraltend N Thür Mansf n Z Thür n Ilm Thür öO Thür; *de Nähnadeln sin sichtch.*

Suckel[1] f. (meist Dim.) **1.** Kosename für ‚Schaf, Schaflamm‘ sö NO Thür n,wO Thür nw SO Thür, selt. öN Thür nö Z Thür, zuweilen auch für ‚Ziege, Ziegenlamm‘ und ‚Kalb‘. Abweichend **Sucke** f. als Kosename für ‚Mutterschaf‘ vereinzelt s NO Thür n Ilm Thür n,wO Thür, für ‚Schaflamm‘ vereinzelt sö W Thür sw Z Thür n Ilm Thür, **Sucker, -ü-** m. für ‚Schaf, Schaflamm‘ verstr. sö Z Thür, selt. s Ilm Thür SO Thür, N-Rand Hennb. – **2.** Kosename für ‚Schwein, Ferkel‘ vorwieg. s Hennb Itzgr w SO Thür; *Suckele komm!;* abweichend **Sucke** f. selt. ebd. und **Sucker** m. verstr. sö W Thür, um Gotha, selt. s Ilm Thür Hennb n Itzgr.

Suckel[2] m. ‚Nuckel des Kleinkinds‘ verstr. öZ Thür s Ilm Thür, selt. mittl. N Thür, w SO Thür nw Itzgr.

Suckelkind n. ‚Säugling‘ verstr. N Thür sw W Thür.

suckeln sw. V. ‚an Zitzen, am Nuckel saugen‘ verstr. w N Thür W Thür Z Thür s Ilm Thür, selt. Hennb n,ö Itzgr; auch ‚Süßigkeiten lutschen‘ ebd.

sucken sw. V. ‚an Zitzen, am Finger saugen' verstr. sWThür wZThür, selt. Eichsf Hennb. Hierzu **Suckschwein** n. ‚Ferkel' (meist Dim.) verstr. söWThür, W-Rand ZThür.

Suite f. **1.** ‚Lüge, Ausrede' verstr. WThür wZThür Hennb Itzgr; *dar macht witter nüscht wee Schwitten.* Hierzu **Suitier** m. ‚Lügner, Prahler' ebd. – **2.** meist Pl. ‚lustige oder freche Streiche (Späße), Albernheiten' selt. NThür sNOThür WThür ZThür öOThür. Hierzu **Suitier** m. verstr. ebd. – Lautf.: *Schwiete, Schwitte(n); Schwietjéh, Schwittjéh,* selt. *Schwuttjéh.*

Sumbrot → *Umbrot.*

Sums m. ‚unnötiges Gerede, Aufhebens, Umstände' verstr.; *mach nich so'n Sums em de Kreeten, die de verloren hast!*

süppern sw. V. ‚geräuschvoll trinken, schlürfen' verstr. Hennb.

surmen, surmsen sw. V. ‚summen, surren, schwirren' (meist von Insekten) verstr. SO-Rand SOThür. Hierzu **Surmhummel, Surmsel** f. ‚Hummel' ebd.

Süßchen → *Sießchen.*

Süßkuchen m. ‚in der Bratenpfanne gebackener Kuchen aus Weizen- oder Roggenmalz' (bes. von ausgewachsenem Getreide) verstr. Eichsf, um Mühlhausen. Das kaffeebraune, klebrigweiche Gebäck wurde an Jahresfesten gegessen, aber auch als Brotaufstrich verwendet.

Sutte, Sütte f. **1.** ‚Jauche' neben → *Mistsutte, -sütte* sEichsf nwWThür öZThür IlmThür wOThür nwSOThür, N-Rand Itzgr; *in'n zwelf Nachten darf mer kenn Mist un kenne Sutte fohre.* Hierzu **Suttenfaß, -loch, -p(l)umpe, -rinne** u. a. m. – **2.** ‚Pfütze, kleine Schmutzlache' neben **Drecksutte** f. S-Rand SOThür; *ich bie nei de Sutt gelatscht.* – Lautf.: *Sutte(n), -o-, Sutt, -o-,* im swEichsf nWThür *Sitten, -e-.*

Suze f. ‚weibl. Mastschwein' swSOThür, als Kosename vereinzelt *Suze(r)le* ebd.

Sympathie f. ‚magisches Heilverfahren bei Mensch und Tier' (in der Volksmedizin mittels Besprechen, Handauflegen oder Bestreichen durch **Sympathieleute** oder **Sympathiemänner**) verstr. und veraltend nIlmThür OThür söHennb Itzgr, sonst selt.; meist in Wendungen wie *Sympathie brauchen (machen, treiben); se hamm Simpathie gebraucht, ower nutzen tat's nischt.*

Syringe f. ‚Flieder (Syringa vulgaris L.)' NThür, WThür (außer SO), nwZThür nwRhön, seltener ‚Syringa Persica L.' im swZThür; *wann de Zittreenen blehn, holl ech mech en scheenen Strüß.* – Die Lautformen aus *Syringa* sind mannigfach abgewandelt und z. T. auch wohl von *Zitrone* beeinflußt: *Siréne(n), Ziréne(n), -ränen, -rén(i)chen, Zitt(e)réne(n), -räne, -rén(i)chen, Zitróne(n), Zitrónechen.*

T, t wird allgemein als stl. Lenis artikuliert.

Tachtel → *Dachtel.*

tägern sw. V. ‚tagen, hell werden' verstr. und veraltend Hennb swZThür, Salzungen.

Tageschläfer m. ‚das Hahnenfußgewächs Küchenschelle' verstr. sHennb neben -*schlafer*. Auch **Tageschlafe, Tageschläferin.**

Talerblume f. ‚Margerite' verstr. O-Rand NThür, sNOThür nöZThür nIlmThür, selt. SOThür. → *Tellerblume.*

talfern sw. V. ‚etw. ungeschickt betasten' verstr. öSOThür, selt. söOThür. Häufig auch *antalfern.* → *talpen.*

Talken m. **1.** ‚nicht geratenes, schliffiges Gebäck' söSOThür; auch ‚nicht geratener Kuchen' Suhl. – **2.** ‚Tölpel, Dummkopf' söSOThür.

talken sw. V. **1.** ‚mit einer klebrigen Masse hantieren, kneten' selt. ZThür Hennb; → *tulken.* – **2.** ‚derb (liebkosend) drücken oder betasten' verstr. sWThür sZThür sIlmThür Hennb Itzgr; *ha talchert on dar Katz rem, bis se miaut.* – Zu mhd. *talgen* ‚kneten'.

talmen sw. V. ‚lärmend umhertollen, sich balgen' verstr. wN-Thür nWThür, selt. nZThür; scherzh. *wann sech de Esel talmen, gitt's schlacht Watter.* Zu mhd. *talmen* ‚toben'.

talpen sw. V. ‚derb, ungeschickt zufassen' verstr. OThür. Hierzu salopp **Talpe, Talpsche** f. ‚(große) Hand'. → *talfern.* Vgl. mhd. *talpe* ‚Pfote, Tatze'.

Tängelich n. m. ‚(dürre) Zweige von Nadelbäumen, Reisig' verstr. öOThür, selt. sIlmThür nSOThür.

Tangeln, Tangelnadeln Pl. ‚abgefallene Nadeln von Nadelbäumen' SOThür, selt. um Sonneberg. Hierzu **tangeln** sw. V. ‚die Nadeln verlieren (bes. vom Weihnachtsbaum)'.

tängeln → *dengeln.*

Tann(en)apfel m. ‚Fruchtzapfen von Fichte und Kiefer' N-Thür nNOThür, N- u. W-Rand WThür. Auch **Tannengluk-ke** f. östl. Salzungen, **Tannenhammel** m. um Meiningen, **Tann(en)kuh** f. swZThür öHennb, **Tannenpetz** m. selt. südl. Meiningen-Hildburghausen, **Tann(en)sau** f. um Suhl, **Tannenschaf** n. selt. n,öWThür, **Tannenwurst** f. verstr. um Salzungen. In den Zuss. mit Tierbezeichnungen häufig diminuiert; als Kiefernzapfen auch mit dem Adj. ‚klein' versehen.

tanschen sw. V. ‚etw. Weiches, Klebriges mengen oder kneten, leckere Speisen zubereiten, (verschwenderisch) backen' sN-Thür ZThür sIlmThür Hennb; gelegentlich auch abwertend ‚schlecht backen, Speisen nicht schmackhaft zubereiten'. Hierzu **Tansch** m. ‚Kartoffelpuffer und ähnliches Backwerk' sZ-Thür, ob. Schwarza; scherzh. *mei Mutter häßt Hanna, bäckt Tansch in der Pfanna.*

Tante f. speziell ‚Abort' neben häufigerem *Tante Meier* NThür NOThür OThür, sonst seltener.

Tapet n. in der RA *aufs Tapet bringen (kommen)* ‚etw. öffentlich machen, zur Sprache bringen' verstr. – Zu mlat. *tapetum* ‚Wandteppich' über die Bed. ‚Decke, Bespannung eines Konferenztisches'.

tappelig, tapperig Adj. ‚unbeholfen hantierend, unsicher gehend (aus Altersschwäche), schwach und kraftlos' verstr. W-Thür ZThür IlmThür Hennb, sonst seltener; *wemme alt is, wärd me tappelig.* Im Itzgr **tappig, tappicht**; *a tappeter Maa (Mann).*

Tappen Pl. ‚Hausschuhe (aus Tuch)' verstr. Hennb Itzgr, selt. S-Rand vom WThür ZThür; übertr. auch ‚Tölpel, Dummkopf'; RA: *an jäiden Tappen gefellt sei Kappen.*

Tätscher m. **1.** ‚Kartoffelpuffer aus geriebenen rohen Kartoffeln' WThür wZThür, verstr. Hennb n,wItzgr, sonst seltener, doch kleinräumig auch für andere, meist flache Gebäcke aus Kartoffeln und Mehl und unterschiedlichen Zutaten; → *Röhrentätscher.* Zuweilen auch **Tätsch** m. – **2a.** ‚leichter Schlag' neben *Tatscher* verstr. SOThür Itzgr. – **b.** ‚Tadel, Zurechtweisung' selt. – **3.** ‚Spielkugel, Murmel' selt. NOThür IlmThür, um Erfurt, neben **Tätschkugel** OThür SOThür; → *Titscher.* – Lautf.: *Dätscher, -e-, -a-, -ö-, -äi-, -ei-,* im sZThür Itzgr, selt. sWThür Hennb wSOThür auch *Dätsch, -e-.* Wohl zu **Tatsche** als Nebenform von *Tatze* ‚Pfote, Hand' und **tatschen** sw. V. ‚(derb) zufassen, drücken, kneten'.

taub Adj. speziell ‚dumm, töricht, närrisch' sWThür Hennb Itzgr, selt. SOThür, ob. Schwarza, verstärkend *ar schläft (schreit) sich dumm un taub,* häufig in Schelten: *däuber Hund! daab Orschloch!*

Täubchen Pl. ‚kleine Mehlklößchen' wNThür nWThür, beliebt als Gericht zusammen mit gekochten Birnen, Zwetschen oder Kirschen, doch als Mehlklümpchen auch Suppenbeilage. – Lautf.: *Diebchen, Diewichen.* Als Fleisch-Ersatz wohl zum Dim. von *Taube.*

Taub(en)haus n. **1.** ‚Taubenschlag' Eichsf nZThür sWThür, sonst selt. – **2.** übertr. ‚Haarnest der Frau' neben **Taub(en)nest** n. Eichsf, verstr. östl. Salzungen. – Lautf.: *Dumen-, Daum-, Dubb-, Dübb-,* auch *Dubbs, -ü-* besonders in Bed. 2, wo häufig als Mask. belegt.

Taubenhohl, -höhl n. dass. verstr. öSOThür. Auch **Taubenhöhler** m. verstr. öOThür SOThür, selt. S-Rand NOThür, sIlmThür. Meist an der Hauswand angebrachte Holzkästen. → *Höhler.*

Taubenkropf m. ‚Schachtelhalm' mittl. NThür, um Mühlhausen, verstr. W-Rand Itzgr.

Taubenrock(en) m. dass. im sEichsf WThür Hennb und W-Rand ZThür, selt. sZThür, um Rudolstadt. Auch **Taubenwocken** m. nEichsf. – Lautf.: *Duwe-, -ü-, Dum-, -ü-, Dauwerock, -rook;* nur im Eichsf *-rocken* neben *Dumwocken.*

Taum m. ‚beißender Qualm, Dunst in der Waschküche' W-Thür sHennb Itzgr, um Mühlhausen. Hierzu **täumen** sw. V. ‚qualmen, dampfen' verstr. wNThür WThür nwZThür Hennb; *dar Ufen es aalt on diemt.* – Lautf.: *Daum, -äu-, -ei-, Dääm, -aa-.* Zu mhd. *toum,* doch abweichend *Duum, -üü-* im WThür.

Tausch → *Dausch.*

Täz → *Dez.*

Tebe f. **1.** ‚Hündin' und abwertend ‚Hund' ohne Geschlechtsdifferenzierung wNThür N-Rand WThür, selt. nNOThür; RA *war de Teemn in Huse hät, dar hät de Hunne vär dr Teer.* – **2.** übertr. ‚mannstolle Frau, Hure' n,wNThür Mansf. – Lautf.: *Dewe(n), -ä-, -ea-, Dewwe, -e-, Diffe, Difte(n).* Zu mnd. *teve.* → *Zäupe.*

Tebs → *Töbs.*

teig Adj. **1.** ‚teigig, überreif (bes. von Birnen)' verstr. sZThür IlmThür nwHennb, sonst selt. – **2.** ‚zahm, erschöpft' selt. öOThür SOThür; *dan hammer deeg gemacht.*

Teigaffe m. scherzh. ‚Bäcker' NOThür nIlmThür OThür nSOThür.

teigen sw. V. ‚viel und langweilig reden' verstr. sWThür Hennb, W-Rand Itzgr. Hierzu **Teiger** m. ‚langweiliger Schwätzer'.

teigig Adj. **1.** ‚überreif, zu weich (bes. von Birnen)' vorwieg. OThür SOThür söHennb Itzgr, sonst verstr. – **2.** ‚nicht ausgebacken, schliffig' verstr. sOThür SOThür Itzgr, sonst selt.

Teiker → *Teuker.*

teilhaft(ig) Adj. ‚vorteilhaft einteilbar, sparsam verwendbar' (Fleisch und Wurst betreffend) nIlmThür OThür SOThür. Auch **teilsam** öNThür, selt. OThür SOThür; *Lawerworscht es teilsamer wie harte Worscht.*

Tellerblume f. ‚Margerite' neben → *Talerblume* verstr. NOThür, sonst selt.

Tempel m. speziell ‚Häufung von gleichen Dingen an einer Stelle (z. B. Beeren, Pilze)' um Sonneberg; → *Trempel.*

Test m. ‚Dreckkruste, klebriger Schmutz an Kleidungsstücken' vorwieg. OThür SOThür, seltener für Körperschmutz; *dar hot vielleicht en Tast aufn Kopf.* Auch **Teks** m. vorwieg. NOThür.

Teuker, Teutscher m. verhüllend ‚Teufel' (bes. in Flüchen und Ausrufen) Eichsf; *do sall dich dach gleich der Teiker (Teitscher) lange!*

Tholmes m. ‚Tölpel, Dummkopf' verstr. sNThür ZThür, um Weimar, sonst selt. – Lautf.: *Dolmes, -u-, Dolms.* Kurzform von *Bartholomäus.*

Tiffe → *Tebe.*

Tipp m. n. f. ‚Murmel' neben **Tippkugel, -kuller, Tipse** f. verstr. nöOThür.

Tischel m. ‚Pfannengebäck aus Semmelbrocken, Milch, Eiern unter Zugabe von Obst, Wurst oder Fleisch' sNThür n,öWThür nZThür, auch ‚Soße aus gebratenem Speck und Zwiebeln' (zu der man Kartoffeln ißt) Eichsf. Hierzu **tischeln** sw. V. ‚eintunken'. – Lautf.: *Dischel, -ie-*.

Tischer m. ‚Tischler' NThür (außer swEichsf), NOThür n,öZThür öIlmThür OThür SOThür. Auch **Tischner** m. söZThür, mittl. IlmThür, sonst **Tischler** und → *Schreiner*.

titschen sw. V. **1a.** ‚eintunken' (z. B. Kuchen in Kaffee) NThür (außer Eichsf), NOThür öZThür sIlmThür OThür SOThür nöItzgr; *Semmel in Zickenmilch getitscht, das is was!* Hierzu **Titsche** f. ‚Soße'. – **b.** ‚flache Steinchen so über die Wasseroberfläche werfen, daß sie hüpfend mehrmals eintauchen' vorwieg. NThür wOThür. Hierzu **Titscher** m. für den entsprechenden Stein. – **2a.** ‚schlagen, stoßen, stupsen' verstr. sIlmThür SOThür öItzgr, selt. öNThür OThür. Hierzu **Titsch** m., **Titscher** m. ‚leichter Schlag, Stoß', → *Eiertitschen*. – **b.** ‚mit Murmeln spielen' neben **titschern** sw. V. verstr. OThür, selt. IlmThür SOThür. Hierzu **Titsch** f., **Titscher** m., **Titschkugel, -kuller** f. ‚Murmel' und **Titschens** n. ‚Spiel mit Murmeln'.

Titz(en) → *Tütz(en)*.

toberig Adj. ‚morsch, muffig (riechend)' verstr. öOThür; *das tuwverche Hei konn mer nich fittere.* – Lautf.: *duwwerich, duwwerch(t)*, mit Umlautung *dewwerch* ‚dunstig'.

Töbs m. ‚Lärm, Getöse, ausgelassenes Kindertoben und -geschrei' verstr., doch selt. Hennb Itzgr, nicht Eichsf. Hierzu **töbsen** sw. V. ‚lärmen, ausgelassen herumtoben' ebd.; *de Kenger teebsen wie de Willen* (Wilden). – Lautf.: *Deebs, Dewes, -ö-*.

Tochterkind n. ‚Kind der Tochter' veraltend NThür nZThür Mansf.

Tochtermann m. ‚Schwiegersohn' verstr. und veraltend söNThür nöZThür nIlmThür, sonst selt.

Tocke → *Docke*.

Toffel[1] m. ‚großer, ungeschlachter Mensch' NOThür wOThür. Als Schimpfwort für ‚Grobian, Tölpel, Dummkopf' verstr. öNThür NOThür öZThür IlmThür OThür SOThür, doch ebd. auch kosend statt RN Christoph. → *Stoffel*. – Lautf.: *Doffel, -u-* und mit Umlaut *Deffel*.

Toffel² m. ‚(Holz)pantoffel' verstr. Eichsf n,wItzgr. – Lautf.: *Doffel, -u-, Döffel, -ü-.*

Tole → *Dole.*

Tolter¹ m. ‚Stoß, Hieb, Ohrfeige' verstr. NThür nNOThür.

Tolter² m. f. ‚Tölpel, Dummkopf' ebd.

Topfbinder m. ‚Kesselflicker' neben **Topfflicker** veraltet öN-Thür öZThür IlmThür, ebs. **Tüpfenbinder** neben **Tüpfenflicker** verstr. öWThür wZThür, **Topfstricker** O-Rand N-Thür, NOThür nOThür, **Topfeinstricker** öSOThür.

Topfbraten m. ‚Braten von Fleisch geringerer Qualität zu süß-saurer Soße' (meist von Kopf, Hals, Schwarten und edlen Innereien des Schlachtschweins) öNThür sNOThür nöZThür nIlmThür OThür nSOThür, selt. IlmThür sSOThür.

Topfbrett n. ‚Wandbrett oder Regal für Töpfe und anderes Küchengeschirr' veraltend öNThür NOThür nIlmThür OThür n,öSOThür. Auch **Tüpfenbrett** verstr. Eichsf WThür ZThür öHennb.

Töpfen → *Tüpfen.*

töpfern¹ Adj. ‚aus Ton, irden' verstr. IlmThür OThür SOThür, um Erfurt; *der große tepperne Tupp hot en Schruck* (Sprung).

töpfern² sw. V. ‚Geschirr (fahrlässig) zerbrechen' Eichsf W-Thür; auch als Brauch zu Fastnacht oder am Polterabend.

Topfkuchen m. ‚Napf-, Aschkuchen' vorwieg. nNThür nNOThür.

Torante, Torantel f. ‚Ohrwurm' verstr. sSOThür. → *Ohrämse(l), Ohränte.* Wohl beeinflußt von mhd. *tarant* ‚Skorpion'.

töricht Adj. speziell ‚begierig, tollwütig (vom Hund)' verstr. öOThür SOThür. – Lautf.: *diericht, dierch(t).*

Tornister m. speziell ‚Schulranzen' verstr. und veraltend Eichsf nNThür NOThür.

Torsche f., selt. **Torsch** m. ‚Krautstrunk' Hennb Itzgr söZ-Thür, verstr. mittl. NThür, um Langensalza, sonst selt.; zuweilen auch ‚Krautfusche, Rübenkopf mit Blättern, Rippen und Stiele in Kraut und Kopfsalat' Vorwieg. **Torschen** m. sSOThür, ob. Schwarza, um Sonneberg. – Lautf.: *Dorsche(n), -u-, Dorschte(n), -u-, Dorsch, Dursch(t),* im NThür mit Umlaut

Dersche(n), *-ie-*. Etym. zu mhd. *torse* ‚Krautstrunk‘ < lat. *thyrsus*, spätlat. *tursus*.

torschig Adj. ‚strunkig, holzig, hart und schlecht genießbar‘ (von Kohlarten, Kohlrabi und Obst) vorwieg. s WThür Hennb Itzgr.

Tort m. in der RA *jmd. einen Tort (an)tun, jmd. etw. zum Tort tun (machen)* ‚boshaft jmd. schädigen‘ verstr.; *wos mer meine Schwiegermutter olles ze Torte tut, dos läßt sich nich ausrede* (sagen).

Tote, Töte m. f. ‚Pate, Patin, Patenkind‘ veraltend S-Rand W-Thür, Hennb Itzgr; RA *bann’s Käind gehowe* (getauft) *ies, nooch gitt’s Töte genung*. Hierzu **Totenbeutel, -brief, -kissen** als Patengeschenke. – Lautf.: *Dod, Du(e)d, Död, -e-*, als Fem. meist mit Endungs-*e*, für das Patenkind meist Dim. *Dödche, -e-, Dödle, -ü-*. Zu ahd. *toto* m., *tota* f.

Totenfrau f. ‚bestimmte Frau, die Verstorbene wäscht und kleidet‘ verstr. öNThür NOThür WThür Hennb Itzgr. Anderwärts meist **Leichenfrau**, auch → *Antuerin, Anziehfrau.*

Totenlade f. ‚Sarg‘ veraltet Hennb, um Salzungen.

Totenvogel m. ‚ein Vogel, dessen Ruf einen Sterbefall ankündigt (meist Kauz oder Krähe)‘ verstr.

totteln sw. V. ‚gedankenverloren dahingehen, bummeln, torkeln‘ verstr. NThür NOThür nIlmThür, ebs. **tottern** sw. V. Eichsf.

tottend Adj. ‚benommen, töricht, dumm‘ neben **tottig** vereinzelt öOThür öSOThür. Auch ‚wütend, wie verrückt, stechlustig (von Insekten), begierig‘ ebd.

toujours Adv. ‚immer‘ verstr. Itzgr; *mußte tuschur die Leut archer?* – Aus dem Frz.

Tour f. in der RA *in (an) einer Tour* ‚unaufhörlich, immerzu‘ allg.; *es schneit in einer Tuur.*

Tracht f. speziell **1.** ‚zwei Eimer Wasser als Traglast am → *Trageholz*‘ verstr. NThür nNOThür nZThür. – **2.** ‚Gebärmutter der Kuh‘ NThür (außer W-Rand), verstr. NOThür, Nordrand vom ZThür IlmThür, sonst selt.

Trage f. **1.** ‚Trageholz zum Tragen von Eimern‘ verstr. nöZThür N-Rand IlmThür, öSOThür. – **2.** ‚Gebärmutter der Kuh‘ verstr. öOThür söSOThür; *de Kuh hot de Trooche mit rausgepraßt.* Zuweilen auch für die Nachgeburt. → *Tracht 2, Tragesack.*

Trageholz n. ‚mit Halsausschnitt versehenes Schulterjoch, an dessen beiden Enden Seile zum Anhängen der Eimer befestigt sind' NThür, verstr. sNOThür nIlmThür. → *Tracht 1, Trage 1, Traget 2.*

Tragesack m. ‚Gebärmutter der Kuh' verstr. sIlmThür sHennb nItzgr, sonst selt., einzelörtlich auch ‚Nachgeburt bei Kuh, Schwein und Pferd'.

Traget f. **1.** ‚Traglast auf dem Rücken (im Tragkorb)' sHennb Itzgr, selt. wZThür. – **2.** ‚Trageholz' selt. wZThür Hennb. – Lautf.: *Draachet, -oo-, -ou-, Draaet, Draa(i)t, Dröö(e)t.*

Tralarich m. ‚weitschweifiges Gerede' OThür nSOThür. Auch ‚Aufwand, Begebenheit' in der Wendung *Trallarich moche.*

Trämel → *Dremel.*

Trämpel → *Trempel.*

Trasch m. **1a.** ‚Regenschauer, heftiger Regenguß' verstr. N-Thür (außer Eichsf), öZThür sIlmThür Itzgr, sonst selt.; → *Träusch.* Auch **Trascher** m. sSOThür öItzgr. – **b.** ‚heftiger Schlag, Stoß; Schelte' selt. mittl. NThür. – **2.** ‚Mühe, Umstände, Aufwand, Trubel, Gedränge, große Eile' NOThür nöZThür IlmThür OThür SOThür, sonst selt.; *mer kummt aus'n Traasche nich mehr raus; macht der an Traasch!, ar is ümmer in Traasch.* – Lautf.: *Draasch, -oo-, -öö-; Draascher.*

traschaken → *treschaken.*

traschen sw. V. ‚heftig regnen' (meist unpersönlich) verstr. sNThür nWThür ZThür, sonst selt.; *s traascht, was von Himmel runger will.* → *träuschen.* – Lautf.: *(es) draascht, -oo-.*

tratschen sw. V. speziell **1.** ‚heftig regnen' (meist unpersönlich) verstr. WThür Hennb; *s trötscht on pötscht.* – **2.** ‚derb und laut auftreten, schwerfällig gehen' verstr. mittl. NThür, öZThür sIlmThür öOThür SOThür, sonst selt.; RA *von wän mar quatscht, där gemmt je tratscht.* – **3.** ‚viel und weitschweifig reden, üble Nachrede verbreiten' verstr. w,sNThür Mansf, O-Rand ZThür, öSOThür, selt. WThür Hennb Itzgr. Hierzu **Tratsche** f. ‚Schwätzer(in)' verstr. ebd., **Tratsch** m. ‚Geschwätz, üble Nachrede' umgsprl. verstr. – Lautf.: *draatschen, -oa-, -a-, -o-, -ö-.*

Traumbuch n. ‚träge Person, Schlafmütze' verstr. OThür SOThür. Kleinräumig verstr. auch **Traumsack** m., **Traumscheide** f., **Traumsocke** f., **Traumsuse** f., **Traumtute** f.

Träusch m. ‚Regenschauer, heftiger Regenguß' verstr. nöZ-Thür nIlmThür OThür; *mer sin in'n Trääsch gekumm;* → *Trasch 1a*. Auch **Träuscher** m. verstr. nwSOThür, sonst selt.

träuschen sw. V. ‚heftig regnen' (meist unpersönlich) vorwieg. sNOThür sZThür IlmThür (außer ob. Schwarza), OThür nwSOThür, verstr. nöHennb wItzgr, sonst selt., unter Einfluß von → *tratschen 1* auch **träutschen** sw. V. söHennb. → *traschen.* – Lautf.: *(es) dreischt, -äi-, -ää-, -ee-*.

trecken sw. V. ‚ziehen' nNThür nNOThür, selt. sNThür sNOThür nwOThür, N-Rand IlmThür. Nd. Wort gegenüber thür. → *zerren.*

Treibbere f. ‚einrädrige Schiebekarre mit kastenartigem Aufsatz' wWThür; *met dar Triebann wärd dar Stall üsgemist.* Kontrahiert zu **Treiber(t)** m. Eichsf, selt. W-Rand WThür. – Lautf.: *Drieba(rr)n, -bä(rr)n, -ba(rr)nd; Driewer, Driwwer(t).* → *Radebere.*

Treib(e)holz n. ‚Holzwalze zum Breitrollen von Kuchen- oder Nudelteig' öOThür nöSOThür.

Trempel m. ‚Häufung von Personen oder Dingen (z. B. Beeren, Pilze) an einer Stelle' söSOThür, veraltet öOThür, selt. neben → *Tempel* m. um Sonneberg; *de Borsch standen hiem af an Trampel; die ganzen Schwamm hou ich uf enn Trampel gfunna.* Auch **trempelweise** Adv. ‚grüppchenweise' söSOThür; *an den Ekken stinn die Leite trampelweise.* Anders → *Drempel.* – Lautf.: *Drämpel, -a-.*

treten st. V. neben schd. Bed. auch ‚stehen' verstr. Itzgr, westl. Saalfeld, selt. Hennb öOThür SOThür; *ar kunnt kaum noch getrat,* in der Wendung *Posten trate* ‚Posten stehen'. Auch **tretenbleiben** st. V. ‚stehenbleiben' ebd.; *bleib tratnich!*

treuge Adj. ‚trocken' Eichsf nNThür nNOThür öOThür, selt. sNThür öZThür, O-Rand SOThür; *heire is a treejes Johr; mer assen es Brut treiche.* Auch ‚welk, dürr, gedörrt, mager (von Pflanzen, Erntegut, Obst und Tieren)' ebd.; *triejes Ries* ‚welkes Reis', *s Hei treiche moche* in der Heuernte, *trieje Quatschen* (Zwetschen), *änne triehe Hippe* ‚magere Ziege'. – Hierzu **treugen** sw. V. ‚trokken machen (werden)' ebd.; *de Wäsche treiche.* – Lautf.: *dreiche, drieje, -üü-, drieh(e)* (< wgerm. *drūgi); dreeje, drehe* am N-Rand des NThür und im nNOThür aus wgerm. *drōgi.*

tribulieren sw. V. ‚quälen, belästigen (durch unablässiges Bitten)' verstr. und veraltend; *dar Junge hat mich schunne de ganze Woche triwweliert, ich soll mit'n ins Kino.*

triefeln sw. V. ‚Gestricktes auftrennen, (sich) auffasern' verstr. öOThür SOThür Itzgr, selt. Hennb, verbreiteter ist *auftriefeln.* Hierzu **Triefel** m. ‚aufgefaserter Strick' selt. öOThür öSOThür.

triezen sw. V. ‚ärgern, drangsalieren' verstr. NThür NOThür OThür; *hä triezt sei Perschonal.* Abgeleitet von *Trieze* ‚Winde' < mnd. *tritse* ‚Tau, das sich um eine Drehscheibe windet'. → *striezen.*

Trittewar → *Trottoir.*

tröckeln → *abtröckeln, Abtröckeltuch.*

Tröster m. speziell ‚Leichenschmaus' nwRhön.

Trotsche, Trötsche f. ‚Jauche' neben **Misttrotsche** zwischen Meiningen und Suhl, verstr. W-Rand Itzgr, selt. nHennb. Auch **Trotze** f. neben **Misttrotze** nwHennb. → *Strotze.* – Lautf.: *Drotsche, -a-,* doch meist Rundung zu *Drötsche, -ü-* wie auch *Drötze, -ü-* neben *Drotze, -a-.* Wohl verwandt mit → *tratschen 1.*

Trottoir n. ‚Bürgersteig' verstr. und veraltend. – Lautf.: *Drotte-, Drutte-, Drette-, Drittewar.* Aus dem Frz.

Truhe f. **1.** wie schd., doch nur öItzgr. – **2.** ‚kastenförmiger Bretteraufsatz am Wagen' S-Rand SOThür. Hierzu **Truhenwagen** m. ‚Kastenwagen' ebd., doch im öItzgr ‚Brautwagen' (zum Transport der Mitgift in Truhen in das Haus des Bräutigams).

Trumm m. **1.** ‚Endstück, Teilstück (eines Ganzen)' selt. und veraltend Hennb Itzgr sSOThür, speziell ‚Feldstück, Abschnitt eines Fischgewässers' oder ‚Tuchende', auch Dim. *e Treemla Licht* ‚Kerzenrest'. – **2a.** ‚ein großes Stück' (z. B. aus Holz, vom Brot oder der Wurst) verstr. Itzgr sSOThür; *a fatzen Trumm Wurscht.* – **b.** übertr. auf Tiere und Personen, ebd.; *a mords Trumm Sau, s is a Trumm van are Fraa.* – Lautf.: *Drumm, -o-,* selt. *Druum, -oo-, -ou-.* Zu mhd. *trum, drum* ‚Stück, Splitter'.

Trumpe f. ‚Geschlechtsteil von Kuh oder Sau' verstr. wNThür nZThür, selt. nWThür. Wohl hierzu **Trumphaus** n. ‚Abort' ebd.

Trutgöker, -gückel, -gückler m. ‚Truthahn' verstr. Hennb;
→ *Göker.*

Trutschel f. **1.** ‚dicke, behäbige, liederliche Frau' verstr. wN-
Thür, selt. WThür ZThür Hennb. – **2.** ‚hübsches, dralles Kind
(bes. Mädchen)' selt. neben **Truschel** f. Itzgr Hennb.

Tschesche f. ‚Fichten-, Kiefernzapfen' nur SO-Rand SOThür.
– Lautf.: *Tschesche, Zesche.* Zu wslaw. *šiška* in gleicher Bed.

tschu Interj. Lockruf für Schweine und Ferkel, verstr. S-Rand
SOThür, als Scheuruf neben *tschui* auch im nSOThür OThür
verbreitet. Hierzu wohl *Tschuck(e), Tschuckel, Schuck(el), Schuk-
kele, Tschulle* als Lockruf und Kosename für Schwein und Fer-
kel sSOThür. Etym. zu osorb. *ćuću* als Lockruf für Schweine.

Tschunk(e) f. ‚(weibl.) Schwein, Ferkel' (meist kosend) verstr.
neben **Tschunkel, Tschunke(l)matz** S-Rand SOThür.
Auch *Schunk(el), Schunke(l)matz* und als Dim. häufig umlautend
(T)schinkele. Vgl. nsorb., tschech. *ćunka* ‚Schweinchen'.

tucken sw. V. ‚tunken, eintauchen (beim Essen)' neben *eintucken*
verstr. Eichsf WThür Hennb; *ich mach däi Büfferche, un naach
tuckst dou schöö.* Hierzu **Tucke** f. ‚Soße' verstr. Eichsf, **Tuck-
werk** n. ‚Specksoße mit Zwiebeln und Sahne' ebd.; *Katüffel met
Tückwark.* – Lautf.: *ducken, -ü-,* selt. *docken, dauken* im Hennb.

tücken sw. V. ‚jmd. reizen, ärgern' Eichsf WThür ZThür Hennb
Itzgr, sonst selt.; *bän me tück will, dän wörft me en Stäi in Garte;*
auch ‚Schaden zufügen' *minn Salat hät dr Frost getickt.* Hierzu
Tuck, -ü-, Tucks m. in der Wendung *en Tuck(s) antun* ‚schädi-
gen', auch ‚behexen' *die koo wos, die koo Tück oogetuu.* – Lautf.:
dücken, -i-.

tückisch Adj. **1.** ‚boshaft, hinterhältig, raffiniert' verstr. – **2.** ‚trot-
zig, übelnehmend, verfeindet' verstr. NOThür nIlmThür O-
Thür; *mit dan bin ich ticksch.* Hierzu **tückischen** sw. V. ‚trotzen,
übelnehmen' NOThür, selt. öOThür; *der tickscht, weil e keen
Bongbongs jekricht hat.*

Tulk m. ‚steifer Kartoffelbrei' söHennb, W-Rand Itzgr; auch
‚Kartoffelpuffer' verstr. nwHennb swItzgr.

Tulke¹ f. ‚eingedrückte Stelle an Gefäßen, bes. Töpfen; Beule'
verstr. söNThür, selt. ob. Schwarza, söZThür söSOThür,
auch ‚leichte Senke im Gelände' selt. nwNThür, SO-Rand

SO Thür. – Lautf.: *Dull(e)ge(n), Dulliche(n), -o-, Dulg,* doch *Dilg(e)* im söSO Thür.

Tulke² f. ‚Nase' verstr. NO Thür, selt. N Thür.

tulken sw. V. ‚eine formbare Masse kneten' selt. W Thür Hennb, auch ‚etw. derb (liebkosend) drücken und betasten' selt. Hennb Itzgr, refl. ‚sich balgen, prügeln' selt. mittl. N Thür, Z Thür; *die tulchen sich in Drecke.* Wohl ablautend zu → *talken.*

Tülle f. **1.** ‚Brause an der Gießkanne' sNO Thür, O-Rand Z-Thür, Ilm Thür (außer ob. Schwarza), nSO Thür, verstr. O Thür, O-Rand Itzgr, neben **Tülte** f. O-Rand N Thür, mittl. NO Thür, doch **Tüll** m. kleinräumig südl. Gotha-Erfurt. – **2.** ‚Ausgußnase an Topf und Kaffeekanne' vereinzelt im Verbreitungsgebiet von Bed. 1. – Lautf.: *Dille, Dilte, -e-, Dülle,* selt. *Dulle.* Zu mhd. *tülle* ‚Röhre'. → *Wetzetülle.*

Tumpen Pl. ‚Hausschuhe aus alten Textilien und Filz' verstr. söHennb, selt. Itzgr.

tun st. V. ersetzt wie → *machen* oft konkrete Verbformen oder bildet Streckformen in Verbindung mit anderen Wortarten, z. B. *se hät de Schuh bin Schuchert jeton* (gebracht), *abbes oontun* ‚etw. anziehen', *ar tat e Satz* ‚sprang'. Im NO Thür Ilm Thür O Thür SO Thür Itzgr wird das finite Verb oft durch *tun* + Inf. ersetzt, im Indikativ und Imperativ z. B. *jeden Tog tut's itze schneie; tu mersch nich kaputtmache!,* im Konjunktiv *ich tät ooch wos asse.*

Tüncher m. ‚Maler' veraltend sZ Thür ö,sHennb Itzgr, seltener W Thür nZ Thür sIlm Thür.

Tünninge → *Dünnende.*

Tüpfen n. ‚Topf' wN Thür W Thür Hennb, ebs. in Zuss. wie **Tüpfenbrett, -deckel, -gucker.** – Lautf.: *Dipfen, -e-, Dibben, Debb(e), Düpfe(n), -ö-, Düpf.*

türängeln sw. V. ‚jmd. schikanieren, quälen, mit Bitten bedrängen' W Thür Z Thür Hennb Itzgr, sonst seltener; *hä het sinne Knächt schlemm getierängelt.* – Lautf.: Mit Erstbetonung *dür-, dör-, der-, dierängeln, -angeln,* selten *-ingeln.* Wird als ‚zwischen Tür und Angel klemmend' erklärt, doch unsichere Herleitung.

turbieren sw. V. dass., verstr. außer Eichsf W Thür; *a torwiert mich bis off's Bluet.* – Lautf.: *dorwieren, dar-, durwieren.* Etym. zu lat. *turbare* ‚verwirren, aufwühlen'.

türmelig Adj. ‚schwindlig, taumelig' verstr. wie → *tümeln; ich waar von Tanzen ollemol ganz tarmlich.*

türmeln, -u- sw. V. ‚schwanken, torkeln' S-Rand WThür, Hennb öItzgr, seltener sZThür sIlmThür SOThür. – Lautf.: *därmeln, -a-, -ö-, -ü-,* umlautlos *dormeln* söHennb söWThür swZThür.

Turnips m. f. ‚Futterrübe, Runkel' nöNThür, N-Rand NOThür. Zu engl. *turnip* ‚Runkel'.

Tütz, -u- m. 1. ‚weibl. Brust, Brustwarze' selt. swNThür W-Thür ZThür sIlmThür Hennb. – 2. ‚Euter (der Kuh)' selt. sWThür Hennb. – 3. ‚Nuckel' verstr. WThür wHennb, selt. nZThür; → *Lappentütz.* – Lautf.: *Dütz, -i-,* umlautlos *Dutz* vorwieg. nWThür.

Tützen, -u- m. 1. ‚weibl. Brust, Brustwarze' selt. swNThür nWThür. – 2. ‚Euter (der Kuh)' sEichsf WThür wRhön; *onse Kuh het en beesen Titzen.* – 3. ‚die einzelne Zitze am Euter der Kuh' verstr. wZThür, selt. WThür, bei der Sau, der Hündin und der Katze nwRhön, selt. sEichsf WThür.

Über → *Üfer.*

über Adv. ‚übrig' Hennb Itzgr; *do kuu niss mehr üü gsei.* – Lautf.: *üwer, üü.*

Überkehr(e), -kahr(e) f. ‚beim Dreschen anfallende grobe Spreu aus Halm- und Ährenresten' söNThür sNOThür W-Thür ZThür nIlmThür n,wOThür Hennb, verstr. swSOThür Itzgr; *enger dar Dreschmaschien läit de Eewerköhr en halbm Meter huch.* – Lautf.: Außer *-kehr(e), -kähr(e)* im swSOThür Itzgr meist rückumlautend *-kahr(e), -oh-, -oah-, -köhr.*

überläng Adj. ‚übrig, überflüssig' selt. wNThür WThür wZThür Hennb ob. Schwarza; *äwwerläng Kruit von nächte* (gestern).

überlei Adj. dass., verstr. NOThür OThür, selt. öNThür nSOThür; *haste noch Jeld iwwerlee?* – Lautf.: *-lei, -lää, -lee* wie das Suffix *-lei.*

Üfer m. **1.** ‚Abhang, Böschung; kleine Anhöhe' verstr. wNThür nWThür, selt. NOThür, N-Rand vom ZThür IlmThür; *on dan Eewer homme Gans gehott* (gehütet) *on Hehlen gebäut.* – **2a.** ‚Grenzstreifen zwischen Feldern (als Rain bei Hanglage)' verstr. ebd. – **b.** ‚(graswachsener und häufig erhöhter) Mittelstreifen auf Feldwegen' selt. ebd. – Lautf.: *Üwer, Iwer, Ewer; Euwer, Äiwer.* Zu *Ufer* (mnd. *över),* das in der Bed. ‚Fluß-, Bachrand' kaum gebräuchlich ist.

Uller → *Aule(r), Ulster.*

Ulster f. ‚schleimiger Auswurf, Rotzfladen' neben *Auler* und *Uller* verstr. öOThür, selt. NOThür nSOThür.

Umgang m. speziell ‚kirchliche Prozession' Eichsf.

umgehen st. V. als Aberglaube ‚Geister, Verstorbene erscheinen, spuken' vorwieg. OThür SOThür Itzgr söHennb, sonst seltener; *es biese Ding jing um.*

umkäupeln sw. V. ,mit einem Fahrzeug (bes. dem Erntewagen) umkippen' verstr. nWThür ZThür IlmThür OThür SOThür; *Korl hot'n Hulzwoochen imgekeepelt.* → *käupeln.* Ebs. **umkippeln** sw. V. sNThür, N-Rand ZThür, swNOThür.

Umtrete f. **1.** ,Wegerich' verstr. öZThür. – **2.** ,Vogelknöterich' verstr. S-Rand NThür, nöZThür nIlmThür. – Lautf.: *Im-, Emträte(n), -a-, -ea-, -iä-.* Bereits ahd. *vmbitreta.*

Unband m. ,lebhaftes, unbändiges Kind' verstr. NThür (außer Eichsf), Mansf, selt. öZThür nIlmThür OThür.

unfräßig Adj. ,wählerisch beim Essen' verstr. söHennb Itzgr; auch **ungefräßig** Adj. selt. ebd. – Lautf.: *u(n)fräsich, -frasich, uufraset.*

ungeneuße Adj. ,nicht genügsam, unersättlich' (bes. bei Speise und Trank) verstr. öOThür. – Lautf.: *ungeneise.* Zu *genießen.*

Unschlitt n. ,Talg' WThür sZThür sIlmThür öOThür SOThür Hennb Itzgr, sonst veraltet. Auch **Unschlitt(s)licht** n. ,Talglicht, -kerze'. – Lautf.: *En-, In-, Ön-, Ünschel(t), En-, Inselt,* im Hennb Itzgr *Ön-, Ün-, Üüschlich.* Zu ahd. *ungislahti* ,Ungenießbares vom Schlachttier', *ingislahti* ,Inneres vom Schlachttier'.

Untätchen n. in der Wendung *kein Untätchen, -le* ,einwandfrei, makellos' allg.; *u dare Fraa is kee Untatele.*

unterher Adv. ,(heftig, rasch) herunter' verstr. wNThür ZThür, selt. wNOThür nIlmThür; *s kamb ongerhar wie mät Mullen* (Mulden) ,es regnete stark'. Auch **unterhin** Adv. ,(heftig, rasch) hinunter' ebd.; *en Schnaps spellt* (spült) *olles ungerhen.*

unterkötig Adj. ,unter der Haut eiternd, entzündet' NOThür n,öOThür, sonst selt. – Lautf.: *unger-, unnerkietch, -gietch,* im Hennb *-köttich, -ü-.* Unsicher, ob zu mhd. *köte* ,Knöchel' oder *quât* ,schlimm, böse', zu dem nhd. *Kot* gehört. → *Köte.*

Unternächte Pl. ,die zwölf Nächte zwischen Weihnachten und 6. Januar' nur söSOThür; sie gelten als Orakel für Traumdeutungen und waren mit mancherlei Brauchtum verbunden. → *Zwölf Nächte.*

untersich Adj. **1.** ,abwärts, nach unten' sHennb Itzgr; *es gett ün-*

terschich ‚man hat Durchfall'. – **2.** in der Fügung *ünner-* bzw. *ünterschicha Rum* ‚Kohlrüben' im Gegensatz zu *öwerschicha Rum* ‚Kohlrabi' ebd.

Untucht m. ‚Taugenichts' verstr. wNThür, dafür im öItzgr *Untücht(el)* m. – Wie *tüchtig* zu *taugen.*

Urei n. ‚zu kleines Hühnerei (meist ohne Dotter)' verstr. öItzgr; es gilt als Unglücksei. Auch **Urigel** m. dass., sSOThür, selt. nItzgr, **Urigelei** n. selt. SOThür.

urigeln sw. V. ‚vor Kälte schmerzhaft kribbeln (bes. unter den Nägeln oder am Ohrläppchen)' verstr. Itzgr; auch **urnägeln** sw. V. selt. söSOThür. Hierzu **Urigel** m. ‚kribbelndes Frostgefühl' S-Rand SOThür, selt. um Sonneberg. – Lautf.: *uriecheln; Uriechel, Uräichel.* Etym. unklar. Vielleicht zu → *hornnägeln,* doch ein Einfluß von benachbartem → *Ohrigel* ‚Ohrwurm' ist ebenfalls nicht auszuschließen.

urkäuen sw. V. ‚wiederkäuen' S-Rand SOThür, O-Rand Itzgr; *unner* (unsere) *Kuh urkäut,* auch *die Kuh keit (käut) ur.*

urscheln, urschen sw. V. ‚verschwenderisch mit etw. umgehen, Futter vergeuden (vom Vieh)' öOThür n,öSOThür; *war mit'n Brote urscht, muß speeter Hunger leide.* Wie → *urzen* zu mhd. *ur-ëz* ‚überdrüssig'. → *verurscheln.*

urzen sw. V. ‚beim Essen wählerisch sein, Futter vergeuden' NThür WThür ZThür Hennb, selt. wIlmThür Itzgr; *es werd nich geurzt!* Hierzu **Urz** m. ‚verschmähter Überrest, vergeudetes Futter' ebd., **Urzer** m. ‚schlechter, wählerischer Esser' verstr. ebd. – Lautf.: *urzen, orzen, arzen ö(r)zen.*

urzig Adj. ‚wählerisch beim Essen' verstr. sHennb, selt. sZThür Itzgr.

Ütsche f. ‚Kröte' n,wEichsf, selt. übriges NThür, NOThür, zuweilen ebd. auch für ‚Frosch'. – Lautf.: *Itsche(n),* selt. *Ietschken, Ütschken.*

vagieren sw. V. ‚herumfuchteln, gestikulieren' verstr. und veraltend IlmThür öOThür nöSOThür, sonst selt.; *dar fachiert eechal mit'n Händen in der Luft rom.*

Vatter m. ‚Taufzeuge, Pate' neben → *Gevatter* nNThür nNOThür; *er soll Vatter stehn.*

Veloziped n. ‚Fahrrad' veraltet. – Lautf.: *Felitzebee(d)*, doch mit Anlehnung an *flitzen* auch *Flitzebee(d)*.

verbüßen → *büßen.*

verbutten sw. V. ‚verkümmern, verkrüppeln, im Wachstum zurückbleiben' (von Kleinkindern, Jungtieren und Pflanzen) veraltend. Meist im Pt. Perf.: *zahn Ferkel hat de Säu, owwer eins devuun wor verbutt.*

verdefendieren sw. V. ‚sich verteidigen, rechtfertigen' veraltend; *ha het sech verdefendiert, owwer es het nischt genotzt.*

verfähren sw. V. ‚sich, jmd. erschrecken' verstr. wNThür; *wie kannste ein'n dann so verfahre! –* Lautf.: *ferfehren, -fahren, -fihren.* Zu mhd. *verværen* ‚erschrecken'.

vergackeiern sw. V. ‚jmd. veralbern, zum Narren halten' NThür NOThür WThür ZThür nIlmThür OThür, sonst selt.

vergangen Adv. ‚vor kurzem, neulich' verstr. ZThür IlmThür, sonst selt.; *mi warn vergangen i Arfort.* Als Adj. ‚vorig' mit Zeitangaben wie *vergangenes Jahr, vergangene Nacht, vergangenen Winter* in unterschiedlicher Verbreitung.

verhohnepiepeln sw. V. ‚jmd. verhöhnen, veralbern' verstr., doch selt. Hennb Itzgr; auch **verhohniepeln** selt. NThür NOThür OThür.

verhucken sw. V. ‚sich verkleiden, maskieren' (z. B. zur Fastnacht) swWThür nwRhön.

verkappen sw. V. dass., nWThür ZThür, um Mühlhausen; *dar Herrschekloos moß sech verkapp.* Zu *Kappe* ‚Mütze'.

verkippeln sw. V. ‚sich den Fuß verstauchen' neben **verkippen** sw. V. NOThür, selt. nOThür. Ebs. **verkrakeln** sw. V. neben *-kräkeln* öOThür, **verkrickeln** sw. V. N-Rand NThür, nNOThür.

verkrümpeln sw. V. speziell ‚zerknüllen, zerknittern' verstr. Hennb, ebs. **verkrüppeln** sw. V. Itzgr.

verlechzen sw. V. ‚undicht und rissig werden durch Austrocknen' (von Holzgefäßen) vorwieg. öNThür NOThür, sonst selt., nicht wNThür WThür Hennb Itzgr. Ebs. **verlechen** sw. V. nwNThür, selt. nNOThür. → *lechen, erlechen, zerlechzen.*

vermalheuren sw. V. ‚verunglücken' selt. n,öOThür n,öSOThür; *ehr Voter is in der Fowrieke vermoleert.*

vermaskerieren sw. V. ‚sich verkleiden' neben vereinzeltem **vermaskieren** verstr. öOThür nSOThür, selt. söNThür sNOThür nIlmThür wOThür.

vernussen sw. V. ‚verprügeln' verstr. Hennb Itzgr.

verruscheln sw. V. ‚(Haar) in Unordnung bringen, verwirren' sNOThür OThür öSOThür, selt. NThür.

verschamerieren sw. V. ‚sich verkleiden, maskieren' sSOThür, selt. nHennb. Zu frz. *chammerer* ‚verbrämen'.

Verschlag m. speziell ‚Erkältung, Entzündung' (bei Mensch und Vieh) verstr., doch nicht Hennb Itzgr; *ech honn en Verschlog of dar Brost.*

verschreien st. V. ‚durch lobende Äußerungen eine Krankheit, Beschwerden oder ein Unglück verursachen' nach abergläubischer Vorstellung vorwieg. Hennb Itzgr SOThür, sonst meist → *beschreien.*

verschweinsen sw. V. ‚Essen (Futter) nachlässig oder mutwillig vergeuden; etw. beschmutzen' verstr. sNThür WThür ZThür IlmThür wOThür wSOThür; *dos Käind verschwinnst je dos ganze Assen, ... sin Kleid von ungen bis uben.*

versegnen sw. V. ‚Mensch oder Vieh mit Zauberformeln heilen' söZThür sIlmThür wSOThür Itzgr. Meist von älteren Frauen wurden z. B. Warzen oder Zahnschmerzen *versegnet.* → *verspre-chen, Segen.*

versehen st. V. speziell ‚während der Schwangerschaft beim Anblick widerwärtiger Dinge erschrecken und dadurch am Kind Mißbildungen oder Male hervorrufen (z. B. Hasen-scharte, Feuermal)‘ als Aberglaube verstr.; ähnl. auch **verguk-ken** sw. V. verstr. wNThür WThür nRhön.

Versicherungsnadel f. ‚Sicherheitsnadel‘ selt. und veraltend.

versprechen st. V. speziell ‚mit Hilfe von Zauberformeln Be-schwerden lindern und Krankheiten heilen‘ verstr. und veral-tend NThür (außer Eichsf), sNOThür WThür ZThür nIlm-Thür OThür Hennb; *die Miele kunnt die Rose verspreche.*

versteckeln sw. V. ‚etw. verbergen, verstecken, sich verstecken‘ wNThür WThür w,sZThür Hennb Itzgr. Hierzu als Kin-derspiel **Versteckeles** n., **Versteckel(n)ing(s)** n., **Verstek-keln(s)** n.

vertabaken sw. V. ‚verprügeln‘ verstr.; *dan Paul ham se jämmer-lich vertobackt.*

vertuckeln sw. V. ‚etw. beschönigen oder verheimlichen‘ wN-Thür WThür ZThür Hennb Itzgr, sonst selt.

vertun st. V. dass. wie → *versprechen,* verstr. öSOThür.

verursche(l)n sw. V. ‚Futter (Essen) verschmähen und vergeu-den‘ neben → *ursche(l)n* öOThür n,öSOThür. Ebs. **verurzen** sw. V. verstr. neben → *urzen* NThür ZThür, sonst selt.

verwichen Adv. ‚vor kurzem, neulich‘ söHennb Itzgr, sonst selt.; als Adj. ‚vorig‘ mit Zeitangaben vorwieg. Itzgr; *in dar verwichna Woch.* → *vergangen.*

verzwazeln sw. V. ‚verzweifelt sein (vor Ungeduld oder Angst)‘ vorwieg. sWThür Hennb Itzgr, anderwärts vereinzelt auch *ver-zwaseln, verzwatscheln; mer mücht verzwozel!*

Vesper n., selt. f. ‚Zwischenmahlzeit am Nachmittag‘ verstr., doch veraltend gegenüber **Kaffeetrinken** n. – Lautf.: *Fesper, -a-,* selt. *Feschper, -a-.*

vettermicheln sw. V. derb abweisend *dou kast mich mo vettermi-chel!* verstr. WThür Hennb.

Viergebein n. ‚Molch‘ verstr. SO-Rand IlmThür, sSOThür Itz-gr, doch ebenfalls für ähnliche scheue Tiere wie ‚Eidechse, Feuersalamander, Kaulquappe'. Neben ungewöhnlich reicher Lautvariation des Bestimmungswortes kleinräumig im obigen Verbreitungsgebiet auch **Vierling(s)-, Viertelsgebein.**

Viertel(s)korb m. ,Weidenkorb mit zwei Handgriffen, der ca. ¼ Scheffel oder Zentner faßt' (meist verwendet beim Kartoffellesen) nSO Thür, selt. söO Thür.

vigilant Adj. ,schlau, geschickt, behende' verstr. außer N Thür NO Thür; *e vichelantes Kerlchen.*

vigilieren sw. V. ,beobachten, auskundschaften' veraltend Eichsf W Thür; *ha vichelierte, äb sin Schatzchen allein deheim wär.* Zu lat. *vigilare* ,wachen'.

Visite f. ,regelmäßiges geselliges Beisammensein von Frauen oder Mädchen' (ähnlich der → Spinnstube) öZ Thür IlmThür O Thür nSO Thür; *mer gehn heite Ohmd in de Visitte.*

visitieren sw. V. ,durchsuchen' (bes. Kleider oder Taschen nach versteckten Dingen) verstr. – Lautf.: *fisse(n)tiern.*

Vogelbeere f. ,Frucht der Eberesche' O Thür SO Thür Itzgr Hennb, sonst verstr. neben anderen Syn., ebd. Bezeichnung für den Baum neben **Vogelbeerbaum.** Kleinräumig auch für den Fruchtstand von Holunder, Faulbaum und Weißdorn.

vogeln sw. V. ,auf einer Eisbahn schlittern; schlittenfahren' als Kindervergnügen ob. Schwarza, selt. sZ Thür; *naacher wullmer vaule.* Hierzu **Vogel** f. ,Schlitterbahn, Rodelbahn' ebd. – Lautf.: *fuuch(e)len, -u-, -g-, faulen.*

Vogelschießen n. ,Schützenfest mit Preisschießen (ursprünglich nach einem hölzernen Vogel auf einer Stange)' verstr. in Städten und Marktflecken und meist mit Volksfesten und Jahrmärkten verbunden gewesen.

voneinander Adv. speziell ,entzwei, kaputt' vorwieg. O Thür SO Thür Itzgr ob. Schwarza, selt. sZ Thür; *ich dacht, s gäng alles vernanner.* – Lautf.: *fon-, funanner, fernanner.*

vor Präp. hat eine lautliche Angleichung an ,für' vollzogen und erscheint – außer im nNO Thür – mit dessen Umlautformen. Umgekehrt tritt umgsprl. – außer im sW Thür Hennb Itzgr – *vor* in hyperkorrekter Weise für ,für' ein.

Vorart f. ,Pflugwendestelle an der Schmalseite des Ackers' sN-Thür swNO Thür nZ Thür nIlm Thür wO Thür. Auch **Voren-**

de n. wNThür nWThür; *dos Vieräng werd quarch geackert,* **Vor-gewende**n. neben → *Gewende*NOThür nöZThür wOThür.

Vorbacken m. ‚einfacher flacher Kuchen aus Teigresten, der vor dem Brot gebacken wurde' nwSOThür, um Eisenach.

Vordergeschirr n. ‚der zweirädrige Vorderteil des Pfluges' öZThür. Auch **Vorderkarre(n)** f. m. vorwieg. nIlmThür, **Vorderpflug** m. um Jena, verstr. nIlmThür.

Vorgeschirr n. dass. im mittl. NThür.

Vorhemd(chen) n. ‚steif gestärkte weiße Hemdbrust mit an-knöpfbarem Kragen' verstr. Eichsf sOThür nSOThür, um Er-furt, sonst selt. gegenüber → *Chemise, Chemisett(chen).*

vornächten Adv. ‚vorgestern' söWThür, Hennb (außer O-Rand), verstr. ob. Schwarza.

Vorscheune f. ‚Obergeschoß der Scheune, Scheunenboden' S-Rand SOThür, selt. nSOThür öOThür.

vorschlagen st. V. speziell ‚die (noch gebundenen) Garben mit dem Dreschflegel leicht vordreschen' (für Saatgut oder drin-genden Körnerbedarf) verstr. S-Rand NThür, ZThür nIlm-Thür, selt. NOThür OThür nSOThür, doch überall veraltet. Auch kontrahiert zu *forscheln, -u-.*

Vorsetzer m. ‚einsetzbarer trapezförmiger Bretterverschluß für das Vorder- und Hinterende des Kastenwagens' WThür sZ-Thür sIlmThür swOThür n,wSOThür, N-Rand Itzgr, Hennb; auch ‚hohes einsetzbares Lattengestell beim Leiterwagen' W-Thür Hennb.

vorsich Adv. ‚vorwärts, nach vorn gerichtet' sHennb Itzgr; *uff'n Schliete sitzt enner vürschich on enner hennerschich* (rückwärts).

Vorstecker m. ‚Achsnagel, Bolzen zum Befestigen des Wagen-rades' verstr. NOThür, neben → *Stecker* söSOThür, selt. nSOThür OThür. Auch **Vorsteckel(s)** m. n. vorwieg. um Nordhausen.

Vortuch n. ‚Arbeitsschürze (ohne Latz)' verstr. NThür nö-Hennb.

Vorteil m. n. speziell ‚Kniff, Kunstgriff zur Erleichterung der Ar-beit' selt. und veraltend Mansf WThür ZThür Hennb Itzgr; *me muß halt in Vuertel raus hou.* – Lautf.: Meist mit abgeschwächter Zweitsilbe *For-, Fur-, Far-, Färtel.*

Waage f. speziell ‚starkes, am Hinterende der Deichsel befindliches Querholz (mit den Ort-, oder Sielscheiten)‘ als Zugvorrichtung entweder an einem Haken angehängt oder durch einen Bolzen arretiert. Kleinräumig daneben auch **Waagebalken** m. **-holz** n., **-scheit** n., **Waage(n)schwengel, -stengel** m.

wächeln sw. V. ‚lodernd brennen, flackern; flimmern (von heißer Luft)‘ selt. OThür n,öSOThür. – Lautf.: *wächeln, -a-*. Wohl iterativ zu mhd. *wæjen* ‚wehen‘, da mhd. *wecheln* ‚wehen‘ keine Senkungen zu *a* hervorgerufen hätte.

Wacholder m. wie schd., allg.; auch **Wachtelbusch** m. neben selt. **Wacholderbusch** m. im sIlmThür nwSOThür. – Lautf.: *Wachol(d)er, -ul(d)er, -el(d)er, -aller, -öller*, doch *Bachol(d)er* im Eichsf. Betont ist meist die Zweitsilbe außer im öHennb nwItzgr mit den Kontraktionen *Wachtel, Wach(t)ler, Wach(t)lerer*.

Wachslicht n. ‚Wachskerze‘ verbreitet außer WThür Hennb Itzgr.

Wach(t)meister m. **1.** ‚Polizist‘ verstr. – **2.** ‚(größeres) Schnapsglas‘ NThür (außer Eichsf), NOThür nOThür.

Wacke f. **1.** ‚größerer Stein, Steinbrocken‘ Mansf, übertr. ‚derbes Stück Brot‘ ebd. – **2.** ‚Murmel als Spielkugel‘ neben **Wackel** m. f. und → *Huller-, Kullerwacke(l)* verstr. nWThür.

Waffe f. ‚klaffende Wunde‘ verstr. nNOThür, auch ‚große Narbe‘ selt. ebd.

Wagner, -ä- m. ‚Stellmacher‘ neben jüngerem → *Stellmacher* verbreitet im Gesamtgebiet außer n,öNThür NOThür. – Lautf.: *Wachner, -o-, Waner, -o-, -au-* und mit Umlaut *Wäner, -e-, -a-, -ei-*.

währlich, -a- Adj. ‚wahrhaftig, wirklich' Hennb, sonst selt; *du muβt dich warrlich schaam.* – Lautf.: *wärrlich, -a-*. → *wärzig*.

Waldfeier f. ‚der 2. Januar' veraltend mittl. WThür; galt als Unglückstag, an dem der Wald gemieden werden soll.

Waldmännchen n. **1.** dass., neben **Waldmännchenstag** m. veraltend nWThür. – **2.** ‚Waldmeister (Asperula odorata L.)' selt. nItzgr, um Ilmenau.

walgern, -ä- sw. V. **1.** ‚etw. wälzen, kneten, zusammenrollen' selt. öOThür. – **2.** refl. ‚sich wälzen' vorwieg. swWThür; *ha wälchert sech off'n Arbodden.* – Lautf.: *walchern, -ä-*. → *wilgern*.

Walpurgis o. G. ‚der 1. Mai' verstr. SOThür ob. Schwarza, sonst seltener, dafür **Walpurgistag** m. vorwieg. nwNThür. Während an diesem Tag vor allem traditionelle Handlungen (Flurbegehung, Gesindewechsel, Zinszahlung) vorgenommen, bestimmte Speisen bevorzugt sowie aus dem Tageswetter auf künftige Wetterlagen geschlossen wurden, war am vorhergehenden **Walpurgisabend** und in der **Walpurgisnacht** mancherlei Brauchtum zur Abwehr von Hexen üblich, z. B. Peitschenknallen, das Anbringen von Kreuzzeichen, das Verstekken von Besen und im öSOThür das Entfachen von **Walpurgisfeuer** auf Anhöhen und das Schwingen von brennenden Reisigbesen. – Lautf.: *Walburche, -borche, Walburgis* und in Zuss. neben *Walborch(s)-* häufig auch *Walber(s)-*. Zugrunde liegt der Name der Hl. Walpurga. –

Wamme, Wampe f. **1.** ‚(fetter, dicker) Bauch' NThür WThür ZThür Hennb; *dar het sech owwer de Wambm vollgefrassen.* – **2.** ‚faltig herabhängende Haut am Hals von Rindvieh' verstr. öOThür, sonst veraltet. – Lautf.: *Wambm, Wambe, -o-, Wamme*. Zu mhd. *wam(b)e, wampe*.

wamsen sw. V. ‚prügeln, auf etw. einschlagen' verstr. außer Hennb Itzgr SOThür ob. Schwarza. Hierzu **Wamse** Pl. tant. ‚Prügel'; *es gibt (setzt) Wamse*.

wandern sw. V. speziell ‚spuken, herumgeistern (von Verstorbenen)' Eichsf WThür nHennb; *em zwelf het's off'n Bodden gewannert*.

wann Interrogativadv. ist lautlich mit der Konjunktion → *wenn* zusammengefallen und hat im nöNThür NOThür söZThür

IlmThür OThür SOThür Itzgr deren Lautung *wenn* übernom-
men, wobei im NThür nZThür die ältere Form **wanneher**
und im nöNThür NOThür nIlmThür älteres **wenneher** weit-
gehend verdrängt worden sind; *wann* (bzw. *wannehr) sall än de
Hochst* (Hochzeit) *sie?*

Wanne f. speziell **1.** ‚aus Weidenruten geflochtener Handkorb
mit Bügel' (z. B. zum Kartoffellesen) Eichsf sNThür, N-Rand
ZThür. – **2.** ‚flacher ovaler Weidenkorb mit ausgesparten Griff-
löchern' (zum Viehfüttern) verstr. Eichsf, neben **Futter-, Füt-
terwanne** f. sNThür ZThür sIlmThür, neben **Wannenkorb**
m. N-Rand WThür. → *Füllwanne.*

Wanstrammeln salopp ‚Bauchschmerzen' vorwieg. NOThür
OThür.

Wanzenbeere f. ‚Schwarze Johannisbeere' verstr. öNThür
NOThür nIlmThür, sonst selt.; wohl nach dem üblen Geruch
des Strauches.

Warzel f. ‚Warze als Hautwucherung' Eichsf WThür söZThür
öOThür ö,sSOThür Itzgr Hennb; *schmier Häxemällich* (vom
Schellkraut) *off die Warzel, da vergätt se.* Hierzu **Warzelkraut,
Warzenkraut** n. ‚Schellkraut', dessen Saft die Warzen vertrei-
ben soll. – Lautf.: *Warzel, -o-, -u-, -ö-* im lautlichen Zusam-
menfall mit *Wurzel.*

wärzig Adv. ‚wahrlich, wahrhaftig, wirklich' verstr. sWThür
Hennb, sonst selt.; *se hat's warzich gegleit* (geglaubt). – Lautf.:
wärzich, -a-, auch diminuiert zu *wärzchen* verstr. Mansf Ilm-
Thür. → *währlich.*

Wäschebleuel m. ‚Kaulquappe' söHennb nItzgr. Übertr. nach
der Form des Geräts.

Waschfleck m. ‚Waschlappen' selt. söNOThür nöOThür
öSOThür.

Waschhader m. ‚Scheuertuch' S-Rand SOThür.

Wasen m. ‚Dunst (in der Waschküche)' verstr. NOThür; auch
Wrasen m. dass., selt. NThür NOThür OThür. – Lautf.:
Wasen, -o-, Brasen, Brassen, -o-. Zu mnd. *wasem* und einer Ne-
benform mit *Wr-,* die vielleicht von → *Brodem* beeinflußt wur-
de.

Wasserjungfer f. ‚Libelle' verstr. neben zahlreichen kleinräumigen und einzelörtlichen Syn., so auch die Fem. **Wasserbraut, -dame, -fliege, -hexe, -nixe.**

Wattich m. ‚herabhängende Fettwulst, Doppelkinn' verstr. SO Thür.

webeln sw. V. ‚sich (unruhig) hin und her bewegen, flattern, schwanken, herumwimmeln' außer s Hennb Itzgr verstr., doch im Z Thür daneben **weibeln** sw. V. und im N Thür NO Thür O Thür SO Thür nw Hennb meist **wiebeln** sw. V.; *das Korn wiewelt in Wäind,* häufig stabreimend *es wiewelt on wawelt.* – Lautf.: *waweln, -ww-, weiweln, -ee-, wieweln, wiwweln.* Zu mhd. *webelen, weibeln, wibelen.*

Wechsel n. ‚ein Zweitexemplar zum Austausch' in der Wendung *das Wechsel haben* NO Thür IlmThür O Thür SO Thür; *bei Strimpen muß mer's Wechsel hamm.*

Wechselbutte f. ‚ein angeblich von bösen Geistern ausgetauschtes Kind mit körperlichen und geistigen Gebrechen' verstr. SO Thür ö Itzgr.

Weck m. **1.** ‚(mehrteilige) Semmel, Brötchen' w,s W Thür Hennb, W-Rand Itzgr; RA: *Wurscht on Weck macht Bettelsäck.* → *Scheideweck.* Auch **Wecke** f. selt. Eichsf. – **2.** ‚Weihnachtsstollen' nö Itzgr, selt. nö W Thür sw Z Thür, neben **Weihnachtsweck** m. n N Thür. Auch **Wecke** f. nö N Thür n NO Thür und **Wecken** m. NO-Rand Ilm Thür, westl. Saalfeld, neben **Weihnachtswecke(n)** f. m. selt. NO Thür; *de Wecken solln bis Fasenacht reeche.* → *Christweck.* – **3.** übertr. ‚ein handgeformtes Stück Butter oder Schmer'; Kinderreim: *Motter, schlag Botter, mir a Weck on dir a Dreck.* Auch **Wecke** f. selt. O Thür n SO Thür, **Wecken** m. verstr. ö Ilm Thür O Thür SO Thür. – Lautf.: *Weck, Wack, Wecke(n).*

Wederle n. ‚Schnittlauch' nur sö SO Thür. – Lautf.: *Wäderle, -äi-, Wedderle.*

Wegebreit m. ‚Wegerich' vorwieg. S-Rand NO Thür, O-Rand Ilm Thür, O Thür n SO Thür. Auch **Wegebreite** f. n,w Hennb, verstr. N Thür NO Thür W Thür Z Thür Ilm Thür, **Wegetrete** f. neben seltenerem **Wegetreter** m. sö Hennb, N-Rand Itzgr. → *Umtrete.*

Weg(e)scheißer m. ‚Gerstenkorn am Augenlid' Eichsf W Thür

ZThür Hennb Itzgr, sonst selt.; es soll entstehen, wenn jmd. seine Notdurft am Wegrand verrichtet.

Wegwurf m. ‚verkommener Mensch, Taugenichts‘ verstr. und derbstes Schimpfwort im Mansf; *verfluchter Wägworf!*

Wehde f. ‚zum Einfahren zusammengerechte Heureihe‘ sWThür nwHennb, seltener ‚Schneewehe‘ oder ‚große Menge‘ ebd.; *dos es obere Wähde Wäsch!*

Wehfrau f. ‚Hebamme‘ verstr. SOThür. Auch **Wehmutter** f. sIlmThür nwSOThür, sonst selt.

Wehtag m. ‚Schmerz‘ veraltend SO-Rand WThür, SW-Rand ZThür, Hennb nItzgr, häufiger in Zuss. mit *Bauch-, Haupt-, Kopf-, Zahn-,* wobei solche Komposita auch im öOThür öSOThür belegt sind; *ich verzwazel vor Wettich, se hot Zahwiehding.* – Lautf.: *Wäddich, Wädde(n), Wädding,* im öOThür öSOThür vor allem *Weh-, Wiehding.* Zu mhd. *wêtac* ‚leiblicher Schmerz‘.

weibeln → *webeln.*

Weiberleut n. ‚erwachsene weibl. Person, Frau‘ söHennb Itzgr; *dös Weiwerleut wäß niet, was se will,* RA: *wenn zwä Weiwerleut mitenand pischpern, bleit an der drett kei heil Hoor.*

Weibsleute Pl. ‚Frauen‘ verstr. Eichsf WThür, sonst seltener belegt, doch nicht Hennb Itzgr sSOThür; *ärscht kochen de Wiewesliet, noochen assen se met'n Mannslieten.* Als Sg. hierzu **Weibsmensch, Weibsstück, Weibstier** n. verstr. Eichsf WThür, auch **Weibsbild** n. verstr. WThür ZThür SOThür und verstr. **Weibsen** n. (< mhd. *wîbesname)* in neutraler und abwertender Verwendung.

Weich m. ‚zu waschende, eingeweichte oder bereits gewaschene Textilien‘ sWThür Hennb (außer Rhön), SW-Rand ZThür; *ich will dän Weich geß* ‚die Wäsche auf der Bleiche gießen‘. Hierzu **Weichkorb** ‚Wäschekorb‘, **Weichseil** n. ‚Wäscheseil‘ ebd. – Lautf.: *Weich, -ää-.*

Weiche f. **1.** dass., selt. sWThür nHennb. – **2a.** ‚eingetunkte Brotscheibe, eingeweichte Brotstückchen (in der Suppe)‘ verstr. ebd. – **b.** ‚mit Aufstrich versehene Brotscheibe, Bemme‘ sHennb, W-Rand Itzgr; *Mutter, mach mer ma a Weche.* – **c.** ‚dickflüssiger Brotaufstrich (z. B. Marmelade, Mus)‘ selt.

söHennb nwItzgr. – Lautf.: *Weiche, -äi-, Wächche(n)*. Zu *(ein)weichen*.

Weidenkäfer m. ‚Maikäfer' wNThür, N-Rand WThür, nwZ-Thür; daneben kleinräumig **Weidenkalb** n., **-kämmer** m., **-käuer** m.; *der Widdenkaiwer frißt garn Widdenblätter.*

Weife f. ‚fester Holzständer mit drehbar angebrachtem Speichenrad zum Aufwickeln des gesponnenen Garns' früher allg. zum Hausrat und oft zur Aussteuer gehörend; übertr. ‚Schwätzer(in), Klatschbase' verstr. sSOThür öItzgr; *alta Waaf(en)!*

Weih m. ‚Raubvogel' (vor allem ‚Habicht') neben vereinzelt **Weihe** f. im wNThür.

Weihrauch m. speziell ‚Pirol' nIlmThür nwOThür; nach seinem wie *Wiehrooch* klingenden Ruf.

Weinkauf m. ‚Trunk zur Besiegelung eines Kaufes' (bis ca. 1940 bes. beim Viehhandel) wNThür sWThür Hennb, sonst → *Leikauf.* Auch ‚Festschmaus zur Bekräftigung einer Verlobung' verstr. Rhön. – Lautf.: *Wien-, Winnkauf, -käuf, Wingkuff, -küff* und mit reduziertem Tonvokal im Grundwort *Wäin-, Winn-, Wing-, Wengkeff.*

Wein(s)träubel, -au- f. ‚Weintraube' WThür sZThür nHennb, sonst selt.; *de Wientrübel senn riff.*

Weiser m. ‚Uhrzeiger' NThür WThür ZThür, veraltend neben **Zeiger** m. NOThür IlmThür OThür. Zu **weisen** st. V. ‚etw. zeigen, auf etw. deuten', das allg. neben jüngerem **zeigen** gilt und auch zu **Wegweiser** m. geführt hat.

weiskriegen sw. V. ‚etw. bemerken, erfahren' verstr. SOThür Itzgr, sonst selt.; *mei Fraa hat's weiskricht, daß ich besoffen wor.*

Weißwurst f. ‚Kochwurst ohne Blutzugabe (im Gegensatz zur *Rotwurst)* 'verstr. Hennb Itzgr.

welgern → *walgern, wilgern.*

Welle f. speziell ‚Reisigbündel' allg. außer SOThür Itzgr, wo meist → *Büschel* gilt.

Wellfleisch n. ‚das im Kessel gekochte fette Fleisch zur Bereitung von Kochwürsten' sNOThür, N-Rand IlmThür, OThür söSOThür, sonst seltener und jüngeres Wort.

Wellholz n. ‚Holzwalze zum Ausrollen des Kuchen- und Nudelteigs' sSOThür; auch **Wellerholz** n. nwSOThür.

Welschkohl m. ‚Wirsing' selt. NOThür; auch **Welschkraut** n. verstr. und veraltend söNOThür OThür, selt. NThür nSOThür.

Welschnuß m. ‚Walnuß' neben **Welsche(r) Nuß** m. f. veraltend verbreitet im Gesamtgebiet.

Wendisch m. ‚das Kartenspiel Schafkopf' WThür ZThür nIlm-Thür OThür, sonst selt. – Lautf.: *Wendisch, Wenn(d)sch, Wengsch, -a-.*

wenn Konjunkt. ist mit dem Interrogativadv. → *wann* zusammengefallen und besitzt im NThür WThür nwIlmThür Hennb dessen Lautungen *wann* und *bann*, während in den übrigen Gebieten die Gemeinschaftslautung *wenn* gilt; *wann ech nur weßt* (wüßte), *wann a keem* (käme).

Werkgezeug n. ‚Werkzeug' sWThür Hennb; RA: *Wargezügg helft arwett.*

Werkstatt f. wie schd., allg., doch im wNThür WThür auch **Werkstelle** f. – Lautf.: *Wärkstatt, Wärkscht, -a-, Wärscht, -a-, Wärrschet, -a-; Wärkstelle, -stall.*

Wermut m. f. wie schd. ‚die Pflanze Artemisia absinthium L. sowie der daraus bereitete Tee als Heilmittel' allg. – Lautf.: Mit Erstsilbenbetonung neben jüngerem *Wǝmut* veraltend *Wärrmedde(n), Warr-, Wärbm, Wärmde, -a-* und im Itzgr *Wärr-, Warrwedden.*

Wespe f. wie schd., allg. außer NThür nwZThür nöHennb, wo die mdal. Entsprechung **Hornisse** f. ist. Mit *l*-Suffix begegnen **Wespel, -i-** im Eichsf nWThür, westl. Meiningen und um Greiz sowie **Mespel, -i-** im sWThür nwHennb. Auf mhd. *wefse* beruhen Sonderentwicklungen im söZThür IlmThür swOThür SOThür. – Lautf.: *Wespe, -a-, Wisp(e), Weschpe, -a-, Wöss; Wespel, -i-, -a-; Mespel, -i-; Webs(e), -ee-, Wiebs, Wewwesse, Wewweste, Wewwetzche* u. a. m.

Wetz(e)faß n. ‚mit Wasser gefüllter Wetzsteinbehälter' (früher zumeist aus einem Kuhhorn bestehend, das am Gürtel des Schnitters befestigt war) öNThür NOThür, ZThür (außer W-Rand), IlmThür OThür, N-Rand SOThür, Itzgr. Auch **Wetzkumpf** m. SOThür (außer N-Rand), **Wetz(e)tülte** f. um Nordhausen, **Wetzetute** f. Eichsf.

wichern → *wiehern.*

Wichse f. speziell ‚Prügel' sNThür NOThür öZThür IlmThür OThür, sonst selt.; *frieher jabb's veel marre Wichse in der Schule.* Abgeleitet von **wichsen** sw. V. ‚prügeln' neben häufigerem *verwichsen.*

wie Interrogativadv. gilt wie im Schd.; als Konjunktion ersetzt es in Vergleichen beim Komparativ und in temporalen Nebensätzen ‚als': *gresser wie ich; we ech achzen wor, mußt ech in Kriech.*

Wiebel, Wieberle n. Kosename für ‚(junge) Gans' S-Rand SOThür, neben vereinzeltem **Wieber** f. S-Rand Hennb, Itzgr. Auch Lockruf *wiebe(r)le!* ebd.; → *Wiele.*

Wiede f. ‚durch manuelles Drehen spiralig gewundene Rute' vorwieg. aus Weiden, zuweilen auch aus Haselnuß- oder Birkengerten gefertigt und zumeist zum Binden von Reisigbündeln verwendet; RA: *a kalta Schmied un a arla Wied taachen ölla zwää nix.* – Lautf.: *Wiede, -e-, -ä-, -ea-, Wedde.* Zu mhd. *wid(e), wit* ‚Flechtreis, Band'.

wiederkäuen sw. V. wie schd., doch mdal. nur NOThür nIlmThür nOThür, verstr. ZThür. Neben den iterativen Varianten → *käueln, käuern* auch **wiederkäueln** sw. V. in Kleingebieten zwischen Erfurt und Gera; meist *de Kuh kait (kaut, kuvwet, käwelt, kehlt, käuert) widder.* → *urkäuen, nitrücken, nädern.*

Wiedewinde f. ‚das Unkraut Ackerwinde' nöNThür NOThür wOThür, selt. im Eichsf; *mer sieht vor Wedewingen die Kartoffeln nich.*

Wiege f. ‚mit Kufen versehenes Schaukelbettchen für den Säugling' nur sWThür sZThür sIlmThür öOThür SOThür Itzgr Hennb und vereinzelt neben mdal. Syn., doch überall veraltet; *sinst* (früher) *wurn de klenn Kinner in de Wiege geleet, noochen in en Kinnerkorb, itze leet mer sche in ene feine Kinnerkutsche.* Verpönt war, von hinten in die Wiege zu schauen, weil das Kind sich dann das Schielen angewöhnt. – Lautf.: *Wieche, -ee-, Wäich.*

Wiegebrett n. ‚großes Hartholzbrett, auf dem beim Hausschlachten mit dem → *Wiegemesser* Fleisch zerkleinert wird' OThür SOThür, sonst selt., im Hennb auch **Wickelbrett** n.

Wiegemesser n. ‚halbrundes, beiderseits mit Griffen versehenes Messer, mit dem durch wiegende Bewegungen Fleisch oder Gemüse zerkleinert wird' allg. neben älteren Syn.; *das Jehackte mußte mät'n Wiechemasser jewiecht ware.* Auch **Wiegelmesser** n. verstr. öItzgr und **Wickelmesser** n. im Hennb.

Wiegepferd n. ‚Schaukelpferd' öItzgr, verstr. sOThür SOThür; ebs. **Wiegegaul** m. sHennb wItzgr.

wiehern sw. V. wie schd. von Lauten des Pferdes, allg. neben regionalen Syn., doch mit Kons.-Verhärtung *wi(e)chern* vereinzelt im NThür nöZThür nIlmThür.

Wiele f. Kosename für ‚(junge) Gans' vorwieg. wSOThür, verstr. söZThür sIlmThür söHennb nItzgr, selt. NThür sö-SOThür; *off'n Hof rammeln de klenn Wiele un Zipple rim.* Ebenfalls als Kosename für ‚(junge) Ente' wSOThür, selt. söZThür IlmThür sHennb nItzgr. Auch Lockruf für Gans und Ente: *wiele-wiele!, Willichen komm!* – Lautf.: *Wiele(chen), Wille(chen).* → *Wiebele, Wulle.*

Wiemen m. **1.** ‚Stangengerüst zum Aufhängen der Würste' selt. nEichsf. – **2.** ‚Hühnerstall (mit Sitzstangengerüst)' selt. ebd.; *de Hinder* (Hühner) *wunn schlofe, siehk mol zu, ob de Wiemen uffen is!* – Ein vorwieg. nd. Wort, beruhend auf lat. *vīmen* ‚Rute, Flechtwerk'.

Wienze f. Kosename für ‚Katze' verstr. neben seltenerem **Wienzekatze** f. wNThür WThür ZThür Hennb und **Wunze** f. sWThür nHennb. Auch Lockrufe *Wi(e)nz-Wi(e)nz!, Wi(e)nzchen!, Wienzle!* – Lautf.: *Wienz(e), Winz, Wäinz; Wuinz, Weunz;* häufig Dim.

Wiesebaum m. ‚längs auf das Heufuder gelegte Stange zur Befestigung der Ladung' SOThür. – Lautf.: *Wies(e)-, Wäis-, Wiesch-, Wisch-, Weschbaam.*

wieten sw. V. ‚Unkrat jäten' nNOThür. Zu mnd. *wēden.*

wilgern sw. V. ‚etw. wälzen, zusammenrollen', speziell ‚Nudel- oder Kuchenteig mit dem **Wilgerholz** n. ausrollen' verstr. N-Thür nöZThür, sonst selt.; → *walgern, Kuchenwilger.*

Wimmer m. ‚knorriges Stück Holz' verstr. sSOThür Itzgr; übertr. ‚kräftiger Mann (von gedrungener Gestalt)' öItzgr. – Lautf.: *Wiemer, Wimmer.* Zu mhd. *wim(m)er.*

Windhaufen m. ‚kleiner Heuhaufen, der abends oder bei drohendem Unwetter errichtet wird' öNThür swNOThür nIlm-Thür, selt. nOThür.

windisch Adj. ‚windschief, krumm, uneben, verbogen, verbeult' NThür WThür ZThür, sonst selt.; *dar Schaank steht wingsch, laa* (lege) *wos enger!* Übertr. auf Personen ‚ungeschickt, launisch, einfältig' selt.ebd. – Lautf.: *wind(i)sch, wing(i)sch, -e-*.

Windwehe f. ‚Schneewehe' Hennb ob. Schwarza, sSOThür, sonst selt.

Windwirbel m. ‚Wirbelwind' vorwieg. söNThür sNOThür nöZThür nIlmThür. Auch **Windhexe** f. nöNOThür.

Winselmutter f. ‚Gespenst in unterschiedlicher Gestalt (Hund, Kalb, Ziege, weißgekleidete Frau), dessen Auftreten Unglück oder Tod zur Folge hat' SO-Rand SOThür. Auch ‚fiktive Gestalt, mit der man Kindern droht' ebd.

Wippchen Pl. ‚kleine Betrügereien, Ausflüchte, Späße, (lustige) Streiche' verstr. NThür NOThür nWThür nZThür nIlmThür OThür; *mach mer keene Wippchen vor!*

Wippsterz m. ‚Bachstelze' nöNOThür, selt. NThür OThür SOThür; auch Fem. **Wippsterze** vereinzelt öOThür SO-Thür. → *Beinsterz(e)*.

Wirre f. **1a.** ‚verfitzte Fäden von Wolle oder Garn' verstr. Ilm-Thür nSOThür. – **b.** ‚zusammengerechte Getreidereste auf dem Feld' selt. sIlmThür. – **2.** ‚Frau Holle als Schreckgestalt, mit der man Kindern droht' n‚öSOThür. In den → *Zwölf Nächten* soll sie auch den noch nicht abgesponnenen Flachs am Spinnrad verwirren.

Wirsing m. wie schd. allg. neben **Wirsingkohl** und regionalen Syn. wie → *Bersch, Welschkohl, -kraut*, doch in Assimilation mit vorausgehendem Artikel *den* bzw. *ein* vorwieg. *Mirsing* sNThür ZThür nHennb, SO-Rand WThür, nöItzgr, S-Rand SOThür, verstr. nNThür. – Lautf.: *Wirsching, -e-, -a-, -ö-, -ü-, Mirsching, -e-, -ü-* und *Mierschem* im nöHennb. Zugrunde liegt letztlich lat. *viridia*.

Wischbaum → *Wiesebaum*.

Wispel m., selt. f. n. ‚ein Hohlmaß für Getreide' veraltet NOThür, N-Rand IlmThür, nöOThür nöSOThür; *mit Wispel* *un Scheffel hunn se bis ungefähr 1900 gerachent.* Ein Wispel faßte in regionaler Verschiedenheit 12 – 24 Scheffel oder Sack.

Wissel f. Kosename und Lockruf für (junge) Gänse und Enten, verstr. söNThür swNOThür. → *Wussel.*

wiste Interj. ‚Zuruf an Zugtiere, nach links zu gehen' vorwieg. OThür SOThür Itzgr, selt. sNOThür Hennb, häufig erweitert zu *wiste her!* oder *wiste rum!* – Lautf.: *wist(e),* selt. *wiest(e), wüst(e), wuiste, (h)uist(e).* Zu mhd. *winster* ‚link(s)'.

Witfrau f. ‚Witwe' allg., doch veraltend. Ebs. **Witmann** ‚Witwer'.

Witscherling → *Wütschierling.*

wo Interrogativadv. gilt wie im Schd.; als temporale Konjunktion ersetzt es neben → *wie* die Konjunktion ‚als' im gesamten Bearbeitungsgebiet (außer Itzgr), als Relativpron. kommt es im Itzgr und verstr. im Hennb SOThür vor: *wu me gasternowwet heimkomen, logen de annern schonn im Batt; es is schod für jeden Hieb, wu dernaam gätt.*

Wocken → *Rocken.*

worfen sw. V. ‚nach dem Flegeldrusch Getreidekörner und Spreu mit der **Worfschaufel** oder **Worfschippe** gegen den Windzug im Tennenraum werfen, so daß sie sich getrennt ablagern', früher allg., doch im NOThür OThür zumeist **worfeln** sw. V.

Wrasen → *Wasen.*

Wulle f. **1.** Kosename für ‚(junge) Gans' neben **Wullegans** f. NThür (außer NW-Rand), WThür ZThür IlmThür Hennb (außer SO-Rand), selt. wSOThür. Auch Lockruf *wulle-wulle!* – **2.** Kosename für ‚(junge) Ente' selt. ebd. – Lautf.: *Wulle, -ü-, -ui-* und *Wuule* neben → *Wiele* wSOThür.

wummern sw. V. **1.** ‚dumpf dröhnen, aus der Ferne donnern' vorwieg. NThür NOThür nIlmThür. – **2.** ‚heftig zuschlagen, an Tür oder Tor klopfen' verstr. ZThür nIlmThür, seltener NThür NOThür nwOThür nwSOThür; *war wummert'en do an der Teer?* – **3.** ‚prasselnd brennen (z. B. Feuer im Ofen)' verstr. NOThür nIlmThür, selt. NThür WThür nZThür.

Wunze → *Wienze.*

Wurf m. speziell **1.** ‚Sensenstiel neben **Sensenwurf** m. verstr. S-

Rand vom WThür und ZThür, Hennb Itzgr sIlmThür
wSOThür. – **2.** meist Dim. ‚ein Schluck Schnaps', auch ‚kleines
Schnapsglas' verstr. ZThür IlmThür, sonst selt.; *ar genähmichte
sich a kleenes Wärfchen.*

Würgel m. f. **1.** als Mask. ‚(freches) kleines Kind' NOThür Ilm-
Thür OThür SOThür Itzgr, sonst selt.; *dar Wärchel will nich pa-
riere.* – **2.** meist Fem. ‚Stopfklößchen für die Gänsemast'
OThür SOThür, selt. IlmThür. – Lautf.: *Wärchel, -a-, -ö-, -ü-,*
doch meist umlautlos *Worchel* in Bed. 2.

Würger m. speziell ‚steifer Kartoffelbrei' verstr. n‚öSOThür ne-
ben **Würgpulze** f. und **Wurg-, Würgkartoffeln** Pl.

Wurstband n. (meist Pl.) ‚kurze Schnur zum Abbinden und
Verschließen der Wurst' NThür nNOThür nWThür ZThür
sIlmThür wSOThür, sonst **Wurstbendel** m. sWThür Hennb
Itzgr und **Wurstbindfaden** m.

Würstchen n. speziell ‚Kätzchen am Haselnußstrauch' verstr.
öZThür IlmThür sOThür SOThür.

Wurstfleisch n. ‚im Kessel gekochtes fettes Fleisch zur Berei-
tung von Kochwürsten' O-Rand IlmThür, nSOThür; *im holber
nääne wor is Worschtfleesch fartch.*

Wurstteig m. ‚Wurstmasse aus Fleisch, Speck, Blut und Ge-
würzen, die in Därme gefüllt wird' sWThür Hennb Itzgr
s‚öSOThür.

Wurzel → *Warzel.*

Wussel, Wusel f. Kosename und Lockruf für ‚(junge) Gans'
verstr. wSOThür, selt. ob. Schwarza; auch **Wusse, Wuse** f. O-
Rand IlmThür. → *Wissel.*

Wütschierling m. ‚die Schierlingspflanze und ähnliche weiß-
blühende Doldengewächse' sZThür (außer um Ilmenau). –
Lautf.: *Witscher-, Wetscherling.* Wohl zu mhd. *wuotscherlinc*
wegen seiner Giftigkeit.

zach Adj. **1a.** ‚zäh' NOThür IlmThür OThür SOThür; *zach wie Hosenlädder;* auch ‚halbgar' ebd.; *zaches Fleesch.* – **b.** ‚feucht, noch nicht trocken (z. B. von Wäsche, Heu, Getreide)' verstr. IlmThür OThür SOThür. – **2.** übertr. ‚geizig, knauserig' vorwieg. IlmThür OThür SOThür; *dar is zach, dan dauert jeder Fenk.* – Lautf.: *zach, -o-.* Schon mhd. Nebenform von *zäh.*

Zacken m. speziell ‚(dürrer) Ast, Zweig' NThür, verstr. NOThür, N-Rand ZThür; seltener ‚Baumwipfel' und im Pl. ‚Reisig' ebd.; → *Zanken.*

Zagel m. ‚Schwanz' veraltend sWThür Hennb nItzgr ob. Schwarza, selt. NThür; vereinzelt auch ‚Rockzipfel' oder in der Wendung *den Zagel haben* ‚letzte Person in einer Reihe, Bummelant sein' (z. B. beim Kartoffellesen). → *Katzen-, Sauzagel.* – Lautf.: *Zaachel, -oo-, Zaal, -oo-, -au-, -ai-, -oi-, -öö-, -oa-.* Zu mhd. *zagel, zail, zeil,* vgl. engl. *tail.*

Zagelrot m., **Zagelrote** f. ‚Rotschwänzchen' verstr. söWThür, mittl. ZThür; häufig diminuiert. → *Rotzagel.*

Zagelwurm m. ‚eine Rinderkrankheit, Schwanzfäule' veraltend WThür nwZThür.

Zahl f. speziell ‚ein Garnmaß' (unterschiedlich 8 – 20 Gebinde umfassend) verstr. IlmThür, selt. öZThür, doch überall veraltet. – Lautf.: *Zahl(e), Zoahle.* → *Zaspel.*

Zahnpein f. ‚Zahnschmerzen' verstr. sIlmThür SOThür, ebs. **Zahnweh** n. vorwieg. wEichsf wWThür, **Zahnwehtag** m. veraltend nHennb nItzgr, selt. öOThür nöSOThür.

Zaine f. ‚Weidenrute zum Binden und Flechten' selt. und veraltend söZThür IlmThür SOThür, als Dim. vor allem im öOThür. – Lautf.: *Zeene, Zeenchen, Seemchen.* Zu mhd. *zein* m. ‚Rute, Rohr'.

Zammet, Zämmet m. ‚steifer Kartoffelbrei, verdickt mit Stärkemehl und vermengt mit Speck und Zwiebelstückchen' Itzgr. – Lautf.: *Zaamet,* selt. *Zäämet.* Etym. unklar; erwogen wurde Herkunft aus *zusamt* oder *zusammen* (mdal. *zamm).*

Zammete f., **Zamte, -ä-** f. **1.** dass., verstr. nwItzgr, W-Rand SOThür. – **2.** ‚warmer Kartoffelsalat, säuerlich zubereitet und mit Speck und Zwiebelstückchen vermengt' vorwieg. WThür Hennb. – **3.** ‚Pfannengebäck aus geriebenen gekochten Kartoffeln unter Zugabe von Mehl und Fett' verstr. söIlmThür w‚sSOThür, aber ebd. auch ‚aus geriebenen rohen Kartoffeln bereiteter Kartoffelpuffer', zuweilen auch *Grüne Zamte* genannt. – Lautf.: *Zaamett(e), Zammetten, -ä-, S-,* in Bed. 3 *Zammte(n), Sammten, -ä-, Zaamte.*

Zampe f. **1.** dass. wie → *Zammet* und → *Zamte 1,* verstr. ob. Schwarza, selt. öZThür wIlmThür, westl. Saalfeld; *morchen gebt's bie uns Porreebreh on Zampe.* – **2.** ‚warmer Kartoffelsalat' vorwieg. öZThür, selt. nIlmThür. – **3.** dass. wie → *Zamte 3,* verstr. söIlmThür w‚sSOThür, örtlich auch **Bröckelzampe** genannt und als ‚Karttoffelpuffer' *Grüne Zampe.* – Lautf.: *Zamp(e), Zampen, Zämp(e).* Vielleicht beeinflußt von *Pampe, Pampf, Pamps* ‚dicker Brei'.

Zamte → *Zammete.*

zanger Adj. ‚begierig' verstr. nöNThür; *zanger uf was Sures;* auch **zangisch, -ä-** Adj. selt. NThür ZThür. Zu mhd. *zanger* ‚scharf, beißend, lebhaft, rührig'.

zängerlich Adj. **1.** dass., selt. sHennb Itzgr. – **2.** ‚säuerlich' verstr. Itzgr; *de Linsen müssn a wäng zängerlich sei.*

Zanken m. ‚(dürrer) Ast, Zweig' NOThür, N-Rand vom Ilm-Thür und OThür. → *Zacken, Zinken.*

zannen sw. V. ‚mürrisch den Mund verziehen, schimpfen, weinen' verstr. SOThür, selt. OThür sNOThür; auch ‚schmerzen' unpersönlich *das zannt awer!* N-Rand OThür. Zu mhd. *zannen* und wohl von *Zahn* hergeleitet.

zärgen → *zergen.*

Zaspel f. **1.** ‚Spindel am Spinnrad' selt. und veraltet Eichsf

Hennb. – **2.** ‚ein Garnmaß' (unterschiedlich 10 – 20 Gebinde umfassend) verstr. sWThür Hennb wZThür, ob. Schwarza, doch veraltet. Zu spätmhd. *zalspil(le)* aus *zal* ‚Garnmaß' und *spinnel* ‚Spindel'. → *Zahl*.

Zätscher m. Bezeichnung für Finkenvögel (so für Zeisig, Hänfling oder Grünfink) verstr. ob. Schwarza, S-Rand SOThür, sonst selt.

Zattel m. ‚Stofflappen, altes (zerrissenes) Kleid' und übertr. ‚liederliche Person', verstr. nOThür. – Lautf.: *Zaatel* als Nebenform von → *Zottel*.

zauen sw. V. refl. ‚sich beeilen' verstr. nöNThür Mansf, sonst selt., nicht öOThür ö,sSOThür: *se mutte sich zau, bann se noch in de Kirche woll.* Zu mhd. *zouwen*.

Zaupe, -äu- f. **1.** ‚Hündin' swWThür Hennb Itzgr; *de Züpp es läifsch* (läufisch). – **2.** ‚mannstolle weibl. Person' ebd. – Lautf.: *Zaup, Zäup, Zäupla, Zupp, -ü-, -ö-, -i-, Süpp.* Zu mhd. *zûpe*.

Zech → *Sech*.

zecken sw. V. ‚(sich) necken, foppen, zanken' selt., doch nicht NThür nNOThür Itzgr; *heert uf, eich ze zecken!;* auch **zeckeln** sw. V. selt. öOThür öSOThür, um Sonneberg. – Lautf.: *zecken, -a-*. Zu mhd. *zecken* ‚reizen, necken'.

Zeh o. G. ‚Freimal beim Haschespiel' verstr. öOThür, selt. söNOThür. Etym. unklar.

zeheln sw. V. ‚auf den Zehenspitzen stehen oder gehen' verstr. OThür SOThür, sonst selt.; *wenn de ewer de Mauer gucke willst, mußte ziewle*.

zeichern sw. V. ‚zeichnen' sWThür Hennb; auch *dän hot der Tud gezeichert* ‚er wird bald sterben'.

Zeil m. ‚Zeile, Reihe' verstr. öItzgr, S-Rand SOThür; *än Zeil Semmeln*.

Zeimer → *Ziemer*.

Zeite → *Zotte*.

zeite Adj. ‚zeitig, früh' verstr. NOThür; *mer wärn heier ä zeiten Winter krein.* Zu mhd. *zîte* ‚zeitig'.

zeitig Adj. **1.** wie schd. ‚früh' vorwieg. NOThür OThür SOThür; *es werd itze schunne zäätch Nocht.* – **2.** ‚früh im Jahreslauf' verstr. OThür, selt. sIlmThür Itzgr; *de zeitchen Aabern*

‚Frühkartoffeln'. – **3.** ‚reif' (bes. von Obst und Getreide) Hennb
Itzgr, S-Rand SOThür; RA: *bann der Guckuck schreit, wern die
Knackwüerscht zettich.* – Lautf.: *zeit(i)ch, -äi-, -ää-, -ie-, zittich, -e-.*

Zelge f. ‚Zweig an Baum oder Strauch' verstr. ob. Schwarza, selt.
SOThür nEichsf; doch **Zelgen** m. vorwieg. Eichsf nZThür,
auch **Zelg** m. verstr. SOThür. Zuweilen ebd. ‚Pflanzenstengel,
Schößling', seltener ‚starker Ast' oder übertr. ‚ein großes Stück';
än schinn Zalgen Kuchen. – Lautf.: *Zall(e)gen, -ä-, Zall(e)chen, -ä-,
Zalch, Zallich* und an der ob. Schwarza *Zalle*. Abweichend *Zoll-
chen* nSOThür. Zu mhd. *zëlge, zëlch* ‚Zweig'.

zengs(t), zen(d)st → *Ende*.

zergen sw. V. ‚necken, ärgern, zanken, schimpfen' NThür
Mansf, selt. Hennb; *mußt'n den Klenn immer zerche!* Zu nd. *ter-
gen.*

zerlechzen sw. V. ‚eintrocknen und dadurch rissig werden'
(meist prädikativ von Holzgefäßen) söNOThür, O-Rand Ilm-
Thür, n,wOThür, seltener in angrenzenden Gebieten, dafür
zerlättern sw. V. vorwieg. IlmThür, **erlättern** sw. V. söN-
Thür nöZThür sowie → *erlechen, verlechzen*.

zermachen sw. V. ‚Heuhaufen auseinanderwerfen' verstr. ob.
Schwarza n,ölItzgr, selt. wSOThür, ebs. **zerschmeißen** st. V.
verstr. SOThür, **zerschnecken, -i-** sw. V. verstr. söZThür,
ob. Schwarza, wSOThür.

zerren sw. V. ‚(kräftig) ziehen' allg. außer n,wNThür
nNOThür; *bargoff motten de Pfaar tichtich zerr, dar zerrt awwer ne
Gusche!* ‚verzieht mürrisch den Mund'. Hierzu **Zerre** f. in der
Wendung *etw., jmd. in der Zerre haben* ‚etw. bearbeiten, jmd.
ärgern, verprügeln'.

Zerrwanst m. ‚Ziehharmonika' verstr. ebd.

Zesche → *Tschesche.*

zetten sw. V. ‚frisch gemähte Grasschwaden oder halbtrockene
Heuhaufen auseinanderwerfen' WThür Hennb Itzgr sSO-
Thür, verstr. mittl. NThür, wZThür, sonst **zetteln** sw. V. und
andere Syn.; *wann's Gros gehauen es, mossn de Schmoden gezett
waar.* – Lautf.: *zeten, -tt-,* im Pt. Perf. meist *gezett*. Schon mhd.
zeten, zetten ‚streuen'.

zewanner → *selbander.*

Zibbe f. ‚Schaflamm, Ziegenlamm' neben **Zibbenlamm** vorwieg. nöNThür NOThür, seltener nöZThür nIlmThür nOThür; auch ‚erwachsenes weibl. Schaf', seltener ‚weibl. Ziege, weibl. Kaninchen' und abwertend ‚weibl. Person' ebd.; *enne neigieriche Zibbe.* – Lautf.: *Zibbe, -ww-, Ziwwen, Zimm.* Ein vorwieg. nd. Wort.

Zibbel → *Zwiebel.*

Zibbicke f. ‚Holunderstrauch, -beere' verstr. Mansf, selt. übriges NOThür, N-Rand OThür. – Lautf.: *Zíbicke, Zíwicke, Ziwecke.* → *Schibbicke.*

Zichorie f. **1.** ‚Wegwarte' verstr. öNThür NOThür nIlmThür OThür, sonst selt.; ihr Tee diente Heilzwecken. – **2.** ‚aus gerösteten und gemahlenen Zichorienwurzeln gewonnener Zusatz für Kaffee' (zur Erzielung einer dunklen Farbe) vorwieg. IlmThür SOThür; auch ‚Kaffee-Ersatz' und abwertend ‚dünner Kaffee'.

zick Interj. **1.** Lockruf für Ziegen, verstr. OThür, selt. nIlmThür nSOThür, auch *zick komm!* w,sWThür. – **2.** Lockruf für Küken, verstr. wSOThür, wo deshalb **Zickle** n. als Kosename für ‚Küken' auftritt.

Zicke f. ‚weibl. Ziege' nöNThür NOThür, verstr. N-Rand IlmThür, nwOThür; auch ‚Ziegenlamm' verstr. ebd., ‚weibl. Kaninchen' mittl. NThür, wNOThür, selt. nIlmThür, seltener ‚weibl. Schaf'; häufig abwertend als Scheltwort für weibl. Personen. Etym. wohl Intensivbildung zu *Ziege* aus ursprünglichem Dim. ahd. *zickīn.*

zickeln sw. V. ‚Jungtiere gebären (von der Ziege)' verstr. Itzgr, sonst selt.

Zieche f. (selt. m. n.) ‚Bettbezug, Überzug für Federbett und Kissen' neben **Bettzieche** f. früher allg. – Lautf.: *Zieche(n), -ee-, -iä-, Zichche(n), -e-, Zech.* Zu mhd. *zieche* aus mlat. *theca* ‚Hülle'.

ziefern sw. V. ‚fein regnen (schneien), nieseln' verstr. Itzgr, W-Rand SOThür. Wohl Nebenform von → *siefern.*

Ziegel f. m. **1.** ‚Dachziegel' allg.; RA bei Verschuldung: *dan gehiert keine Zeechel mehn offn Dach.* – **2.** meist Mask. ‚Backstein' neben **Ziegelstein** m. NOThür OThür SOThür, sonst selt.

Ziegenhainer m. ‚derber Spazierstock (nach dem Herstellungs-

ort Ziegenhain bei Jena)' verstr. mittl. IlmThür, OThür
SOThür.

Ziegenschinder m. ‚kalter Nordost- oder Ostwind' NThür,
sonst selt.

Ziehtag m. ‚Tag des Gesindewechsels' früher in regional einge-
schränkter Verbreitung neben anderen Syn.

Ziemer m. **1.** ‚Drossel' vereinzelt im gesamten Bearbeitungsge-
biet belegt. – **2.** übertr. auf Personen; *du därrer Ziemer!,* im Pl.
‚lebhafte Kinder' *ich hob drää siche Zäämer* nSOThür. – Lautf.:
Ziemer, Zimmer, Zeimer, -äi-, -ää-.

Ziepchen n. Kosename für ‚Küken' neben selt. **Ziepe** f. und
Ziep n. vorwieg. nIlmThür OThür SOThür, verstr. söNThür;
de Zipple rammeln off'n Hof rim. Auch Lockruf *zipp-zipp!* oder
ziep-ziep! – Lautf.: *Ziepchen, Zieple, Zippchen, -el, -le.* → *Schiep-
chen.*

Ziepf → *Zipf.*

Zinken Pl. speziell **1.** ‚(dürres) Reisig' um Mühlhausen und Son-
dershausen; *Zinken ferr's Fieroonmachen.* – **2.** abwertend ‚Nase'
allg.

Zinnkraut n. ‚Schachtelhalm' nöNThür, sonst selt.; zum
Scheuern von Zinngeschirr verwendet.

Zinshahn m. früher ‚Hahn als Naturalabgabe für den Zinsherrn'
noch in der Wendung *er wird rot (kriegt einen Kopf) wie ein Zins-
hahn* verstr. NThür NOThür nöZThür nIlmThür OThür.

Zipf m. n. **1.** ‚Ausgußnase an Topf oder Kanne' Itzgr, SO-Rand
Hennb; → *Schnipf.* – **2.** nur Mask. ‚Verhärtung der Zunge als
Geflügelkrankheit' verstr. Hennb, selt. swNThür, N-Rand Z-
Thür. → *Pips¹.* – Lautf.: *Ziepf, Zipf, Züpf.*

Zipp → *Zaupe.*

Zippchen → *Ziepchen.*

Zippe¹ f. ‚Singdrossel' verstr. sIlmThür OThür SOThür, sonst
selt.

Zippe² → *Zibbe.*

zischen sw. V. abgeleitet von Geräusch und Schnelligkeit spezi-
ell **1.** ‚auf einer Eisbahn schlittern' söHennb Itzgr, selt. ob.
Schwarza; *hinterschich züsch* ‚rückwärts schlittern'. Hierzu **Zi-
sche** f. neben **Zischbahn** f. ‚Eisbahn' ebd. – **2.** ‚flache Stein-

chen so werfen, daß sie auf der Wasseroberfläche hüpfen' selt. ebd., dafür hier und im OThür vereinzelt auch **zischeln** sw. V. – **3.** ,Heu- und Getreidereste auf dem Feld nachrechen' sHennb nwItzgr. Hierzu **Zischrechen** m. ,Schlepprechen'. – **4.** ,urinieren' söSOThür; *er hot in de Husen gezischt*, subst. *e Zischerle machen.* – Lautf.: *zischen, -ü-, -ö-*.

Zitrene, Zitrone → *Syringe.*

Zitzeritze → *Lakritze.*

Zogenlicht n. **1.** ,Kerze' neben selt. *gezogenes Licht* WThür Z-Thür mittl. IlmThür, OThür nSOThür; *dos Züüleecht es obgebraant.* – **2.** übertr. ,Nasenschleim, Rotz' ebd. außer OThür SOThür; *se hatte zwää gruße Zoolichter hänge.* – Lautf.: *Zoochen-, Zooch(e)-, Zoo(n)-, Zooi-, Zaa(n)-, Zään-, Zee(n)-, Zau-, Zuu-, Züü-, Zöö-* als Bestimmungswort.

Zolk → *Zulk.*

Zotte f. ,Ausgußnase an Topf oder Kanne' söWThür nwHennb. Wie **Zeute, Zeite** f. im Eichsf n,wWThür etym. wohl mit nd. *teute, tute* ,Ausguß, Röhre' verwandt.

Zottel m. f. **1.** ,wirres Haar, unordentlich herabhängende Haarsträhne' verstr. OThür SOThür nItzgr Hennb, sonst selt. – **2.** ,(alter) Lappen, Fetzen, altes (schlampiges, zerrissenes) Kleid oder Kleidungsstück' verstr. OThür, sonst selt.; *die hot vielleicht än Zutel oon!* – **3.** übertr. und meist Fem. ,liederliche, schlampige (weibl.) Person' einzelörtlich im gesamten Bearbeitungsgebiet belegt. – **4.** ,Kartoffelpuffer' verstr. söZThür sIlmThür wSOThür; hierfür auch **Zottelich** m., **Zottelkloß** m., **Zottelpulze** f. – Lautf.: *Zotel, -u-, -ue-, Zottel, -u-*; mit Umlaut (aus dem Pl.) *Zötel, -üe-, -e-*; → *Zattel.* Zu mhd. *zot(t)e* ,Haarbüschel, Flausch' wie auch → *Zotten.*

Zottelsuppe f. ,sämige Suppe aus geriebenen rohen Kartoffeln' verstr. SO-Rand SOThür.

Zotten m. **1.** ,(unordentliches) langes Haar' verstr. ob. Schwarza, S-Rand SOThür, öItzgr; RA: *ruete Zueten wachsen auf kenn gutn Bueden.* – **2.** ,(alter) Lappen, altes (schlampiges) Kleidungsstück' verstr. ob. Schwarza, öItzgr, selt. wSOThür. – **3.** übertr. ,liederliche Person, Taugenichts' selt. SOThür öItzgr. – **4.** ,großes Stück (von Lebensmitteln oder anderen Dingen)' verstr. sIlmThür nwSOThür; *heite schneit's Zuten* ‚große Schneeflocken', *än Zuten Fleesch.* – Lautf.: *Zoten, -ue-, -u-, Zotten, -u-*.

Zuber m. ‚großes, rundes Holzgefäß mit zwei Griffen' (als Waschfaß oder zum Transport von Wasser und Jauche) OThür SOThür Itzgr. – Lautf.: *Zuber, -w-, -ww-, Zower, -ww-, -bb-*. Im Gegensatz zu Eimer (< *ein* + *bëran* ‚tragen') ein Gefäß, das man zu zweit trägt; ursprünglich jedoch zu lat. *amphora.*

Zuchtel f. ‚weibl. Zuchtschwein' verstr. sSOThür; *unse Zuchtel hot zwelf Gunge* (Junge) *geheckt.*

Zuckerbaum m. **1.** ‚Weihnachtsbaum (mit Süßigkeiten behängt)' verstr. sZThür, mittl. IlmThür. – **2.** ‚Baum, an dem die Zuckertüten vor der Schuleinführung hängen' verstr. ö‚sZThür nIlmThür, selt. mittl. NThür; verkürzt aus ebenfalls fiktivem **Zuckertütenbaum,** der sonst im Thüringischen vorherrscht.

Zuckerkand m. n. ‚Kandiszucker' veraltend n‚öOThür, selt. NOThür.

Zuckerle, -ü- n. ‚Bonbon' verstr. sHennb nwItzgr, selt. sSOThür.

Zuckerstein m. (meist Dim.) dass., Eichsf sNThür n‚wWThür nwRhön nItzgr, ob. Schwarza, sonst selt.; *Motter, käif mech doch fer'n Gröschen Zockerstein!* Dafür **Zuckerstück** n. verstr. öOThür, **Zuckertüte** f. mittl. OThür; *e Stickchen Zuckertiete.*

Zuckleine f. ‚Leine zum Lenken von Zugtieren, Leitseil' verstr. nIlmThür, selt. söNThür NOThür. Auch **Zuckseime** f. selt. NThür ZThür.

Zudel → *Zottel.*

zukommen st. V. speziell ‚trächtig werden, decken lassen (bes. von Kühen)' NOThür nIlmThür OThür SOThür, sonst selt.; *die Kuh stieht jelle un kimmet nich zu.*

Zulk m. **1.** ‚Stoffnuckel' selt. WThür nZThür IlmThür, daneben **Zulker** m. vor allem im ZThür und vereinzelt **Zulks** m. – **2.** ‚Ausgußnase an Topf oder Kanne' verstr. swWThür. – Lautf.: *Zulg, -o-, Zulch, -ü-.* → *Zulp.*

züllen, -u- sw. V. ‚nuckeln, lutschen (z. B. am Bonbon, an Fingern)' verstr. Itzgr söHennb. Hierzu **Züller, -u-** m. ‚Nuckel' verstr. Hennb Itzgr.

Zulp m. ‚Nuckel (meist der Stoffnuckel)' verstr. nöNThür
NOThür nöZThür nIlmThür OThür n,wSOThür, auch **Zul-
pen** m. verstr. nNThür, **Zulper** m. verstr. ö,sSOThür, ob.
Schwarza, selt. nItzgr, **Zulps** m. selt. öNThür nIlmThür.

Zumpel f. ‚liederliche, schlampige Frau' verstr. ö,sWThür sZ-
Thür öltzgr, sonst selt.; *de aale Zumpel het zweierlei Strempf oon.*

zund Adv. ‚jetzt' verstr. und veraltend Hennb, N-Rand NThür,
nNOThür, selt. S-Rand WThür; *zond womme ass.* Auch erwei-
tert zu *zunder(t)*ebd. und wItzgr; *zunner gämmer hemm.* – Lautf.:
zund, -o-, zunder, -o-, zunner, -o-, mit *t*-Antritt im Mansf. Ver-
kürzt aus mhd. *iezunt* ‚jetzt'.

zündeln sw. V. ‚mit Feuer oder Streichhölzern leichtsinnig um-
gehen' verstr. Itzgr, S-Rand SOThür; *Kinner zündeln garn.*

zupfen sw. V. speziell ‚pflücken' verstr. swOThür SOThür, selt.
sIlmThür Itzgr sHennb; *Äpfel (Blummen) zuppe.*

Zupp, -ü- → *Zaupe.*

zusammendorren sw. V. ‚eintrocknen und dadurch rissig wer-
den (von Holzgefäßen)' vorwieg. öOThür SOThür. Meist
präd. im Pt. Perf.: *s Foß is zommgedorrt.*

zusammenfahren st. V. speziell ‚gerinnen, sauer werden (von
Milch)' vorwieg. SOThür öltzgr neben **zusammenfallen** st.
V.; in der Fügung *zusammengefahrene Milch* ‚Sauermilch' verstr.
söSOThür, auch *zusammengefallene Milch* neben *zusammenge-
kuttelte Milch* verstr. öOThür.

zusammennehmisch Adj. (nicht attr.) ‚sparsam, geizig' selt.
O-Rand OThür, SO-Rand SOThür; *sie war immer arg zamm-
nahmisch.*

Zusammenrechich(t) n. ‚zusammengerechte Getreide- und
Heureste auf Feldern und Wiesen' verstr. neben → *Rechich(t)*
sIlmThür w,sSOThür n,öltzgr; seltener ebd. **Zusammen-
rech** m., **-reche** f., **-rechen** n., **-recherich** n., **-rechlich** n.,
-schleppich n.; → *Nachreche.*

zusammenschlagen st. V. speziell ‚mit allen Glocken gleichzei-
tig läuten' (bes. kurz vor Beginn des Gottesdienstes) verstr.
OThür SOThür Itzgr Hennb, sonst selt.; RA: *ar hat was leiten
heern, awwer nech zusammenschlaa.*

zuscheln sw. V. **1.** ‚auf einer Eisbahn schlittern' verstr. öOThür, selt. nwOThür, um Saalfeld neben benachbartem → *huscheln, schusseln, zischen 1.* Hierzu **Zuschel** f. ‚Eisbahn' neben **Zuschelbahn** f. ebd. – **2.** ‚flache Steine so werfen, daß sie über die Wasseroberfläche hüpfen' selt. OThür; → *zischeln.*

Zutsch m., **Zutscher** m. ‚Stoffnuckel' selt. nIlmThür OThür SOThür; → *Lutsch(er).*

zutschen sw. V. ‚nuckeln, lutschen' verstr. öOThür öSOThür, selt. wOThür wSOThür; auch ‚saugen (von Jungtieren)' und ‚(geräuschvoll) trinken' ebd.

Züttich m. ‚Ausgußnase an Topf oder Kanne' Hennb (außer Rhön und S-Rand).

Zütz, -u- m. **1.** ‚weibl. Brust, Brustwarze' selt. nöHennb. – **2.** ‚Nuckel' verstr. nöHennb, selt. sHennb, SW-Rand ZThür. – **3.** ‚Ausgußnase an Topf oder Kanne' S-Rand Hennb. – Lautf.: *Zütz,* selt. *Sütz, Sutz, -uu-.* → *Tütz.*

zützen sw. V. ‚nuckeln, lutschen' verstr. nöHennb, SO-Rand WThür, SW-Rand ZThür; auch ‚saugen (von Jungtieren)' verstr. ebd.; hierzu **Zütz(e)kind** n. ‚Säugling' selt. nöHennb.

Zwasel f. **1.** ‚Astgabel' NOThür, verstr. n,öOThür, S-Rand SOThür. – **2.** ‚das gespreizte Ende des Rechenstiels, Rechengabel' nNThür, verstr. S-Rand SOThür, selt. NOThür OThür. – Lautf.: *Zwasel, -ss-.* → *Zwiesel.*

zwazeln → *verzwazeln.*

Zweele f. ‚Astgabel' verstr. Eichsf nNThür. Wie verstr. verbreitetes **Zwille** wohl Nebenform von → *Zwiesel.*

Zwehle f. ‚Handtuch' selt. und veraltet S-Rand WThür, Hennb. → *Handzwehle, Quehle.*

Zweierbrot n. ‚kleine Semmel aus Roggenmehl für 2 Pfg.' Mansf, selt. O-Rand NThür; war beliebt bei den Mansfelder Bergleuten.

Zweifalter → *Zwiefalter.*

Zwetsche f. ‚Hauspflaume (Prunus domestica L.)' nur umgsprl. üblich im NOThür OThür SOThür neben der mdal. Bezeichnung → *Pflaume.* Hierzu **Zwetschenkuchen, -mus.** Sonst gilt im Bearbeitungsgebiet → *Quetsche.* – Lautf.: *Zwetsche, -a-,* seltener *Zwetschge, -a-, Zwetschche, -a-.*

Zwewede f., **Zweweste** f. ‚Holunder, Holunderbeere' verstr.

öNThür nZThür nIlmThür nwOThür, selt. sNOThür, um
Jena. Die formenreichen Lautvarianten korrespondieren weit-
gehend mit → Quewede. Als etym. Herkunft wurden ahd. *quec*
+ *wit* ‚lebendiges, schnell wachsendes Holz‘, osorb. *dzíwi bóz*
‚wilder Holunder‘ und lat. *sambucus* oder entsprechende Vermi-
schungen erwogen. – Lautf.: *Zwéwwedde, Zwéwwesse, Zwéwwe-
ste, Zwéwwess(t)chen, Zwéwwechen, Zwé-, Zwiwwecke(n), Zwéste,
Zwéwwespe, Zwespchen, Zweftchen, Zweebchen, Zwellsgen,
Zwíll(e)ge, -e-, Zwéll(e)gse*. → *Schibbicke, Zibbicke*.

Zwiebel f. wie schd., allg.; doch im NThür NOThür WThür,
ZThür (außer S-Rand), IlmThür (außer ob. Schwarza), nwO-
Thür mit den Lautungen *Zibbel, -e-, Ziwwel*.

Zwiefalter m. ‚Schmetterling‘ selt. nöItzgr swSOThür, ob.
Schwarza; dafür **Zweifalter** m. S-Rand SOThür; im Kinder-
reim: *Zweifällich flieg aus, flieg nein s Brauhaus, sauf ne Kanne Bier
aus!* – Lautf.: *Zwiefalter, Zwie(s)fälter; Zwei(s)falter, Zweifältich,
-fällich*. Zugrunde liegt mhd. *vivalter*, das volksetym. an *zwei* an-
gelehnt worden ist.

Zwiesel m. f. **1.** ‚Astgabel‘ verstr. WThür wZThür Hennb nItz-
gr, ob. Schwarza, ö,sOThür, um Ilmenau. – **2a.** ‚das gespreizte
Ende des Rechenstiels (früher aus einer Astgabel bestehend)‘
selt. sOThür nSOThür, um Sonneberg. – **b.** ‚Katapult als Kin-
derspielzeug‘ (zuweilen Astgabel) verstr. Itzgr nSOThür, sonst
selt. – **3.** ‚kleiner Zweig‘ (häufig Dim.) WThür, auch **Zwispel**
m. f. selt. sWThür. – Lautf.: *Zwiesel, -ee-, Zwissel, -e-, Zwistel*.
Zu mhd. *zwisel(e)* ‚zweiteiliger Ast‘. → *Zwasel, Zweele*.

Zwinger m. ‚schmaler Raum (oder Durchgang) zwischen zwei
Gebäuden‘ (für Abwässerung und als Traufgrenze) sNThür,
NO-Rand WThür, ZThür (außer NO- und SW-Rand), sIlm-
Thür swOThür nwSOThür, verstr. nwHennb.

zwinzeln sw. V. ‚mit den Augen zwinkern, blinzeln‘ verstr. Itzgr,
O-Rand WThür, W-Rand ZThür, selt. öHennb SOThür;
auch **zwinzen, -u-** sw. V. WThür (außer O-Rand); *ha het mech
zugezwäinzt* ‚zugeblinzelt‘. – Lautf.: *zwinze(l)n, zwinse(l)n, -äi-,
-eu-*.

Zwirbel m. **1.** ‚Wirbelwind‘ neben → *Zwirbelwind* verstr. sw-
SOThür. – **2.** ‚Kreisel als Kinderspielzeug‘ verstr. nöItzgr, selt.

sSOThür. – **3.** ‚Quirl' SO-Rand Hennb, wItzgr, selt. übriges Hennb, öItzgr. – Lautf.: *Zwerbel, -w-, -ä-, -a-, -ö-*. Zu *zwirbeln* ‚etw., sich drehend rasch bewegen'. → *Quirbel.*

Zwirbelwind m. ‚Wirbelwind' sHennb wRhön Itzgr sw-SOThür, selt. nöHennb sIlmThür; → *Quirbelwind.*

zwirnen sw. V. unpersönlich ‚es tut weh' selt. söNOThür öOThür nSOThür; *dos hot org gezwärnt.*

zwispern sw. V. ‚flüstern' S-Rand SOThür. – Lautf.: *zwischbern, zwisbern.*

Zwissel → *Zwiesel.*

Zwölf Nächte Pl. tant. ‚die Nächte zwischen dem 1. Weihnachtstag und dem 6. Januar' verstr. neben älteren Syn. und zuweilen mit vorgesetztem *heilig* verbunden. Träume in diesen Nächten gelten als Orakel für Geschehnisse in den kommenden 12 Monaten. Abergläubische Vorstellungen bestimmen regional auch Verhaltensweisen und mancherlei Brauchtum in diesem Zeitraum, z. B. darf man keine Wäsche waschen oder aufhängen, soll man kein Brot backen und keine Hülsenfrüchte essen.

Mundartproben

Die Mundartproben, entnommen aus der reichhaltigen Dialektliteratur thüringischer Mundartschriftsteller, veranschaulichen die Sprechweise in den verschiedenen Sprachräumen. Ihr Umfang ist zuweilen leicht gekürzt; die Schreibweise ist in Einzelfällen der Lautschrift in der vorliegenden Sammlung angepaßt.

Nordthüringisch

De Fellsche (Felchtaische) Kärmse

De Kärmse äs's greßte Fast uff dn Dorfe. Schunt wochenlang verrhar waren do Veerkehrungen getroffen. De meisten Hisser waren do verr dr Kärmse ahngesträchen. Awwer hauptsachlich gitt (geht) je de Kärmse dan jungen Volke ahn, dn Borschen un dn Maichen, die bilden de Kärmsgesellschaft. Eintlich nur de Kärmsborschen genahnt, un die wählen sich enn Veerschtand, dar die ganze Sache en de Haand nimmt, Musik beschtellt, 's Gald iensammelt un so witter. Das is dr Platzmeister. Das äs gewehnlich einer, dar nich uff dn Schnuußen gefallen äs. De Kärmse fängt mät dn Kärchgange ahn. De Kärmsborschen versammeln sich bi'n Platzmeister un ziehen von do us, mät dr Musik vornewag, in de Kärchen. Wann de Kärchen us äs, gitt's wedder mät dr Musik derch's Dorf in's Gemeindewärtshuus. Noochend waren dn Maichen Ständerchen gebroocht. Nachmittche nach dr Kärchen versammeln sich de Maichen in enn annern Saale, un do waren se nune von dn Borschen mät dr Musik obgehullt. Dr Zug gitt derch's ganze Dorf. Do kommen die noiwen Kleider so racht zer Galtung, die de Maichen hann. Un es gitt in de Gemeindewärtschaft, wo de Kärmse obgehalen wärd; do gitt nune de Tahnzeräi los. Dos durt so bis im semne, do wärd Pause gemacht. Do gitt enn Jedes heime, 's Naachtbrot wärd gegassen, un um niene do fängt's wedder ahn, bis aben Schluß äs. Das äs dr erschte Tag.

Dr Montag, do äs eintlich dr Hauptschpaß, do ziehen de Bor-

schen mät dr Musik bale fräiwe derch's Dorf un brängen dn Mai-
chen Ständerchen. Do waren nune verschiedene Sehenswärtich-
keiten gezeicht. Enn Wain (Wagen) wärd mät Tannenzweichen
geputzt, gewehnlich kemmt enn Kaspertheater druff, enn
Tahnzbaar wärd rimgefiehrt un lutter so Schnickschnack. Jetzt
hotten se enn Schild an dn Waine, do schtung druff: „Die Hun-
desperre ist vorbei, gleich kommt der Gänserich an die Reih!"
Do hotte dr Schulze verbotten, daß de Gänse nich meh rimlaife
sulln uff dr Gassen. Um elwe rim do schpannen de Borschen, die
Faare han, de Rollwainchen ahn. Borschen un Maichen druff, un
es gitt los, dn Hammel ze hulln. Das äs immer enn großer Zug, so
an zahn bis zwanzig Waine. War von dan Borschen riete kann,
dar ritt ai schtolz uff dn Faare vornwag.

Nun gitt's nus ins Fald, wo de Hord litt, also wo dr Schafer mät
sinn Schofen äs; das äs manches Mol wiet drussen im Falle. De
Musik äs friehlich vornewag uf dn erschten Waine. Drussen in
dan Schofen do äs dr Hammel schunt gezeicht, dar genommen
wärd. Der Hammel muß nune von dn Maichen gefangen ware,
do gätt's was ze lachen drbie, wann de Maichen zwischen dan
Schofen so rimflitzen. Dann dr Hammel, dar kann ai geschprin-
ge. Das Maichen, das dn Hammel an den Schwahnze festhellt,
macht noochend dn erschtn Reihn uff dn Saale.

Dr Hammel wärd nune uff enn Waine verschtackt, zwischen
de Maichen un Borschen, un es gitt wedder mät Musik heime.
Wann se zim Dorfe nienkommen, do koomen nune de Hammel-
raiwer. Das sin gewehnlich die Borschen, die sich im letzten Johre
verheirat't han, also de Kärmse nich meh mätmachen. Die han
schunt vun wietem usklusiert, uf welchen Waine dr Hammel
schteckt, dan fallen se ahn un hulln'n sich mät dr Gewaalt runger.
Nune kost's Lesegald. Das sin immer so fenf, sechs, semn Taler;
wann das bezahlt äs, krinn se dn Hammel wedder un ha wärd ge-
schlacht.

Gewehnlich wärd's im zwie, bis das Hammelhulln fertich äs,
do gitt's wedder heime, un um viere fängt ds Tahnzen wedder
ahn bis um semne. Do äs Pause. Um niene äs dr Saal wedder vull,
noch meh wie gastern, dann hitte wärd de Kärmsenpreddicht
verlasen, do sin de Ahlen ai alle do un hieren zu. Do waren ge-

wehnlich alle Schlachtigkeiten un Dummheiten, die so in em Johre passiert sin, in Vaarsche gebroocht, un dr Platzmeister trait se veer.

Dar hät sich nun orntlich ruusgeputzt, enn grußen Bort gemacht, lange Fiefen, große Brille un so witter. Un enn annrer Borsche dar schtitt drnaben uff dr Biehne un hät en Schtäwwel in dr Haand, un bie jeden Vaarsche schpricht dar: „Wan dr Schtäwwel paßt, dar zieht'n sich ahn."

„Erlaabtes un Erluuschtes" von K. Haage (geb. 1869 in Popperode b. Mühlhausen). Zitiert nach O. Kürsten „Bunte Heimatflur der Thüringer Mundarten". Langensalza 1937, S. 44ff.

Menschenfrindlichkeit

Dr ole Gesellschaftsdiener H. war groß, an greßten fiehlte he sich awer, wann he dn Schwalwenschwanz ane hatte un de Särwijetten ungern Orme un de Brotenschissel un's Soßenteppchen in dn Hengen. Eimol äwwertraf he sich awer sallewer: 's war grußes Fastassen in dr Looschen, un H. ging de Rieche rim, pressentierte Broten un Soßen. Als he gerade zu an Härrn, dar hiete owend sin näien Rock zum erschten Mole ane hatte, trat, kwutschte de Soßen ussen Teppchen un schprang uff dn Härrn sin näien Brotenrock. Wie dr Bekwutschte nune das Mul uffräß un an Donnerwatter lusloße wullte, kloppte ehn H. uff de Schullr un saate su racht menschenfrindlich: „'s schadt jo nischt; gaan se sich mant zefreden. Mie hann jo nach mihe von dar Sorten Soßen." Do bläbb dn Härrn dach's Mul uffene schtieh un he brochte ken Mux rus.

„Nordhieser Schnurren" von K. Meyer (1845 – 1935). Zitiert nach O. Kürsten „Die Thüringer Mundarten". Flarchheim 1930, S. 11.

Eichsfeldisch

'n Eichsfaller Schlachtefast

Kullerkasper un sin Trienchen hotten mol än Mesteschwienchen, un de Wochen vär Wiehnachten wullten se das Schwienchen schlachten. Kasper hät en Klotz geborget un en Briehtrock aa besorget, Darmen dann värr allen Dingen, Bander zu d'm Westebingen, Hacke-Isen, Westeknippel, Kämmel, Faffer, Solz un Zippel, Knäwwelauch un Maijeran, dann das äs de Werze draan.

Trienchen, das hät ungerdassen veergesorget färr das Assen, buk bi Backervalten feste Wecke (Brötchen) färr die Weckeweste, än paar Kuchen, die vum Schmanne so gesturrt bis zu dem Ranne, daß zum Mul d'm argsten Prasser rusgelaufen äs das Wasser. So worr ändlich alles do, oh, wie worren beide froh! Dann vum Rännen un vum Laufen, vum Besorgen un Inkaufen worrn se miede wie än Hund, dar nit meh gejappe kunnt, kroffen oweds in ehr Nast, treimten vun d'm Schlachtefast.

In d'm Briehtrock luck das Schwienchen, heißes Wasser langte Trienchen. Met d'n Schallen fungen dann alle fest ze schrapen an, bis de Beine, Schwanz un Ohren reine worren vun d'n Hooren, un glich druff do hung ganz stolz s Mesteschwien am Hängeholz. Dokter Märgel kom gewackelt un hät lange nit gefackelt, dach ha fung in unserm Schwienchen nit än änziges Trichinchen.

Witter gung dann das Geschefte. Alle strängten an de Krefte. Kasper met sim Napper hackte, daß de Schwoorten beiden knackte, un d'r Maxter machte feste dann de wunnerscheenen Weste, Garwost, Koppwost un Falldicker, Weck- und Brotwost än paar Sticker, 's worr nit ganz än Värtelschock, das do hung am Westestock. Usserdam das kleine Hanschen, das geholen hott' das Schwanzchen, krägt ne kleine Wost ze assen, die d'r Maxter angemassen.

Als d'r Tack zu Änge gung un äs an ze schummern fung, stunnen drussen än paar Jungen, die han feste Wost gesungen:

„Me han gehort, de haat geschlacht, haat dicke fatte Weste gemacht, loot uns nit so lange steh, me missn nach 'n bißchen witter geh, gaat (gebt) Wost, gaat Wost!"

Als ze singen se ufhorten gobb's ins Dippchen Kohl met Schwoorten, obendruff als Probekestchen nach än kleines Wekkewestchen.

In d'r Stowwen ungerdassen sooßen bi d'm Owedassen alle Nappern, Vettern, Tanten an d's langen Tisches Kanten. Suren Kohl un Westesoppen, besser wie Apthekertroppen, gobb äs, dann än Deggel (Tiegel) Weste. Alle huwen in ganz feste. Dobie gung das Schnapsglas rim, un gesiffelt wurde schlimm. Als de Weste vun d'm Schwienchen alle worrn, do langte Trienchen nach d'n Schinken un d'n Spack, un die worrn aa bole wack. So han se bim Owedassen 's ganze Schwienchen uffgefrassen.

„Wänn's mant wohr äs?" von M. Weinrich (1865 – 1925). Heiligenstadt o. J., S. 23ff.

Mansfeldisch

Ä juter Schlahk

Was unser Ganter (Kantor, Lehrer) war, där schluhk äijentlich nich veel, weil mer nämlich su schune schmählichen Reschpäckt farr'n hutten; 's war nämlich ä jrußer, schtarker Mann, un änne mächt'che Schtimme hutte. Awwer mer sin dessertwäjen dach jährn bei'n in de Schule jejangen, un ä is siehre lange in unsen Dorfe Ganter jewäst. 's janze Dorf nennte (nannte er) „Du", bluß ä paar ohle Leite nich.

Jeden Sunnohmd junk (ging) ä ohmds uff de Sajemehle (Sägemühle) bei Alwärt Bäckern. Do traf ä sich met Ganter Heinecken un Färschter Gerlachen, un denn schpeelten se Gohrten. Un d'r Färschter hutte d'n Ganter ä schien'n Jiehschtock jeschenkt, dänn hutte sälwer in'n Holze (Wald) ausjesucht un denn zerächte machen looßen. Bei d'r Sajemehle is ämool ä Dorf jewäst, un wenn d'r Ganter häime junk, do muße ewwer d'n ohl'n Jottsacker (Friedhof), un do sall's mäich (meine ich, meint man) schpieken (spuken). Ab (ob) d'r Gärchensäier zwellewe schluk un ab's Geizchen roffe (rief): d'r ohle Ganter junk schtrackte dorch.

Dänn äin'n Ohmd war'sch wedder ämool schpeete jeworrn in d'r Sajemehle. Un wie d'r Ganter bei'n Jottsacker dorch is, do schtieht met äin'n Moole ä Gärrel varr'n un fraht, wie schpeete 's weer. No, wenn äin'n in'n Dunkeln äiner fraht, wie schpeete 's is, denn wäiß mer dach schune, was de Jlocke jeschlohn hat. Männicher tiet's wärklich un treckt de Uhr raus: schmauch! hat ä äine varr'n Tähts, un de Uhr is furt.

Mei liewer Ganter awwer nahmb dänn schien'n Knippel, dänn ehn d'r Färschter jeschenkt hutte, un: bruch! do hutte där Gärrel äine ewwersch Kreize, dasse sich gleich henkniete. Do sahte d'r Ganter: „Soeben hat's eins geschlagen!" un junk weiter.

Där Gärrel hat mäich käin'n wedder jefraht, wie huhch 's is (wie spät es ist).

„Silwer unger Wacken" von F. Kern. Eisleben 1928, 2. Aufl., S. 15f.

Westthüringisch

Der Schatz

Onse gut A^{u}er (Älter, Großmutter) erzaa^{u}t mäi friher efter: Es kunn woh^u drissich bis füffzich Joahr här gesäi, da schtunn owe off dan Rain inger dan Schleßche – net wiet vun dan klänne Burn (Brunnen) – ä scheen gewoisener (gewachsener) Apfelbaüm. Da luuß sich biswiele im Munnschinn ä wiss Fraiche säh.

Ä Schtecker nien bis zwe^{u}f King üsna Nachberschduurf schpie^{u}ten emaa in sinner Näh un ropften boüntiche Blümme rab. Da sah ä Jong off aimaa inger dort dan Baüm ä gross gaa^u (gelb) Tepfe schteh, does bis un Raand mit laüter a^{u}e (alten) Se^{u}werge^{u}e gefe^{u}t woar. Allwie pfeff e schnäll die annere dabäi un suuk (sagte): Kromme Not noch ämaa! Bas es das da (denn), äi Liet? Dummelt äich, geschwind.

Soball awwer versoünk der Schatz ver sinn Äuche widder in

Draak. Hatt der Schtoffel si Müil geha^ue, so wäre (wäre er) si Laadich (Lebtag) ä richer Muun gewaast.

Mundart von Möhra b. Salzungen nach"Thüringer Sprachschatz" von L. Hertel. Weimar 1895, S. 35.

Die Ledder

„Saa m'r nur emol, Gottlieb, bremm hest'n nur eichentlich su ne gruße Frau genomm'n, die es je doch gut zwei Kepf gresser bis du?"

„Ja, ämen drom, Gustel, du weißt je doch, ech ben nur su'n klenner Kärl, on bänn ech von d'r Tepfenbank oder von'n Schraank was mußt ronger hol, do mußt ech emm'r minne gute Stiehl verdemmel, oder ech mußt die Ledder hol. Da saat ech fer mich, nemmst d'r einfach ne gruße Frau, do schparst de ne halwe Ledder en Hus."

Vier Woch'n nach d'r Hochziet begäänt ech n uff d'r Schtraß'n met sinner Hopfenstang'n, awwer ech krecht än Schräck, bi ä ussah, grien on blau en Gesecht.

„Gottlieb", saat ech fer'n on hielt'n än Auchenbleck aan, bes sinne Frau en poor Schreet wittersch wor, „bos hest'n nur gemaacht, best'n von d'r Ledder gefall'n?"

„Sei schtill", saat'r on gockt ängstlech heng'r sinner Frau här, „die Ledder es uff mich gefall'n."

„Isenächer Geschichd'n" 2. Sammlung (o. V.). Eisenach 1908, S. 32.

Zentralthüringisch

Merdine (Martini 10./11. Nov.)

Merdine, no das äs geweß a schienes Fast, dann da fräit sech Kläin o Gruß druff. Warsch ongern Bärgerschläiten hallwaje erschwenge konne, dar hatte a dan Tage sinne Gans in dr Bratfan-

ne, dann em die Zäit da sinn se an delegatsten, da stoppt me se
mät Borschdorfer Äppeln on eßt Braunkärsch (Brunnenkresse)
odder Zelleriesolat odder Krautsolat derzu, wie me wäll. De Ken-
ger awwer, die käifen sech schunne a baar Tage verhar de Mer-
denslechterchen, 's Stecke fer a Fenneg, me hätt'er au fer a Zwäier
on fer a Dräier, die sinn nachen nadierlech a Linschen decker, die
hängen se derweile naus fersch Fanster, dassen se nech schmie-
rech wären, on nachen stecken se se en anne Däite o brenn'se
drenne ahn. Su warsch frieher.

Aber häit ze Tage, da kaufen se sech änne Bapierlaterne bi'n
Buchbenger o tun a Lecht näinstecke, da sinn se fertch. Anne
ganze Hetze Jongen, die hann sech Kärbesse ausgehuhlt on mät'n
Masser a Gesechte druff geschnetten, was a grußes Maul hät un
su racht väle gruße Ziehne. Ach, das äs amal schiene, wenn nunne
su a Licht drenne brennt!

Su em a Nahms gajen sachse wenns dammerech werd, da
gieht nunne dr Spektakel i dr ganzen Stadt lus. Da laufen anne
Hetze Kenger – de Kläin'n die waren gefiehrt on uff'n Arme ge-
trahn – o schräin, wassen se schräie känn: „Merdine, Merdine,
schlacht me onse Schwiene!" On wedder annere die sengen:

> „Merdin, Merdin, Merdin war a braver Mann,
> brennt'n ongne Lechter ahn,
> daß e ubne sieh' kann,
> was e ongne hät getan"

On wedder annere die sengen:

> „Giehk gahk, schnäidt dr Gans das Bäin ab,
> schnäidt s'r nech su räin ab,
> laßt'r noch a Stimpelchen drahn,
> daß se noch gewatschle kann!"

Wennste nunne fern Grieden giehst, gucke, da äs dr alles decke on
gestoppte voll Menschen, ach, on die Hetze Wäibsläite, 's wim-
melt o krimmelt nor su. Uff äimal fangen nunne uben uff der
Dum-Cavate de Semenasten ahn ze sengen, ongene lassen de

Jongen Fräsche, Schwärmerte o Kanunenschläge on au mätonger Rachete lus, daß's nor su uff allen Ecken on allerwenk platzt, pocht, plauzt o wummert. Nachen gätts awwer au su verfleckschte schlachte Jongen mät dronger, de hann sech us anner Klatschbechse anne Spretzbechse gemacht on spretzen nunne dan Kennern ähre Merdenslechterchen dermät aus. No, nachen gieht fräilech 's Gehäile lus; da schempfen se sech, se schupsen sech, 's gätt Horbeln on Mauschall'n, on da dauert's auch nech mieh lange, da waren se denner; dann se fangen sachtchen ahn, häime ze ziehn, weil se frieren. Fern Grieden da stiehn nur noch a paar Trippchen Jongen, die noch a Linschen Fäierwerch abbrenne wolln, wassen se ibrich hann.

„Erfurter Schnozeln" von A. L. Fischer (1814–1890). 1. Bändchen, 4. Aufl., neu hrsg. und bearbeitet von O. Kürsten. Erfurt 1907, S. 24ff.

Ilmthüringisch

De alte Bierprobe

Ihr wardt ofte bei uns gehiert ha: „Da klabt a emmer in Wärtshause" oder „Mir sin gestern ämal klaben geblieben bis om äns"; mancher aber wärd nech wesse, wu de Redensart harriehrt. Etze will ech eich erzehle, was's fär änne Bewandtnis hat met dar Klaberei.

In d'r alten Zeit, wu unsere Bärgerschmanner noch ihre darben, festen Laderhusen anhatten, die bis an's Knie räächten – da war d'r änne annere Dauer drenne wie alleweile, herre! die arbten fort bis off'n Urenkel – da gingen se abends in's Rathaus oder in 'n Beizapfen zu Biere, änn annern Platz hatt mer saltdamals nech, on da saßen se off helzern Bänken, denn Schtiehle hatte mer in Rathause nech – on dassertwegen sprecht mer noch emmer: of d'r Bierbank – on da tranken se 's Bier aus grußen stänern Kriegen.

Wenn se nune 'n erschten Krug vorgesetzt krechten, da schette ä jeder erscht änn Schwetz von sein'n Biere off de Bank on setzte sich feste droff, on nachen trank ar sechtchen seinen Krug aus. Wenn 'r aber leer war, da worde nune ä Versuch gemacht offzestihn, on wenn nune de Laderhusen feste an der Bank klabten, daß se nur met Mieh loszewärgen warn, da war'sch Bier gut, da ließen se sich gleich änn zweiten Krug gabe, on nune blieb'n se klaben on gärgelten, su lange noch was nein gieh wollte.

Wenn aber de Husen nech an d'r Bank feste klaben on 's Offstihn siehre leichte war, da warsch änn Zächen, daß 's Bier gewassert war; da ließen se sich känn Krug weiter gabe on gingen verdrießlich häm. Das war de alte Bierprobe, on gucke, dahar stammt das Klaben in'n Wärtshaus.

Heitzetage freilich es dadermet nischt merre, denn erschtens hat unser Bier gar kenn Klaberich nech, on nachen werden unsere Husen das a nech kene vertrah, das luse Zeig wärde bald in Fetzen reiße, on mancher wärde ohne Hengertäl misse hämgih.

„Bilder und Klänge aus Rudolstadt" von A. Sommer (1816 – 1888). Bd. 2; 12. Aufl.; Rudolstadt 1890, S. 286f.

Ostthüringisch

Kärmslied (Auszug)

Wenn Karmse ward, wenn Karmse ward, kee Griesgrom is ze feng, do frein sich olle, do lochen olle, wenn unse Kenger seng:

> *„Wenn Karmse ward, wenn Karmse ward,*
> *do schlocht mei Voter en Buck,*
> *do tanzt meine Mutter, do tanzt meine Mutter,*
> *do wockelt der ganze Ruck"*

„Derheeme" Gedichte in Altenburger Mundart von E. Daube (Pseudonym: Sporgel), geb. 1869 und die Mundart von Großbraunshain schreibend. Zitiert nach O. Kürsten „Bunte Heimatflur der Thüringer Mundart". Langensalza 1937, S. 105.

Südostthüringisch

Usterwosser

„Mutter, darf ich morchen mit Usterwosser hule?" – „Nischt jibts, dos is noch nischt farr siche Pupelnosen, bist kaam e Johr aas dor Schule. Red mor in zwee Johrn noch emol driewer! Wenn de äller bist, hob ich nischt dorwidder. Dor Buchborn hingn in Hulse hot am marschten Segen. War sich domit wäscht, ward nich nor hibsch, dar blääbt aa is janze Johr jesund. Bänn Viehzääge is dossalwe, do hoste Nutzen, enne Haard Milch un aa farn Drochen Ruhe. Do hoft (haftet) kee Bann un kee Fluch. Dos kenn mor doch vun jehar: Usterwosser hat ewos, wos sunst nich ist. Mor hot immer Glicke un jocht olles Täfelszääg naas. Mußt awer aa e Voterunser bate, do kimmt dor Segen scheffelwäse äe. Verjaß aa nich in Buden un in Kaller, in Jorten un de Faller un ieweroll nor e poor Truppen, un is Haas is farsch janze Johr versorgt. Wääl dos olles enne Haard Orwät mocht, hult mor is Usterwosser frieh bäzääten, domit mor fartch is, ehr dor Himmel rut ward. Wenn namlich de Sunne aafjieht, is dor Segen fort." „Mutter, dos weß ich doch olles. Dosserwagen mecht ich's doch moche." „Nischt jibts, do darfste nich loche, nich bobbere (sprechen) un huste. Do kumm schunne welche, die lussen dir keene Ruhe, do fällt e Wort, un olles is farr umsonst, un dor Segen is aa fort. Wenn ich salwer mitjing, warden die Barschchen sich schunne varziehe, un zu zweet is aa nich su farchtsen." „Do mußte awer alleene jiehe", seete Liese. „Ehr ich mich losse aasloche, liewer bläb ich doch dorheeme. Ich mechte doch aa sahe, wann ich als Monn krieg, un dos jieht doch nor, wenn ich ins Quallwosser gucke konn nooch Mitternocht, un do muß ich alleene säe." „Harre Jesus!" seete die Mutter, „dos Luderding is wätter, wie ich dochte. Do muß ich in Zukunft warklich aafposse. Harre, wie die Zäät verjieht!" Do kom dor Voter dorzu un seete: „Luß doch dann Medel ehrn Willn! Worsch bä uns annersch?" Un do lächelte ha farr sich hin. „War gleebten hääte noch on sichen Pupelmonnskrom? De Haaptsoche is doch, doß se ehrn

Schpoß dron hunn. Immer jieh mit, hul Usterwosser un poß jut aaf, doß de is Schennste nich verpoßt!"

„Holzlandgeschichten" von W. Peuckert (1903 – 1989). Jena (1975), S. 88f.

E Unternachtstraam

's is su schie ze Weihnachten, su schie, wie in ganzen Gahr nett. Wenn draußen d'r Wind heilt un in d'r Hell (Hölle, Ofenecke) mei Pfeifel dampft; wenn de Stoll'n gut geroten sei; wenn d'r Rupperich (Ruprecht) kimmt un leßt de Klänn su schie harbaten, un se hamm Wasser in Ahnge (Augen) un namme mit arnsthafting Gesichtern de Niss un de Epfel, die 'r ne gibt; wenn's Bornkinnel aufgetafelt hot, d'r Tannebaam brennt, de Peremitt (Pyramide) sich in Parediesgartel schie rundsrim dreht un de Kinner zamm singe „Stille Nacht, heilige Nacht" – 's is nett ze sohng, wie schie 's do is.

Un zegar de Nacht sei nett wie annere in Gahr. De heiling zwelf Unternacht vun Weihnachtsheilingohmd aa bis zum Huhngneiegahr (Hohen Neujahr), do traamt en wos, und wos en do traamt, des gieht aus (das geschieht); mer darf's ower unter nein Tohnge nett ausreden (weitersagen).

Greizer Mundart nach „Je lenger, je liewer" von G. Roth (1866 – 1955). Greiz (1900), 2. Aufl., S. 37f.

Hennebergisch

Wie bein Bast Weihnachte gefeiert wur

D'r Bast (Sebastian) wor mit seiner Fraa, d'r Laurette, dob'n Öwerland dehämm. Vier Kenner hatte se, zwä Jonge on zwä Mädle, all propper on gesond, d'n Paul, d'n Auhust (August), die Alwine, on d's Nastkübele (Nesthäkchen) heeß Mariele. Es ging amoel widder off Weihnachte zu. D'r Bast hatt schue en schönne traischeliche Chrißbaam geholt. Von d'r Laurette wure haimlich gepotzt mit Engele, goldere Nöss, Brätzele, Eiszacke, Hörnle, Engelshoor, Schneeaflocke, ruete, grönne, gale on weiße Lichtle; on owe off'n Göpfel (Gipfel, Spitze) satzt se en Posaune-Engel, där in a Hoarn neitott (hineintutete). Es wor ai Pracht on Härrlichkeit! Die Potzstuwe (gute Stube) wur feest zugeschlosse. So, nu konnt d's Chrißkennele gekomm.

D'r Heilichawed kam abei. Dauße wor a richtich Tappewater (so trockenes Wetter, daß man Stoffschuhe anziehen konnte). Es hatt tüchtich gefroarn. D'r Schneea lag wie Zocker off'n Dächern. A Glimmerkäll, daß die Leut globerte (klapperten) on d'n Bietzel (Frostschmerz) in Hänn o Füss kriechte. Alles hatt's moards nuetwennich (eilig); aa d'r Bast stiefelt mit'n heiden Pakket onnern Arm die Gothaer Strass auferehie. Die Kenner bischperte (flüsterten) on toete haimlich. A jedes wor neugierich, bas wohl d's Chrißkennele wür bränge. D's Riele trippelte von än Bai off's anner. Endlich worscht soweit. D'r Bast spärrt d's Fenster spärrangelweit auf on rief naus off die Gass: „Chrißkennele, doe rei!" On richtich, das Chrißkennele flog nei, läät jeden ä Bönnele (Bündelchen) hie on flog so schnell, wie's gekomme wor, widder naus. Nache tott d'r Bast in a Trompeätle. Die Tür von d'r Potzstuwe ging auf. Die Kenner störmte einerehie. D'r Chrißbaam braant on fönkelt. Die Aache von d'n klänne Mariele flitzte denn röm wie a Poor fönkelnachelneue Glaskuchel. On jedes fand wie a Wiesele sei Bönnele. Härrjemerichei! Die Frööd! D'r Paul kriecht en Gaul, so grueß wie hä selwer, d'r Auhust a Eiseboh, die von allai fuhr, die Alwine a Puppestuwe mit Tesch on Stühl, Kochtöpfe on Broetsau (Bratpfanne), on d's Riele a Docke (Puppe), die geschloff konnt. Wemme se hieläät, macht se die Aache zu. Alles wor rai aus'n Häusle. D's Riele hopft von än zum annere, drockt die Docke an's Härz on tanzt mit ühr d'n Trippelschottisch öm d'n Chrißbaam röm. On die baide Alle, d'r Bast on sei Laurette, die all treu Seeäl, stinne glöcklich debei on gaae (gaben) sich a Mäule (Küßchen). Hä kriecht a Schnupptewaksduse, a gross ruet o gaal gedöppelt Schnupptuch on a Schmiesle (Chemiesle, Vorhemd), sü en Fallerock, a Brosche on a Ärdäffelsreibmaschine. Nu konnt d's Hütesmache (Klößemachen) noch amoel so vill Spoeß gemach. Alles wor glöcklich on zufriede. Die Lichter braante, on es wur gesonge „Stille Nacht, heilige Nacht" on „O, du fröhliche, o, du selige" on all die annere schönne Weihnachtslieder. Kains hing d's Maul raa. D's Riele woll partout die Docke mit ins's Bett nahm, on das klai Luder satzt a ührn Deckkoopf durch.

„Muustjucke" (= Preiselbeeren) von J. Kober (geb. 1894 in Suhl). Suhl 1923, S. 11f.

Volks-, Scherz- und Kinderreime

Lichtmäss! Mösse di Härrn bäi Tag äss;
di riche, bann se wonn, die arme, bann se äbbes honn.

Zwesche Schwiecher (Schwiegermutter) o Schnuer (Schwiegertochter) gehüert en iesere Tuer on noch e Schlooß dervuer!

Henner (hinter) Heärte Hanse Huis häänge honnert Hose huis;
honnert Hose häänge huis henner Heärte Hanse Huis.

Fretz! Laeß den Vööchel setz!
Setzt e of der Stange, ies e net ze fange;
setzt e of der Wieche, ies e net ze krieche.

Haiebobaie! Baas rappelt in Schtruhe?
Die Gänsle sen barbes (barfuß) on honn kai Schuhe;
der Schuister hoet Läder, kai Laistle derzue,
baas könne die arme Gänserle derzue!

Rätsel

Baas ies daas?
Ärscht wieß bi Schneeä, nacht grüe bi Kleeä,
nacht ruet bi Bluet, achele! baas schmackt das Däng es guet!
(di Kearsche)

Banns dowe hängt, ies traurich,
banns raa kömmt, wöerds luistich.
(di Giéche)

Bivill Ärwes geänn in e Mätze (Metze)?
Kai, me mueß se nietue.
Beröm honn die Apostel Bäärt? Öms Muil röm.

*„Die Wasunger Mundart" von E. Reichardt. Hildburghausen 1914,
S. 236ff.*

Itzgründisch

Ziegn

Wos die Arpfel (Erdäpfel, Kartoffeln) niä gschafft ham, die sal-
ber gebautn, ze Nacht gemaustn, dös ham noch öllemoel die
Ziegn gschafft. Die Ziegn ham uns sout müß mach.

　　Unner Oppa hot vier Stück in Stoel stenn ghout. Die woern
unner Arbett, wall mer sche ham müß hüt. Un die woern unner
Futter, wall ölles aus ena gemacht woern is. Uestern hots Hebbela
(Braten von jungen Ziegen) gaam – a Gedicht! Eärbrüh un Klüß
dezu! In Winter un Frühjohr ham mer Eigsalzns ghout un zegor
Ziegnwörscht. Un jeidn Toug halt die alt Leier: Ziegnbutter,
Ziegnmillich, Ziegnkas, Ziegnfett, Ziegnwoswäßichdenn …

　　Jeidn Toug van de Schul aheäm un naas (ans) Rührfaßla
gsetzt un ouwer gstampft. Jeidn Toug in Zentrifug louß sing un
sörb! Jeidn Toug nausgetriem! Nu, dös hot wengstns noch Spaß
gemacht. Dou ham mer as Raachn (Rauchen) gelarnt un Fußball

gspillt, gehulzt wie die Errn, un Arpflsfeuerla gschüert in Harwest un gemolkn un Zaamett (Kartoffelpüree) gekocht!

Die Groußmutter hot kän Dokter gekennt. Dare ihr Dokter woern die Ziegn. „Es gibt nex gsündersch, mei Bübla", hot sa g-sogt, „wie dös, wu van de Zieg kümmt! Die Zieg is es gsündsta Tier! Un ränklich is sa, wie a Katz lackt sa sich rää. Un mit Ziegn-butter kurierschta die Schwindsucht aus. Reib de Ziegnfett auf de Brust un nei de Haut, un de Hustn vergett!"

Die Zieg a Arznei! Die Groußmutter hot Stää un Bää drauf gschwört, ouwer die Gicht un es Reißn hot sa mitn Ziegn niä aus die Knochn rauskünngetreib.

Bein Bueck hot de Groußvatter die Ziegn gführt, wenn sa laa-fisch (läufisch) woern. Dös woer nex fer uns Kinner! Debei heiit mer ganz garn emoel aufgepaßt, wos die Vrecker (Verrecker) mit-ananner treima. Mir ham uns ja mannichs künn gedenk, ouwer su racht ...

Wenn's aufs Heckn zugange is, hout de Groußvatter ner (nur) in Stoel gschloufn. Erscht die Ziegn, dann es Vergnügn, hot e g-sogt. Verstanna ham mer dös niä ganz, ouwer die Ziegn ham uns ja sout müß mach. Un zefrüh, wenn mer aufgstanna sen, hot die Kist schä (schon) an warma Hard gstanna, un die klän putzigen Dingla sen dinna rümgebollert. Die arma Dingla, beizeitn ham sa es Messer gsahn.

„Mei Dörfla glänzt utn Sunnalecht" Gedichte un Gschichtn aus de Sumbarger Eck von K.-H. Großmann (geb. 1941). Suhl 1980, S. 29f.

Rätsel

Wos is döös?

Es is van Blut un hot kee Blut,
es is van Laam (Leben) un hot kee Laam
un kaa dach Riäd un Antwort gaab.

(Die Feder.)

Warsch macht, dar brauchts niät,
warsch kefft, dar wills niät,
warsch hot, dar weß (weiß) niät.
(Der Sarg)

S is wos van Halfenbee (Elfenbein),
brengt in Müller üm sein Mühlschtee,
in Bauer üm sein Ackerpfluch,
war döös derrett, is wacker kluch.
(Der Würfel)

„Volkstümliches aus Sonneberg" von A. Schleicher (1821 – 1868).
Weimar 1858, S. 87ff.

Bibliographische Angaben zu häufig verwendeten Nachschlagewerken

Bergmann, G.: Kleines sächsisches Wörterbuch. Leipzig 1986.

Bergmann, G./Hellfritzsch, V.: Kleines vogtländisches Wörterbuch. Leipzig 1990.

Eichhoff, J.: Wortatlas der deutschen Umgangssprache. 2 Bde. München 1977/78.

Eichler, E.: Etymologisches Wörterbuch der slawischen Elemente im Ostmitteldeutschen. Bautzen 1965.

Etymologisches Wörterbuch des Deutschen, bearb. unter Leitung von W. Pfeifer. 3 Bde. Berlin 1989.

Friebertshäuser, H.: Kleines hessisches Wörterbuch. München 1990.

Grimm, J. u. W.: Deutsches Wörterbuch. 16 Bde. Leipzig 1854 – 1954.

Herrmann-Winter, R.: Kleines plattdeutsches Wörterbuch. Rostock 1985.

Hertel, L.: Thüringer Sprachschatz. Weimar 1895.

Hessen-Nassauisches Volkswörterbuch, bearb. v. L. Berthold u. H. Friebertshäuser. Marburg 1943ff.

Kluge, F.: Etymologisches Wörterbuch der deutschen Sprache. 20. Aufl. bearb. v. W. Mitzka. Berlin 1967.

Küpper, H.: Wörterbuch der deutschen Umgangssprache. 5 Bde. Hamburg 1955-67.

Lexer, M.: Mittelhochdeutsches Handwörterbuch. 3 Bde. Leipzig 1869 – 78.

Marzell, H.: Wörterbuch der deutschen Pflanzennamen. 5 Bde. Leipzig/Stuttgart/Wiesbaden 1937ff.

Mitzka, W./Schmitt, L. E.: Deutscher Wortatlas. 22 Bde. Gießen 1951ff.

Müller-Fraureuth, K.: Wörterbuch der obersächsischen und erzgebirgischen Mundarten. 2 Bde. Dresden 1914.

Niedersächsisches Wörterbuch, bearb. v. W. Jungandreas, H. Wesche u. a.; Neumünster 1965ff.

Rosenkranz, H.: Der thüringische Sprachraum (= Md. Studien 26). Halle 1964.

Rosenkranz, H./Sprangenberg, K.: Sprachsoziologische Studien in Thüringen (= Sitzungsberichte d. SAW zu Leipzig. Phil.-hist. Klasse, Bd. 108, H. 3). Berlin 1963.

Schmeller, J. A.: Bayerisches Wörterbuch. 2. Aufl. bearb. v. G. K. Frommann. 2 Bde. München 1872 – 77.

Schützeichel, R.: Althochdeutsches Wörterbuch. Tübingen 1969.

Spangenberg, K..: Laut- und Formeninventar thüringischer Dialekte. (= Beiband zum „Thüringischen Wörterbuch"). Berlin 1993.

Thüringischer Dialektatlas (= Veröffentlichungen des Instituts f. dt. Sprache und Lit. der DAW zu Berlin, 17 u. 27), bearb. v. H. Hucke. Berlin 1961, 1965.

Thüringisches Wörterbuch. Auf Grund der von V. Michels begonnenen und H. Hucke fortgeführten Sammlungen bearb. unter Leitung von K. Spangenberg. Bd. IV L – Q, Bd. V R – S, Bd. VI T – Z. Berlin 1966 – 90, bearb. unter Leitung von W. Lösch Bd. I Liefg. 1 – 4. Berlin 1991 ff.

Wähler, M.: Thüringische Volkskunde. Jena 1940.

Wiesinger, P.: Phonetisch-phonologische Untersuchungen zur Vokalentwicklung in den deutschen Dialekten. 2 Bde. Berlin 1970.

Wolf, S. A.: Wörterbuch des Rotwelschen. Mannheim 1956.

Wörterbuch der deutschen Gegenwartssprache. Hrsg. v. R. Klappenbach u. W. Steinitz. 6 Bde. Berlin 1964 – 77.

Abkürzung in Karten und Text	Sprachgebiet	Erläuterung auf Seite
Eichsf	Eichsfeldisch	9
Hennb	Hennebergisch	13
IlmThür	Ilmthüringisch	11
Itzgr	Itzgründisch	14
Mansf	Mansfeldisch	9
NOThür	Nordostthüringisch	9
NThür	Nordthüringisch	9
OThür	Ostthüringisch	11
Rhön	Rhön	14
SOThür	Südostthüringisch	12
WThür	Westthüringisch	10
ZThür	Zentralthüringisch	10